# なぜ
# 世界の幼児教育・保育を学ぶのか

子どもの豊かな育ちを保障するために

## 泉 千勢

[編著]

Why do we learn Early Childhood Education and Care in the world?

ミネルヴァ書房

は　し　が　き


　本書は，近年の世界の保育改革の動向を知ることで，日本の保育改革の将来展望を得ることをめざして企画された。2000年以降，OECD（経済協力開発機構）や EU（欧州連合）諸国は「保育の質改革」に拍車をかけている。日本も1990年の「1.57ショック（1989年の合計特殊出生率）」をきっかけに，「子育て支援」策に取り組んできたが，「保育の質」に関しては，世界の状況と逆行しているように思われる。OECD から指摘を受けて，世界の動向を取り入れようとしているが，足元の構造的基盤が整備されていないため，違和感を拭えない。日本の保育界がなぜこのような状況に陥っているのか，どこに問題があるのか，本書が，その省察の一助となることを願っている。

　本書の編集にあたって，筆者はいくつかの課題に直面した。それらの課題をどのように考えたのか，この場を借りて「編者の視点」を記しておきたい。第一は，現代社会の特徴をどのように理解するか，第二は，時代や社会が変化しても子育てに大事なことは何か，第三は，海外の保育を紹介する際の専門用語の翻訳に伴う問題である。

## 1．知識基盤社会の到来

　20世紀末に生じた ICT（情報通信技術）革命は，21世紀の社会・経済・産業構造に大きな変革を迫っている。いわゆる知識基盤社会（knowleage-based society）の到来である。技術革新の加速は著しく，グローバリゼーション・ポストモダン社会を出現させ，日々新しい言葉（専門用語）がマスコミに登場している。タブレットやスマートフォンで，ブログやツイッター，アプリや SNS 等を通して不特定多数の人とネットでつながり，IoT（モノのインターネット）で集積されたビッグデータは，企業のマーケティングのみならず，医療・介護や教育の場にも活用が進められている。AI（人工知能）は，囲碁の名人棋士と

の対局が可能な囲碁ソフトを開発し，自動運転自動車の販売がめざされている。筆者のような高齢者には，何が生じているのかフォローできない社会になりつつある。一般庶民には，未来社会の予測が難しくなっているのである。

　子育ては，人類が地球上に誕生して以来，途絶えることなく受け継がれてきたが，このような変革の時代においても，子育てを通して次世代への人間文化の継承は，脈々と続けていかなければならない。しかし，過去を振り返れば，時代や社会や文化の違いにより，子育ての様式（営み）は大きく変容してきた。では，21世紀に生きる私たちは，何をめざして，何を大事にして子育てをしていけばよいのだろうか。

　今日の日本社会においては，子育てに不安や困難を抱える家庭が急増している。児童虐待件数は増加し続け，保育所の待機児童も解消できていない。「保育園落ちた，日本死ね」のブログが昨年（2016年）大きな社会問題となった。家庭を取り巻く生活基盤（子育て環境）が崩壊しつつあるようだ。

　知識基盤社会においては，保育・教育のあり方も変革（イノベーション）を求められる。従来通りのやり方を保守していては，時代の変化についていけず，世界の動向から取り残されてしまうだろう。「みずから主体的に学ぶ」をモットーに掲げる学習塾が増えているが，教室のなかの活動には限界（落とし穴）があることに気づかねばならない。

## 2．「生きた言葉」が子どもを育てる──子どもはいつでもどこでも学んでいる

　デンマークの哲学者グルントヴィ（Grundtvig, N. F. S.：1783～1872）は，「生きた言葉と相互作用による対話」を根幹とする教育理念を生み出した。彼の思想は，現在でも北欧諸国に広く普及している「フォルケホイスコーレ（Folkehøjskole）」（民衆の大学：「生きた言葉に基づいた生のための学校」）の設立に大きな影響を与えた（オヴェ・コースゴール，清水満（編著）『デンマークで生れたフリースクール「フォルケホイスコーレ」の世界──グルントヴィと民衆の大学』新評論，1993年）。「グルントヴィの生きた言葉による対話や相互作用，生活に根差した学びを重視する教育理念は，少人数クラス環境のなかで個々の子どもの発達を重視する

ことでこそ保障されてきたのである」(児玉珠美『デンマークの教育を支える「声の文化」——オラリティに根ざした教育理念』新評論，2016年，pp. 6-7.)。グルントヴィの「生きた言葉による対話」の教育理念は，今日の北欧諸国の保育・教育に広く受け継がれている。

　彼の思想は決して難しいものではない。筆者は1988年にスウェーデンに留学して以来，北欧の人々との交流を継続してきた。彼らと話していると，自分の頭のなかでもやもやしていたものがすっきり晴れるような気分になる。一見日本とは異なるように見える保育現場も，「なぜそうするのか？」と問うと，丁寧な返答が返ってくる。特別難しい理屈があるわけではなく，きわめて自然な論理で「なるほど」と納得させられる。今ではグルントヴィの理念は，筆者の子ども観・子育て観にしっかり浸透している。本書の編集にあたっても，この視点・価値観が貫かれていることを記しておきたい。

　「生きた言葉」による子どもとの交わりは，日常私たちが子どもと接しているやり方と変わるものではない。筆者自身，幼い子どもと関わっていると，いつも心を動かされる新しい発見をする。筆者（私）が体験した事例をいくつかあげてみよう。

〈事例1〉
　ある夕方，スーパーで買い物をしていたときのことである。買った物をレジ袋に詰めていると，奥の方から何か声が聞こえてきた。のぞいてみると，袋詰めしている女性たちの横で，3歳くらいの男の子が，一人ひとりの顔を見ながら，自分の手を差し出して女性の手に触れているのである。その女性たちの反応を見ていると，ある人は自分の手を休めず無言のままニコニコしている。ある人は「キャッ，何この子」とびっくりした素振りを示す。その子は，大人の反応に興味を示したのか，一人ずつ順番にタッチを繰り返している。私の番になった。その子の手はとても冷たかった。「ほら，ぼくの手冷たいでしょう」と伝えたかったのだろう。私はギュッとその手を握り返して「まあ，冷たいお手手。どうしたの？」と声をかけた。するとその子は，急いでアイスボックスの方へ駆けていき，手を一層冷たくして戻ってきて，また私の手に触れた。「ウワー，氷みたいに冷

たくなったね」と言うと，ニコッとして，スキップをしながら出口の方へ駆けて行った。後からお母さんが，腰をかがめて小走りに「すみません。すみません。」と言いながら，その子の後を追って行かれた。

　これはスーパーでのほんの数分間の出来事である。その子と私は「わかり合えた」という心が温まる出会いの瞬間を味わった。子どもは，自分が新しい発見をすると，他者に伝えたくなる。そのことを言葉で説明することができなくても，子どもは行動（身ぶり表現）で伝えようとする。その意図を読み取ってやると，そこにコミュニケーション（相互作用）が成立する。自分の意図を理解してくれる相手がいることを経験した子どもは，満足して，心の奥に自己肯定感（生きていく自信）が育ってくるのである。

〈事例２〉

　私は，ある市の障害児保育の園内研修で，４年間毎月ある園に通い続けたことがある。２歳児クラスにダウン症の子ども（S君）が入園してきた。入園当初はいつも座ってニコニコしていたが，３歳になった頃からハイハイをはじめた。その子が３歳児クラスになったときのことである。ある日，お昼寝前にクラスに入ると，お布団を敷きつめた部屋で，先生がクラスのみんなにアンパンマンの絵本を読み聞かせていた。クラスのみんなは絵本に集中していた。S君は先生におしりを向けて布団の上に座り，下を向いてジーッとしていた。私は，S君はまだ絵本には興味がないのだと思いながら傍に行って，布団から10cmほどのところにあるS君の顔に自分の顔を近づけて「何しているの？」と声をかけた。その瞬間，私の目に入ってきたのは，布団に描かれたブルーナのうさぎとにわとりの絵だった。S君は，ジーッとこの絵を見ていたのである。私は，はっと気づいて「うさこちゃんがいるね。こけこっこもいるね」と声をかけた。すると，S君は初めて顔をあげて，私を見てニコッとした。次の瞬間，S君は立ちあがり，私の手を引いて部屋から出ようとした。私は「S君おしっこ？」と言いながらついていった。S君は，廊下をトイレの方へ歩いていき，職員室の近くで止まって園庭を指さした。なんと，そこには「にわとり小屋」があって，にわとりがいたのである。私はびっくりして「あっ，こけこっこがいるね。おふとんのこけこっこといっしょやね」と言うと，S君はニコッとして，満足気に部屋に戻っていった。

　園長先生の話によると，つい最近，保護者がにわとり小屋をつくってくれたと

のことである。S君は，そのにわとりと自分のふとんのにわとりの絵が同じであることに気づき，その発見を，声をかけてきた私に伝えたかったのだろう。相手と思いを分ち合えたという喜びの瞬間を共有できたことで，相互の信頼関係（この人は私のことをわかってくれるという思い）が深まった。その後S君は，私がその園に訪問するたびに，自分から私の方に駆け寄ってきた。「S君，散髪したの？」と声をかけると，手をチョキ（はさみ）にして頭に持っていくなど，身体言語でコミュニケーションができるようになった。

このような子どもとの出会い（気持ちの通い合い）は，誰もが日々経験していることである。保育者でなくとも子育てを経験した者なら，心を動かされる子どもとの出会いの瞬間はいくらでも経験しているはずである。このような日々の肯定的な人との出会い（「いま，ここ」の体験）を積み重ねることによって，子どもは学び育っていくのである。クラスの子どもの数が多いと，一人ひとりの子どもとの丁寧な関わりや，瞬間，瞬間の子どもの微妙な心の変化を読みとることや，子どもとの出会いに基づく保育の展開は難しくなる。

保育施設の量的拡大（待機児童の解消）に奔走している日本の保育状況で，「保育の質」をどのように高めることができるのか。世界では，どのように自国の保育の質改革に取り組んでいるのだろうか。視点を海外に向けて，世界の保育改革の動向を知り，そこから何を学ぶことができるかを考察したい。

## 3．専門用語の翻訳について

これは，外国語の翻訳の際に誰もが悩む問題である。特に，保育という特定の専門分野についての海外事情を紹介する場合，専門用語をどう訳すかで苦労する。外国語と日本語は，語の意味が必ずしも1対1の関係でそのまま重なるように対応しているわけではなく，単語を辞書で調べて訳せばよいというわけにはいかないのである。保育の概念は，その国の長い歴史・文化・価値観などに影響を受けながらつくられてきており，一見類似しているように見えても，必ずしも日本の保育制度や内容と同一のものではない。したがって，翻訳をする場合には，対象国の歴史的・文化的・社会的背景について理解しておかなけ

ればならないし，保育関連の制度・政策についての歴史的背景も知っておかねばならない。さらに，日本の保育事情につても，専門用語を含めて幅広く理解しておく必要がある。

一方で，本書のように，多くの国の保育事情を同時に紹介する場合，その国の英語版資料で各国共通に使われている単語がいくつかある。その場合は，さしつかえのない範囲で訳語をできる限り揃えることにした。以下に，翻訳上考慮した語句の例をあげておく。

■ "learning"

本書では，就学前の保育では「学び」と訳すことにした。「学習」という日本語は，小学校以上の子どもが机に向かってする「勉強」や「授業（教授＝学習）」のイメージが先行する傾向がある。「early learning」を「早期学習」と訳すことにも抵抗がある。塾の「英才教育」のイメージがつきまとう。幼い子どもは，いつでもどこでも学んでいる。保育活動の場でも生活の場でも「対話」を通して学んでいる。乳幼児保育の「学び」と学校教育の「学習」の違いをどう定義するかについては，今後さらに研究していく必要がある。

■ "early years" "early childhood"

「幼少期」「幼年期」と訳すこともあるが，本書では，「乳幼児期」と訳すことにした。「幼少」「幼年」は年齢範囲があいまいで文学的である。保育の専門書では，何歳くらいを対象にして記しているのかを明確にイメージできることが求められる。発達心理学では，誕生後1か月から1歳頃（よちよち歩き）までを「乳児」，それ以降，就学までを「幼児」としている。保育では，1歳前後（日本では産休明け）から3歳まで（0・1・2歳児）を「乳児保育」，3歳から就学までを「幼児保育」または「幼児教育」としている。OECDの保育調査では，小学校低学年（8歳）までを研究対象にしている（幼小連携や学童保育も調査対象に含めている）。

■ 幼保一体化（一元化）した保育施設の名称

幼保一体化（一元化）した保育施設の名称の訳語は，「就学前学校」（スウェーデン），「保育学校」（フランス），「全日制幼稚園」（カナダ），「幼児園」（台湾）等，

はしがき

各国の保育事情や社会的背景に基づき多様である。日本では「認定こども園」と称されている。保育施設の保育活動の内容・方法（カリキュラム）も多様で，その内実は，それぞれの国（各章）の文脈に沿って理解する必要がある。

このように，世界の保育事情を紹介するのは簡単ではないが，それぞれの国が，新しい時代の要請に応えようと真剣に努力していることは事実であり，その点を謙虚に読み取っていただきたい。そうすれば日本の保育改革への示唆も，おのずと見えてくるはずである。本書を保育に関心のある多くの方々に読んでいただき，混迷する日本の保育界に問題解決の展望（糸口）を紡ぎ出す一助となればと願っている。

最後になりましたが，本書の刊行にあたって多大なご尽力をいただいた編集者の西吉誠さんに心から感謝を申し上げます。また，本書の主テーマである「保育の質改革」について，企画当初から意見交換をしながら丁寧に執筆要項をまとめてくださった川松いずみさんにも，深くお礼を申し上げます。そして，諸般の事情により，予定より1年遅れの出版となってしまいましたが，忍耐強く本書の完成に向けてご協力いただいた執筆者一同に，深謝の意を表します。

2017年　初夏

泉　千勢

# なぜ世界の幼児教育・保育を学ぶのか
―― 子どもの豊かな育ちを保障するために ――

目　次

はしがき

序　章　世界の保育の質改革の動向──21世紀型保育へのチャレンジ
　　　　　　　　　　　　　　　　　　　　　　　　　　泉　千勢…_1_
　　第1節　動き出す世界の保育改革 …………………………………_2_
　　第2節　21世紀型教育の課題──キー・コンピテンシーの探究 ………_3_
　　第3節　OECD 保育政策調査 ………………………………………_6_
　　第4節　OECD "Starting Strong" の提言内容 ……………………_8_
　　　　1．"Starting Strong : ECEC"（2001）……………………………_9_
　　　　2．"Starting Strong II : ECEC"（2006）…………………………_9_
　　　　3．"Starting Strong III : A Quality Toolbox for ECEC"（2012）… _10_
　　　　4．"Starting Strong IV : Monitoring Quality in ECEC"（2015）… _11_
　　第5節　EU（欧州連合）の保育改革の取り組み……………………_11_
　　　　1．EU の保育への基本姿勢と質の測定………………………… _13_
　　　　2．EU（2014）『ECEC の質枠組みの主要原理の提案』……………_15_
　　第6節　「保育カリキュラム」の研究動向……………………………_16_
　　　　1．OECD（2004）『5つの保育カリキュラムの概要』……………_17_
　　　　2．OECD "Starting Strong" のカリキュラム研究………………_19_
　　　　3．EU のカリキュラム研究………………………………………_22_
　　第7節　世界各国の保育改革の動向…………………………………_25_

第1章　ノルウェー王国──男女平等を牽引した人権尊重の国
　　　　　　　　　　　　　　　　　　　　　　　　　　泉　千勢…_29_
　　第1節　ノルウェー王国の社会歴史的背景…………………………_29_
　　　　1．歴　史 ……………………………………………………… _30_
　　　　2．文化・芸術 ………………………………………………… _32_
　　　　3．女性と子ども ……………………………………………… _32_
　　第2節　保育の歴史……………………………………………………_34_

1．2000年までの保育の変遷……………………………………… 35
　　　2．2000年以降の保育の質改善政策の動向……………………… 39
　第3節　保育内容——保育カリキュラム………………………………… 41
　　　1．子ども園法（the Kindergarten Act：2005，2010年改正）…… 42
　　　2．保育カリキュラム……………………………………………… 46
　第4節　保育環境と保育の質……………………………………………… 54
　　　1．保育施設の種類と保育環境…………………………………… 54
　　　2．保育者養成教育の改革………………………………………… 57
　第5節　日本の保育への示唆——ノルウェーの保育から学ぶこと …… 59
　　　1．価値と志向性を明記した子ども園法と保育カリキュラム… 59
　　　2．子どもと親の参加する権利…………………………………… 60
　　　3．「子ども」「子ども時代」の共通理解………………………… 61

第2章　スウェーデン王国——揺るがぬ子どもの権利の視点
　　　　　……………………………………………白石淑江… 65
　第1節　保育を支える家族福祉制度……………………………………… 65
　　　1．1歳過ぎまでは家庭で養育する……………………………… 65
　　　2．保育料の負担の軽減…………………………………………… 66
　　　3．長時間保育を防ぐ……………………………………………… 67
　第2節　保育の歴史——子ども自身の権利としての保育……………… 67
　　　1．保育施設の創設………………………………………………… 67
　　　2．一元化した公的保育制度の基礎づくり……………………… 68
　　　3．すべての子どもに就学前保育を……………………………… 68
　　　4．教育部門への移管……………………………………………… 69
　　　5．子どもの最善の利益をすべての教育の基本とする………… 70
　第3節　就学前の保育の場と保育者養成………………………………… 71
　　　1．就学前の保育の場……………………………………………… 71
　　　2．所轄省庁………………………………………………………… 72

    3．保育者養成 …………………………………………………… *72*
  第4節　子どもの権利に基づく保育実践 ………………………… *73*
    1．就学前教育カリキュラムの理念 ………………………… *74*
    2．保育の質の向上の取り組み ……………………………… *80*
  第5節　保育実践例 …………………………………………………… *85*
    1．テーマ活動「家と地図」（1〜5歳児） ………………… *85*
    2．保育の実際 ………………………………………………… *87*
    3．実践例についてのコメント ……………………………… *95*
  第6節　日本の保育への示唆——スウェーデンの保育から学ぶこと …… *96*

  **Column**　スウェーデンにおける就学前教師をめぐる状況 ……… *101*

# 第3章　デンマーク王国——保護者との協働による普遍的な保育サービス
　………………………………………………………石黒　暢… *103*
  第1節　保育の背景 ………………………………………………… *103*
  第2節　現在の保育制度 …………………………………………… *105*
    1．法　律 ……………………………………………………… *105*
    2．保育サービスの種類 ……………………………………… *105*
    3．保育サービスの利用児童数 ……………………………… *108*
    4．小学校における就学前教育 ……………………………… *108*
    5．給食の導入 ………………………………………………… *109*
  第3節　保育の質の向上をめざして——保育内容と実践 ……… *110*
    1．保育カリキュラム ………………………………………… *111*
    2．3歳児の言語スクリーニング …………………………… *111*
    3．自然保育 …………………………………………………… *112*
    4．保育を支える専門職 ……………………………………… *114*
    5．保護者委員会の設置 ……………………………………… *115*
    6．保育サービスの評価・監督 ……………………………… *116*

　　　　7．児童環境評価……………………………………………………*116*
　第4節　保育実践例——オーデンセ市のウアベクパーゲンスバアネフス統
　　　　　合保育施設……………………………………………………*117*
　　　　1．オーデンセ市の保育施策……………………………………*117*
　　　　2．ウアベクパーゲンスバアネフス統合保育施設……………*118*
　第5節　日本の保育への示唆——デンマークの保育から学ぶこと ……*124*

第4章　ドイツ連邦共和国——統一後の保育・就学前教育改革の動向
　　　　　………………………………………………豊田和子…*127*
　第1節　保育の歴史的背景——源流と2つの保育文化………………*127*
　　　　1．保育の源流と戦前までの制度………………………………*127*
　　　　2．分断されたドイツの2つの保育システム・育児文化……*128*
　　　　3．現在の子育て支援・家族支援政策…………………………*132*
　第2節　保育制度——保育請求権と量的拡大…………………………*134*
　　　　1．社会教育を担う保育施設……………………………………*134*
　　　　2．すべての乳幼児に保育請求権の法承認という前提………*137*
　　　　3．3歳未満児保育の量的拡大政策……………………………*137*
　　　　4．3歳以上児の幼稚園（Kindergarten）の普及状況と課題 ……*140*
　第3節　質向上とナショナルスタンダードの作成……………………*141*
　　　　1．「教育の質」研究の着手………………………………………*141*
　　　　2．ナショナルスタンダードとしての評価ツール開発………*142*
　　　　3．質評価のためのナショナルスタンダード（2003年）……*143*
　第4節　新しい子ども観に立脚する連邦共通大綱と各州のプログ
　　　　　ラム………………………………………………………………*146*
　　　　1．「自己形成の主体」「生活世界の探究者」としての子ども観…*146*
　　　　2．Bildung（人間形成）重視のプログラム——コンピテンシーと6領域
　　　　　………………………………………………………………………*147*
　　　　3．ベルリン，バイエルン州等のKitaの実践から……………*149*

第5節　日本の保育への示唆——ドイツの保育から学ぶこと…………152
　　1．「保育が子どもの権利である」という前提と法的保障の重要性について……………………………………………………………………152
　　2．「保育」概念の包括的理解に立つことが生涯学習における発達につながる……………………………………………………………………153
　　3．幼児期の子どもの学びとその教育の方法をめぐる改革から……153

## 第5章　フランス共和国——公教育を基軸に幼児期の育ちを支える
　　…………………………………………………………赤星まゆみ…159
第1節　最初の学校——家庭と学校を機軸として社会につながる子どもの育ち………………………………………………………………………162
第2節　現在の保育学校——「共和国の学校再建」の切り札…………165
　　1．「最初の学校」としての特徴……………………………………165
　　2．「保育学校」と学習期制度………………………………………167
　　3．「保育学校」の再定義……………………………………………169
　　4．「保育学校」のアクター…………………………………………171
　　5．「保育学校」の立ち向かうべき現代的課題……………………174
第3節　保育の質改善に向けた取り組み——2015年プログラム……176
　　1．保育学校の基本原理………………………………………………176
　　2．五大学習領域と教育行為…………………………………………180
　　3．学校教育の時間編成と修学リズム（rythme scolaire）
　　　　——日・週・年………………………………………………………185
　　4．新プログラム実施の今後の課題…………………………………189
第4節　日本の保育への示唆——フランスの保育から学ぶこと………190

## 第6章　カナダ——人権意識の高い多民族国家
　　……………………………………………………伊志嶺美津子・藤川史子…197
第1節　保育の歴史的背景…………………………………………………197

1．カナダの保育の草分け…………………………………………………… *197*
　　　2．デイ・ナースリー法の制定 ………………………………………… *198*
　　　3．第二次世界大戦後――福祉の興亡 ………………………………… *198*
　　　4．保育改善運動と子どもの発達の重視 ……………………………… *199*
　　　5．家族支援の萌芽 ……………………………………………………… *201*
　　　6．家族支援の共通原則・指針 ………………………………………… *202*
　　　7．専門職としての支援者養成 ………………………………………… *203*
　第2節　現在の保育制度 …………………………………………………… *204*
　　　1．保育の管轄とプログラム …………………………………………… *205*
　　　2．オンタリオ州の幼児教育と保育 …………………………………… *206*
　　　3．雇用と保育者養成課程制度 ………………………………………… *207*
　　　4．保育のカリキュラム ………………………………………………… *208*
　　　5．全日制キンダーガーテンの利点 …………………………………… *211*
　第3節　保育内容 …………………………………………………………… *212*
　　　1．多様性とインクルージョン ………………………………………… *213*
　　　2．恵まれた学びの環境 ………………………………………………… *215*
　　　3．学びを促す豊富な遊びのエリア …………………………………… *216*
　　　4．日課（スケジュール） ……………………………………………… *218*
　第4節　保育実践――エマージェント・カリキュラム ………………… *220*
　　　1．エマージェント・カリキュラムの特徴 …………………………… *220*
　　　2．エマージェント・カリキュラムの実際 …………………………… *221*
　第5節　家族支援の実践 …………………………………………………… *226*
　　　1．カナダの家族支援 …………………………………………………… *226*
　　　2．ファミリー・リソースセンターの事業 …………………………… *227*
　　　3．親子にとってのドロップイン ……………………………………… *229*
　　　4．家族支援スタッフの姿勢 …………………………………………… *230*
　　　5．オンタリオ・アーリー・イヤーズプログラム …………………… *231*

第 6 節　日本の保育への示唆——カナダの保育から学ぶこと …………… 232
　　1．多文化・多様性を学べる保育 ……………………………………… 232
　　2．子ども主体，子どもから出発する保育 …………………………… 233
　　3．家族への対応——家族支援と地域づくり ………………………… 233

第 7 章　ニュージーランド——「学びの物語」と保育の質向上の取り組み
　　　　　…………………………………………………………鈴木佐喜子… 239
　第 1 節　保育の質に関わる保育政策の展開 ………………………………… 240
　　1．幼保一元化と保育制度の整備 ……………………………………… 240
　　2．質の高い保育・幼児教育への参加の拡大 ………………………… 241
　　3．保育施設における有資格・登録教員の割合をめぐって ………… 242
　　4．施設規模，大人と子どもの比率に関する規定の後退 …………… 244
　第 2 節　保育の外部評価（Education Review）と自己評価（Self-Review）
　　　　　…………………………………………………………………………… 245
　　1．教育評価局（ERO）による外部評価 ……………………………… 245
　　2．保育施設の自己評価（Self-Review）……………………………… 246
　第 3 節　「学びの物語」が提起したアセスメントの転換 ………………… 247
　　1．「テ・ファリキ」に基づくアセスメント「学びの物語」………… 247
　　2．子どもへの信頼を基礎に「学びの構え」を育む ………………… 249
　　3．ナラティヴ・アプローチによる形成的アセスメント …………… 249
　　4．「外部機関による監視・評価」から子どもを取り巻く人々の合意
　　　　形成へ ……………………………………………………………… 250
　第 4 節　「学びの物語」の保育実践 ………………………………………… 252
　　1．「学びの物語」の保育実践の実際 ………………………………… 252
　　2．「学びの物語」の保育現場への普及 ……………………………… 254
　　3．「学びの物語」実践の到達点と課題 ……………………………… 255
　第 5 節　子どもの学びの成果をめぐって——「テ・ファリキ」と「学び
　　　　　の物語」に対する圧力の強まり ……………………………… 256

第6節　日本の保育への示唆——ニュージーランドの保育から学ぶこと
………………………………………………………………………… *259*

## 第8章　オーストラリア連邦——保育の質改革への挑戦
………………………………………………………… 林　悠子… *265*

第1節　幼児教育・保育に関する基本的情報 ………………… *266*
　　1．管　轄 …………………………………………………………… *266*
　　2．幼児教育・保育サービスの種類 ……………………………… *266*
　　3．保育の利用状況 ………………………………………………… *268*
第2節　幼児教育・保育改革——乳幼児発達国家戦略「乳幼児への投資」
………………………………………………………………………… *268*
第3節　国の質枠組み（The NQF）のもとでの保育の質向上の取り
　　　　組み ……………………………………………………………… *271*
　　1．国の質枠組み（The NQF）の設立 ………………………… *271*
　　2．国の質枠組み（The NQF）のこれまでの取り組みの流れ …… *273*
　　3．国の質枠組み（The NQF）における各州の規制機関の役割 … *274*
第4節　質評価の仕組み——国の質基準（NQS）を中心に ………… *274*
　　1．国の質枠組み（The NQF）の中核となる国の質基準（NQS）
　　　　——その目的と7つの質領域（Quality Area）……………… *274*
　　2．評価システム …………………………………………………… *275*
　　3．質評価の状況について——「NQF Snapshot Q2 2015」より …… *283*
第5節　資格要件の向上と保育者と子どもの比率 ………………… *284*
　　1．資格要件の高度化 ……………………………………………… *284*
　　2．保育者と子どもの比率 ………………………………………… *286*
第6節　学びの枠組み（フレームワーク）………………………… *287*
第7節　日本の保育への示唆——オーストラリアの保育から学ぶこと
………………………………………………………………………… *289*
　　1．オーストラリアの保育の評価と課題 ………………………… *289*

2．日本の保育への示唆……………………………………………… *291*

第9章　大韓民国──幼児教育・保育改革の動向……………韓　　在熙… *297*
　第1節　韓国の保育制度改革の概観……………………………………… *298*
　第2節　乳幼児の現況と少子化…………………………………………… *300*
　　　1．乳幼児の状況………………………………………………………… *300*
　　　2．幼稚園と保育施設（オリニジップ）の状況……………………… *301*
　第3節　幼児教育・保育政策の変遷……………………………………… *303*
　　　1．幼児教育……………………………………………………………… *303*
　　　2．保　育………………………………………………………………… *304*
　第4節　幼保統合カリキュラム「3〜5歳児年齢別ヌリ課程」の
　　　　　実施………………………………………………………………… *307*
　　　1．成立及び実施過程…………………………………………………… *307*
　　　2．実施過程における特徴……………………………………………… *308*
　　　3．「ヌリ課程」の内容構成と運営…………………………………… *310*
　第5節　保育の質の向上と保育カリキュラム…………………………… *312*
　第6節　幼児教育・保育の質を向上するための評価制度……………… *313*
　　　1．幼稚園の評価制度…………………………………………………… *314*
　　　2．オリニジップ（保育施設）の評価認証制度……………………… *316*
　第7節　今後の幼保統合への政策展開…………………………………… *322*
　第8節　日本の保育への示唆──韓国の保育から学ぶこと…………… *324*

第10章　台　湾──幼保一元化（幼托整合）政策の現状と課題
　　　　　………………………………………………………翁　麗芳… *329*
　第1節　台湾における幼稚園と托児所の歴史…………………………… *329*
　　　1．日本植民地時代に築いた幼稚園と托児所制度…………………… *329*
　　　2．1949〜2011年──戦後幼托二元の時代………………………… *330*
　第2節　幼保一元化（幼托整合）政策──「幼児園」の誕生………… *331*

1．5歳児学級をめぐる教師と教保員との摩擦
　　　　　——教育専門性を守るか，教育とケアを差別化するか………………… *331*
　　　2．公立園と私立園で異なる経営形態……………………………………… *334*
　　　3．2歳児，3歳児単独学級をめぐる議論………………………………… *335*
　第3節　ECECの質保障………………………………………………………… *339*
　　　1．新・幼児園カリキュラム大綱及びECECの実施基準の作成と推
　　　　　進…………………………………………………………………………… *339*
　　　2．幼児園教保職員の育成…………………………………………………… *341*
　　　3．幼児園課程と教育の自己評価…………………………………………… *342*
　　　4．幼児園評価………………………………………………………………… *343*
　　　5．専門家との指導計画の作成と実践……………………………………… *344*
　　　6．非営利幼児園の試行……………………………………………………… *346*
　第4節　台湾の保育改革の現状と今後の課題………………………………… *347*
　　　1．現状と問題点……………………………………………………………… *347*
　　　2．今後の課題………………………………………………………………… *349*
　第5節　日本の保育への示唆——台湾の保育から学ぶこと…………………… *351*
　　　1．子育て事業の政府責任と民間参入……………………………………… *351*
　　　2．子育ての個人と政府の責任……………………………………………… *351*
　　　3．公立園と私立園の敵対関係……………………………………………… *351*

終　章　世界の保育から日本は何を学ぶのか
　　　　——「すべての子どもの幸せ」の実現に向けて……泉　千勢… *353*
　第1節　世界の保育改革の方向性……………………………………………… *353*
　　　1．OECDとEUの保育の「質」領域……………………………………… *354*
　　　2．比較データに見る保育改革の動向……………………………………… *355*
　　　3．各国の保育改革の状況…………………………………………………… *359*
　　　4．日本の保育改革の現状…………………………………………………… *361*
　第2節　「子ども・子育て」の変遷…………………………………………… *362*

1．子育ては私事の時代 …………………………………………… *362*
　　2．人権意識高揚の時代 …………………………………………… *363*
　　3．保育ニーズ拡大の時代 ………………………………………… *364*
　　4．保育の質改革の時代 …………………………………………… *365*
　第3節　日本は世界の保育から何を学ぶべきか …………………… *366*
　　1．アクセス──待機児童解消問題 ……………………………… *366*
　　2．ガバナンス──管轄省庁の一元化問題 ……………………… *368*
　　3．各国の保育から学ぶこと ……………………………………… *370*


索　引　*375*

序　章

# 世界の保育の質改革の動向

21世紀型保育へのチャレンジ

泉　千勢

　近年のICT（情報通信技術）のパワーには感動すら覚える。現代は，わからないことは瞬時にインターネット検索で情報を得ることができる便利なデジタル社会（知識基盤社会）である。2000年を迎えた頃，ソニーの会長が「これからは，ドッグ・イヤー（犬の1年は人間の7年に相当）で時間が過ぎていく」と新年の新聞に記していた。確かに人類の科学技術の進歩は急ピッチで進んでいる。今日のテレビは，世界のニュースのみならず，宇宙研究の最前線（コズミックフロント）の映像も見せてくれる。宇宙のかなたの美しい星々には魅了されるが，何よりも感動したのは，日本の月探査機「かぐや」から送られてきた映像，月面から昇る「地球の出」を見たときのことである。真っ暗な宇宙空間に青い美しい地球がぽっかり浮かんでいる。自分の姿をはじめて見たような不思議な感覚を覚えた。

　無限の星雲からなる大宇宙のなかに浮かぶあの小さな星に，私たち地球人は暮らしているのだと思うと，すべての生命への愛おしさと，人類の英知（科学技術の進歩）への驚きと，これから先どんな社会が到来するのだろうかという不安等，複雑な気持ちになった。

　近年は特に，社会が大きく変革されつつあることを実感する（グローバリゼーション，イノベーション，ポストモダン等）。まさに時代の転換期にさしかかっている。今年生まれた子どもは，生まれたときからスマートフォンなどのデジタル機器が身近にある。筆者が生まれた終戦直後は食べるものも十分になく，

「近くの小学校の先生におっぱいをもらいに連れていった」と母から聞かされた。「今の子どもたちが大人になる頃にはどんな社会になっているのだろうか」と思うと,「これからはどのように子どもたちを育てていけばよいのだろうか」と考えざるを得ない。このような問いに答えるためには,今現在,私たちはどのような現実世界に生きているのかを知る必要がある。

## 第1節　動き出す世界の保育改革

　21世紀に入って各国政府は急ピッチで保育改革に取り組んでいる。OECD（経済協力開発機構）やEU（欧州連合）が,就学前の保育・幼児教育改革を牽引しているのである。その背景には,近年の多くの研究が,乳幼児期の子どもの質のよい生活と教育が,その後の子どもの人生のみならず社会に大きな貢献をもたらすことを明らかにしてきたという事実がある。また,国連「子どもの権利条約」(1989年)や,国連「ミレニアム開発目標（MDGs）」(2000年),「万人のための教育（EFA）」(UNESCO, 2007年),「持続可能な開発のための教育（ESD）」(UNESCO, 2005-2014年)等の多くの国際協約が,共通して乳幼児期の生活と教育の重要性を強調していることである。すべての子どもへの質の高い保育の保障,特に社会的困難な状況にある子どもへの配慮が求められている。
　さらに,ICT革命以降のポスト工業社会においては,人材の質・人的資源の育成が,その国の将来を左右する重要な要因であると見なされ,各国が競うようにして,「人生の始まりこそ力強く（*Starting Strong*）」と,就学前の保育・教育の質改善に取り組んでいるのである。
　日本においては,1995年から「エンゼルプラン」「次世代育成支援行動計画」等20年にわたって「少子化対策」(将来の年金医療介護対策としての子育て支援)に取り組んできた。2015年4月からは「子ども・子育て支援新制度」が施行されている。現政府(安倍内閣)は,アベノミクス(経済最優先政策)の一環として,「女性が輝く社会」「一億総活躍社会」の実現をめざして「保育所定員を50万人増やす」と言明している。しかし,2016年3月の国会で「保育園落ちた」

の匿名ブログを野党議員が取り上げたのを契機に，日本の「保育問題」がマスコミでも大きく取り上げられた。政府は「待機児童解消加速化プラン（2013～2017年）」を実施中であるが，急きょ保育士の処遇改善等を盛り込んだ「保育関係予算」を含む予算案を5月の国会に提出し可決された。

「待機児童ゼロ作戦」は，2001年（小泉内閣）から取り組まれてきたが，基本的に既存施設への詰め込み作戦であったため，今日まで待機児童は解消にいたっていない。地方自治体は，財源不足を理由に規制緩和・民営化策をとっており，世界（OECD）の保育の質改善に逆行している。量的拡大に財源を投与しているので質の低下はやむを得ないというのが日本の保育の現状である。児童虐待の相談件数も増え続けている（2015年度は10万3,286件）。乳幼児施策への公的財政支出は，OECD諸国のなかで最低である。保育所の建設計画（新設）が「子どもの声がうるさい」と近隣住民から反対される。これからの日本社会は何をめざしてどのように変わっていくのだろうか。そのなかで就学前の保育・教育はどのような方向に進んでいけばよいのだろうか。

21世紀の明るい未来社会を展望するには，新しい時代を生きる子どもたちにふさわしい子育てのあり方，「質の高い保育」の内実を明らかにしなければならないであろう。「保育の質」は多様な要素が相互に絡み合った複雑な概念であるが，本書では特に「保育内容・方法」（保育カリキュラム）にも焦点を当てながら，これからめざすべき「保育の質」のあり方を考えたい。そのために，OECD諸国やEU諸国が，現在どのように保育の質改革に取り組んでいるのか，その改革の取り組みの現状を知ることで，そこから日本が何を学べるかを考えてみたい。

## 第2節　21世紀型教育の課題——キー・コンピテンシーの探究

OECD教育局のアンドレア・シュライヒャー（Schleicher, A.）は『キー・コンピテンシー——国際標準の学力をめざして』（明石書店）の冒頭（日本語版によせて）で次のように記している。[1]

「今日の社会は，人々に多くの挑戦的課題を与え，人々は生涯のいろいろな場面で複雑な状況に直面しています。グローバリゼーションや近代化は，ますます多様で多くの人とのつながりを持った世界を作りだしているのです。個人としてこの世界を意味づけ，よりよく生きるために，人々は変化する技術を身につけ，大量の情報の意味を知る必要に迫られています。また，社会の集団としての課題に応じるために，環境的には持続可能性とのバランスを保って経済成長を行いながら，社会的な公正を実現する必要があるのです。こうした背景の中で，私たちの目標を実現するために必要な能力（コンピテンシー）は，ますます複雑となり，狭い意味で限られた技能を身につけるだけでは不十分な時代となっているでしょう」。

未来社会を見据えて，それに備えるように現在の教育のあり方を問い直すのは，OECD諸国の共通の課題である。OECDは1997年に，「読み，書き，計算することとは別に，どのような他の能力が個人を人生の成功や責任ある人生へと導き，社会を現在と未来の挑戦に対応できるように関連づけられるのか」「各個人の基礎となる重要な能力の何組かのセットを定義し選択するための，規範的，理論的，概念的な基礎は何か」といった疑問（個人の有能さとは何を意味するのか）に応えるため，DeSeCo (Definition & Selection of Competencies: theoretical & conceptual foundations；「コンピテンシーの定義と選択：その理論的・概念的基礎」）プロジェクト（1997-2003年）を立ち上げた。このプロジェクトは，スイスの主導のもと，PISA（OECD生徒の学習到達度調査）と関連づけられ，多彩な学問領域の専門家とOECDに加盟する12の参加国の政策担当者との協働によって進められた。その結果DeSeCoは「キー・コンピテンシー」を3つの広いカテゴリーに分類した。すなわち，「相互作用的に道具を用いる力」「異質な集団で交流する力」「自律的に活動する力」である。その概念枠組みを次のように記している。[2]

「第一は，個人が，その環境と効果的に相互作用するという広い意味で，

道具を活用することです。ここで道具とは，情報テクノロジーのような物理的なものや，言語のような文化的なものとの両方を含む意味で用いています。個人は，相互作用的に道具を用いる際に，各自の目的に合わせて道具を選び，そうした道具の使い方をよく理解する必要があるでしょう。

　第二は，いっそう助け合いの必要が増す世界で，人が，他の人々と関係をうまく作っていくことです。いろいろな経歴をもった人と出会うからには，たとえ異質な集団であっても人とうまく交流できるようになることが重要なのです。

　第三は，一人ひとりが，自分の生活や人生について責任をもって管理，運営し，自分たちの生活を広い社会的背景の中に位置づけ，自律的に活動することです。

　それぞれに特定の目標をもつこれらのカテゴリーは相互に関係しながら，キー・コンピテンシーをわかりやすく理解するための基礎を総合的に形成しています。さらに，コンピテンシーの枠組みの中心的な考えとして，個人が深い思慮をもって考え活動することがあげられます。この思慮深さ，反省性という概念には，私たちがいろいろな状況に直面したとき，これまでの慣習的なやりかたや方法を規則どおりに適用する能力だけではなく，変化に応じて，経験から学び，批判的なスタンスで考え活動する力が含まれています」。

DeSeCoが「キー・コンピテンシー」を定義したのを契機に，学校教育においては，これからの教育のあり方の模索が始まっている[3]。

　このようななか，佐藤学[4]は，2007年にOECD加盟国のナショナル・カリキュラムを調査した。その結果，先進諸国のほとんどの国が，「21世紀型の教育」の課題として，次の4項目を掲げていることを見いだした。

①知識基盤社会への対応（ポスト産業主義社会への教育，知識活用による思考探究の教育，生涯学習社会の教育）
②多文化共生社会への対応（異文化理解，多文化，多言語主義の教育）
③格差リスク社会への対応（学習権の保障，教育の平等，人権教育）

④成熟した市民社会への対応（市民性の教育，公共的モラルの教育，主権者教育，社会奉仕の教育）

これら4つの社会的対応は，「先進諸国における学校教育の内容と方法を大きく変化させている」と指摘して，学校教育の変容の特徴として次の4点をあげている。

①質と平等（quality and equality）の同時追求

　　幼児教育，初等教育，中等教育，高等教育，生涯教育のすべてにわたって一貫すべき改革の根本原理である。

②カリキュラムの変化（プログラム型からプロジェクト型へ）

　　「創造的活動」「思考」「探究」「協同」「コミュニケーション」は21世紀の学校カリキュラムの構成原理になっている。

③授業と学びの様式の変化

　　一斉授業の教室から協同的学び（collaborative learning）の教室へ。

④学校を「教師の学びの共同体」（professional learning community）として再定義

　　グローバリゼーションによって世界各国において質の高い教育の追求が国家政策となり，教師教育の標準的スタンダードは修士課程へと高度化し，それと同時に学校における現職教育の機能の充実が，教育改革の中心課題となった。授業研究による現職研修が世界各国で普及し，学校は子どもたちが学び合う場所であるだけでなく，教師たちが専門家として協同で学び合う場所として再定義されている。

## 第3節　OECD保育政策調査

OECD諸国では，新しい時代を切り拓く学校教育のあり方をめぐる研究開発と並行して，就学前の保育・教育の分野においても精力的に改革への取り組みが始まっている。

なぜ多くの国で就学前保育・教育が政府の中心課題になっているのだろうか。

1990年代後半のICT革命以降の経済発展と急激な社会変動(グローバル化等)は，伝統的な家族と子育ての形態を大きく変容させた。OECDは，各国政府が就学前の保育・教育への投資を重視する理由を次のように記している。①女性の労働市場への参加の増大，②ジェンダー平等に基づく仕事と子育ての両立，③出生率の低下と移民の増加という人口動態問題，④子どもの貧困と教育上の不利益の問題，⑤公共財としての幼児教育・保育。

OECD教育委員会は，1998年3月，幼児教育・保育(Early Childhood Education and Care：以下「ECEC」と記す)政策に関する調査(Thematic Review)に着手した。このプロジェクトの発端は，1996年1月に「万人のための生涯学習の実現(Making Lifelong Learning a Reality for All)」のテーマで開催されたOECD教育担当閣僚会議であった。そのコミュニケ(共同声明)で各国教育大臣は，生涯学習の基盤を強固にするために「ECECへのアクセスの拡充と質の改善」を最優先課題とすることに合意したのである。

ECEC政策調査は，①参加国の自国調査報告書(Background Report)，②調査チームの視察訪問(The Review Team Visits)，③訪問調査の報告書(Country Notes)，④比較分析の報告書(Comparative Report)の4点で構成された。「質・アクセス・公正性」への政策開発をめざして，訪問調査では「法律規定，職員，内容と実践のプログラム，家族支援，財源と会計」など，幅広い包括的アプローチが採用された。

1998～2000年の第1次調査に参加した国は，オーストラリア，ベルギー，チェコ，デンマーク，フィンランド，イタリア，オランダ，ノルウェー，ポルトガル，スウェーデン，イギリス，アメリカの12か国であった。これらの国は，社会・経済・政治的背景(文脈)が多様で，乳幼児の教育と保育に対しても多様な政策アプローチを採用していた。調査の範囲は，誕生から義務教育年齢までの子どもと小学校への移行期の子どもであった。

人生の最初の年齢段階にある子どもたちが，何を経験しているかということを通して，乳幼児期の政策と保育サービスの実態が調査された。その結果，家族・コミュニティ・その他，子どもたちの学びと発達に影響を与えている環境

の役割について考察がなされた。第1次調査の結果は"Starting Strong"[7]（2001年）にまとめられている。

さらに調査範囲を広げるために，OECD 教育委員会は第2回目の調査（2002～2004年）を実施した。第2次調査には，オーストリア，カナダ，フランス，ドイツ，ハンガリー，アイルランド，韓国，メキシコの8か国が加わった。

第2次調査（全20か国）の結果は，"Starting Strong II"[8]（2006年）にまとめられている。

これまでの研究で「保育の質」が中心課題となったが，保育の「質」が何で構成されているのか，どう定義するかについての共通理解は確立していない。この問題の考察を深めるため，OECD 教育委員会は「Encouraging Quality in ECEC（保育の質を高める）」プロジェクトを立ち上げた。この間に，第1次調査に参加した国がその後どのように質改善に取り組んだかの追跡調査も順次実施している。これらの結果は"Starting Strong III"[9]（2012年）と"Starting Strong IV"[10]（2015年）に反映されている。

このような一連の取り組みから，従来，幼い子どもに保育と教育（care and education）を提供することは「女性の労働市場への参入を保障するうえで必要である」と考えられていたが，それだけではなく，「乳幼児期が人間の学習と発達の基礎形成の重要な段階である」と見なされるようになってきた。また，親や地域コミュニティを支える財政・社会・雇用等の効果的な施策が推進されているならば，保育計画（教育プログラム）を策定することは，すべての子どもが人生を公平にスタートさせるのに役立ち，また教育の平等と社会的統合に貢献すると考えられるようになったのである。

## 第4節　OECD "Starting Strong" の提言内容

では，一連の OECD 調査報告書"Starting Strong（人生の始まりこそ力強く）"は，具体的に何を提言してきたのだろうか。ここでは，各報告書が明らかにした政策提言の内容（概要）を概観して，21世紀の保育がめざす方向性を明らか

にしたい。

## 1. "Starting Strong : ECEC" (2001)

　12か国の保育政策と保育施設の現状を精査した結果，ECEC 政策の成功の鍵を握る要素として，8項目が提言された。
〈質の高い乳幼児教育・保育（ECEC）を実現するための政策原理〉
　① ECEC 政策への体系的で統合的（integrated）アプローチ
　② ECEC と学校教育制度との強固で対等な連携（partnership）
　③すべての子どもに開かれたユニバーサル（普遍的）なアクセス
　　（特別支援ニーズをもつ子どもへの個別の配慮を含む）
　④ ECEC 施設と基盤設備（インフラ）への相当額の公的投資
　⑤ ECEC の質の改善と保障への参加型アプローチ
　⑥あらゆる形態の ECEC の職員に向けた適切な養成・研修と労働条件
　⑦ ECEC 分野の組織的なデータ収集とモニタリング
　⑧ ECEC の研究と評価のための安定した枠組みと長期計画

## 2. "Starting Strong Ⅱ : ECEC" (2006)

　上記8つの要素が ECEC 政策の枠組みであることを確認したうえで，政府と ECEC 利害関係者（ステイクホルダー）の検討に資するための政策課題を10項目提案している。
　①乳幼児期の発達を取り巻く社会的な状況に注目すること
　②子どもの幸せ（健康・福祉：well-being），乳幼児の発達と学びを ECEC 事業の中核にすえること。それと同時に，子どもの主体性と子ども本来の学びの方略を尊重すること
　③制度の説明責任と質の保障に必要なガバナンス（統治）の構造を構築すること
　④すべての ECEC 施設を対象とする幅広い指針とカリキュラム基準を，ステイクホルダー（利害関係者）と協力して作成すること

⑤ECECへの公的出資額の概算を，高い質の教育目標の達成を基準にして行うこと
⑥財政・社会・労働政策によって，子どもの貧困と社会的排除をくいとめ減らすこと。多様な学習権をもつ子どものために，すべての子どもに開かれたプログラムのなかで資源を増やすこと
⑦ECEC施設に家族と地域住民（コミュニティ）の参加を促すこと
⑧ECECの職員の労働条件と専門職教育を改善すること
⑨ECEC施設に対して自律性を認め，資金を提供し，支援すること
⑩幅広い学び・人々の参加・民主主義を支えるECEC制度を志向すること

## 3．"Starting Strong Ⅲ：A Quality Toolbox for ECEC"（2012）

ECECは，生涯学習の基礎となる子どもの成長発達，より公平な子どもの育ちと貧困の削減，出生率の向上，社会経済全体のよりよき発展等，子ども・親・社会にとって幅広い恩恵をもたらすことを，多くの研究が明らかにしている。しかし，こうした恩恵の程度は「質」いかんにかかっている。質をかえりみることなくECEC施設へのアクセスを増大させるなら，子どもの良き育ちや，長い目で見た社会的生産性といった利益はもたらされないこと，それどころか，質が低ければ，子どもの発達にとって長期にわたる有害な影響が続くことになることを研究が示している。

近年では，多くのOECD諸国がECECの質を向上させる努力を重ねているが，一方で，アクセスや購入のしやすさのような別の面に焦点を当てている国もある。この報告書では，政策発展段階がどの段階であろうと，ECECの質を高めるにあたって有効な5つの政策レバー（key lever：政策を梃子入れする手段）を，各国の具体例を紹介しながら提示している。

①質に関する目標設定と規則（最低基準等）の制定
②カリキュラムやガイドライン（指針）の策定
③保育者の資格，養成・研修，労働環境の改善
④家族や地域住民の参画

⑤データ収集，研究とモニタリングの推進

## 4．"Starting Strong Ⅳ：Monitoring Quality in ECEC"（2015）

　多くの国が，ECECプログラムの質の保障と説明責任のために，モニタリング・システム（監視・監査体制）を構築するようになってきた。"Starting Strong Ⅳ"では，子どもの発達に資するために，また，保育施設と職員の質を高めるために，各国はどのようにモニタリング・システムを開発し活用しているのかを調査した。そして，加盟国の政策策定者が自国のECECモニタリング政策を開発するのを助けるために，国際比較の視点と具体事例を提供している。

　この調査の契機は，2012年6月にオスロで開催されたワーク・ショップで，「質評価方法」の開発が進んでいることが話題になったことである。各国がどのように質を測定しているのか，また，質改善の進捗をどのように評価しているのかに関心が集まった。その場で希望を募り，データを収集して国際比較をするプロジェクトが発足したのである。

　OECDの一連の報告書 "Starting Strong" は，ECECの「質改善」に焦点を当ててきた。しかし，質改善のためには，質の範囲（領域）を同定しなければならない。"Starting Strong Ⅲ" では，質改善のための「5つの領域」を抽出している。また，質を改善するためには，「質」を測定・評価する必要がある。各国が「保育施設の質」「職員の質」「子どもの発達や育ち」等をどのように測定評価しているのか（モニタリングの質）が調査されたのである。調査は2013～2014年に実施された。

## 第5節　EU（欧州連合）の保育改革の取り組み

　OECDの取り組みより一足先に，EU議会は，男女平等委員会のもとに「保育ネットワーク」を立ち上げ，1985～1995年の10年間にわたって域内の保育調査を実施し，「保育の質改善」に取り組んできた。それは，1996年1月に『保

育サービスの質目標：10年間の行動計画（Quality Targets in Services for Young Children, Proposals for a Ten Year Action Programme）』を提出して解散した。そこには，2006年までに達成をめざすべき9ターゲット・40目標が提案されていた。

　EU加盟国は，1992年に「保育に関するEU理事会勧告」が出されて以来，ECECへのアクセスを増加させることを優先課題の一つに位置づけてきた。2002年にバルセロナで開催されたEU理事会で，加盟国は「女性の就労参加意欲の妨げとなるものを取り除くために，2010年までに3歳から就学までの保育（childcare）参加率を90％に，3歳未満児の保育参加率を33％にする」ことに合意した。質の高いECECへのアクセスを増加させることは，「2020年までに4歳から就学までの保育参加率を少なくとも95％にする」という，EU目標（benchmark）にもなっていた（これは「EU2020戦略」の主要項目である）。

　このEU目標（benchmark）は，「教育と訓練（養成・研修）2020戦略（Education and Training 2020 Strategy）」の一環であり，不利な背景をもつ子どもたちのアクセスを増大させることを求めている。それはまた，保育施設の質の向上とECEC教員の質の強化を支援することを求めている。このように，EU加盟国は，保育施設の利用可能性を拡大し保育施設の質を改善する政策を展開してきたのである。

　さらに，EU議会は加盟国からの要望に応えて，2012年に「教育と訓練（養成・研修）2020行動計画」の一部門として「Thematic WG」を立ち上げた。それは「保育施設へのアクセス及びすべての人への教育の提供」と「保育施設の質の向上」の2つの課題を包含する挑戦であった。作業部会（WG）は，EU内でのECEC質改善のための提言を開発するために，専門分野の同僚の相互学習方式（ボトムアップ方式）を採用した。その焦点は，ECECの質とアクセスの改善に導く鍵となる政策行動を同定し確定することであった。

　作業部会（WG）は，ECECの専門家とEU諸国の政策策定者で構成された。加盟国の政策と実践の文献資料から事実データを検索し，国際比較研究結果を精査分析した。その省察の中心に子どもを置くことによって，作業部会（WG）

は 5 つの領域に光を当てた。それは，その領域での行動が明確に保育施設の質改善に導くような領域，すなわち，①入園のしやすさ（access），②保育の担い手（workforce），③カリキュラム，④モニタリングと評価，⑤ガバナンスと財源である。この 5 つの領域には10項目の行動目標が設定された。それらは，加盟国が ECEC 施設の質をさらに改善し，すべての子ども・家族・地域社会を支援するために活用することができる行動指針である。

作業部会（WG）が直面した挑戦は，特に質の測定と行動目標が，ECEC の質改善を大きく導き，システムレベルと個々の ECEC 施設の両方で，よりよい結果に導くことである（この挑戦は，"Starting Strong IV" の文献研究に反映されている）。このような研究の成果として，2013年 5 月に中間報告 "Quality in Early Childhood Education and Care（ECEC の質）[12]" を，2014年10月に最終報告書 "Proposal for Key Principles of a Quality Framework for Early Childhood Education and Care（ECEC の質枠組みの主要原理の提案）[13]"（以下「質枠組みの主要原理」と記す）を刊行している。ここでは，"Key principles of a Quality Framework（質枠組みの主要原理）" に基づいて，近年の EU の保育改革の取り組み状況を展望する。

## 1．EU の保育への基本姿勢と質の測定
### （1）基本姿勢
「質枠組みの主要原理」では，冒頭で次のように記している[14]。

「学びと教育は，学校教育とともにはじまるのではない――それは誕生からはじまる。誕生から学齢までの乳幼児期は，子どもの人生において最も成長発達が著しい形成期であり，子どもの生涯発達と生活様式の基礎を整える重要な時期である。このような文脈で，質の高い ECEC は，すべての子どもの生涯学習の成功，社会的統合，人格形成，将来雇用のための必須基盤である。EU 全体の ECEC システムの質と有効性（effectiveness）を改善することは，安全で敏速で持続可能で包括的な経済成長のためにはきわめて重要で

ある。質の良いアクセス可能なECECシステムは，すべての個人が等しく幸せな人生を過ごすことができる力をつける（empowering）うえで重要である。したがって，幼い子どもたちのための質の高い安価で利用可能なECECは，EU及びその加盟国にとって，重要な優先事項であり続ける」。

このようにEUでは，乳幼児期が一人ひとりの子どもの人生においてかけがえのない重要な時期であるという認識のもとに，誰もが利用可能な質の高いECECをEU全体に整備することを報告書のトップで明記しているのである。

(2) 質の測定

今日では，質の高いECECは子どもの発達と学びを促進し，長期にわたる子どもの教育機会を強化するうえで非常に重要であることは広く認識されている。しかし，ECECの質は複雑な概念であり，質の達成・改善・さらなる開発は，相互に依存しており孤立して考えるべきではない。ECECの質に関しては国際的に合意された定義はないが，測定は高い質を生み出し確立するのを助けることが確認されてきた。保育の質には，施設の構造の質，施設で実施されている過程の質，保育施設がもたらす成果（結果）の質などが含まれ，それぞれをどのように測定するかが探究されてきた。

〈構造の質：ECECがどのようにデザインされ管理されているかを見る〉

個別園の許認可に関する規則・規定，専門養成された職員の数に関する基準，カリキュラムのデザイン，ECEC施設の財政に関する規定，職員と子どもの比率，すべての子どもが個別のニーズに従って公平に処遇されていることを保障する仕組み，乳幼児に対して養護（care）と教育（education）を提供する健康で安全な基準に適合している場の物理的環境基準等。

〈過程の質：ECEC施設内での実践を観察する〉

ECEC施設と子どもの保護者との関係，職員（スタッフ）と子ども及び子ども同士の関係性と相互作用，養護と教育が統合的な方法で提供されていること，ECECの活動の場での教育実践への保護者の参加及び介入（involvement）等。

〈結果の質：子ども・家族・地域・社会への貢献を見る〉

これらの貢献は，子どもたちの育ち（成果・結果）と関係している。すなわち，子どもの情緒的・認知的・身体的発達，子どもの社会的スキル，将来の学びと大人の生活への準備，子どもの健康と就学準備等である。

## 2．EU（2014）『ECECの質枠組みの主要原理の提案』

この提案は，相互に関係している10項目の幅広い行動からなっており，各項目は，加盟国がECECの質を強化するための指針である。高い質のECECは高い期待に基づいており，下記のことを要請している。

〈ECECへのアクセス（入園のしやすさ）〉

①保育施設は，すべての家族と子どもたちが利用可能で安価であること。

②保育施設は，参加を励まし，社会的包摂（inclusion）を強化して，多様性を受け入れること。

〈ECECの保育の担い手（保育者）〉

③よく教育された有資格の保育者。保育者の養成教育と現職教育（研修）は，専門職としての役割を十分に果たすことが可能な内容レベルのものであること。

④観察，省察，計画，チームワーク，保護者との協働（cooperation）のための機会を創造するところの専門職としてのリーダーシップを含む，支援的（supportive）な労働条件。

〈カリキュラム〉

⑤子どもたちが，自分のすべての潜在的可能性を実現することが可能になるような，教育目標・価値・方法に基づいたカリキュラム。

⑥保育者（スタッフ）に，子どもや同僚や保護者と協力（collaborate）すること，また，自分自身の実践を省察することを求めるカリキュラム。

〈モニタリングと評価〉

⑦モニタリングと評価は，当該地方・地域（州・県）・国レベルで，政策と実践の質に関して，継続して（continuing）改善を支えるための情報を生み出す。

⑧子どもの最善の利益の範疇内で実施されるモニタリングと評価。

これらの提案は，次のような統治機構（ガバナンス）が採用されているならば達成は容易である。

〈ガバナンスと財源〉

⑨ECECシステムの利害関係者（ステイクホルダー）が，自分の役割と責任について，明確で共有された理解をもち，かつ，パートナーの組織と協力（collaborate）することを期待されていることを知っている。

⑩登録・規定・財源が，公的補助金あるいは公的財源で設置されたECECへの，ユニバーサルな（希望するすべての子どもに）法的入園資格を与えることに向けての発展を支援し，その進捗が定期的にすべてのステイクホルダーに報告される。

## 第6節 「保育カリキュラム」の研究動向

「カリキュラムは，子どもの学びと発達を現実のものにする内容と方法に言及するものである。それは，何を教えるか（what to teach ?），それをどう教えるか（how to teach it ?）の質問に答えるものである。特にECECにおいては，ECECの目標（goals），内容，保育実践のような多様な構成要素を含む複雑な概念である（Litjens and Taguma, 2010）[15], [16]」。

カリキュラム（curriculum：教育課程）は，従来，学校教育で使われてきた概念である。1990年代後半以降，各国政府は保育施設の普及（量的拡大）に取り組む一方で，乳幼児保育の分野に「カリキュラム」の枠組みを導入するようになった。例えば，ニュージーランド（1996年），ノルウェー（1996年），フィンランド（1996年），オーストラリア・クイーンズランド州（1997年），スウェーデン（1998年），スコットランド（1999年），チリ（1999年），イングランド（1999年），アイルランド（2004年），デンマーク（2004年）等である。

「保育カリキュラム」の国際比較研究に取り組んだドイツのオーバーヒューマ（Oberhumer, P.）は，各国政府が「保育カリキュラム」を導入する主な理由

を6点あげている。①教育は，知識基盤社会における価値ある資源として重要性を担っている。カリキュラム規定は，乳幼児保育施設の地位と認知度を向上させるうえで積極的な貢献をすると認識されている。②最近の乳幼児期の脳発達についての神経科学研究は，政策策定者に質の高い保育供給の教育的将来性を認識させた。③カリキュラムの枠組みは，教育システム全体としての公的な説明手段として理解されている。④多文化背景の国においては，カリキュラムは共通の指導原理の枠組みを確立している。カリキュラム指針の供給は，ステイクホルダーとの協同において普及していくと認識されている。⑤民間セクターの拡大に取り組んでいる国では，義務的な指針は質の改善と公平さの手段として理解されている。⑥カリキュラムは，保育施設の職員（スタッフ）と保護者の間のコミュニケーションを高めるために，乳幼児保育専門職に共通の枠組みを与えると考えられている。

　今日では，乳幼児教育を「公共財」と考えるべきだという見方を支持する動きが高まっており，ノーベル経済学賞受賞者のヘックマン（Heckman, J.）をはじめ，教育経済学者の研究から強い後押しを得ており，研究者や政策策定者の間では，「保育カリキュラム」の開発が，誕生から就学までの乳幼児が参加している保育施設の教育的質を改善する強力な手段（道具）となり得るという共通認識がある。では，就学前の「保育カリキュラム」とは具体的にどのようなものなのか。また，21世紀の時代に求められるカリキュラムとはどのようなものなのか。ここでは，OECDやEUが「保育カリキュラム」に関して研究してきた内容を概観する。

## 1．OECD（2004）『5つの保育カリキュラムの概要』

　OECDは，2003年6月ストックホルムで，教育担当閣僚を対象に「乳幼児教育におけるカリキュラムと教育」のワーク・ショップを開催した。そこでは世界から注目されている5つの国のカリキュラム（「Experiential Education」ベルギー，「High/Scope」アメリカ，「Reggio Emilia」イタリア，「Te Whāriki」ニュージーランド，「Swedish」スウェーデン）が提唱者によって紹介された。その報告

書として, *Five Curriculum Outlines──Curricula and Pedagogies in ECEC.*[19] が刊行されている。その第2章に「保育カリキュラム開発の論点」が,イェテボリ大学の研究グループ (Pramling, I. ほか) によってまとめられている。ここではその論点（項目のみ）を紹介しておこう。

- 価値と規範に基づいた子どもの学びのための方向づけ
- 全体目標内での最大自由の可能性（センター,保育者,子どもにとっての自由）
- 子どもは共同的思考と論理分析的思考の組み合わせから最も利益を得る
- すべての教育レベルで共通の学習（学び）目標,ただし複雑さのレベルは多様
- 就学前保育施設（幼稚園・保育所）と学校を通した視点（perspective）の連続性
- 子どもたちの学びは意味の創造に焦点化されるべきである
- 保育カリキュラムは未来をも見据えなければならない
- 質の良いプログラムは文化と学びの探究の両者に基づいている
- 保育者（ECECスタッフ）の質は非常に重要である
- 保育カリキュラムは,遊びと学び,それらの関係を扱うべきである
- 保育プログラムは子どもの主体性や経験に対して開放的で余地をもたねばならない
- 共通の学び目標やアプローチとともに生涯学習の文脈において記されるべきである
- 強固な評価過程の構築
- 質とその測定
- 民主主義とジェンダーの問題
- 養護と教育（care and education）の両面がカリキュラムに反映されるべきである

## 2．OECD *"Starting Strong"* のカリキュラム研究

　OECD *"Starting Strong"* は，「保育の質」を規定する重要な要素として「カリキュラム」の研究にも取り組んできた。*"Starting Strong Ⅱ"* では，第6章第1節（ECECにおける質と規制）で，「保育カリキュラム」について次のように記している。

　　「施設における教育の概念と実践に関しては，国のカリキュラム基準の枠組みが指針となっており，ECECシステムの中心目標を定めている。この目標は国によって大きく異なり，時代によっても異なる。しかし各国に共通の信念も現れてきている。それはECECの長期目標を達成するためには，中心的な職員に高いレベルの養成・研修が必要だということである。……例えば，ドロール・レポート[20]が21世紀の教育として提案した次の一般的目標は，特に乳幼児期に適切であろう。すなわち，①人間として生きることを学ぶ（自己のアイデンティティの形成），②為すことを学ぶ（遊び，実験，グループ活動などを通して），③学習することを学ぶ（興味や選択を与え，うまく焦点化された教育学的目標をもった学びの環境を通して），④共に生きることを学ぶ（施設のなかで，民主的な方法で，差異を尊重しながら）である。これらのどの領域においても，経験的で高い自己動機に基づいた学習の涵養のためには，カリキュラムの中心に子どもの参加を置いた実践が求められる。また，それが起こるのを可能にする乳幼児教育者の能力についての特別な養成・研修が要求される。新しい養成と新しい能力が必要なのである。教室に重きを置いた伝統的な教員養成は，親・家庭・地域に対する新しい責任を果たすという点でも，また施設内で出会う多様性の増大に教育者が対応するにも，もはや不十分である」。

　ここでは，カリキュラムは国や時代によって異なるが，21世紀の新しい教育の目標を達成するには，それを可能にする保育者の新しい能力とその養成が必要であることを指摘している。

表序-1　伝統的な2つのカリキュラムの特徴

|  | 就学準備（アカデミック）型 | 生活基盤（ホリスティック）型 |
| --- | --- | --- |
| 子ども観 | 未来の生産性の高い知識労働者への投資。学校へのレディネスに焦点化。 | 権利の主体としての子ども，自分自身の学びの方略をもった有能な子ども。 |
| 保育施設 | 個人の要求に基づいたサービス。定められたレベルに到達することを期待。 | 公共のサービス。子どもの発達と学びを援助し民主的な価値ある経験を提供。 |
| カリキュラム開発 | 目標と成果を詳細に定めた国のカリキュラム。標準化された方法で教師により実行。 | 枠組み規定。詳細化と実行は自治体と施設に任され，責任は職員が連帯して負う。 |
| プログラムの焦点 | 就学準備に役立つ領域。主に教師主導。詳細なカリキュラム目標を達成する必要がある。 | 子どもと家族とともに広く学ぶことに焦点化。施設での生活の質に重点を置く。 |
| 教育の方略 | 国のカリキュラムは正しく実行すること。個人の自律と自己調整に力点が置かれる。 | 国のカリキュラムはテーマやプロジェクト選択のガイド。子どもの方略に信頼を置く。 |
| 言葉，読み書き | 識字重視。読みの前段階の知識・技術等の基準がつくられている。 | 母語の個人的能力への焦点化が重要。「子どもたちの100の言葉」を重視。 |
| 子どもの目標 | マニュアル化された達成目標がすべての施設で設定されている。 | 広くゆるやかな方向づけ。達成目標ではなく努力目標である。 |
| 室内屋外空間 | 室内が第一の学習空間で，室内の資源に焦点が当てられる。 | 室内も屋外も同等に教育的に重要。環境とその保護は重要なテーマである。 |
| 評　価 | 小学校入学時に，学習の成果と評価が要求される。個人評価は教師の役割。 | 型通りの形式的評価は不要。親・子どもとの話し合いで発達目標を設定。 |
| 質の管理 | 明確な目標，査察により実施。施設の評価は標準化検査が使用される。 | 参加型。教師とチームの責任で実施。成果の質はドキュメンテーションを使用。 |

出所：OECD（2006）. *Starting Strong II*, p. 141 に基づき筆者作成。

"*Starting Strong II*"第6章第5節（ECECカリキュラムについての優勢な理解の仕方）では，現在使われている「保育カリキュラム」の調査分析の結果，アプローチには2つのタイプがあるとしている。アメリカに代表される就学準備（アカデミック）型と，北欧諸国の生活基盤（ホリスティック）型である。それぞれの特徴を表序-1のように比較している（概要のみ）。

"*Starting Strong*"は，「就学前教育（ECEC）と学校（初等）教育との間の強固で対等な連携」を要請している。両システムにまたがるより一体化した学習

表序-2 アカデミック型とホリスティック型の効果

| 比較項目 | アカデミック型 | ホリスティック型 |
| --- | --- | --- |
| IQ 得点 | ○ | |
| 学びへのモチベーション | | ○ |
| 文字と数 | ○ | |
| 創造性 | | ○ |
| 自立性・主体性 | | ○ |
| 特定の知識 | ○ | |
| 自　信 | | ○ |
| 一般的知識 | | ○ |
| 短期的成果 | ○ | |
| 長期的成果 | ○ | ○ |

出所：OECD（2012）．*Starting Strong Ⅲ*, p. 85 より筆者作成。

へのアプローチを提言したのである。これは2つの異なる政策選択を生み出した。

　フランスと英語圏の国々（ニュージーランドを除く）は，「学校へのレディネス（就学準備）」のアプローチを採用した。それは，幼い年齢での認知発達，子どもが教室での経験の結果として発達させるべき一定範囲の知識・スキル・関心傾向の獲得に焦点を当てている。幼児教育施設は，通常小学校と同じ建物にあり，教師の養成も就学前教師と小学校教師は共通の「教員養成専門大学機関」で行われている。幼児教育も初等教育も，その内容と教育方法は，通常教師中心でアカデミックなアプローチを好み，それゆえ相互に接近している。これらの国では，学校の視点から連携の問題を考えている。

　北欧諸国と中欧諸国では，乳幼児期は広い意味での人生の準備期間であり，生涯学習の基礎形成段階と見られている。中心に置かれているのは，子どものまさに「いま」の発達課題と興味をサポートすることである。この子どもへのアプローチは，保護・養育・教育を包含している。小学校とのつながり，また学童保育とのつながりは，多様なメカニズムを通して保持されており，少なくとも小学校低学年までは就学前の教育学（乳幼児教育）が影響力をもつべきだという考え方が広く認識されている。これらの国では，就学前保育施設は，家族を支援することと，幼い子どもの長い目で見た幅広い発達上のニーズを支援

することを重視する特有の制度だと考えられている。就学前教育と小学校の実際的な統合は，デンマーク，フィンランド，スウェーデンでは，学校（義務的初等教育は7歳で始まる）に併設された「就学前クラス」（6～7歳）によって保障されている。

　21世紀の教育・保育のためには「北欧（ホリスティック）型」のカリキュラムのほうがよりふさわしいように思われる。しかしいずれも長所と短所があるとして（表序-2）, "Starting Strong Ⅲ" では，従来の二極分化したアプローチの発想を超えて，カリキュラムの「学びの領域」や「実施方法（実践）」に焦点化して議論したほうがよいと指摘している。

## 3．EUのカリキュラム研究

　前節（第5節2.；p.15）で紹介したように，EU（2014）『ECECの質枠組みの主要原理の提案』では「カリキュラム」に関して2つの原理が提案された。[21]その内容をもう少し詳しく見てみよう。

(1) EUのカリキュラムに関する2つの原理

　■「子どもたちが自分のすべての潜在的可能性を実現することが可能になる
　　ような，教育目標・価値・方法に基づいたカリキュラム」

　子どもの教育と養護，同様に，子どもの認知的，社会・情緒的，身体的，言語的発達は重要である。カリキュラムには，共通目標，価値，方法を定めるべきであるが，それは，全面発達の可能性に向けて子どもの発達を励ますECEC施設の役割と責任についての，社会の期待を反映するものであること。すべての子どもは，活動的で有能な学び手であり，子どもたちの多様な能力は，カリキュラムによって援助される。同時に，カリキュラムの実施は，オープンな枠組みの範囲内で計画される必要がある。それは，ホリスティックな方法で，子どもの多様な興味と欲求を認識し促進するものであること。よくバランスのとれた教育と養護の組み合わせは，子どもの幸せ（健康・福祉：well-being），肯定的な自己像，身体発達，社会的・認知的発達を促すことができる。子どもの経験と積極的な参加は価値づけられ，遊びを通しての学びの意義は理解され援助

されねばならない。

▰「保育者（スタッフ）に，子どもや同僚や保護者と協力（collaborate）することを，また，自分自身の実践を省察することを求めるカリキュラム」

カリキュラムは，発達と学びを励ますために，子どもとの間に，また子ども・保護者・保育者（ECECスタッフ）との間に，共有された理解と信頼の創造に刺激を与える重要な道具である。制度あるいは国レベルにおいては，カリキュラムはあらゆる形態と文脈背景のECECの仕事を指導でき，地方（市町村）あるいは施設レベルにおいては，実践や各施設の文脈背景での優先事項を記述できる。カリキュラムに協力的（collaborative）アプローチを発展させる際の必須要件は，自分自身の実践を分析し，何が効果的であったかを同定し，自分の同僚とのパートナーシップのもとで，根拠（エビデンス）に基づいた新しいアプローチを開発する一人ひとりの保育者（スタッフ）の能力である。カリキュラムは，実践と改革を通して子どもの学びを促すことによって，また，ECEC施設がどのように子どもの発達と学びを援助することに貢献しているかについて，保護者との協働（cooperation）を励ますことによって，このアプローチを高めることができる。

(2) EUのカリキュラム研究の成果

EU（2014）『ECEC質枠組みの主要原理の提案』は，多様な背景・文脈を越えて良い実践（good practice）とされるECECカリキュラムの特徴を，次のようにまとめている。[22]

・子どもの権利（国連「子どもの権利条約」1989年）を尊重し，子どもを有能な人間として認め，親（両親・保護者）を子どもの最初の教育者として尊敬するという原理と価値を明記しているカリキュラム。

・子どもの興味・欲求（needs）・潜在的可能性（potentialities）に応える教育と養護の実践を通して，子どもの発達を持続させるための原理を確立している幅広い教育的枠組みをもつカリキュラム。そのような枠組みは，カリキュラムの目標を達成するために，子どもの学びの過程はいかに援助され得るか（大人の相互作用や介入，クラス運営，豊かな学び環境の構成，テーマや

プロジェクトの方法論等）についての一般的なガイダンス（指導）をペダゴー（pedagogues）[23]や教師（educators）に提供する。
- 幅広い発達領域（情緒的・個人的・社会的発達，言語とコミュニケーション，周囲の世界の知識と理解，創造的表現，身体的発達と運動）を横断した子どもの全体的（holistic）な発達を志向し，学びと子どもの幸せ（健康・福祉：well-being）の間の適切なバランスに努めるという，明白な目標を記しているカリキュラム。
- 意味生成（meaning-making）と所属感（belonging）を通して，子どもの学びと幸せ（健康・福祉：well-being）を保持するキー・ファクター（鍵となる要素）として，コミュニケーション，相互作用，対話（dialogue）に強く焦点を当てているカリキュラム。
- 保育者（スタッフ）に，同僚間で仕事をすることを，また，改善するために絶えずお互いの実践を評価することを奨励するカリキュラム。省察することにより，子どもがいかに学び発達するかということのよりよい理解を実践者が発達させるということが，また，子どもの発達についての知識をもつだけでは効果的な実践を形づくるには十分ではないことが，研究において広く知られている。それゆえ，子どもの学び経験の観察と記録を通して日々実践を省察することは，すべての子どもの欲求と可能性に応えることで，保育者（スタッフ）は新しい挑戦に直面することになるのである。実践者の同僚間の仕事は，子どもとの対話を通して，また，教育的な決定をする際に対等なパートナーとして保護者が参画することによって，絶え間なく教育実践を共同で構築し，解体し，再構築するための基礎を形成できる。
- 保護者との協働（cooperation）を含んでおり，社会文化的多様性の枠組み内で，民主主義の価値の同意を促すことを含むカリキュラム。

## 第7節　世界各国の保育改革の動向

　保育の質は子どものイメージ（子ども観）に依拠している。「子ども」と「子ども時代」の共通のイメージ，「子どもは社会のなかでどのように学び育っていくか」の見方が，ECECサービスや施設のデザインに影響を与える。

　子どもは「100の言葉」をもっている。一人ひとりの子どもは，個性的で有能な積極的な学び手であり，その潜在能力は励まされ援助される必要がある。イタリアのレッジョ・エミリアの保育は，世界中から注目され，子ども観に影響を与えてきた。国連「子どもの権利条約」（1989年）は，子どもを「保護の対象」としてだけでなく「権利主体」として捉えることを提起した。すべての子どもは等しく教育を受ける権利をもっている。子どもの学びと発達は，誕生から始まる。新しい時代は，すべての子どもが成長発達の過程で豊かな人間性を培うことを要請している。女性の社会参画が自明の社会では，子育ては家庭では完結できない。質の高い子育ての場を社会全体で構築する時代が到来したのである。

　OECDとEUの保育改革の取り組みにより，21世紀の新しい時代にめざすべき保育の質改善の方向性が明らかになってきた。質の領域は，①アクセス（入園のしやすさ），②保育の担い手（保育者），③カリキュラム，④モニタリングと評価，⑤ガバナンスと財源，の5領域が指定された。領域ごとにどのように改革を進めているのか，加盟国の事例も示された。「保育の質」は複雑な包括的な概念である。このようなOECDやEUの質改善の活動は，加盟国の参加協力で実現した長期にわたる壮大な事業であることが理解できる。それは，現在も新しいプロジェクトが準備されているが，その成果は，何度も会議を重ね相互に知恵を出し合ってたどり着いた努力の結晶である。OECDやEUの提言は，加盟国内でも議論を巻き起こし，政府の政策担当者のみならず，研究者，自治体職員，現場の実践者も参加して，自国内の保育の質改善の取り組みに弾みがついている。特に，ここ2～3年は急速に改革が進展しており，多く

の国が現在も改革途上にある。

　本書では，世界各国がどのように保育の質改革に取り組んでいるのかを，歴史・社会・文化的背景を踏まえて深く理解することをめざした。各国の質改革の進捗は一律ではない。各章ではその国の質改革の特徴的な側面に焦点を当てており，本書全体として「質」の多様な側面の取り組みの様子を俯瞰している。ここに，各章が取り上げた質改革の内容のポイントを簡単に紹介しておこう。

　第1章から第3章までは北欧諸国である。「第1章　ノルウェー王国」では，最新の「子ども園法」(2010年改正)と「子ども園のカリキュラム」(2011年改訂)が策定されるまでの背景とその内容が紹介さている。「第2章　スウェーデン王国」では，2010年改訂の「就学前教育カリキュラム」と「テーマ活動の実践事例」が，また「第3章　デンマーク王国」では，2004年に新設された「保育カリキュラム」と2007年制定の「保育サービス法」等が紹介されている。

　第4章と第5章はヨーロッパの国である。「第4章　ドイツ連邦共和国」では，東西統一後の「保育の質評価ツール」の開発と，連邦・各州の保育プログラムの開発の状況が，「第5章　フランス共和国」では，「保育学校」の再定義と，2015年の新「保育学校プログラム」が紹介されている。

　第6章から第8章までは環太平洋地域の国である。「第6章　カナダ」では，州ごとに所轄省庁の一元化が進んでいる。オンタリオ州の事例として，全日制キンダーガーテンの保育環境・実践の内容や家族支援の内容が紹介されている。「第7章　ニュージーランド」では，評価の問題に焦点を当てている。保育実践や質評価の方法としての「学びの物語」及び外部評価と自己評価について論じている。「第8章　オーストラリア連邦」では，国をあげての質改善の取り組み状況と「質評価システムの開発」が紹介されている。

　アジアの国として，「第9章　大韓民国」と「第10章　台湾」では，それぞれの近年の保育改革の状況が紹介されている。

　いずれの国も，OECD等の「政策提言」を受けて，果敢に保育の質改革に取り組んでいる様子がうかがえる。次章から，各国の保育の質改革の取り組み内容を具体的に見ていこう。

注

(1) ドミニク・S. ライチェン／ローラ・H. サルガニク（編著），立田慶裕（監訳）『キー・コンピテンシー——国際標準の学力をめざして』明石書店，2006年。

(2) 前掲(1)，p. 4.

(3) 基礎学力研究開発センター（編）『日本の教育と基礎学力——危機の構図と改革への展望』明石書店，2006年；P. グリフィン／B. マクゴー／E. ケア（編），三宅なほみ（監訳），益川弘如・望月俊男（編訳）『21世紀型スキル——学びと評価の新たなかたち』北大路書房，2014年；田中義隆『21世紀型スキルと諸外国の教育実践——求められる新しい能力育成』明石書店，2015年など。

(4) 佐藤学「21世紀型の学校カリキュラムの構造」東京大学教育学部カリキュラム・イノベーション研究会（編）『カリキュラム・イノベーション——新しい学びの創造へ向けて』東京大学出版会，2015年。

(5) OECD (2001). *Starting Strong: Early Childhood Education and Care.* OECD Publishing, Paris.

(6) OECD (2006). *Starting Strong II : Early Childhood Education and Care.* OECD Publishing, Paris.（星三和子・須藤美香子・大和洋子・一見真理子（訳）『OECD 保育白書 人生の始まりこそ力強く——乳幼児期の教育とケア（ECEC）の国際比較』明石書店，2011年）。

(7) 前掲(5)

(8) 前掲(6)

(9) OECD (2012). *Starting Strong III : A Quality Toolbox for Early Childhood Education and Care.* OECD Publishing, Paris.

(10) OECD (2015). *Starting Strong IV : Monitoring Quality in Early Childhood Education and Care.* OECD Publishing, Paris.

(11) EU (1996). *Quality Targets in Services for Young Children, Proposals for a Ten Year Action Programme.*（泉千勢・平田早和子・船曳美千子（訳）「保育サービスの『質』目標：10年間の行動計画の提案」大阪府立大学『社会問題研究』第53巻第1号，2003年）。

(12) EU (2013). *Quality in Early Childhood Education and Care.*

(13) EU (2014). *Proposal for Key Principles of a Quality Framework for Early Childhood Education and Care. Report of the Working Group on Early Childhood Education and Care under the Auspices of the European Commission.*

(14) 前掲(13)，p. 3.

(15) Litjens, I. and Taguma, M. (2010). *Revised Literature Overview for the 7th*

*Meeting of the Network on Early Childhood Education and Care.* OECD, Paris.
(16) 前掲(9), p. 82.
(17) Oberhumer, P. (2005). International Perspectives on Early Childhood Curricula. *International Journal of Early Childhood*, 37(1), 27-38.（林悠子（訳）泉千勢（監修）「乳幼児保育カリキュラムの国際比較」大阪府立大学『社会問題研究』第55巻第1号, 2005年）。
(18) 前掲(6), 邦訳 pp. 44-47, pp. 285-294.
(19) OECD (2004). *Five Curriculum Outlines—Curricula and Pedagogies in Early Childhood Education and Care.* OECD directorate for Education, Paris.（泉千勢（監訳），三ッ石行宏（訳）「世界の保育カリキュラム(1)」『社会問題研究』第57巻第1号, 2007年；泉千勢（監訳），三ッ石行宏・林悠子・鶴宏史（訳）「世界の保育カリキュラム(2)」『社会問題研究』第57巻第2号, 2008年；泉千勢（監修），厨子健一（訳）「保育カリキュラム開発の論点——OECD 5つの保育カリキュラムの概要 第2章」『社会問題研究』第58巻, 2009年）。
(20) Delors, J. (ed.) (1996). *The treasure Within.* UNESCO, Paris.（天城勲（訳）『学習：秘められた宝——ユネスコ「21世紀教育国際委員会」報告書』ぎょうせい, 1997年）。
(21) 前掲(13), p. 10.
(22) 前掲(13), pp. 41-42.
(23) 英語では「social educator」とも訳される。児童福祉施設（保育所等）や学童保育，障害者や高齢者等の幅広い福祉関係施設等で働く指導員。就学前教師とは別の教育課程で養成されている。デンマークでは近年の法改正までは保育専門職員もこのコースで養成されていた。

## 第1章

# ノルウェー王国

男女平等を牽引した人権尊重の国

泉　千勢

　ノルウェーは，高水準の教育・雇用を保持し，民主主義の伝統を背景に，ジェンダーの実質的平等をめざして今日も前進し続けている高福祉社会である。
　1990年に「子ども家族省（Barne-og familiedepartementet: BFD）」を創設し，1995年に「保育所法（Act no. 19 of 5 May 1995 on Day Care Institutions：以下「保育所法（1995）」と記す）」を制定した。2005年に法改正をして「子ども園法（Act no. 64 of June 2005 relating to Kindergartens：以下「子ども園法（2005）」と記す）」を制定し，2006年5月1日に，就学前保育の所管を「子ども家族省」から「教育研究省（Ministry of Education and Research）」に移管した。保育施設（ECEC）が広がりはじめるのは1970年代以降のことである。OECD第1次保育政策調査に参加し，2000年以降は国際的視座から，精力的に保育施設の拡充と質改善に取り組んできた。今日では「子ども園」は，すべての子どものための公共財と見なされ，世界でもトップクラスの充実した保育制度を実現している。[1]

## 第1節　ノルウェー王国の社会歴史的背景

　北欧5国（ノルウェー，スウェーデン，デンマーク，フィンランド，アイスランド）は，「自由・平等・連帯」の共通の理念を掲げ，福祉や生活保障の普遍主義制度が整えられた豊かな福祉国家（北欧モデル）として世界から注目されている。北欧の地域協力機関として1953年に北欧評議会，1971年に北欧閣僚評議会を設

置し，法律・社会・文化等において相互に連携しており，移動も相互に自由である（ただし，外交・防衛政策は地域協力対象から除外）。しかし，その歴史をたどれば，必ずしも順調に歩調を合わせて幸せな途を歩んできたわけではない。福祉国家の視座からすれば，ノルウェーは他の北欧諸国に比べ後発国である。長年，ケア（育児・介護等）の提供者として，家族を支援する保守的な家族支援政策をとってきた。

歴史をさかのぼれば，フィンランドが異なる言語と歴史（旧ソ連に支配された経験）をもっているのに対して，ノルウェーは，デンマークにもスウェーデンにも支配された経験がある。他の北欧諸国はEUに加盟しているが，ノルウェーはEU非加盟を貫き独自性を保っている。北欧のなかのノルウェー固有の姿を，歴史と文化から垣間見てみよう。[2]

## 1．歴　史

約1万年前，北欧は氷河に覆われていた。氷河が解けはじめ，スカンジナヴィア半島の東（スウェーデン側）は氷河に削り取られて平原（森と湖）になったが，西（ノルウェー側）は山岳の合間を氷河が流れ川となり，深い谷（フィヨルド）ができた。氷が消えて土地が乾き植物や動物が現れて，北欧に最初の人間が南方や東方からやってきた。

北欧3国（ノルウェー・スウェーデン・デンマーク）のルーツは，原北方ゲルマン民族であると言われている。ヴァイキングの時代（8～11世紀）に，「北の道（north way：Norwayの語源）」と呼ばれたが，まだ政治的なまとまりはなく地理空間を指す名称にすぎなかった。この時期に，キリスト教（ローマ・カトリック教会）がノルウェーに伝播した。

ヴァイキングの時代以降，王室相互の国際結婚の結果として，1397年に締結されたカルマル同盟（同君連合）によって，ノルウェーとスウェーデンはデンマークの王により統治された。1523年にスウェーデンが独立した後も，ノルウェーはデンマークの「二重王国」に約300年間支配され続けた。1537年にデンマークの王は，ローマ・カトリック教会に代わってドイツ・ルター派のプロテ

スタント教会を王国の公式宗教に決め，牧師や公務員は文書にデンマーク語を使用するよう命じた。

　ナポレオン戦争の最中にデンマークはスウェーデンに敗北し，1814年1月14日に同君連合を解消した。そのときノルウェーでは独立運動が高まり，同年5月17日にアイツヴォルで開催された憲法制定会議において，欧州最古の憲法を制定し独立を宣言した。しかしその後，スウェーデンが軍事攻勢をかけてきた。スウェーデン国王カール・ヨハンが憲法遵守を約束したため，ノルウェー議会はカール13世を国王にすることを承認し，1815年にスウェーデンとの同君連合が成立した。ノルウェーは，スウェーデンとの同君連合のもとで，独自の憲法・議会・政府・軍などを保持し，議会制民主主義を培っていった。

　ノルウェーがスウェーデンとの同君連合を解消して再び独立国家になったのは，1905年6月7日のことである。国民投票の結果，大多数のノルウェー人が共和国よりも王国であること（王制維持）を求めたため，デンマークの王子カール（Carl）に国王になることを依頼し，1905年にホーコン7世（Håkon: Carlのノルウェー王室名）が，イギリス人の妻モード（Maud）と1歳のオーラヴ（Olav: Alexanderのノルウェーの王子名）を伴って王位に就いた。こうして現王室初代の国王（王位1905～1957年）が誕生したのである。今日の国王は政治権力を保持せず，自由と独立の象徴である。

　1940年にノルウェーはナチス・ドイツに占領された。王室と政府要人はイギリスに亡命してレジスタンス運動を外から指揮した。1945年5月8日にドイツが降伏し，ノルウェーは再び自由な国となったが，国は貧困で国土は荒廃していた。大戦中に連合国から多大な支援を受けたノルウェーは，大戦後NATO（北大西洋条約機構）に加盟し，アメリカから財政支援を受けて急速に復興した。戦後の復興と経済成長と社会的平等を確立したのは，労働党内閣（4期にわたるゲルハルドセン内閣）であった。1960年代後半に北海油田・天然ガス田が開発され，1970年代から80年代にかけて，人々の暮らしは大きく向上した。

## 2. 文化・芸術

　第二次世界大戦終了までのノルウェーの歴史は，苦難の連続であった。自己のアイデンティティを常に問いかけざるを得ない状況に置かれてきたのである。「質素だが誇り高い人々」と言われるノルウェー人の国民気質は，歴史的に培われてきたものであり，民族精神の中核となっているのは，苦悩から生じる「自由」への憧れである。それは，ノルウェーの文芸作品のなかにも反映されている。ノルウェーで代表的な近現代の文芸作品としては，次の人物・作品をあげることができる。

　「叫び」で有名な画家エドヴァルド・ムンク，フログネル公園の「人の一生」をテーマにした彫刻家グスタヴ・ヴィーゲラン，戯曲「人形の家」で有名な劇作家ヘンリック・イプセン（人間としての矛盾や問題を観客に提示することを意図して，人生の一コマを舞台上に再現することに努めた。読者や観客に問いかけはするものの，答えは何も提示しない。誰の心にも届く時間や空間，文化を超越したテーマを扱った），イプセンの戯曲のために作曲した「ペール・ギュント」で知られる作曲家エドヴァルド・グリーグ（「人はまず人間であらねばならぬ。すべての真の芸術は人間的なるものから生まれる」）。

　これらはいずれも，人間の深い精神世界をテーマにしており，鑑賞者に「人生の意味」を問いかけている点で，ノルウェーの国民性を象徴している。

## 3. 女性と子ども

### （1）社会の場で活躍する女性たち

　1981年に，ノルウェー史上初の女性首相グロー・ハーレム・ブルントラン（Gro Harlem Brundtland：労働党）が誕生した。彼女は，小児科医を経て1974～1979年に環境大臣を務め，1981年に41歳の最年少で首相に就任以来，3期にわたり首相を務めた（在位期間は10年を超えた）。国連「環境と開発に関する世界委員会」（通称ブルントラン委員会）がまとめた『地球の未来を守るために』(1987) で「持続可能な開発（Sustainable Development）」という概念を打ち出し，環境や資源の保護と開発の調和を謳い，その後の世界の環境問題のキーワード

となった。さらに，1998～2003年には世界保健機関（WHO）の事務局長に就任し，2007年からは国連の気候変動担当特使を務めた。首相の第2期内閣（1986～1989年）の女性の割合は47％（17人中8人が女性）となった。

　イプセンが『人形の家』(1879)を発表した頃のノルウェーは，女性には高等教育も選挙権も認められていなかった。「(奇跡中の奇跡とは)あたしたち二人の共同生活が，そのままほんとうの夫婦生活になれるときでしょう。ではさようなら」と，夫と子どもを残して玄関を出ていったノラ。しかし，100年後のノラたちは，社会で輝いて活躍している。

　ノルウェーでは1913年に女性参政権が認められ，1978年に世界最初の「男女平等法」を制定し，1979年に「男女平等オンブッド（Ombud）」を設置した。また1981年には平等法第21条に「公的に任命される委員会・審議会・理事会等は男女からなるものとする」とジェンダー条項が追加された。1988年の「男女平等法」改正では，公的委員会の構成について「40％ルール（一方の性が40％となるように構成）」を定め，世界で初めて「クォータ制（男女の数の割当て制）」を法律で規定した。その結果，国会議員における女性の割合は39％となり，世界174か国中第1位になった（1994年6月30日現在，日本は2.7％で149位）。

　現在では，地方議会・政党党首・大学学長・実業家をはじめ，あらゆる分野で女性が活躍しており，男女の賃金格差も非常に少ない。1978年に両親育児休暇制度が導入されたが，男性の休暇取得者が少ないため，1993年に父親のための育児休暇「パパクォータ（Fedrekvote：当初最低4週間，2013年14週間）」が世界で初めて法制化された。女性の独立心は旺盛で，労働参加率（15～64歳）は76％（内パートタイム雇用は40％：2013年）。6歳以下の子どものいる女性の労働参加率は，1～2歳で83％（内パート32％），3～5歳で86％（内パート29％）である（2010年）。

(2) 子どものためのオンブッド

　1989年11月の国連総会で「子どもの権利条約」が全会一致で採択されて以来，世界各国は子どもを「権利主体」として捉えるようになり，自国の法整備・啓蒙活動をはじめ，子どもたちへの人権侵害にも積極的に取り組むようになった。

ノルウェーでは1981年に，世界で最初の「子どもオンブッド（Barneombud）法」を制定した。オンブッドは4人で，任期は1期4年（8年を超えられない）である。事務局には6人の顧問団（advisory panel）がいる。オンブッドは子どもの権利の代弁者であり，子どもの人権侵害を監視する人である。[5]

〈オンブッドの職務〉
・すべての分野の「計画」と「報告」に関して子どもの利益を保護する
・子どもの利益の保護に関連する法律を監視する
・子どもの法的保護を強化できる方策を提案する
・子どもの権利や子どもたちに必要な方策に関して，十分な情報が公的・私的セクターに与えられることを保障する（広報・啓蒙活動）

オンブッドは，家庭内のもめごとなどに介入して問題を処理することは禁じられているが，子どもや家族がどこで援助を得られるかの情報や助言を与えることはできる。また，行政決定（処分）を変更する権限はないが，子どもの利益を無視するあらゆる当局・機関を批判する権利と義務がある。1989年に「子どもホットライン」と「若者基金（12～17歳対象）」が設置された。

## 第2節　保育の歴史

ノルウェーでは現在，すべての保育施設（Early Childhood Education and Care：以下 ECEC と記す）をバーネハーゲ（barnehage）と総称している（barnehage は kindergarten のノルウェー語訳で barne は子ども hage は庭園の意味）。

現在の ECEC（barnehage）には2つのルーツがある。福祉と教育である。福祉の基礎は，子どもの養護（care）を主要素とするダーグヘム（daghjem: day home，保育所），教育の基礎は，短時間の保育で子どもの教育的影響を引き出すバーネハーゲ（barnehage: kindergarten，幼稚園）である。これらは1975年に統合して，今日のノルウェーの ECEC（barnehage：「子ども園」と記す）になった。そこでは，子どもたちの養護と学びと発達が包括的に一体のものとして捉えられている。

ノルウェーは1999年に OECD 第1次保育政策調査（1998〜2001年）に参加し，2001年2月に "*Background Report and OECD Country Note: OECD—Thematic Review of Early Childhood Education and Care Policy in Norway*"[6] を刊行した。また，OECD は2014年に第1次調査以降の改革の進捗を調査して，"*Early Childhood Education and Care Policy Review: Norway*"[7] を刊行している。本節ではノルウェーの保育の発展過程（保育の歴史）を，上記2冊をはじめ OECD "*Starting Strong Ⅲ*"(2012)[8] 等の文献を参考に，2000年以前と2000年以降とに分けて述べる。

## 1．2000年までの保育の変遷

ノルウェーの保育施設の歴史は古いが，広く普及しはじめるのは1970年代以降のことである。最初の託児所（barneasyl：児童保護施設）は，1837年にトロンハイムに設置された。バーネアシルは，19世紀初頭に設立された英国のオウエン（Owen, R.）の思想に基づく児童保護施設（幼児学校）をモデルにしていた。バーネアシルは，当時の社会ニーズ（貧しい工場労働者の子育ての悩み）に基づき設置された。これは，後にダーグヘム（daghjem）と呼ばれるようになる保育施設（day care institutions：保育所）の前身と見ることができる。

一方，19世紀の終わりに幼稚園（barnehage）が設置された。ドイツのフレーベル（Fröbel, F. W.）の思想に基づく幼稚園（ノルウェー版）は，教育に焦点が当てられていた。それらは通常，昼間の数時間個人の家で運営され，運営費は親と園の事業主によって賄われていた。

1953年から1975年までは，幼稚園（barnehage）と保育所（daghjem）はともに「児童福祉法（Child Welfare Act）」（1954年施行）のなかに規定されていた。これらの施設は，詳細で厳格な国の法基準に適合しなければならず，国基準を地方に適応させる可能性はほとんどなかった。1963年に国の補助金制度が始まったが，保育施設の発展は，1970年代までは非常にゆるやかであった。就園率は，1976年には8.6％（0〜7歳），1985年には28％（0〜7歳），1997年には60％（1〜5歳）である。

(1) 最初の保育施設に関する法律

 1970年代になると，北海油田開発等による高度経済発展と女性解放運動を背景に，多くの女性が家庭の外で就労するようになった。また，家族の形態も多様化して（単親世帯の増加等），急速に保育所設置要求が高まった。

 しかし，1970年代初頭の保育に関する議論のテーマは，「幼い子どもを親から離して保育するのは良いことか」「保育施設は教育施設であるべきか，福祉施設であるべきか」等であった。母親たちは，いずれかという問題ではなく両方であるべきことを求めた。すなわち「就学前の子どもたちの保育所（daghjem）は就学前教育施設（barnehage）でもあるべきで，資格をもった保育者が指導すべきである」ことを要求したのである。これは，「男女平等・民主主義・参画」等を目標に掲げていた当時のノルウェー社会の政治運動に，きわめて重要な役割を果たした。[9]

 これを受けて政府（労働党政権）は，消費者行政省（Ministry of Consumer Affairs and Government Administration: FAD）の下に，最初の「保育施設に関する法律（Barnehage Act）」（1975年）を制定した。[10]この法律の下で，これまで2つの施設として扱われていた幼稚園と保育所の区別は解消され，就学前保育施設の総称としてバーネハーゲ（barnehage: ECEC）となり，地方自治体は保育施設（barnehage）の設置と開発のための整備計画の策定を求められた。

 保育施設は，政府の地方分権政策の推進とともに増加した。1984年から一部の自治体は実験的に行政組織を地方の条件に適応させることが可能となった（北欧に共通のフリーコミューンの実験）。[11]その結果，就学前保育施設と学校と学童保育の窓口を一本にして児童担当部局を設置する自治体が現れた。1992年には新「地方自治法（The Local Government Act）」（1993年施行）が制定されて地方分権が確立した。これを機に地方自治体の児童関係窓口の統合が普及し，保育施設が急増した（就園率：1993年47％，1997年60％）。

(2) 子ども家族省の創設

 1977年に家族・平等政策を強化するため，消費者行政省内に家族平等局が設置され，1979年に「男女平等オンブッド」が，1981年に「子どもオンブッド」

が設置された。子ども施策は多くの省庁に分散している。1989年に消費者行政省，社会省，地方労働省，法務省，環境省，文化省の責務の一部（子ども関係予算）を負う目的で，家族消費者省（Familie-og Forbrukerdepartmentet: FFD）が創設され1990年に開始したが，「子どもオンブッド」の提言を受けて「子ども家族省（Barne-og Familiedepartmentet: BFD)」に名称を変更した。

（3）最初の国基準カリキュラム

子ども家族省（BFD）は，1995年5月に「保育所法（1995)」を制定した。[12]

第1条に「保育所は，子どもの家庭と緊密に理解・協働して，子どもたちに発達と活動の健全な機会を提供しなければならない」，第2条に「省は，保育のための教育計画（枠組み計画）を制定する」と規定している。また，第4条には「親の参加」（保護者会・協働委員会の設置）を規定している。

この「保育所法（1995)」の規定にしたがって，子ども家族省は「保育所のための枠組み計画（Framework Plan for Day Care Institutions)」（1996年1月1日施行：以下「枠組み計画（1996)」と記す）を策定した。[13] これは，ノルウェーの保育の歴史における最初の国のカリキュラムである。そこには，保育施設の社会的役割と目的が定義されており，保育内容の主要な5つの領域（①社会・宗教・倫理，②美術〔aesthetic〕，③言語・文〔text〕・コミュニケーション，④自然・環境・科学技術〔technology〕，⑤身体活動・健康）の指針が示されている。ここには，北欧伝統のホリスティックな保育観が示されていた。

（4）就学年齢の引き下げ

北欧は伝統的に7歳児就学であったが，ノルウェーは1997年から学齢（義務教育開始年齢）を6歳に引き下げた。「学齢引き下げ」に関しては30年にわたって多分野で議論がなされてきた。議論の焦点は「6歳児の教育は，義務制にすべきか，任意制にすべきか」であった。政府の最初の提案は，白書のなかで「保護者の保育料を無償にして義務制にすべき」と記された。1991年からは実験的に希望者は6歳入学が可能となった。しかし1997年に教育改革（教育法の改正）が実施され，その一環として就学年齢が6歳となり，義務教育期間も6歳から16歳までの10年間となった。学校の最初の4年間（第1～第4学年）は就学前

保育と学校の両方の伝統を取り入れた教育が実施されることになった。特に1年生の教育は遊びが強調され，学校教師と就学前教師が一緒に担当することになった。また，就学前教師は1年間の切り替えコースを受講して第2～第4学年も担当できるようになった。

その背景には，1990年代の家族支援諸施策の充実で保育ニーズが急増し，保育施設の整備が待機児童解消に追いつかないという事情があった。6歳児が学校の施設に移行することにより，3歳未満児の保育の場（定員枠）を確保することが可能となった。また一方で，学校の日課は，最初の4年間は週20時間（1日4時間）授業で，子どもたちは授業終了後（放課後），学校内にある学童保育（余暇活動センター）で過ごすことになった。

就学年齢引き下げの結果，地方自治体レベルにおいては，就学前保育と学校と学童保育との連携が一層密になり，ほとんどの自治体が，就学前保育と学校と学童保育の担当窓口を統合して児童担当部局を設置した。国レベルにおいては，学校と学童保育と就学前保育の教員養成課程の所管は教育研究省である。結果として，国レベルにおいても，子ども家族省と教育研究省との連携が密になっていった。

(5) OECD保育政策調査

ノルウェーの保育は，1990年の「子ども家族省」創設以降，地方分権の進捗と相まって，「保育所法（1995）」の制定や保育カリキュラム（「枠組み計画（1996）」）の策定等，急速に制度整備がなされたが，急激な変化で現実には多くの課題を抱えることになった。2001年に刊行された"*Background Report and OECD Country Note, in Norway*"（BFD）のBackground Reportの最後の章で，今後の課題（チャレンジ）として15項目を掲げている。また，OECD視察団もCountry Noteで今後の検討課題を提起した。これらは，2000年以降の保育の「質改善政策」に大きな影響を与えることになる。

〈今後検討を要する課題：抜粋〉
・就学前と学童のセクターの統治機構が国レベルで分離していること
・家族が国のどの地域に住んでいても平等なサービスが受けられるよう，す

べての自治体が家族のアクセスの需要を充足することに責任をもつようにすること
・自治体と園のスタッフが，特別なニーズのあるすべての子どもに，園で質の良いケアと理解を提供し，子どもの保護者と良い接触交流と協力を確立すること
・言語マイノリティ出身の子どもが，就学までにノルウェー語がよく理解できるようにすること
・公立園と私立園の間で，また自治体間で，財源配分が公平でないこと
・就学前教師またはペダゴー（pedagogue）[14]養成課程修了者（有資格者）の比率が低いこと

## 2. 2000年以降の保育の質改善政策の動向

　OECD「第1次保育政策調査」(1998〜2001年)のBackground Report作成過程は，国内の保育の現状を振り返る良い機会であった。OECD視察団の訪問調査受け入れは，グローバルな（国際的）視座で自国の保育を展望する契機となった。「Background Report」に記された「チャレンジ」15項目は，2000年の春に国会で議論され「質改善計画」が示された。その主要課題は次の3点である。①すべての子どものためのbarnehage，②柔軟で利用者（子どもと親の両方）志向のサービス，③有能なスタッフ（barnehageで一番重要な資源）。

　質の問題は，一度にすべてを解決することはできない。「質改善計画」はその後の「白書」等でさらに議論が推し進められた。ノルウェー政府は，2000年以降，21世紀型保育に向けての質改善に精力的に動き出した。

### （1）「保育施設に関する合意」（2003年）

　2000年以降，政府（政権担当政党）は頻繁に交代したが，「質の良い子ども園の定員枠の拡張」に関しては，政党間の相違を越えて全党が公約に掲げた。

　2003年にノルウェー国会は，「保育施設に関する合意（barnehageforliket）」を採択した。その骨子は，次のとおりである。[15]

・すべての子どもに質の高い保育を提供

・全日制保育利用保護者の保育料負担額の上限設定（2004年に法制化）
・公立園と私立園に対する同等の財政補助（公的資金の均等配分）
・以上の施策の実施のための財源を確保

　この決定を受けて子ども家族省は，「すべての子どもに質の高い保育を保障」するために，現行の「保育所法（1995）」を評価する作業委員会（専門家集団）を設置した。この委員会は2004年に，「保育所法（1995）」と「枠組み計画（1996）」の改正の必要性を報告した。

（2）子ども家族省から教育研究省へ（2006年）

　2005年6月に「保育所法（1995）」を「子ども園法（2005）」に改定し，2006年1月に保育施設（barnehage）の所管を「子ども家族省」から「教育研究省」に移管した。就学前保育の所管が教育研究省に移行したことによって，学校教育との間の一貫性が保障され，子ども園（barnehage）を生涯学習過程の最初の段階として認識するようになった。

　「子ども園法（2005）」の主要目的は，①子ども園の質の向上，②子どもの参加する権利の保障，③子ども園の内容に新しく拡張された事項を向上させることであった。

　「子ども園法（2005）」の制定に伴い「枠組み計画（1996）」も改定されることになった。教育研究省は，新「枠組み計画」の草案を作成するために，研究者と実践者（専門家）からなる作業委員会（WG）を設置し，素案をすべての関係団体・機関に意見聴取した後，2006年5月に新「枠組み計画（2006）」を制定した（2006年8月施行）。

　新「枠組み計画（2006）」は，子ども園の社会的役割，根源的価値と目的，内容と方法に関する指針を規定している。それは，子どもと関わり子どもを理解する大人の態度・知識・能力の重要さを強調しており，すべての子ども園（barnehage）は質の高い「教育サービス」を提供しなければならないことになった。これは，国の「専門職保育者の能力開発」の議論に発展した。結果として，子ども園の政策と財源が子ども家族省から教育研究省へ移行したことで，その後のこのセクターに著しい発展をもたらすことになったのである。

## (3)「保育白書」(2009年)

2009年,政府は国会に,子ども園の質に焦点化した「白書(White Paper No. 41, 2008-2009, Quality in ECEC)」を提出した[16]。その「白書」には次のような主目標が提示されていた。

- ・すべての子ども園において公平で質の高い保育を保障する
- ・子ども園を子どもの学びと発達を促す舞台(arena)として強化する
- ・すべての子どもに,安全でインクルーシブな環境が整備された共同体(コミュニティ)に積極的に参加する機会を保障する

「白書」は,就学前教育分野の社会的地位と挑戦課題を記しており,すべての子ども園における「質」の向上(高質で公平な質の開発)に向けて行動を起こすことを提案している。この議案の審議中に,2つの公的委員会(「このセクターの舵取りに助言する委員会」と「すべての子どもに安全で質の高い保育を提供する子ども園を構築するための多様な方法手段を提案する委員会」)が設置された[17]。また,子ども園の定員枠拡大のために臨時の特定補助金制度が設定され,2009年以降,1歳以上のすべての子どもに保育を受ける権利が保障されている[18]。

## 第3節　保育内容——保育カリキュラム

ノルウェーは,1995年に子ども家族省のもとで「保育所法(1995)」と最初の国基準カリキュラム「保育所のための枠組み計画」(1996年1月1日施行)を策定した後,2006年に保育施設の所管が教育研究省に移行し,新たに「子ども園法(2005)」と「子ども園の内容と課題のための枠組み計画」(2006年8月1日施行)を策定した。この「子ども園法(2005)」は2010年に,「枠組み計画(2006)」は2011年に改正された。それは「就学開始までに,すべての子どもが子ども園で経験すべきことは何か」という諮問に対する委員会報告を受けて改正されたのである[19]。本節では,最新版の「子ども園法(2010)[20]」と「枠組み計画(2011)[21]」の概要を紹介する。

## 1．子ども園法（the Kindergarten Act：2005, 2010年改正）

改正「子ども園法（2010）」は7つの章から構成されている。

---

第Ⅰ章　子ども園の目的と内容
　　　第1条 目的，第2条 子ども園の内容
第Ⅱ章　子どもと親による参加
　　　第3条 子どもの参加する権利，第4条 親の会と協働委員会，
　　　第5条 子ども園と学校のための共同の協働委員会
第Ⅲ章　認可を得るよう努める義務と各部署の責務
　　　第6条 事業者の認可を得るよう努める義務，
　　　第7条 子ども園の事業主の責務，第8条 地方自治体（市当局）の責務，
　　　第9条 県（州）知事の責務
第Ⅳ章　子ども園当局の一般的責務等
　　　第10条 認可，第11条 家庭型保育，第12条 市で調整された入園手続，
　　　第13条 入園に関する優先権，第14条 市立以外の認可園への市の補助金，
　　　第15条 保育料，第16条 監督指導（supervision）
第Ⅴ章　職員の配置
　　　第17条 主任教師，第18条 その他の職員，第19条 警察の証明書
第Ⅵ章　その他の規定
　　　第20条 守秘義務，第21条 社会福祉事務所へ情報を提供する義務，
　　　第22条 児童福祉事務所へ情報を提供する義務，
　　　第23条 子どもと職員の健康診断，第24条 実習教育，
　　　第25条 Svalbardへの法の申請
第Ⅶ章　施行と他の法律の改正

---

　ここでは，第Ⅰ章と第Ⅱ章を中心に内容を紹介する。

（1）子ども園の目的

　「保育所法（1995）」では，園の目的を「発達と活動のよい機会を提供する」とのみ記していたが，新「子ども園法（2010）」では，「発達と活動」の内容を「養護（care）と遊び，全面発達の基盤としての学びと人間形成（formation）」の

ように具体的に記している。また，園が共有すべき価値として，旧法（1995）では国教であるキリスト教の価値のみを記していたが，「子ども園法（2010）」では人間主義（humanist）の価値を含めて価値の内容を幅広く記しており，移民が急増して多文化社会になったことを踏まえて多様な価値を寛容に受け入れる人権尊重の姿勢を明らかにしている。次に，「子ども園法（2010）」第Ⅰ章第1条の内容を紹介する。

**第1条　目的（Purpose）**
　園は，家庭との協働と緊密な理解のもとで，子どもの養護（care）と遊びの要求（need）を保護し，全面発達の基盤としての学びと人間形成を促す。園は，人間の尊厳と自然への敬意，精神の自由，博愛，寛容，平等と連帯，多様な宗教や信条のなかに表現される価値や人権思想に基づく価値観のような，キリスト教や人間主義の遺産と伝統のなかの根源的価値に基づかねばならない。
　子どもは，創造の喜び，不思議の感覚，探究心を発達させることができなければならない。子どもは，自分自身と仲間の世話（care）や自然を世話することを学ぶべきである。子どもは，基礎的な知識と技能（skills）を発達させねばならない。子どもは，自分の年齢と能力に応じて参加する権利をもつ。
　園は，信頼と敬愛，子ども時代の固有の価値を認識して子どもと向き合わねばならない。園は，子どもが遊びと学びの楽しさと喜びを感じられるように貢献し，共同体と友情のためのチャレンジと安全な場を提供する。園は，民主主義と平等を促し，あらゆる形態の差別に立ち向かわねばならない。
　私立園の事業主は，園の定款で，法第1条に示す価値については，キリスト教の根源的価値に基づかないことを決めるのは自由である。

（2）子ども園の内容
　旧法（1995）では「園は教育的に方向づけられる」とのみ記して具体的な内容には言及していないが，新法（2010）では子ども園が「教育事業（pedagogi-

cal undertakings)」であることを明記し，園が取り組むべき保育の内容を子どもの視点を基本に幅広く包括的に記している。下記に，子ども園法第Ⅰ章第2条の内容を記す。

第2条　子ども園の内容（Content of kindergartens）
　子ども園は教育事業である。
　園は子どもに，遊び，自己表現，意味のある経験や活動の機会を与える。
　園は子どもの年齢，身体機能レベル，ジェンダー，サーミ人[22]の子どもの言葉や文化を含む社会的・民族的・文化的背景を考慮に入れなければならない。
　園は価値と文化を伝え，子どもが自分自身の文化を創造するための機会を与え，すべての子どもが，社会的・文化的共同体の中でうまく対処することの喜びと有能感を経験できるように努める。
　園は健康増進と予防機能を備え，社会的不平等をなくすように努める。
　省は園のための枠組み計画を制定する。枠組み計画は，園の内容と課題に対する指針を提供するものである。
　園の事業主は，枠組み計画を地域の状況に適応させることができる。各園の協働委員会は教育活動（pedagogical activities）の年次計画を定める。

（3）保育への参加[23]
　旧法（1995）では，第Ⅱ章「親の参加（Parental participation）」で，各園に「親の会（parents' council）」と「協働委員会（coordinating committee）」（職員と親／保護者で構成）の設置を義務づけ，「協働委員会」には親／保護者（guardians）の代表が職員の代表と同数参加する旨を記していた。新法（2010）では，第Ⅱ章のタイトルを「子どもと親による参加（Participation by children and parents）」とし，第3条に「子どもの参加する権利（Children's right to participate）」を新設して国連「子どもの権利条約」第12条（意見表明権）の内容を「子ども園法」に取り入れており，国際条約遵守と子どもの人権尊重の姿勢を明確にしている。また旧法（1995）と同様に，第4条に「親の会と協働委員

会」，第5条に「子ども園と学校のための共同の協働委員会（Joint coordinating committees for kindergartens and schools）」が規定されている。

以下，各条項は次のとおりである。

**第3条** 子どもの参加する権利（Children's right to participate）

園の子どもは，園での日々の活動について，自分の意見を述べる権利がある。

子どもは，園の活動の計画づくりと評価の際に，主体的に参加する機会を定期的に与えられる。

子どもの意見は，子どもの年齢と成熟度に応じて正当に重視される。

**第4条** 親の会と協働委員会（Parents' council and coordinating committee）

子どもの家庭との協働を確立するために，各子ども園は，親の会と協働委員会を設置しなければならない。

親の会は，すべての子どもの親／保護者からなり，彼らの共通の利益を促し，子ども園と集団としての親との間の協働が，子ども園における良い環境を育てるのを助ける。…（中略）…

協働委員会は，助言し，交流を促し，協働する団体である。協働委員会は，親／保護者の集団と園の職員集団が等しく代表されるように構成される。子ども園の事業主は，もし彼／彼女が要求するならば参加することができるが，他のいずれの集団よりも多くの代表を参加させることはできない。

**第5条** 子ども園と学校のための共同の協働委員会（Joint coordinating committees for kindergartens and schools）

市は，公立園と学校のために共同の協働委員会の設置を決定できる。双方の団体がそれを望むならば，私立園と公立または私立の学校のために，同様の委員会を設置することができる。このような場合でも，その協働委員会は，第4条第3項に基づいて構成される。すなわち，子ども園と学校の双方から，親／保護者と職員が同等に代表される方法でなければならない。

（「初等・中等教育に関する法」第11-1条第4項を参照：教育法）

## 2．保育カリキュラム

　カリキュラムは，狭い意味では「何を教えるか」を記載したものとして「学習の領域」や「学習目標」のような「教育」の内容と関連して定義されるが，就学前のカリキュラムは，「乳幼児期の保育環境のなかでのすべての経験の総体である」と，幅広く定義されることが多い。ノルウェーの「枠組み計画」は北欧に共通の幅広いホリスティックなカリキュラム理解を前提にしている。

　2011年1月改訂の「子ども園の内容と課題のための枠組み計画（Framework Plan for the Content and Tasks of Kindergartens）[24]」（A4判全51頁）は，「子ども園法（2010）」の条項を遵守し，サーミ人や急増する移民（多文化社会）を考慮して全体を通して丁寧な文章で記されている。序文と第Ⅰ章の一部を紹介しよう。

　　枠組み計画は，子ども園の価値観，保育内容，課題に関する指針を提供する。すべての子ども園は，その活動は，子ども園法に規定された価値やノルウェーが署名した国際協約（原住民に関するILO協定No. 169，国連子どもの権利条約を含む）に基づかねばならない。子どもの権利条約は1989年に国連で採択された。ノルウェーは1991年に批准し，2003年にノルウェーの法律に組み入れられた。当局（authorities）や機関（organisations）によってとられる子どもに関するすべての行動は，子どもの最善の利益を最優先に考慮されねばならない。　　　　　　　　　　　　　　　　　　　　　　　（Introduction, p. 4）

　　子どもは，自分の活動と行動を通して，自分を取り巻く環境に影響を与える。他の人々との出会いを子どもがどのように経験するかが，子ども自身の知覚に影響を与える。保育者は，尊敬と寛容，自信と信頼を促す方法で，子どもに応答しなければならない。保育者の，子どもと子ども時代についての考え方が，子どもの参加についての解釈に影響する。子どもの多様な自己表現の方法を理解することは非常に重要である。

　　　　　　　　　　　　　　（CHAPTER Ⅰ, 1.4 children and childhood, p. 14）

ここでは，ノルウェーの保育カリキュラムの概要を，「枠組み計画（2011）」の「目次」「子ども園の内容」「学びの領域」の3点に絞って紹介する。
(1)「枠組み計画（2011）」の目次

2011年改訂版の「枠組み計画」の目次は次のように構成されている。

---

序
第Ⅰ部　子ども園の社会的役割（mandate）
　第1章　子ども園の目的・価値・課題
　　1.1　子ども園の任務（mission statement）
　　1.2　他の任務をもつ子ども園
　　1.3　養護・遊び・学びを通しての人間形成（formation）
　　1.4　子どもと子ども時代（childhood）
　　1.5　子どもの参加（participation）
　　1.6　子どもの家庭（homes）との協力（collaboration）
　　1.7　教育事業（pedagogical undertaking）としての子ども園
　　1.8　すべての子どもの発達を促す物的環境（physical environments）
　　1.9　一人ひとりの子どものための居場所のあるインクルーシブな共同体
　　1.10　サーミ人の子どものための子ども園
第Ⅱ部　子ども園の内容
　第2章　養護・遊び・学び
　　2.1　養護（care）と養育（upbringing）
　　2.2　遊び（play）
　　2.3　学び（learning）
　　2.4　社会的能力（social competence）
　　2.5　言語能力（linguistic competence）
　　2.6　文化の舞台（cultural arenas）としての子ども園
　第3章　学びの領域（learning areas）
　　3.1　コミュニケーション・言語（language）・文（text）
　　3.2　身体・運動・健康

>    3.3 芸術（art）・文化・創造
>    3.4 自然・環境・科学技術（technology）
>    3.5 倫理・宗教・哲学
>    3.6 地域コミュニティと社会
>    3.7 数（numbers）・空間（spaces）・形（shapes）
>   第Ⅲ部　計画と連携
>    第4章　計画・記録・評価
>    4.1 計画（planning）
>    4.2 省察（reflection）と学びの基礎としての記録（documentation）
>    4.3 子ども園の仕事（work）の評価（assessment）
>    第5章　連携（collaboration）
>    5.1 小学校
>    5.2 児童福祉サービス
>    5.3 母子保健
>    5.4 教育‐心理　カウンセリング・サービス
>    5.5 教育的公共施設
>    5.6 サーミ議会
>    5.7 その他のパートナー

(2) 子ども園の保育内容

　子ども園は，養護（care）と遊びに対する子どもの要求（need）を保護し，全面発達の基盤としての学びと人間形成を促すことをめざしている。園が価値あるホリスティック（包括的）な教育プログラムを計画するのが容易になるように，子ども園の内容は，子どもたちの経験・探究・学びを7つの学びの領域（area）に分けて記されている。すなわち，①コミュニケーション・言語・文（text），②身体・運動・健康，③芸術・文化・創造，④自然・環境・科学技術，⑤倫理・宗教・哲学，⑥地域コミュニティと社会，⑦数・空間・形である。

　この7つの「学び」の領域は，既存の知識を伝達教授するためのものではなく，幅広い活動領域を包含するものであり，子ども園における学び環境の手が

かりとなるものである。同時にこの7つの領域は，学校の教科の枠組みとも類似しており，子どもたちの学校への移行をスムーズに援助することも意図されている。「枠組み計画」は「学びの領域」について次のように記している（抜粋）。

　「子どもを取り巻く現実世界について学ぶことは，子どもの生活世界を意味のあるものにするのを援助する過程である。園は，公式・非公式の学びの環境において学ぶ子どもたちの能力（ability）を高めねばならない。公式の学び環境は，保育者によって計画され導かれる。非公式の学びの環境は日々の活動や遊びや養護や他者との互恵的な相互作用の間に生じる，いまここ（here-and-now），の状況と密接に関係している。公式と非公式の学びの環境の間に明確な線を引くのは適切ではない。両者とも教育目的がある。学びの7つの領域は公式・非公式の両方の学びの環境とリンクされるべきである」。
（p. 29）

　「個々の学びの領域は単独で現れることはまれである。いくつかの領域はテーマ・プログラムや日常活動や近隣地域の散歩（walks in the local neighbourhood）と関連して，しばしば並立して現れる。遊びや日常活動の間の社会的交流においては，しばしば学びの領域にリンクした自発的なコミュニケーションがある。子どもたちが，遊びでお互いにうまく交流するには，子どもたちが豊かな共同経験をもち，多くの領域で知識を分かち合うことが決定的に重要である」。
（p. 33）

　「子どもたちの発達と学びを促すために，そして保育者の責任を明らかにするために，個々の学びの領域には，その活動の目標（goals）がある。子どもたちの経験と学びに焦点化された目的（aims）は，プロセス（過程）の目的として表示されている。子どもたちは学びの領域や活動の方法に慣れ親しんでいく。学びの領域での活動は，子どもたちの年齢や興味，また，子ども

集団の構成やその他の状況にふさわしいものでなければならない。指導教材，活動方法，活動に必要な知識・技術，アプローチ（接近方法）は，子どもたちのニーズが多様であることを心に留めてデザイン（企画）しなければならない。すべての子どもは，自分たちの発達のレベルに応じたチャレンジ（挑戦）に直面する機会を等しく与えられなければならない。ある子どもたちは，特別な教育的援助を必要としている」。 (p. 33)

「学びの領域を，一人ひとりの子どもやクラス集団や地域社会に適応させる際の方法は，それぞれの園によって決定され，その園の年次計画に提示される」。 (p. 33)

(3) 学びの領域

第3章「学びの領域」には，「子どもたちが確実にできるように園が援助する事項」と「目標に向けて活動するために保育者がすべき事項」が領域ごとに記されている。ここでは7つの領域のうち「コミュニケーション・言語・文(text)」と「身体・運動・健康」の領域について紹介する。

■コミュニケーション・言語・文(text)に関する領域

乳幼児期に良い言語刺激を与えることは，園の役割の重要な部分である。コミュニケーションは，メッセージを受け解釈し，また自分からメッセージを送るという相互作用を通して行われる。非言語と言語の両方のコミュニケーションは，良質の言語技能を発達させるうえで重要な役割を果たす。価値ある豊かな経験は，概念を理解するための必須要件である。言葉の豊かな使用を発達させるためには，経験や考えや感情について，打ち解けて話すことが必要である。文(text)は，書物や語りの物語，詩，韻文，詩歌，歌などを含む。文化的価値の伝達の重要な側面は，コミュニケーションと言語そして文にリンクしている。

〈コミュニケーション・言語・文に関する活動を通して，園は，子どもたちが次のことを確実にできるように援助しなければならない〉

・子どもや大人との共通の相互作用に耳を傾け，観察し，応答する。
・自分の考え（concepts）の理解を発達させ，いろいろな語彙を使う。
・感情・意思・経験を表現したり，遊びや他の社会的相互作用を通して葛藤を解決したり，肯定的な関係を築くために，自分の言葉を使う。
・感覚的・美的楽しさや，知識と会話の源として，また想像や創造のためのインスピレーションとして，文や絵で肯定的な関係性を発達させる。
・言葉の音やリズムに耳を傾け，数字や文字のような記号に親しくなる。
・本や歌や絵やマスメディアなどに親しくなる。

〈これらの目標に向けて活動するために保育者がすべきこと〉

・どのように建設的に聞いたり答えたりするか，どのように身体言語や会話や文を使うか，ということの役割モデルとしての自分の立場を自覚していなければならない。
・子ども同士や子どもと大人の間の信頼関係を促し，子どもたちが会話を楽しみ，日々の生活のなかで多様な言葉や文を使うことに自信を感じるようにしなければならない。
・意味のある経験を促し，日常活動で非言語や言語を使用するための時間と場所を創造しなければならない。
・すべての子どもが上手に言葉を使えるように刺激し，言葉や歌の助けで音・リズム・ファンタジーに関わりながら，聴く・会話する・遊ぶのを励ますような環境を創造しなければならない。
・子どもの母語の重要性を理解しなければならない。
・二か国語（バイリンガル）や多国語（数か国語・マルチリンガル）の背景をもつ子どもが，自分の言葉を使うことを励ます一方で，その子どもが自分の考え（concepts）の理解やノルウェー語の語彙を構築する経験を得るのを援助しなければならない。
・さまざまなコミュニケーションに困難をもつ子ども，言葉をあまり使わない子ども，あるいは言葉の見地から発達が遅れている子どもを援助しなければならない。

- 子どもが日常場面で，文字や数のような記号（シンボル）と出会うようにし，数える，集める，読む，文を書く，書きとる遊びの見地から，子どもの自発性（イニシアチヴ）を援助しなければならない。
- 子どもと大人が，声を出して読み・語り・歌うこと・会話することを通して，日々の経験に興奮し喜ぶ環境を創造しなければならない。そして，子どもがコミュニケーションする倫理的・美的・文化的価値を意識していなければならない。

■ 身体・運動・健康に関する領域

　乳幼児期を通して子どもは，基本的な運動能力，身体制御（body control），身体特性，自分の健康と生活の質をどのように守ることができるかということへの習慣と洞察力を獲得する。子どもは身体的に活発で，自分の身体を通して自分自身をたくさん表現する。身体活動を通して，子どもは世界と自分自身について学ぶ。感覚的印象や運動を通して，子どもは多くの領域で経験や技能（skills）や知識を習得する。子どもが他の子どもともつ接触交流は，しばしば身体言語と身体活動で始まる。このことは，社会的能力の発達にとって重要である。健康的な食事，活動と休憩の間の適切な交替は，健康的な身体の発達において重要な役割を演じる。室内外の多様な身体活動は，運動能力や身体コントロールの発達に非常に重要である。戸外環境や近隣地域の積極的な活用は，多くの好機会（opportunities）を提供する。

〈身体・運動・健康に関する活動を通して，園は，子どもたちが次のことを確実にできるように援助しなければならない〉

- 身体的達成を通して肯定的な自己像（self-image）を発達させる。
- さまざまな肯定的（positive）経験と活発な全身運動に挑戦する。
- 身体のコントロール，粗大運動と微細運動，リズム感と運動感覚を発達させるのを継続する。
- いろいろな季節に屋外に出て屋外活動の肯定的経験をする。
- 探索のために自然を使うことや身体的挑戦の楽しさを経験させ，人がどのように環境や郊外（そこでは自然の世話をするのだが）を活用することがで

きるかを理解する。
・自分自身や他者の身体への理解と尊敬，またみんなそれぞれ，身体は異なっているという事実への理解と尊敬を発達させる。
・人間の身体について学び，良い習慣と健康に良い食事の重要さを理解しはじめる。

〈これらの目標に向けて活動するために保育者がすべきこと〉
・子どもが良い習慣・態度・食物・衛生・活動と休憩に関する知識を発達させるのを援助するために，休憩・活動・食事等の活動場面が交替する際に，移行のための時間的ゆとりがあるように，日課を計画しなければならない。
・室内の物的環境を柔軟に変更したり，備品等を柔軟に使えるようにしておくこと。また，地域住民（コミュニティ）が，1年間のどの時期に，園の建物や備品をどのように点検修理できるかを調べて，補修の計画表を作成しておかなければならない。
・園での身体と運動文化は，子どもたちの文化的背景の多様性を反映すること，また，身体に対する考え方の違いという観点から文化的多様性を考慮することを保障しなければならない。
・安全で挑戦的な身体ゲームや活動のためのインスピレーションを，ジェンダーや身体的・精神的・社会的状況にかかわらず，すべての子どもに促し提供しなければならない。
・すべての子どもが，身体的挑戦を見つけ，自分の身体的可能性を試すようになるように，子どもの感覚運動や身体的ゲームを理解し励まさねばならない。
・ゲームのための子どもの着想（アイディア）を援助し，子どもが，そこでの達成感と共同体感情を通して，身体運動の楽しさを経験できるような，遊びやゲームを示唆しなければならない。
・女児も男児も同等に，あらゆる形態の活動に参加できるように，伝統的な性（ジェンダー）役割を打ち破るような身体的遊びと活動を促進しなければならない。

・子どもの健康と安全に注意し，最高の援助（手助け）を与えられるようにしなければならない。

## 第4節　保育環境と保育の質

ノルウェーでは，遊びエリアの広さ，保育者と子どもの数の比率，保育者や主任教師（園長）の教育水準や資格要件等，保育施設の許認可に関わるような構造的質については詳細に法律で規定している。

### 1．保育施設の種類と保育環境
（1）保育施設の種類

ノルウェーの子ども園には3つのタイプがある。

①施設型子ども園（barnehage）：公立園と私立園がある。0歳から5歳までの子どもに半日保育か全日保育を年中提供している。通常1クラスに有資格教師（kindergarten teacher）1人と保育補助者（assistant）2人を配置している。

②家庭型子ども園（familiebarnehage）：個人の家庭に設置されている。半日保育か全日保育を年中提供している。保育補助者1人に対して，主に3歳未満の子どもを最大5人まで受け入れている。もし家庭条件が快適と認められると，保育補助者2人で最大10人まで受け入れ可能である。週ごとに有資格の就学前教師による助言と指導を受ける。

③オープン型子ども園（åpne barnehage）：パートタイム開園の立ち寄りセンター。親と子どものためのプログラムがあり，在宅で子育てをしている家庭の親子が一緒に参加する。有資格の就学前教師が担当する。

子ども園への通園は，子どもにとっては法的権利であるが，園への参加については任意（自由）である。2013年には，0～5歳児の90％が①または②の子ども園に参加した（5歳児は97.5％）。ノルウェーでは豊かな両親育児休暇手当（給料の全額支給の場合は44週，80％支給の場合は54週）が支払われるので，1歳未

満の子どもの園への就園率は3.2％である。[25]

(2) 職員の資格と保育者と子どもの比率

　子ども園には主任（園長）と保育者（クラス担任）と保育補助者がいる。主任（園長）と保育者は，総合大学または単科大学の3年制学士[26]（2001年導入）の学位取得者で，就学前教師養成課程を修了して就学前教師の資格を有する者である。保育補助者は，後期中等教育（高校）の職業選択コースで4年間（2年間は学校で，2年間は保育現場で実習）の職業訓練を修了した者である。子ども園の職員配置は，3歳未満児7〜9人ごとに保育者（pedagogue）1人，3歳以上児では14〜18人ごとに保育者（pedagogue）1人である（子どもが一日当たり6時間以上いる場合）。通常各クラスに2人の保育補助者が配置されているが，保育補助者の配置規定はない。[27]

　ノルウェーの保育者の規定は，他の北欧諸国に比べてゆるやかだと指摘されている。政府は，保育者と子どもの比率をOECD水準（3歳未満1：3，3〜6歳1：6）にまで向上させることをめざすとしている。事実，スウェーデンやデンマークでは，学士の学位取得者が全体の60％を超えると言われているが，ノルウェーの現状は，学位・資格保有者は全体の約30％である。また，主任（園長）と保育者の約13％は就学前教師養成教育を受けておらず，資格要件を免除されている。保育の質で一番重要なのは保育者の質であるが，保育需要の急増で保育者不足が蔓延し，保育者の質改善が最大の課題となっている。

(3) 子ども園の面積基準

　屋内の遊びエリアのための指標（施設最低基準）は，子ども一人当たり，3歳以上の場合は$4m^2$，3歳未満の場合は約$3.3m^2$である。屋外の遊びエリアは，屋内の遊びエリアの約6倍なければならない。この基準は，厳密に遊びのための専用エリアであって，駐車場や玄関先の通路は含まれない。駐車場や玄関先の通路等は，最低基準の別条項に従わなければならない。[28]

(4) 保育環境

　ノルウェーでは，今日，約90％の子どもが全日制（長時間）保育を利用している。子ども園は，子どもたちにとっては昼間のお家であり，朝から夕方まで

の一日の生活の場である。食事・排泄・衣服の着脱・昼寝などの基本的な生活を基盤に，遊びや学びや散歩など，多様な活動が展開される。保育施設の構造は，北欧に共通の生活基盤型（学校モデル型ではない）で，一般家庭と類似の雰囲気を大切にしている。

　新しく建設された園は最新のアイディアや技術を取り入れているため，建築された年代によって施設の構造や設置されている家具等雰囲気は多少異なるものの，「家庭モデル型」の基本理念は共通である。

　筆者は，1988年から5回にわたってノルウェーを訪問し，多様な児童関係施設を視察して保育関係者と直接話をする機会を得た。次に示す写真（オスロの公立園：2002年開園）は，訪問時に許可を得て筆者が撮影したものである。

写真1-1　保育室
食卓兼作業テーブルのある居間。

写真1-2　クローク
送迎の保護者と応対ができる玄関。

写真1-3　ごっこ遊びの部屋
大人に邪魔されずに嘘っこの世界に入れる。

写真1-4　職員の休憩室
北欧では必置。子ども園は職員の職場でもあり職場環境としての視点を重視する。交替で休憩をとる。

第1章　ノルウェー王国

写真1-5　玩具棚

写真1-6　外遊び
雨が降ってもレインコートを身に着けて毎日一定時間外で遊ぶ。

写真1-7　昼寝の風景
赤ちゃんは戸外のベビーカーのなかで昼寝（肺や呼吸器を鍛えるため）。

写真1-8　園舎と園庭の全景

## 2．保育者養成教育の改革

　保育の質の問題は，最終的には保育者の質の問題に帰着する。時代の変革期にさしかかった今日，新しい時代を切り拓いていく子どもたちを育てる保育者の専門性と保育者一人ひとりの能力の向上を図ることは最重要課題である。特に，誕生から就学までの人生で一番成長発達の著しい時期に，ほとんど（約90％）の子どもたちが，昼間の大半（朝から夕方まで）を家庭外（子ども園）で過ごすようになった社会においては，子どもたちがそこで，日々どのような大人や子どもと出会い，どのような経験を積み重ねていくのかが，子どもの育ち

（人格形成）に重要な影響を与える。保育者の資質・能力への期待が高まっているのである。保育者の専門性向上のための養成課程の改革と，保育者の能力開発のための現職教育（研修）プログラムをシステム化することは，OECD諸国の共通の課題である。

　ノルウェーの子ども園の「枠組み計画」は，子どもと関わり子どもを理解する大人の態度，知識，能力の重要性を強調している。それは，民主主義社会に積極的に参加できるように子どもたちを育てることが，保育者に期待されているからである。つまり，保育者は，新「子ども園法」と新「枠組み計画」の内容を熟知しておかねばならないのである。

　就学前教師は，同僚の保育者を導き保護者に伝えるために，新「枠組み計画」の原理をどのように解釈し実践するかを知っていなければならない。子どもの世話（care）・養育（upbringing）・学び（learning）には，議論と同意が必要である。特に，近年増えてきている移民の子どもや１歳児または３歳未満児の保育の内容と課題は，子ども園にとっては挑戦課題である。

　ノルウェーの伝統的な教育アプローチからすれば，「枠組み計画」は「学校カリキュラム」ではない。何度も「学び（learning）」という用語が使用されているが，それは，子どもが習得すべきものは何かを正確に示す特定の目標があるわけではなく，子どもが学ぶことを期待されている目標を示しているにすぎないのである。その具体化（過程の目的）は，教育施設としての子ども園と教育者である保育者が，これらの目的を自分たちで形づくる（formulate）ようになっているのである。一方で行政管理当局は，OECDから，子ども園と学校のカリキュラムとの間に一貫性（接続）を求められている。この問題は，有資格の就学前教師不足のノルウェーにとっては大きな挑戦であった。

　2010年に国立教育評価局（NOKUT）によって教員養成教育制度が評価を受けた後，養成カリキュラムの「新枠組み」が開発され，2013年に施行された。この「新枠組み」は，子ども園の「枠組み計画」と密接にリンクしている。子ども園の「枠組み計画」は，子どもの幸せ（健康・福祉：well-being），発達と学び，子ども時代の価値の強調，子どもの声と学びと発達に対する子ども志向型

(子ども優先)アプローチ等を基盤にしながら，乳幼児教育の幅広いホリスティックな理解を示している。

　教員養成の「新枠組み」もまた，子どもの幸せ(健康・福祉：well-being)と社会情緒的発達を重視しながら，教育のホリスティックな理解に向けて作成されている。それは，就学前の乳幼児期の全期間にわたって教育と養護(care)を提供する施設としての子ども園の価値を強調するもので，養成課程の名称(タイトル)を，「就学前教師(preschool teacher)」から「子ども園教師(kindergarten teacher)」に変更した。子ども園は単に学校への準備のための施設というよりは，子ども自身の権利としての子ども園の価値(就学前教育の独自性)を強調するためである。

　新養成カリキュラムの枠組みは，10教科目から各科目を関連づける6領域に変更された(①子どもの発達・遊び・学び，②社会・宗教・生命と倫理の考え方，③言語・文・数学，④芸術・文化・創造，⑤自然・健康・運動，⑥リーダーシップ・協働と開発の仕事)。学生は，保育現場で最低100日間の実習を修了しなければならず，学士の卒業論文を書かねばならない。保育実習は，特に，現場の隠れた知識を獲得するのを助ける。国際的な視野を広げるために，学生は就学期間中に交換留学に出かけることを奨励される(29)。

## 第5節　日本の保育への示唆——ノルウェーの保育から学ぶこと

### 1．価値と志向性を明記した子ども園法と保育カリキュラム

　ノルウェーの子ども園法や保育カリキュラム(枠組み計画)には，園が組織運営や活動の根拠(行動規範や判断の基準)として共有すべき価値の内容が具体的に明記されている。「枠組み計画」の序文には，共有すべき価値を，国教であるキリスト教と人間主義(humanist)の価値とともに，ノルウェーが署名した国際協約(原住民に関するILO協定や国連子どもの権利条約等)も含めて明示して，「当局や機関等によってとられる子どもに関するすべての行動は，子どもの最善の利益が最優先に考慮されねばならない」と記されている。

このように共有すべき基本的価値を，自明のこととして背後に追いやるのではなく公文書に明記することは，すべての人に規範遵守の自覚を促し社会的に敷衍(ふえん)する効果がある。これはノルウェーが，長年他国の統治下に置かれながら欧州で最初の憲法を準備して制定したという歴史的事実，つまり，基本的権利を明文化することの重要性を歴史的に経験したことに基づいているのであろう。

　日本には「あいまい」を美徳とする（はっきり表現せずに雰囲気を推し量ることを是とする）伝統があるが，新しい価値の普及（価値観の転換）には，「あいまい」は逆効果を招くことになりかねない。保育界においても「伝統の美」にこだわることで，時代の変化を見誤らないようにしたいものである。

## 2．子どもと親の参加する権利

　ノルウェーでは，就学前の保育（幼保）は1975年に一元化されている。2006年に，保育施設の所管が子ども家族省から教育研究省に移行したが，就学前保育は学校教育法とは別に，単独の法律（子ども園法）を保持している。

　旧法「保育所法（1995）」では，第Ⅱ章の「親の参加」で，各園に「親の会」と「協働委員会」（職員と親／保護者で構成）の設置を義務づけ，「協働委員会」には親／保護者の代表が職員の代表と同数参加する旨を記している。新法「子ども園法（2005, 2010年改正）」では，第Ⅱ章のタイトルを「子どもと親による参加」とし，第3条に「子どもの参加する権利」を新設した（国連「子どもの権利条約（第12条 意見表明権）」の内容を取り入れている）。また旧法と同様に，第4条に「親の会と協働委員会」，第5条に「子ども園と学校のための共同の協働委員会」が規定されている。

　このようにノルウェーでは，子ども園の利用者（子どもと親／保護者）をパートナーとして位置づけ，園の運営に関しても，職員と同等に意見を表明する権利を法的に保障しているのである。そのことの意義は，単に園が民主的に運営されることを保障するだけではない。保育の質改善（実質化）にはサービスを受ける側の意見を聴くことが必須である。ノルウェーでは「質改善」の前提条件を法律で義務づけているのである。

子どもや親／保護者の意見を聴くことを，倫理の問題として対処（苦情処理の対象と）するのではなく，「子どもと親の参加」を法律に規定して拘束力をもたせることによって，子どもと親／保護者を園の主体者（パートナー）として位置づけ，園運営に園関係者全員が意識的に民主的に参画することが可能となる。そのことによって，必然的に園の質改善に真剣に取り組むことになるのである。OECDの提言もそのことを推奨している。

日本でもほとんどの園に保護者会やPTAが存在する。しかしそれは，慣習として園行事等に協力はするが，園の運営に直接影響を与えるような参加の仕方ではない。また，国の法律に「親の会」の設置を義務づける規定はない。

## 3.「子ども」「子ども時代」の共通理解

ノルウェーには，「子ども」と「子ども時代」の明確な共通理念が存在する。ノルウェーは，1981年に世界で最初に「子どもオンブッド」を設置した国である。また，1990年には世界でも稀な「子ども家族省」を創設した。男女平等を牽引してきたノルウェーは，子どもたちの権利にも手厚い配慮をしている。子どもを，家族の一員としてだけでなく社会構成員の一人として，一人の人間として価値を認め尊重し，一市民として子どもを理解し，子どもと関わり，子ども時代を豊かに育む子ども観を社会全体で共有している。

多くの国が就学前保育を教育省の所管に移行するなかで，就学前教育が学校教育への準備機関のように位置づけられ，学校教育との整合性・一貫性が強調される傾向があるが，ノルウェーは「就学前教育」の本来（独自）のあり方（内容・方法）を探究する姿勢を明確にしている。生涯発達・生涯学習の第一段階としての「就学前教育」のあり方を探究することは世界共通の課題であるが，ノルウェーはその「独自性の探究」を意識している数少ない国の一つである。

子ども時代を「子ども自身の権利である人生の重要な一段階」と認識して，単に大人への準備期としてではなく，子どもたちが「いまここ（here and now）」を，豊かな子ども時代を生きることを大切にしているのである。この視点は，ぜひ学びたいものである。

注
(1) 本章で参照した法規等はすべて英語版の資料に基づく。
(2) 第1節は大島美穂・岡本健志(編著)『ノルウェーを知るための60章』明石書店,2014年とSkarpnes, E. (1992). *In Norway*. Utlendingsdirektoratet を参考に執筆した。
(3) ヘンリック・イブセン,矢崎源九郎(訳)『人形の家』新潮社,1989年。3幕からなる戯曲。物語はクリスマス・イブから3日間のできごとである。ノラは,かつて病気の夫を転地療養させるため,亡くなった父の偽りの署名をした借用証書でお金を借り,ひそかに返済し続けていた。この真相を知ったときの夫の態度から,自分は夫にかわいがられている人形にすぎぬと悟り,夫と子どもを置いて家を出る。ノラは,女性解放の象徴的人物とされ,その行動の是非が世界中で激しく議論された。
(4) OECD (2015). *Early Childhood Education and Care Policy Review: Norway*.
(5) Norwegian Ministry of Foreign Affairs (1990). Commissioner for children in Norway: Act no. 5 of 6 March 1981 relating of the Commissioner for Children. UDA141ENG.
(6) BFD (2001). *Background Report and OECD Country Note. OECD—Thematic Review of Early Childhood Education and Care Policy in Norway*. Hansen Grafisk A/S.
(7) 前掲(4)。
(8) OECD (2012). *Starting Strong Ⅲ: A Quality Toolbox for Early Childhood Education and Care*. OECD Publishing, Paris.
(9) Torill, S. (2006). The social game of early childhood education: the case of Norway. In Johanna E. & Judith T. W. (eds.), *Nordic childhood and early education: philosophy, research, policy, and practice in Denmark, Finland, Iceland, Norway, and Sweden*. Information Age Publishing, pp. 71-99.
(10) 前掲(6), p. 13.
(11) ハラール・ボルデシュハイムほか,大和田建太郎ほか(訳)『北欧の地方分権改革』日本評論社,1995年。
(12) BFD (1995). Act no. 19 of 5 May 1995 on Day Care Institutions with Regulation. Q-0513. Ministry of Children and Family Affairs Norway.(泉千勢(訳)「ノルウェーの保育所法(Q-0513):1995年5月5日,法律第19号」大阪府立大学『社会問題研究』第49巻第2号,2000年, pp. 307-325.)。
(13) BFD (1996). *Framework plan for Day Care Institutions: A brief Presentation*.

Q-0917E. Ministry of Children and Family Affairs Norway.
⒁　英語では「social educator」とも訳される。児童福祉施設（保育所等）や学童保育，障害者や高齢者等の幅広い福祉関係施設等で働く指導員。就学前教師とは別の教育課程で養成されている。デンマークでは近年の法改正までは保育専門職員もこのコースで養成されていた。
⒂　前掲⑷，p. 20.
⒃　Norwegian Ministry of Education and Research (2009). *The most important message in White Paper No. 41 (2008-2009), Quality in ECEC.* Factsheet.
⒄　前掲⑻，pp. 57-58.
⒅　前掲⑻，p. 59.
⒆　前掲⑻，p. 115.
⒇　Norwegian Ministry of Education and Research (2012). Act no. 64 of June 2005 relating to Kindergartens: the Kindergarten Act. NG administration service.
(21)　Norwegian Ministry of Education and Research (2012). *Framework Plan for the Content and Tasks of Kindergartens.* NG administration service.
(22)　サーミ人は北極圏地域の先住民族であり，1万1,000年前に最初の先祖がスカンジナヴィア北部に移住して以来，独自の文化を発展させてきた。約10万人のサーミ人のうちほぼ半数がノルウェーに暮らしている。近年は北海道のアイヌとの文化交流が進んでいる。
(23)　「保育園における参加」については，上掛利博「ノルウェー——家庭と保育園の協同」池本美香（編著）『親が参画する保育をつくる——国際比較調査をふまえて』勁草書房，2014年に，具体例も紹介している。
(24)　前掲(21)。
(25)　前掲⑷，p. 19.
(26)　北欧の義務教育修了年齢は16歳で，その後3年制の高校を卒業すると19歳である。大学では入学直後から専門科目が始まり，3年制を修了すると22歳である（日本の4年制大学卒業に相当）。
(27)　前掲⑷，p. 75.
(28)　前掲⑷，p. 75.
(29)　前掲⑷，p. 62.

**参考文献**

上野勝代『子ども, お年より, 女性が輝く国ノルウェー』かもがわ出版, 1995年。

パメラ・オーバーヒューマほか, 泉千勢（監訳）, OMEP 日本委員会（訳）『ヨーロッパの保育と保育者養成』大阪公立大学共同出版会, 2004年。

Norwegian Ministry of Education and Research (2012). *Early Childhood Education and Care（ECEC) in Norway*. Factsheet.

## 第2章

# スウェーデン王国

揺るがぬ子どもの権利の視点

白石淑江

　スウェーデンは、1970年代に一元化した保育制度の基盤を確立し、両親の仕事（または学業）と子育ての両立、及び、子どもの発達と学びの援助の2つの目的をもった制度の充実、発展をめざして着実な歩みを続けてきた。そして、20世紀の終わりには待機児童問題を克服し、1歳から5歳までのすべての子どもに保育を受ける権利を保障する仕組みを整えた。また、同時に、就学前の保育を教育体系の最初の段階に位置づけ、子どもの権利に立脚した保育の質の向上をめざしてさらなる歩みを進めている。その保育の質の高さは諸外国が認めるところであり、OECD諸国のなかでも第1位との評価を得ている[1]。本章では、その制度の枠組みを概観し、保育の質の取り組みについて述べる[2]。

## 第1節　保育を支える家族福祉制度

　スウェーデンの保育の第一の特徴は、手厚い家族福祉制度によって、子どもの安定した家庭生活が支えられている点にある。

### 1．1歳過ぎまでは家庭で養育する

　スウェーデンでは、子どもが生まれると、両親は合計480日間（16か月）の育児休暇を取得することができる。しかも、その間の収入は両親保険制度で保障されており、390日間は給与の80％が支給され、残りの90日間は一日180クロー

ナ（1クローナ：約14円／2016年11月現在）が支給される[3]。それゆえ，スウェーデンでは0歳児保育を行っていない。1974年に世界に先駆けて有給の育児休業制度（両親保険）が導入され，その後段階的に休業期間が延長され，子どもが1歳を過ぎるまでは家庭で親が中心となって養育する仕組みが整えられた。

しかも1995年には，父親の育児休暇の取得を促すために，「パパ月」「ママ月」の制度が導入された。これは，父親のみ，あるいは母親のみが取得できる期間を30日間と定め，相互に移譲できないように義務づけたものである。そして，2001年にはパパ月，ママ月を各60日間（給与の80％支給）に延長し，さらに2016年にはこれを各90日間に延ばしている[4]。くわえて2008年からは，夫婦が育児休暇を半分ずつ取得した場合に男女平等ボーナスを支給している[5]。その結果，育児休暇を取得する父親は急速に増加した。全育児休暇取得日数のうち父親が取得した日数は，制度スタート時の1974年には0.5％にすぎなかったが，1998年には10％，2006年には20％，2013年には24.8％を占めるにいたっている。その取得日数の平均は1人当たり91日で，10人中9人の父親が育児休暇を取得している[6]。スウェーデンでは今や，子どもが幼いときから父親が子育てに関わるのがごく当たり前のことになっているのである。

## 2．保育料の負担の軽減

子どものいる家族を援助する制度には他に児童手当がある。子どもがいる家族といない家族の間の家計負担の不均衡を是正する目的で，1948年に創設された。現在は，16歳未満の子どもをもつすべての家族に，一律の児童手当が支給されている。その額は第一子は月額1,050クローナであり，子どもが増えると増額され，第二子には1,200クローナ支給される[7]。

また，就学前保育を利用する3歳から5歳までの子どもには，一日3時間（年間525時間）の保育が無償で提供される。しかも，保育料は収入の3％までとされており，月額1,287クローナを超えないように上限額が定められている[8]。そのため，保護者は毎月の児童手当で保育料の大半を賄うことができる。

## 3．長時間保育を防ぐ

　子どもが8歳になるまでは，親が労働時間を25％まで短縮し，子どもの保育時間が長くならないように調整する権利も認められている。(9) 共働きが一般的である社会にもかかわらず，就学前学校の子どもたちのほとんどが夕方5時までに帰宅している。それはフレックスタイム勤務と労働時間の短縮により，1日の保育時間が6〜7時間になるよう調整できるからである。

　さらに，子どもが病気のときに利用する看護休業制度（12歳まで）もある。子ども一人につき年間最高120日まで取得することができ，給与の80％が保障される。もちろん，医療費（歯科診療を含む）も子どもが20歳になるまで無料である。

## 第2節　保育の歴史——子ども自身の権利としての保育

　スウェーデンの保育の第二の特徴は，すべての子どもに，子ども自身の権利として就学前の保育を保障する制度が確立していることである。もちろん，現行制度が確立するまでには，長い道のりがあった。以下では，その歩みを概観しておきたい。

## 1．保育施設の創設

　スウェーデンの保育制度のルーツは，19世紀後半に貧困家庭の子どものための保育施設（barnkrubba：子どもの飼い葉桶。神の子キリストがゆりかごの代わりに寝かされていた飼い葉桶に由来する）が開設された時代にさかのぼる。その後間もなく，ドイツの教育学者フリードリッヒ・フレーベル（Fröbel, F. W.）の理念に基づく幼稚園（barnträdgård：子どもの園庭）が誕生し，比較的裕福な家庭で母親が専業主婦の子どもたちが通い始めた。

　1930年代になると社会民主党政権が誕生し，福祉国家の建設をめざした施策が推進され，保育施設は地方自治体の責任のもとに置かれた。1938年にはbarnkrubbaがdaghem（昼間の家）と改称され，同時にbarnträdgårdは

lekskola（lek は遊び，skola は学校の意）と改称された。[10]

## 2．一元化した公的保育制度の基礎づくり

1960年代の高度経済成長期には，女性の労働需要が増加し，保育施設の拡充を求める声が高まった。政府は1968年に保育施設調査委員会（barnstugeutredning）を発足させ，1972年には同委員会の最終答申が提出された。[11]この答申によって，その後のスウェーデンの保育を方向づける重要な教育理念や方針が提案された。エデュケア（educare：養護と教育の一体化）の理念，異年齢によるクラス編成，複数の職員によるチーム制，対話的教育法，テーマ活動，遊びの重要性，両親との協働体制，障害のある子どものインテグレーションとノーマライゼーションなど，今日にも適用されている内容である。そして，全体としては，子どもたちが行う活動を民主主義に貫かれたものにすること，成育環境の平等化を図るための教育方法を取り入れることがめざされた。そして，1975年には「就学前保育法（Förskolelagen）」が施行され，daghem と lekskola を「Förskola」（för は前，skola は学校の意）という名称で統一することになり，一元化された保育制度の基礎が確立した。また，6歳児全員に年間525時間の保育が無償で提供されることになった。[12]

## 3．すべての子どもに就学前保育を

1980年代には，働く女性の割合がさらに増加し，保育需要は一層高まり，保育施設不足が深刻化した。政府は保育施設の拡充計画を積極的に推進したが，待機児童問題を解消することは容易ではなかった。しかし，そんな状況のなかで，政府は「1991年までにすべての子どもに就学前保育を」との議案を国会に提出した（1985年）。就学前保育への参加は，親たちのニーズに応えるだけでなく，子ども自身の権利としてすべての子どもに保障すべきであるとの考え方が示されたのである。[13]そして，この法案の成立により，コミューンの保育施設の拡充はさらに加速され，待機児童の解消に向けての大きな一歩を踏み出すことになった。

第2章　スウェーデン王国

表2-1　就学前学校の年齢別登録児童数と
　　　　登録率（2015年）

| 年齢 | 人数 | 登録率*（％） |
|---|---|---|
| 1歳 | 55,962 | 47.6 |
| 2歳 | 102,616 | 87.8 |
| 3歳 | 108,656 | 92.3 |
| 4歳 | 109,878 | 93.9 |
| 5歳 | 114,466 | 94.1 |

注：＊登録率：就学前学校の年齢別登録児童数
　　　　　　／年齢別児童総数
出所：Skolverket, Barn och grupper i förskolan
　　　15 oktober 2015.

　くわえて，1993年1月から新しい保育法が施行され，コミューンは，1歳以上の子どもに対して就学前保育，学童保育，家庭保育室を，遅れることなく提供しなければならなくなった。また，今まで6歳児に対して一日最低3時間（年間525時間）の保育を無償で提供してきたが，これを5歳児全員に実現し（1993年），翌年には4歳児にも実現させた。その結果，より多くの子どもが就学前保育を利用できるようになるとともに，コミューンの受け入れ態勢が急速に向上し，ついに待機児童問題に終止符を打つ時期を迎えた。

## 4．教育部門への移管

　1996年，スウェーデンは，社会庁の管轄下にあった保育事業を学校庁に移管するという大きな改革を行った。さらに1998年1月には学校法の改正が行われ，これにより，1～5歳児を対象とした就学前の保育は，学校教育体系の最初の段階に位置づけられた。また同年6月には学校庁より就学前教育カリキュラム（Läroplan för förskola: Lpfö98）が公布された。また，6歳児を対象とした就学前クラス（förskoleklass）が学校内に新設された。これは一日3時間（年間525時間）の教育を無償で提供するもので，義務教育ではないが，ほとんどの6歳児が参加している。

　就学前教育カリキュラム（Lpfö98）は，基礎学校（義務教育）や高等学校のカリキュラムと同等に位置づけられ，法的拘束力をもつことから，関係者の間で

はナショナル・カリキュラムとも呼ばれている。その内容はコンパクトなもので，基本的価値と目的及び活動の指針を定めており，伝統的なエデュケアの理念や遊びを通した学びを重視する保育方針に加えて，子どもの声を聴くことや子どもの参加など，子どもの権利条約に基づいた子ども観，教育観が示されている。つまり，保護者の保育ニーズとともに，すべての子どもの育つ権利，学ぶ権利を重視するようになったのである。

　その背景には，すべての1～5歳児に就学前の保育を受ける権利を保障する制度を確立させた実績がある。そして，2002年にはこの制度をさらに強化すべく，保育料の上限額を定めたマックス・タクサ制度が創設された。続いて2003年には，父母が失業中や育児休業中であっても，上の子どもが一日3時間の保育を無償で受けることができるようになった[16]。さらに2009年には，4・5歳児に加えてすべての3歳児にも，一日3時間（年間525時間）の保育を無償で提供することになった[17]。

## 5．子どもの最善の利益をすべての教育の基本とする

　2010年6月，新しい学校法（skollag）が国会で承認された（2011年7月発効）。また，これに伴い，全教育分野のカリキュラムの改訂，または改正が行われ，就学前教育カリキュラムも一部改訂が行われた（2010年）。

　新学校法の特徴の一つは，初めて国連子どもの権利条約の基本理念が盛り込まれ，子どもの最善の利益をすべての教育の基本とすることが明記されたことである。また，就学前学校に関しては，他の学校形態と同等の地位が与えられ，教育的な役割の強化が謳われた。しかし，「そのことが就学前学校の役割や活動を変化させるものではないし，長年，就学前保育制度のなかで行われてきた教育（pedagogy）や保育方法を疑問視するものではない」との政府見解を明らかにしている[18]。

　一方，就学前教育カリキュラムの改訂に関しても，「教育上の諸原理は，ケアと教育が密接に結びついているという前提に基づいている。…（略）…子ども自身の創造性や活動のために遊びが重要であるのと同様に，遊びが子どもの

学びや発達のために重要であることを強調している」と述べている。[19]

以上のように，21世紀を迎える直前に待機児童問題を克服したスウェーデンは，保育を教育体系に位置づけ，学校法の改正や就学前教育カリキュラムの改訂を行い，子どもの権利に立脚した保育の質の向上をめざしてさらなる歩みを進めている。

## 第3節　就学前の保育の場と保育者養成

### 1．就学前の保育の場

（1）オープン保育室（öppen förskola）

公開保育室とも訳す。主に育児休業中の父親や母親が子どもと一緒に来室し，交流する場で，利用料は無料。日本の子育て支援センターや集いの広場に類似している。複数の部屋があり，キッチンでは子どもの離乳食を温めることもできる。また，ワンコインでスタッフが用意したお茶を楽しむこともできる。

（2）就学前学校（förskola）

1～5歳までの子どもを対象とする。1996年に，社会庁の管轄下にあった保育事業が学校庁に移管され，1998年の学校法の改正で学校教育体系の最初の段階に位置づけられた。また，2010年の学校法の改正において，他の学校種別と同等の位置づけであることが明確化された。2015年の秋の登録数は49万3,609人で，これは，1～5歳の子どもの人口の83％にあたる。就学前学校には，コミューンが設置する公立と，協同組合や企業などが運営する民間があり，2015年には約16％（9万6,642人）の子どもが民間の就学前学校を利用している。[20]

（3）教育的保育（pedagogiskomsorg）

かつての家庭保育室（familijedaghem）を2009年に名称変更した。コミューンの研修を受けた保育者が自宅で保育を担当する，在宅型の保育形態。保育施設が不足した時代にそれを補う役割を果たしてきた。2013年には1～5歳児のうち約1万5,000人が，教育的保育に登録していた。これは，1～5歳児の3％に相当する。

（4）就学前クラス（förskoleklass）

　学校教育事業に位置づけられている。子どもが6歳の誕生日を迎える秋学期から7歳の就学まで，1日3時間（年間525時間）の教育を無償で提供する。就学前クラスの活動終了後は同じ学校敷地内にある学童保育を利用する児童が多い。就学前クラスには，就学前教育と学校教育とをつなぐ役割が期待されており，就学前学校，余暇センター（学童保育），基礎学校との協力が求められている[21]。特に，2016年には就学前教育カリキュラムの改訂があり，協力体制づくりへの要求が強化されている。

## 2．所轄省庁

　中央政策の目的，指針，財政上の枠組みに対する責任は教育科学省にあるが，就学前教育と学童保育の中央監督官庁は学校庁（skolverket）である。保育サービスの提供の責任はコミューンに委ねられており，学校庁はその実施状況の調査や評価検討，監督業務を通じて，国が設定した保育目標が達成されるよう指導助言を行っている。

## 3．保育者養成

　2010年の学校法の改正に伴い，正規の就学前教師（förskollärare）は大学で学士を取得し，登録しなければならないとされた。取得単位数は合計210ポイント（3年半）。表2-2は，ストックホルム大学の就学前教師の免許を取得するコースの教育プログラムである。正規の就学前教師のみが終身雇用され，子どもグループの活動を指導する責任をもつ。また，旧資格を有する者で少なくとも1年間以上就労したものも正規に登録できる[22]。2012年には，就学前学校の職員の約55％が就学前教師の資格を有していたが，地域の状況には差があるようである。

　なお，保育補助員養成学校（barnskötareutbildning）で1年間学んだ者，高校の選択科目として保育を学んだ者などが，保育補助員として働いている。

表2-2　就学前教師（förskollärare）教育プログラム（学士）（計210ポイント，3年半）

（取得ポイント数）

| | 期間A（5週間） | 期間B（5週間） | 期間C（5週間） | 期間D（5週間） |
|---|---|---|---|---|
| セメスター1 | 探究的学びと遊びとケア（7.5） | 教育的環境（7.5） | 実習（3） | プレゼンテーション＆レトリック（3.5） | 幼児教育：カリキュラム理論と教育的ドキュメンテーション（7.5） |
| セメスター2 | 幼児教育：倫理学と美学を中心に（11.5） | 実習（6） | 教育の歴史と社会における役割（5） | 学びと発達の観点（7.5） |
| セメスター3 | 幼児教育：自然科学，科学技術，持続可能性の教育を中心に（12） | 実習（6） | 継続 | 幼児教育：数学を中心に（12） |
| セメスター4 | 幼児教育：言葉とコミュニケーションを中心に（22.5） | | | 実習（7.5） |
| セメスター5 | カリキュラム理論，教育的ドキュメンテーションとアセスメント（7.5） | 特別支援教育（7.5） | 就学前学校における社会的関係（7.5） | 実習における子どもの生活状況，倫理的配慮，実存的問題（7.5） |
| セメスター6 | 就学前学校での遊び――出会いと意味の構築（8.5） | 実習（7.5） | 評価と発達（4） | 学校の法律と倫理（2.5） | 知識，自然科学と方法論（7.5） |
| セメスター7 | 上級コース：言葉，コミュニケーション，デジタル環境／子どもの生活状況と就学前学校の任務／遊びと美学／数学，自然科学と持続可能性の教育（15） | | 卒業論文（15） | |

注1：1セメスターで30ポイント（ECTS）取得できる。1.5ECTS：1週間のフルタイム学習。
　2：全コースの使用言語はスウェーデン語。1年に2セメスター：秋9〜12月。春1〜6月。
出所：Stockholm University.

## 第4節　子どもの権利に基づく保育実践

　スウェーデンの保育実践の特徴は，民主主義の価値観，子どもの権利条約の理念に基づいているところにある。

1．就学前教育カリキュラムの理念

　1998年に公布された就学前教育カリキュラム（Lpfö98）は，国の基本理念や保育実践の方向性を示したシンプルな内容であり，保育実践の具体的な方法や計画は，各保育施設やコミューンに委ねている。学校法（skollag）の改正に伴って2010年に改訂されたが，改訂の内容は部分的なものにとどまり，「2　目標と指針」のなかの「(2)発達と学び」の目標が15から22に増えたこと，「(6)フォローアップ，評価，発展」と「(7)施設長の責任」の節が新設されたことが主な改訂点である。さらに，2016年にもごく一部分であるが，カリキュラムの改訂があり，「(5)就学前クラス，基礎学校，余暇センター（学童保育）との協働」が「(5)移行と協力」に改められた。子どもが就学前学校から就学前クラス，基礎学校，余暇センターに移行する際には「協力関係をつくるよう努めなければならない」から「協力しなければならない」とされ，協力することが強調された。表2-3は，就学前教育カリキュラムの目次である。[23]

(1) 民主主義の価値観の定着

　就学前教育カリキュラムの「1　就学前教育の価値観の基礎と任務」では「就学前教育の重要な任務は，スウェーデン社会が依拠する民主主義的な人権尊重の価値観を定着させることである」と明記している。そして，「子どもは，倫理的な価値や規範を具体的な経験を通して獲得していく。民主主義社会の権利や義務についての子どもの理解やそれを尊重する心は，大人の態度の影響を受けるため，大人はその手本として大切な存在である」と保育者の任務を示している。

(2) エデュケアの理念

　「1　就学前教育の価値観の基礎と任務」において半分以上の紙面を占めているのは，生涯の学びの基礎をつくるという任務である。具体的には，まず「就学前教育は，安心できるケアを提供し，子どもの発達と学びを奨励しなければならない。教育活動は，子ども全体を捉える視点と子どものニーズに基づいて，ケアと発達と学びが一体となって行われるようにしなければならない」と，エデュケア（educare）の理念を謳っている。このケアと教育の一体的な実

表2-3　就学前教育カリキュラム（Lpfö98）

```
目　次
1　就学前教育の価値観の基礎と任務
        基本的な価値観
        理解と思いやり
        客観性と多面性
        就学前教育の任務
2　目標と指針
        (1)規範と価値観
        (2)発達と学び*
        (3)子どもによる影響
        (4)就学前学校と家庭
        (5)移行と協力**
        (6)フォローアップ，評価，発展*
        (7)施設長の責任*
```

注：＊は2010年の改訂部分，＊＊は2016年の改訂部分。

現は，1970年代に一元化した保育制度の基礎が確立したときから今日に至るまでスウェーデンの保育の根幹をなしており，OECD報告等でも一つのモデルとされている。[24]

**（3）遊びを通した学びと新しい子ども観，保育観**

また，「就学前教育の任務」では，「遊びは子どもの成長発達と学びにとって大切なものである」「一人ひとりの子どもの成長発達と学びを促すために，遊びを積極的に活用しなければならない」など，遊びの重要性を説くとともに，遊びを通した学びを促すことを明記している。そして，その援助方法については，「子どもの経験世界，関心，動機，知識を求める衝動から出発しなければならない」「学びは，大人と子どもの協同と，子ども同士の学び合いを基礎にしなければならない」「テーマ活動によって子どもの学びに多面性と相互の関連性をもたせることができる」などの基本的な考え方を示している。

このような考え方の基盤となる子ども観について，エングダール（Engdahl, I.）は，就学前教育カリキュラムによって，「子どもを固有の権利を有する一人の人間として認め，子どもにも大人と同等の価値があり，大人も子どもから学ぶことがたくさんあるとする見方が提案された」[25]と述べている。また，カリキ

ュラムの作成に関わったダールベリィ（Dahlberg, G.）は，イタリアのレッジョ・エミリア市の教育実践の影響を受け，タグチ（Taguchi, L.）とともに「文化と知識の創造者としての子ども」という子ども観を提案したとも述べている。そして，「子どもは，活動的で意思をもつ主体である。生まれたそのときから子どもは世界を捉え理解しようとし，永遠に発展する学びのプロセスを進めていく。彼らの知識は彼ら自身の体験のなかから生まれ，構築される。それは身体全体を含み，同時に社会的，文化的なものでもある」とし，このような子どもの見方は，保育者に，子どもの共同研究者であり，構築者としての新たな役割を与えるものであるとしている。

（4）新たな実践モデルの創造

就学前教育カリキュラムの草案は，1996年に設けられた「児童福祉と学校審議会（barnomsorg och skolakommittén: BOSK）」が行ったが，その作成に関わったのがストックホルム教育大学（当時）のダールベリィである。彼女は，科学技術が発展し経済競争が激化する現代社会においては，幼い子どもたちの教育に対する関心が高まっているが，幼児期に単純な意味しかもたない知識を学んでも，長期的な効果を生むことはできない。子どもの発達にとって有意義なプログラムを検討する必要があるが，その手がかりをレッジョ・エミリア市の幼児教育実践から学ぶべきであると考えた。そして，マラグッツィ（Malaguzzi, R.）らの協力を得て研究プロジェクトを立ち上げ，スウェーデンの保育の伝統と文化の基盤のうえに新たな実践モデルを創造することをめざした。

ストックホルム・プロジェクトと呼ばれるこの実践的研究（1993年から4年間）では，まず，スウェーデンとレッジョ・エミリア市の政策や経済社会状況を比較調査するところから始め，両者の家族政策やその理念に類似性が認められること，また，子ども観，教育観においても，共通性が認められることを確認した。

続いて，スウェーデンの伝統的な保育実践方法であるテーマ活動について，観察や教育的ドキュメンテーションによる実践報告会を開催した。このプロジェクトには，すでにレッジョ・エミリアを訪問するなどしてその教育理念を学

んでいた．ストックホルム市ハンマルビィ（Hammarby）地区の7つの保育園が参加し，保育者と研究者が共同で毎月ネットワークセッションを開いた．しかし，ハンマルビィ地区には28の保育園があり，他の保育者からもプロジェクトについて学びたいという要望が出された．そこで，地域のすべての保育者に開放した講演会を開くことになった．そして，コア・ネットワークでの取り組みを保育者がプレゼンテーションし，それに基づいて話し合いを行った．やがてその講演会には，保育者だけでなく地域の関係者も参加するようになり，教育理念や保育実践についてオープンな話し合いの場が広がった．このプロジェクトはさらに他の地域にも波及し，最終的には34の地域ネットワークが生まれた[32]．

　このプロジェクトの成果は，就学前教育カリキュラムに反映されるなど，その後のスウェーデンの保育実践を方向づけることになった．特に，教育的ドキュメンテーションは，保育者が子ども理解を深め，子どもとの関係や子ども同士の関わり合いを省察するうえで有意義な資料であることが実証された．そして，2010年のカリキュラム改訂において，ドキュメンテーションを活用して保育の質の向上を図る方針が示された．

(5) 発達と学びの目標

　就学前教育カリキュラムの「2　目標と指針」の「(2)発達と学び（Utveckling och Lärande）」では，これまで15の目標があったが，2010年の改訂で，言葉や数学，自然科学や科学技術（technology）に関する目標が加わり，合計22になった．ただし，この目標は子どもの学びの到達目標を意味するものではない．目標は，あくまでも保育者が子どもの発達や学びを援助する方向性を示したものである．

　スウェーデンでは，子どもが基礎学校6年生になるまでは成績をつけない．子どもがその年齢に達するまで，発達や能力の優劣によって分類されることは，子どもの自己形成に良くない影響を与えると考えられているのである．バルソッティ（Barsotti, A.）らは，幼児への発達的な要求について同様の問題を指摘し，次のように述べている[33]．

「学校制度がより低い年齢段階に達し，幼児に新たな要求が課せられるようになると，新たな良否の定義が設けられる。同時に子どもたちがその要求に応えられない場合は，より低い年齢段階で制度の外に排除されることになる。…（略）…何人かの子どもにとってこれは大変な痛みを伴うレッスンになる。幼いときに，彼らは就学前教育施設で成功できなかったと思い込み，学ぶことができないということを学んでしまうかもしれない。これは，子どもたちの権利に関わる問題を提示している。幼児教育の実践において，幼児期にふさわしい子ども時代を過ごすとはどういうことか，何かを成し遂げたことで尊ばれるのでなく，一人の人間として尊重されるとはどういうことかが，常に問われなければならない」。

後述するが，このような考え方は就学前教育の評価方針にも反映されている。
（6）子どもによる影響

「2　目標と指針」の「(3)子どもによる影響（Barns inflytande）」は，スウェーデン社会において，子どもの権利条約の理念がいかに浸透しているかを物語っている。そこでは，「就学前教育では，民主主義とは何かを理解する基礎が築かれる」と述べ，保育者は「子ども自身がいろいろな形で表現するニーズや関心を，教育活動の環境構成や計画作成の基礎とすべきである」としている。そして，保育者が子どもの発達を援助する目標が3点示されている。

・自分の考えや意見を表現する能力を育て，それを通して自分の状況に影響を及ぼす機会を得る
・自分の行動と，就学前学校の環境に責任をもつ能力を育てる
・いろいろな形の協力や決定に参加することを通して，民主主義の原則に従って理解し，行動する能力を育てる

これらの目標は，子どもの意見表明権や参加する権利（子どもの権利条約第12条）を保障する内容である。スウェーデンの保育実践では，子ども一人ひとりが自分の考えや意見を述べ，話し合いをする機会が多い。例えば，朝のサムリング（集い）の時間にみんなで歌う歌を何にするかを話し合って決める。日々

繰り返される小さな活動のなかにも，子どもの意見を聞き，その声を保育活動に活かすこと，また，クラスの子どもたちがさまざまな決定に参加することが大切にされている。伝統的な対話教育法では，保育者が「子どもを尊重することを基本姿勢とし，子どもを見守ること，子ども自身がもっている能力，好奇心，学習意欲を信頼すること[34]」を基盤として，保育者と子どもの対話的関係を育んできた。そこでは，幼い子どもであっても日常生活に参加して，何らかの影響を与えるという民主的なプロセスを体験するなかで，権利の主体として自己を育てることが大切にされてきたのである。

したがって，カリキュラムの「(3)子どもによる影響」にまとめられた内容は，すでに1970年代からスウェーデンの保育実践のなかで培われてきた理念であるとも言えるが，子どもの権利条約の採択により，カリキュラムの目標の一つとして明確に位置づけられたものと考える。

国連・子どもの権利委員会一般的討議「乳幼児期における子どもの権利の実施」(2004年9月17日)では，「子どもの参加」(子どもの権利条約第12条)について次のように述べている[35]。

「条約は，子どもの参加を極めて重視している。したがって国は，子どもが日常生活を送るあらゆる場所(家庭，学校，保育施設，地域社会など)で，『子どもはもっと幼い段階からすでに権利の主体である』という考えが根づくようにするために，積極的に取り組みを進めなければならない。幼い子どもにも，日常的活動のなかで，積極的に，また徐々に自分の権利を行使する機会が保障される必要がある」。

「子どもによる影響」のめざすところは，この勧告の内容と同じである。子どもの声に耳を傾け，その参加を確保することが，保育実践の基本方針なのである。

(7) フォローアップ・評価・発展

就学前教育カリキュラムの改訂で新たに設けられたのが「(6)フォローアッ

プ・評価・発展（Uppföljining, utvärdering och utveckling）」である。その冒頭には「就学前教育の質の向上は，継続的かつ系統的なドキュメンテーションの作成とフォローアップ，評価と発展によってなされるべきである」と記されている。1998年のカリキュラム公布時には質に関わる内容は示されなかったが，10年経過するなかでその方針が固まったのであろう。2010年の改訂でこの項目が新設された。

　その基本方針は，まず，評価の目的は，就学前学校，または保育者が「子どもの発達や学びにとって最も良い条件を提供する」ように努めているかを把握することである。

　そして，評価の方法としては，「子どもの発達と学びを観察し，ドキュメンテーションを作成して分析する」こと，具体的には「子どもがどのように物事を探求するか，疑問をもつか，経験をするか，関与するかを知る。また，子どもの知識がどのように変化するか，子どもたちがどんなときに楽しく，おもしろく，意義があると感じるかを理解する」ことである。

　さらに，「どのような形の評価であっても，子どもの視点で実施されなければならない」と明記するとともに，「子どもと親は評価に参加すべきである」としている。

## 2．保育の質の向上の取り組み

　スウェーデンの保育の質に関する取り組みは，就学前保育施設が教育制度に組み込まれて以降，活発化している。学校庁の考え方は，2005年に学校庁から出された指針「就学前教育の質のための一般的なアドバイスとコメント（Allmänna råd och kommentarer, Kvalitet i förskolan）」（以下，「質のための指針」と略す）に示されている。

（1）質を評価する3つの分野

　「質のための指針」では，まず，その目的について「子どもたちは，優れた質を備える就学前学校を等しく利用する権利をもつ。このため，学校庁は，学校法と就学前教育カリキュラムを基礎にした事業の目的の明確化と，就学前教

育の質に関する仕事を支援するために、この一般的アドバイスを発行した[36]」としている。

そして、保育実践の質を3つの分野から評価する方針を明らかにしている。一つ目は保育実践の構造的な要素である「前提条件（Förutsättningar）」。二つ目は「就学前学校の仕事（Arbetet i förskolan）」つまり、保育実践の内容と方法。三つ目は、その結果である「目標の達成（Måluppfyllelse）」状況である。

(2) 前提条件

保育の質というと、活動内容の評価に着目しがちであるが、最初に実践の前提条件に言及しているところが特徴的である。しかも、前提条件の奨励事項はすべてコミューンに対するものである。例えば、①施設の管理、指導では、「就学前教育主任」という教育面でのリーダーを配置すること、②職員配置やグループサイズ（1クラスの子ども数）の適正化を図ることをあげ、コミューンがその実情を調査することを奨励している。そして、子どもにとって好ましい職員配置は、子ども約15人に対してフルタイム職員3人の配置であるとしている。さらに、③高等教育を受けた職員の雇用に努めること、職員に研修の機会を提供すること、④建物の設計や屋外環境の整備。いずれも、コミューンが責任をもって取り組むべき事柄であるとしている。

保育実践の前提条件のうち、学校庁がコミューンに改善を働きかけているのが、子どもグループのサイズ（1クラスの子ども数）を小さくすることである。すべての子どもに権利として保育を保障することをめざしたスウェーデンは、1990年代に保育施設が拡充され待機児童問題を克服した。しかし、その結果、登録児童数が増加し、1クラスの子ども数が増加した。

政府は、「グループサイズが大きいと、子どもの言語発達、子どもと大人の相互作用、子どもの自我の発達や人間関係に好ましくない影響を与える可能性がある。また、グループサイズが大きいほうが、よりストレスが高く、騒がしく、衝突が多い[37]」という調査報告に基づき、その改善に力を注いでいる。その結果、表2-4のように、遅々としてはいるが改善の方向に向かっている。

**表 2-4** 就学前学校の 1 クラスの平均子ども数の推移と，保育者 1 人当たりの平均子ども数の推移（1985〜2011年）

| 年 | 1クラスの平均<br>子ども数（人） | 保育者1人当たりの<br>平均子ども数（人） |
|---|---|---|
| 1985 | 13.4 | 4.3 |
| 1990 | 13.8 | 4.4 |
| 1995 | 16.7 | 5.5 |
| 2003 | 17.2 | 5.4 |
| 2005 | 17.0 | 5.2 |
| 2007 | 16.7 | 5.2 |
| 2009 | 16.8 | 5.3 |
| 2010 | 16.9 | 5.4 |
| 2011 | 16.8 | 5.3 |

出所：Skolverket, Grippstorlek och Personaltäthet (http://www.skolvelket.se/statistik-och-analys/) より作成。

(3) 保育実践の内容と方法

　質の評価の二つ目の分野は，就学前学校の職員に対する奨励事項であり，中心的な内容は，①子どもの発達と学びに関する全体的な視点，②就学前教育の価値観の基礎，③親との協働に関する奨励事項である。あわせて④特別な支援を必要とする子ども，⑤多文化に関するアドバイスもある。

　このうち注目されるのは「発達と学び」に関する奨励事項として，活動のプロセスを文書化し，それを考察することを提示している点である。

　「子どもがどのような状況のなかで何を学び発達していくかは，一つのプロセスであり，それを常に直視する必要がある。カリキュラムの目標と任務にあわせた教育事業を発展させていくには，どのようにケアと教育を統一させることができるか，どのように異なる知識形態を統合することができるかということに，職員が自覚的でなければならない。」

　「自分の仕事に対する自覚を増大させるための一つの方法は，就学前教育の各種プロセスをいろいろな形で文書化し，明確化し，それを考察すること

である。そうすることによって，どのような状況のなかで子どもが学び，発達し，快適であるかを知ることができる。文書をつくり考察する仕事は，子どもと一緒に活動する日常の仕事の一部であると見なし，日常の仕事とは別ものと見なさないことが大切である。[38]」

　保育者の重要な任務は，教育的ドキュメンテーション（Pedagogical Documentation, 以下ドキュメンテーションと記す）を作成し，それに基づいて保育者が子どもの興味・関心について話し合い，遊びや活動の意味を考え，自分の援助を振り返り，考察することであるとしていることがわかる。
　このドキュメンテーションに基づく保育者の自己省察の意義については，ダールベリィらが，ストックホルム・プロジェクトの実践的研究を踏まえて，次のように報告している。

　「ドキュメンテーションは，私たちがどのように子どもとの関係を築いているかということや，保育者としての自分自身のありようを語るものである。その結果，自分が実践している間にあったことを，どう理解し『読み取っている』のかをわからせてくれる。そう考えると，保育者としての私が記述したことは，これらの要素を含んだ記録であることは明らかである。そして，その記録は，自由に議論したり検討したりする研究資料になる。つまり，ドキュメンテーションを通して，子どもとの別の関わり方が見えてくる。こうした見方からすると，ドキュメンテーションは，自己省察（self-reflexivity）による物語であると言える。また，自己省察を通して自己認識も行われる。[39]」

　一方，ドキュメンテーションは，保育者の省察的態度を培うだけではない。「子どもの学びのプロセス」を可視化することにより，次の活動の展開を考えたり，保護者の参加や連携を促すこともできると述べている。

　「ドキュメンテーションを通して，子どもが何を考えているか，子どもと

*83*

大人が一緒に何をしているのかに対する意識が深まり，さらにその日の活動を変化させる基盤ができる。ドキュメンテーションを作成することは，次の活動の基礎を築き，学びのプロセスを創り出す。また，保護者に子どもの生活について具体的な情報を提供することができる。さらに，それが保護者の参加や連携を促したり，意識を高めたりすることにつながる[40]。」

このように，ドキュメンテーションはさまざまな機能を担うことができる教育的なツールである。就学前教育カリキュラムでは，これを子どもの発達や学びのプロセスをフォローし，評価するためのツールとして位置づけている。ただし，その評価の目的は，就学前教育が子どもの発達と学びにどのように寄与しているかをフォローし，保育実践の向上を図ることである。決して，何らかの規準に従って子どもの発達や学びの到達状況を判断することではない。

（4）目標の達成状況

　質の評価の三つ目の分野は，就学前学校の教育事業を総合的に評価することに関する奨励事項である。対象は，就学前学校の管理，指導を担うコミューンと，自己評価を担う就学前学校の職員の両方である。まず，総合的評価の主眼は，一人ひとりの子どもの結果を評価することではないことを強調している。

「就学前教育では，一人ひとりの子どもの結果を評価するのではない。成績や判定は行わない。…（略）…子どもがどのように学び発達しているか，そのことに就学前学校がどのように寄与しているかをフォローすることが大切だ。しかし，子どもの発達をフォローするということは，決められた規準や規範に従って子どもの発達と学びを判断することと同じではない[41]。」

そして，評価方法については，ドキュメンテーションの活用や子どもへのインタビュー，絵，作品などを用いるなどのツールの工夫を奨励している。

「就学前教育カリキュラムの目標と意図とに関連する文書づくりや，評価

のためのツールを開発することが大切である。現在，さまざまな質を評価する方法が存在するが，事業の複雑性と教育的なプロセスを把握するものは数少ない。…（略）…ドキュメンテーションは，保育者が自己の実践を明確に示し，検討するための共同の仕事のツールであり，共通の省察を基礎としている。教育的な仕事を追跡するための方法は，子どもたちの大切な作品や子どもの発達や学びのプロセスを明確化するドキュメンテーションを集めることだ。」[42]

なお，親たちと子どもたちが評価に参加できるようにすることも重視している。

## 第5節　保育実践例

### 1．テーマ活動「家と地図」（1～5歳児）

　これは，ストックホルム近郊にある民営の就学前学校（Fäbodens Förskola〔フェブーデンス フォシュコーラ〕）において取り組まれた1～5歳の保育実践例である。この就学前学校は，公立の保育園長を務めていた二人の保育者が1999年に設立したもので，Wåga & Wilja〔ヴォーガ・ヴィリア〕（以下W＆Wと記す）という会社に属している。そして，イタリアのレッジョ・エミリア市の幼児教育実践に触発され，ドキュメンテーションをツールとした保育実践に取り組んでいる。

　ここで紹介する実践は，二人の保育者ペトラ・スヴェルドゥ（Petra Svärdh）さんと，ニーナ・グランベリ（Nina Granberg）さんが5年間（2008年8月～2013年6月）担当した子どもたちの活動記録をまとめたものである。本節は，2015年4月29日に愛知淑徳大学福祉貢献学部の学術講演会で二人が報告した内容に基づいており，同年8月に筆者がW＆Wを訪問した際に聞き取り調査を行い，その後はメールで質問や内容の確認を行った。

　なお，写真を含めた本書への掲載については，報告者の二人と校長の許可を得るとともに，写真に登場する子どもの保護者の許可も得た。

（1）保育計画

　W＆Wでは，就学前教育カリキュラム（Lpfö98）を踏まえた「ワークプラン（Arbetsplan）」を作成している。これは保育者が実践の拠り所とするとともに，保護者にも公開されている。

　内容は，W＆Wの理念と目標，保育方法の原理やその内容などが50ページ以上にわたって記されている。内容の一例をあげると，「子どもの見方」「教育的な環境の構成」「ドキュメンテーションの作成」「プロジェクトの実施方法」「親との協力」などである。保育者がどのように子どもを理解し援助するかに焦点が当てられており，その援助方法には，「子どもは100の言葉をもった有能な存在である」など，レッジョ・エミリアからの学びが生かされている。[43]

（2）物的条件

　園舎は，1970年代に公立の保育所として建てられた木造で，構造はクラスごとに入口とロッカールームがあり，保育室は広い部屋（かつてはダイニングルームとして使われていた）が1つと2～3の小さな部屋，それにトイレがある。これを一つのユニットとして，1～5歳まで年齢別に5つのユニットがある。また，その他に食堂と4・5歳児が使うアトリエ，調理室，職員の休憩室，事務室，会議室がある。

　ワークプランでは，「環境は第三の教師」と謳い，教育的な環境の構成を重視している。また，「子どもは自ら学ぶ力をもっている」「子どもが集中力を発揮して探索したり，何かを発見できるような環境が必要である」「子どもの目で環境を見ることで，子どもにとって新鮮で興味深い環境を準備することができる」[44]などの記述からも，環境構成に対する考え方を理解することができる。

　園庭は，1・2歳児が使う砂場や遊具のスペースと，3～5歳児が使うスペースに分かれている。園庭の周囲にはリンゴやベリーなど実のなる木が育っており，小さな畑では，野菜や花が栽培されている。園庭の環境にも教育的な配慮が見て取れる。

（3）人的条件

　2015年の年齢別子ども数（保育者数）は，以下のとおりである。1歳児15～

17人（保育者3人），2歳児18〜20人（保育者3人），3歳児20〜22人（保育者3人），4歳児22人（保育者2.5人），5歳児23〜24人（2.5人）。その他に，アトリエを担当する保育者1人（就学前教師の資格の上にストックホルム・レッジョ・エミリア研究所でアトリエスタの資格を取得），調理員2人，経理担当職員1人，施設長1人（2施設を兼務），用務員1人（兼務）。

　スウェーデンでは異年齢によるグループ編成が一般的であるが，W&Wでは設立当初から同年齢のグループ編成にしている。また，保育者3人のうち2人はフルタイムの就学前教師（学士）であり，1人がフルタイムの保育補助員である。4・5歳児はパートタイムの保育補助者を0.5人とカウントしている。

（4）日　課

　（6：30に調理員が出勤し，7：00に早番の保育者が出勤する）

7：30　朝食（朝食代は徴収しない。8：00までに登園した子どもが対象）。順次登園。自由遊び。

9：00　朝のサムリング（集い）。全員が部屋に集まり，出席をとり，歌や手遊びをし，今日の活動について話し合う。

9：30　小さなグループ（園庭で自由遊びをするグループ，室内でテーマ活動を行うグループ）に分かれて活動する。保育者は役割分担して各グループの活動に参加する。

11：00　昼食（1・2歳児が先に食べ，3歳，4歳，5歳児は後で食べる。保育者も子どもと一緒に食事をとる）

12：00　1〜3歳児は午睡。4・5歳児は室内で静かに過ごす。保育者はこの時間に交替で休憩をとる。担当者はドキュメンテーションを作成する。

14：00　おやつ（1〜3歳は午睡から目覚めて，おやつを食べる）

15：00〜17：00　園庭や室内で自由遊び。順次帰宅する。

## 2．保育の実際

（1）1歳児：新しいものとの出会い

　子どもたちの園生活は，1歳を過ぎた年の夏から始まる。最初から全員がそ

写真2-1　新しいものとの出会い
水，光，絵の具，粘土，遊具，友だちなど

写真2-2　新しいものとの出会い
いろいろなやり方で探っていく

ろっているわけではなく，徐々に人数が増えていく。最初は「ならし保育」で，原則1週間，子どもによってはもう少し長くなる場合もある。最近は，育児休暇を取得する父親が多くなり，父親が同伴する場合も多い。保育者は，子どもたちだけでなく，その親も一緒に迎え入れるよう心を配る。

　子どもたちは，最初は親と一緒に遊んだり昼食を食べたりしているが，徐々に親から離れていく。子どもが離れはじめると，親たちは子どもの人形づくりを始める。なかには針をもつのが初めてという親もいるが，どの親もみんな挑戦する。人形には子どもと同じ名前がつけられ，その後もさまざまな活動で使われることになる。毎朝，サムリング（集い）の時間に子どもの名前を呼んで人形を手渡す。人形がその子に代わって何をしたかを説明することもある。また，午睡のときには安心のために枕元に置いたりする。

　1歳児にとっては，出会うものはどれも目新しいものばかりで，建物のなかも外も，初めてづくしの環境である。水や光，絵具や粘土などの素材，新しい遊具，新しい友だち。新しいものや人と出会い，子どもたちは一緒に新しい環境を探っていく。自分の手で探るのが好きな子もいれば，ベトベトが嫌いな子もいる（写真2-1，写真2-2）。それぞれの特徴を理解しながら，最初の1年は，とにかくたくさんの新しいものとの出会いを大切にした。

（2）2歳児：チャレンジすること

　1歳児であらゆる素材にふれあったところで，2歳児ではチャレンジすることを目標とした。例えば，てんとう虫に興味をもった子どもたちには「そのて

第2章 スウェーデン王国

写真2-3 チャレンジする
興味をもったものを描いてみる

写真2-4 ドキュメンテーション
子どもたちの活動のプロセスを文書化し,掲示する

んとう虫を描けるかな」とチャレンジするよう保育者が促す。あるとき,写真のトラに興味をもった子どもが何を描くかなと見ていると,細かいところまでよく見ていることが理解できた(写真2-3)。

　テーマ活動を進めていくための前提として,活動を文書化したドキュメンテーションを使用している。その方法は,W&Wのワークプランに示されている。ドキュメンテーションの作成では,常に子どもに立ち戻ることを重視している。子どもと一緒に作成することもある。

　そして,子どもたちがどんなことに関わってきたか,振り返ることができるように,また,保護者にもそれを知らせるために,ドキュメンテーションを壁に掲示している(写真2-4)。なお,ドキュメンテーションは,保育者が保育実践を振り返る資料としても活用している。

(3) 3歳児:いろいろな建物をつくってみる

　テーマ活動のなかでも特に重要なのは,夏の課題である。一つの年度が終了して夏休みに入るとき(6月),子どもたちに夏の課題を出す。みんなで見せ合うことができるお気に入りのものや,好きな写真をもってくるという内容が多い。家族に協力してもらい,関わってもらう方法の一つとしている。

　夏休みが明けると,子どもたちは新しい部屋に移動し,新年度を迎える。3

写真 2-5　いろいろな素材で建物をつくる

写真 2-6　時にはグループ全体で共有

写真 2-7　近所に出かけていろいろな屋根を見てみる

写真 2-8　さまざまな方法を見せ合って解決策を探す

歳児の夏の課題は「建物」の写真を持ってくることにした。子どもたちはお互いに自分が持ってきた写真を友だちの前で発表し，それから写真の建物をいろいろな素材でつくってみることになった。子どもたちは小さなグループに分かれ，屋外でも室内でもこの挑戦を楽しんだ（写真2-5）。

　保育者は，子どもたちが協力し合わないと解決できないような問題に直面してほしいと考え，「どうしたら長持ちする屋根がつくれるか」という質問を投

写真2-9　自分の家を描いてみる

写真2-10　線をまっすぐに描くのが難しい……
ある子が定規を見つけて使い始めた。

げかけた。毛布を使ったグループの子どもたちは，屋根にするのは簡単そうだけれど，耐久性がないことに気づいた。ときには，問題を解決する手助けを他のグループに求める場合もある（写真2-6）。「どのようにしたら耐久性のある屋根がつくれるか」全員が集まって，それぞれのグループがさまざまな方法をお互いに見せ合い，さまざまな解決策を試した。近所に出かけていって，いろいろな屋根を見たこともあった（写真2-7）。子どもたちみんなで考え，しばらくすると解決策が見えてきた（写真2-8）。

（4）4歳児：自分の家と地図

　4歳児の夏の課題は，「自分の家」の写真を持ってくることにした。そして，写真について発表した後で，自分の家を描くことに挑戦した。

　「さぁ困った……」ある男の子は，家はまっすぐなのに，線をまっすぐに描

写真2-11 家を見に行く
住宅街の通りで地図を発見し，みんな地図に興味がわいた。

写真2-12 就学前学校からそれぞれの家まで，自分たちで地図を描いてみる

写真2-13 住んでいる地域の地図をつくる
どうしたら高いところに住んでいることを表せるか？

くことができず，自分が描いた絵に満足できなかった（写真2-9）。すると，ある女の子が，まっすぐに描くことができるものを家で見たことがあると言った。彼女はあたりを見回して定規を見つけて使いはじめた。定規は多くの子どもたちにとって目新しいものだったので，最初は透かしてみたり，揺らしてみたり，いろいろなことをして試していた。すると，ある子が定規を2つ使って屋根の形がつくれることを思いついた（写真2-10）。定規で遊びながら定規の使い方を探るうちに，いろいろなアイディアに発展していった。まっすぐな線を描きたかった子は，友だちの助けを借りて満足したようだった。

自分の家を描くとき，子どもたちは写真の上では家全体を見ることができな

第 2 章　スウェーデン王国

**写真 2 - 14**　細かなところは子どもが大事にしたいところ

い。保育者は，実際に家がどのように見えるか，子どもたち全員に見てもらいたいと思い，住宅街の通りを歩くことにした。すると，子どもたちは道路沿いの掲示板の地図を発見した（写真 2 - 11）。子どもたちはみんな地図に興味がわいた。「どこに行こうか」「どこで地図を見つけられるか」など，いろいろな会話が飛び交った。

　子どもたちはママやパパの携帯電話で地図が見られることを知っていた。しかし，保育者は彼らにさまざまな地図があることを知らせたいと思い，子どもたちと一緒に地図の収集を始めた。みんなの家を見ることができる Google マップをパソコン上で見せたこともあった。子どもたちは，就学前保育施設からそれぞれの家までの地図を自分たちで描いてみることにした（写真 2 - 12）。地図を描くには，お互い助け合うことが必要だった。

　このプロジェクトの内容全体はプロジェクト・ウォールに掲示した。掲示することによって，子どもたちも親たちも，一緒に活動のプロセスや学習内容を追うことができる。

　次に，自分たちの住む地域の共通マップをつくることになった。子どもたちは，また困ってしまった。「どうしたら私のほうがあなたより高いところに住んでいるって表せるのかなぁ」（写真 2 - 13）。子どもたちは会議を開き，立体的なマップをつくることにした。しかし，夏休み前にこれを実現することは難しく，5 歳児になってからも継続して取り組むことにした。

写真2-15 地図の上の家の配置を決めるには，話し合いが必要だ

写真2-16 アイディアを出し合う

写真2-17 両親を招いて完成した3Dマップを見せた

写真2-18 用務員さんに手伝ってもらい，本物の家を建てた

## （5）5歳児：自分の家のある3Dマップをつくる

　5歳児の夏の課題は，マップ上に自分の住んでいる家をつくるため，その材料を持参することにした。家づくりは簡単なことではないので，材料を借り合うなど，子どもたちが互いに協力することが必要になった。煙突を2本にするなど子どもは細かいところまで大事にしてつくった（写真2-14）。

　マップ上での家の配置となると，お互いに誰がどこに住むかという議論が生まれ，交渉が必要になった（写真2-15）。子どもたちは，毎日，マップの何が新しくなったのかを両親に見せた。そして，自分たちのアイディアを話し合うためにプロジェクト・ウォールを活用した（写真2-16）。

　マップが完成すると，みんなの両親を招いて見せ，説明した（写真2-17）。

それから，卒園の記念として本物の家を建てることになった。しかし，自分たちの力ではできないので，用務員さんに協力をお願いした。そしてその家を，新しく入ってくる1歳児たちへのプレゼントにした（写真2-18）。

　5歳になった子どもたちが力を合わせて家を建てるためには，あらゆる材料や素材に触れる機会を多くもつこと，また，自分の力で問題を解決しようとする姿勢が育っていることが重要である。すべては1歳児のときから始まっているのである。そして，保育者が最も重視したことは，他者との協力が成功への鍵であることを理解できるかということであった。この活動を通して，子どもたちはそのことを理解したと思う。

## 3．実践例についてのコメント

　テーマ活動は，20世紀の後半からスウェーデンで発達した保育方法であり，プロジェクト活動の一つに分類される。具体的には，この実践例のように，子どもの身近な環境，または興味，関心や経験のなかからテーマを選定し，子どもたちと保育者が一緒に探求的で多様な活動を展開していくものである。継続期間は長短あるが，子どもたちの疑問や意見，アイディアやファンタジーを推進力にしてじっくりと時間をかけて取り組むことにより，子どもたちの経験や学びが広がり深まることが期待できる。

　W&Wのワークプランには，「子どもたちは内なる好奇心，ファンタジー，創造性を発展させ，すべての能力を発揮できる存在である。そして，子どもは互いに学び合う存在である」との子ども観が謳われている。実践例の保育者は，この観点に立ち，子どもを新しい発見や挑戦に誘う環境を提供したり，小さなグループのなかで子ども同士がよくコミュニケーションを取り合い，協力して課題に取り組めるよう援助している。

　しかし，3歳で建物の写真を持ってくるところから始まった活動が，5歳になって立体的な地図づくりに発展するとは，保育者も予想していなかったことであろう。テーマ活動の目的は，保育者が設定した目標の達成をめざして，子

どもが取り組むものではない。子どもたちが自分たちで選択した課題を解決するために，知恵を絞り，創意工夫を凝らしながら協力して取り組むものであり，その経験を通して，全面的な発達を遂げることを目的としている。そして，このようなテーマ活動を通して，就学前教育カリキュラムに示されている目標が総合的に達成されるものと考える。

## 第6節　日本の保育への示唆——スウェーデンの保育から学ぶこと

スウェーデンは，国連「子どもの権利条約」の成立を推進した国の一つであり，国連総会で同条約が採択された翌年（1990年）には，同条約を批准した。そして，1993年には「子どもオンブズマンに関する法律（Lag om Barnombudsman）」を公布した。

子どもオンブズマンは行政機関の一つであり，主任である子どもオンブズマン，主任秘書，コミュニケーション・ユニット，プログラムと調査ユニット，ジュリストや調査担当員，さらに，事務管理ユニットなどの多くのスタッフから構成されている[48]。主要な任務は，子どもの権利条約に関する情報を普及し，社会のなかで子どもの権利が遵守されているかどうかを監視することである。また，公共の討論に参加し，子どもや青少年に関わる重要な問題を決定する人たちや一般の人たちに対して，子どもの権利と利益を代弁するなどの働きかけを行っている。そして，子どもと青少年の問題を把握するために，学校等への訪問，手紙や電話，ウェブサイトなどを利用して子どもたちとコンタクトをとり，毎年，政府に報告書を提出している[49]。

このような機関を有するスウェーデンでは，子どもの権利条約の理念が社会に広く浸透しており，子どもに関わる制度や施策が子どもの視点で貫かれている。わが国が保育の質の向上を図るためにこの国から学ぶべきことは，第一に，子どもの視点から保育を見直すことであると考える。

子ども自身の権利としてすべての子どもに保育を保障することをめざした制度改革。保育実践の前提となる人的，物的条件の整備を子どもの視点から検討

していること。子どもの有能性を認め，子どもがさまざまな方法で表現するニーズや関心を保育の環境構成や活動計画の基礎とすること。子どもが自分の考えや意見を表現し，就学前教育の活動方法や内容に影響を与えること[50]。保育者がドキュメンテーションを作成し，学びのプロセスを省察して今後の展開を話し合う際にも，子どもたちの意見を聴き，彼らにとって豊かな発達や学びとは何かを考えること。保育者が子どもの発達や学びについて観察しアセスメントするときも，一人ひとりの子どものニーズを把握することに焦点を当て，決して子ども同士の比較は行わないこと[51]。これらの特徴は，OECDの調査報告 *"Starting Strong Ⅲ：Country policy profiies：Sweden"*（2013）で報告されているところである。

　スウェーデンでは，質を評価するためのチェックリストや評価スケールなどは設けていない。OECDの調査報告 *"Starting Strong Ⅳ"*（2015）からも明らかなように，質の評価の目的に「子どもの学びのニーズの確認」を謳っていない[52]。また，モニタリングのツールとして「子どもの発達または結果」を採用していない[53]。そこには，保育の質の責任は，あくまでも就学前教育を保障する側，つまり自治体や就学前学校，保育者にあるという明確な姿勢と，子どもの発達や学びを評価することへの独自の方針が読み取れる。

　スウェーデンの就学前教育の最大の特徴は，子どもの権利という視点を中心に置いた制度づくりや保育実践の展開をめざしているところであり，その揺るがない視点には学ぶところが大きい。


注

(1) UNICEF（2008）. *The Child Care Transition,*（*Innocenti Report Card 8*）. p. 8.
(2) 1998年の学校法の改正で保育が学校教育体系に位置づけられた。1～5歳までの子どもを保育する施設である「Förskola」の実態は変わっていないが，本章では制度変更を明確にするために「Förskola」の日本語訳を，保育が学校教育体系に位置づけられる以前は「就学前保育」「保育園」と訳し，その後は「就学前教育」「就学前学校」と訳した。
(3) Sweden.se/*Gender Equality in Sweden,* updated: 21 June 2016.（https://

swden.se/society/gender-equality-in-sweden/）
(4) 前掲(3)。
(5) Ministry of Health and Social Affairs（2010）．*Financial support for families with children*, p. 1.
(6) Swedish Social Insurance Agency（2014）．*Social Insurance in Figures*, p. 75.
(7) Sweden.se/*10 things that make Sweden family-friendly*, updated：21 June 2016.（https://swden.se/society/10-things-that-make-sweden-family-friendly/）
(8) Sweden.se/*Play is Key in Preschool*/updated：4 January 2016.（https://swden.se/society/play-is-key-in-preschool/）
(9) 前掲(7)。
(10) 水野恵子「スウェーデンの保育のあゆみ」白石淑江・水野恵子『スウェーデン保育の今』かもがわ出版，2013年，pp. 151-152.
(11) バーバラ・マルティン＝コルピ，太田美幸（訳）『政治のなかの保育』かもがわ出版，2010年，pp. 36-39.
(12) 中嶋博（編）『世界の幼児教育 4 ——北欧・スイス』日本らいぶらり，1983年，pp. 84-85，136-137，231-260.
(13) 前掲(11)，pp. 64-65.
(14) 前掲(11)，pp. 67-68.
(15) 1998年の学校法の改正により就学前の保育が学校教育体系に位置づけられたことから，それ以降，Förskola の日本語訳を就学前学校とする。
(16) Swedish Institute, *Fact Sheets on Sweden, Childcare in Sweden*, FS861 Ohfb, September, 2004, p. 1.
(17) 前掲(5)，p. 1.
(18) Ministry of Education and Research, *Fact Sheet, Status and Pedagogical task of Preschool to be Strengthened*, U11. 009, June, 2011, p. 2.
(19) 前掲(18)，p. 4.
(20) Skolverket（2014）．*Private actors in preschools and schools*, Report 410, pp. 17-18.
(21) 大野歩・七木田敦「スウェーデンの就学前クラスに関する研究」『保育学研究』第49巻第2号，2011年，p. 25.
(22) Skolverket, *Certification of teachers and preschool teachers*, 2014-08-11.（http://www.skolverket.se/om-skolverket/andra-ochlattlast/）
(23) Skolverket, *Läroplan för förskolan: Lpfö98, Reviderad 2010, Reviderad 2016*.
(24) Skolverket（2008）．*Ten years after the pre-school reform: A national evalua-*

*tion of the Swedish pre-school*, p. 8.
(25) イングリド・エングダール,白石淑江(訳)「就学前学校カリキュラムの施行をめぐって」『スウェーデン——保育から幼児教育へ』かもがわ出版,2009年,p. 181.
(26) Dahlberg, G. & Lenz Taguchi (1994). *Förskola och skola. Om tva oloka traditioner och om visionen om en mötesplats.* Stockholm: HLS förlag.
(27) Dahlberg, G., P. Moss & A. Pence (1999). *Beyond Quality in Early Childhood Education and Care.* Falmer Press, p. 135.
(28) 前掲(11), p. 94.
(29) Barsotti, A., G. Dahlberg, H. Göthson & G. Asen (1993). *Early Childhood Education a Changing World. Practice-oriented Research Project,* The third European Conference on the Quality of Early Childhood Education, Kiriopigi, Chalkidiki, Greece, pp. 9-11.
(30) 前掲(27), pp. 124-125.
(31) I. プラムリン／E. ドヴェルボリ,泉千勢(訳)『テーマ活動 その理論と実践——スウェーデンの保育方法』大空社,1998年。
(32) 前掲(27), pp. 126-130.
(33) 前掲(29), p. 8.
(34) 前掲(11), pp. 37-38.
(35) 平野裕二作成,国連・子どもの権利委員会「一般的討議」勧告「乳幼児期における子どもの権利の実施」『月刊子ども論』(2004年11月号)巻頭特集国連・子どもの権利委員会からの報告:「乳幼児が主体的な権利を持つために」p. 15。これは委員会の勧告の内容をなるべく一般的読者にわかりやすい形で表現し直したものであり,原文の逐語訳ではない。
(36) Skolverket (2005). *Allmänna råd och kommentarer, Kvalitet i förskolan,* p. 8.
(37) Ministry of Education (2004). *Quality in Pre-school:A Summery of Government Bill,* pp. 13, 15.
(38) 前掲(36), p. 25.
(39) 前掲(27), p. 147.
(40) 前掲(29), p. 13.
(41) 前掲(36), p. 41.
(42) 前掲(36), pp. 41-42.
(43) W & W (2007). *Arbetsplan för Wärga och Wiljas förskolor,* pp. 9-13.
(44) 前掲(43), pp. 24-26.

(45) 泉千勢「スウェーデンにおけるテーマ活動——『学び』へのアプローチ」角尾和子（編著）『プロジェクト型保育の実践研究——協同的学びを実現するために』北大路書房，2008年，pp. 83-93.
(46) リリアン・カッツ／シルビア・チャード，小田豊（監訳），奥野正義（訳）『子どもの心といきいきとかかわりあう——プロジェクト・アプローチ』光生館，2004年，pp. 3-5.
(47) 前掲(43)，p. 11.
(48) Socialdepartmentet (2007). *Barnombudsmannen ska inteläggasner, Pressmeddelande*.
(49) Barnombudsmannen, *About us*. 2015.（http://www.barnombudsmannen.se/）
(50) Taguma, M., I. Litjens & K. Makowiecki (2013). *Quality Matters in Early Childhood Education and Care : Sweden, OECD, Starting Strong III*, Country policy profiles: Sweden, p. 32.
(51) 前掲(50)，p. 48.
(52) OECD (2015). *Starting Strong IV, 3. Monitoring service quality in Early Childhood Education and Care (ECEC)*, p. 81.
(53) 前掲(52)，p. 70.

## Column スウェーデンにおける就学前教師をめぐる状況

　長年，民間の就学前学校に勤務し，最近，就学前教師の免許を取得して新たに公立の就学前学校で働き始めたウェンドラー由紀子さんにお話を伺いました。

・・・

　私の通っていた大学は3年間のコースです。最低3年以上就学前学校でフルタイムで働いていた労働証明がある人のみが入学資格があるため，入学者のほとんどが保育補助員として10年以上働いていている人たちでした。入学者は，3年間以上の労働証明により，6か月間の実習が免除されます。ただし，代わりに1学期に8日間働き，大学から出された実技課題を職場でやらなければなりません。
　就学前学校は就学前教師免許をもった人が1人でもいないと名乗ることができません。コミューンは，免許がない人だけで活動を行っているところがあると，就学前教師を雇うように指導または強制します。
　教育カリキュラムLpfö98（2016年改訂）では，就学前教師をカリキュラムにそった活動内容を計画する責任をもつリーダーとして位置づけています。就学前教師としての理想は，大学で培った知識で周囲を引っ張っていけるようになることです。また，教育カリキュラムで一番大切とされている民主主義の理念を生涯学習の初期の段階から身につけるためには，どうしたらよいか，どのようにしたら子どもが楽しく学んでいけるかというところに重点が置かれます。そのために就学前教師は教育計画を立てます。
　私の職場では子ども約110人に対して33.4人が働いていますが，就学前教師は私を含めて4人しかいません。就学前教師を雇うのは本当に難しいらしく，就学前学校間で取り合いをしているのが現状です。大学も受け入れを急いでいますが，入学希望者が倍増しており，大学入学は狭き門になっています。2012年に私が入学した大学のコースには，880人以上が志願しましたが，入学できたのは68人でした。そして，今はさらに志願者が増えています。
　大学で学んだことはすべて大切で，特に卒論を通して，教育カリキュラムの考え方を実践することで，子どもも親も幸せになれると実感しました。やはり就学前教師がいないと，教育カリキュラムの意向は平等に浸透しないのではないかと思います。

第3章

# デンマーク王国

保護者との協働による普遍的な保育サービス

石黒　暢

　「デンマークではすべての子どもに保育サービスを利用する権利があります。私たちには子どもたちの健やかな育ちの場を提供する大きな責任があります」。

　デンマークの保育施設を訪問したときに施設長から聞いた言葉である。デンマークは，普遍主義的な保育制度を築き上げている国であり，保育サービスの利用率が非常に高く，0〜6歳の保育サービスへの公的支出額はOECD諸国のなかでも最高レベルである（対GDP比で1.4％，2013年）[1]。本章では，誰もが利用できる質の高い保育サービスを保護者と協働しながらつくり上げてきたデンマークの取り組みについて述べる。

## 第1節　保育の背景

　デンマークをはじめとする北欧諸国は，普遍主義的な社会保障制度をもつ国として知られる。普遍主義的な社会政策の強みは，社会階層による国民の分断を回避し，国民の連帯により共生社会の構築を可能にすることにある[2]。所得や社会階層に関係なく，誰でも給付やサービスを受けることができる体制をめざしているデンマークでは，保育もすべての子どもが親の就労状況や所得に関係なく利用できるサービスとして提供されている。

　デンマークの保育はドイツ発祥の社会的教育（英語ではsocial pedagogyという）の影響を強く受けており，早期教育の伝統が強いフランスや英語圏諸国と

異なり,保育施設は,教育を行う施設ではなく,子ども志向のケアを提供し,豊かな経験と人間的な関わり合いのなかで子どもの健全な発達を促す場として捉えられている。子どもの発達への幅広くホリスティックなアプローチをとるデンマークの保育では,知識の獲得よりも経験を通じた能力の獲得が重視されている。

　しかし,デンマークでは2000年から3年おきに実施されているPISA（OECD生徒の国際学習到達度調査）の結果で示された子どもの学力低下が大きな社会問題となり,就学前から学力の基礎を身につけられるよう改革していく必要性が強調されてきている。工業社会から知識社会への移行,そしてグローバル化のなかで良質な労働力を確保するために,教育がますます重要視されている。デンマークでは,国際的な競争力を高めるためには国民全体の教育レベルを引き上げる必要があると考えられており,一部の限られた人材をエリートに育て上げようという発想は見られない。また,デンマーク政府は,子どもたちが学校に入学して「良いスタート」を切ることが重要であると考えており,そのために保育施設において対策を講じる必要があると強調している。このような背景のもとに,知識社会の基盤づくりをめざすデンマークが取り組んでいる改革は広範囲にわたるが,未就学児に関連する改革の例としては,2004年から保育施設における保育カリキュラム作成が義務づけられるようになったことや（本章第3節参照）,小学校入学前に1年間通う就学前クラスが2009年から義務教育化されたこと（本章第2節参照）があげられる。

　また,2007年には保育サービス法（Dagtilbudsloven）が制定された。保育についてはそれまで社会サービス法（Lov om social service）において規定されていたが,そこから保育に関する条項を独立させ,保育の内容をより詳細に規定したものが保育サービス法である。前の社会サービス法においては,子どもにケアや安心感を与える場であることが強調されていた保育が,保育サービス法においては,学びの場であることが強調され,保育内容と質に焦点が当てられている。とりわけ,3歳児全員への言語スクリーニング実施や,それまではなかった給食の導入などについて定められている（本章第2節参照）。

これらの国レベルの動向に加えて注目しなければならないのは，地域レベル，施設レベルでの多様な取り組みである。デンマークでは自治体ごと，保育施設ごとに特色ある取り組みや実験的なプロジェクトを行っており，切磋琢磨して保育の質の向上が図られてきたという側面がある。

## 第2節　現在の保育制度

### 1．法　律

　デンマークの保育に関する規定は，「保育サービス法」（2007年）に定められている。国レベルでは児童・教育・平等省（Ministeriet for børn, undervisning og ligestilling）の管轄であるが，基礎自治体である市が，市民に対する保育サービスに対する責任を負うことが明記されている（保育サービス法第3条）。また，保育サービスの目的の一つに，「家族ができる限りそのニーズと希望に沿った家庭生活・労働生活を送ることができるように，さまざまなタイプのサービスや補助を提供し，家族に柔軟性と選択肢を与えること」（保育サービス法第1条）が掲げられており，保育サービスが家族のワーク・ライフ・バランスを支えるものであることが明確化されている。世帯ではなく個人が社会の基本単位となっているデンマークにおいては，個人が経済的に自立していることが当然とされており，女性（15～64歳）の労働参加率は75.0％（2014年）と高い水準にある（男性は81.1％）[5]。

### 2．保育サービスの種類

　施設型保育サービスには，0歳から2歳児対象の乳児保育施設（vuggestue）と3歳から就学前児童対象の幼児保育施設（børnehave），さらに0歳から就学まで続けて通うことができる統合保育施設（aldersintegreret institution）がある。乳児保育施設に通っている子どもは，3歳になる頃に，幼児保育施設（または統合保育施設）に移る。多くの場合，乳児保育施設と幼児保育施設は隣接しているか，近くに配置されていることが多い。最近は，0歳から就学前まで続け

て通うことができる統合保育施設が増加傾向である。

　運営形態別に大まかに分類すると，①市が運営する公立保育施設，②独立法人（selvejende institution）と呼ばれる非営利法人が運営する認可保育施設，③市からの委託により民間事業所が運営する保育施設，④民間事業所が運営する認可保育施設がある。このうち①～③は市が入所決定を行い，④は各保育施設が入所を決定する。

　①～③は入所申し込み手続きや待機者リストを市が管理しているが，④は，入所は各保育施設に直接申し込みをし，契約も市を通さずに直接行われる。

　②～④は，市の設定する基準を満たし，助成認定を受けられれば，補助金を受けて運営することができる。市から支給される補助金は，保育運営費，建物費（建物の維持費，家賃など），事務費で，その金額は，それぞれ，市と独立法人の保育施設運営費の基準額（子ども一人当たり）×入所児童人数分である。

　保護者が負担する保育料は，①～③の場合，運営にかかる子ども一人当たりの経費の25％が上限とされており，各市が設定する。④の場合，保育施設が自由に設定することができ，上限は特に設定されていないが，市や独立団体の認可保育施設とそれほど変わらない。

　保育料の月額全国平均（2015年）は，乳児保育施設2,807クローネ（約4万5,000円，1クローネ：約16円／2016年11月現在），幼児保育施設1,623クローネ（約2万6,000円）である<sup>(6)</sup>。

　保育料には減額制度があり，2015年の基準では，所得が50万9,700クローネ（約815万5,000円）未満の世帯に適用される。所得が低いほど減額割合が大きくなり，16万4,101クローネ（約262万6,000円）未満の世帯では保育料自己負担がゼロとなる。また，兄弟姉妹の減額制度もあり，兄弟姉妹のなかで最も高い保育料を払う子どもの保育料は全額負担しなければならないが，それ以外の兄弟姉妹の保育料は半額となる<sup>(7)</sup>。

　また，デンマークには保育施設以外に，公立の家庭的保育制度がある。これは，市の認可を受けて市に雇用された家庭的保育者が，自宅で5人までの子どもを保育するというものである。対象は6か月から2歳の子どもとする自治体

が多い。1967年に家庭的保育制度が開始されたときには、保育施設不足対策のための過渡的措置であったが、少人数で家庭的な保育環境であり、病気に感染するリスクも少ないことから、乳児向けの保育形態として根強い人気がある。[8]

　家庭的保育者の雇用については規定が非常に緩やかである。家庭的保育者になるためにペダゴー資格（本章第3節参照）は必要ないが、雇用されるためには市が指定する2〜3週間の研修を受けなければならない。また、雇用されてから13週間は試用期間となる。家庭的保育者が2人以上いる場合は、1か所で10人まで保育することができる。多くの市では、家庭的保育者がグループを形成していて、頻繁にグループで集まって保育を行っている。そのグループに、市から家庭的保育者専門職員（ペダゴー有資格者）が配置され、指導・監督の役割を担っている。市は市内の家庭的保育者が保育している子どもの遊び場（公共施設の一室など）を提供しているため、そこに家庭的保育者が集まり、子どもたちを集団で遊ばせることができる。そうすると、家庭的保育者が病気欠勤等で他の家庭的保育者が子どもを代わりに保育するときに、子どもと家庭的保育者が初対面でないためスムーズに引き受けられるというメリットもある。家庭的保育制度の利用料の月額全国平均（2015年）は2,390クローネ（約3万8,000円）である（0〜2歳児）。

　さらに、「個別保育制度」という制度もあり、これは、就学前の子どもをベビーシッターや親族、友人などに子どもを預け、その際にかかった保育費用の一部を補助金として市から受け取ることができるというものである。親と保育者が保育時間や保育料などの条件を話し合い、契約書を交わし、市に申請する。市の保育担当官が、保育が行われる場所（保育者の自宅、子どもの自宅、その他）を訪れ、親と保育者と三者で面談を行う。さらに保育場所の安全性もチェックされる。問題ないと判断されると助成認定され、補助金が親に対して支給されることになる。保育費用の75％が補助されるが、金額の上限は自治体によって定められている。例えば、オールボー市では、2歳未満の子どもの場合、月額5,074クローネ（約8万1,200円）、3歳から就学前までの子どもの場合、2,995クローネ（約4万7,900円）が親に支払われる補助金の限度額である。[9]

デンマークでは「保育保障（pasningsgaranti）」が政策として打ち出されており，生後26週間から就学前のすべての子どもに対して，親から申請があれば申請から4週間以内に保育サービスを提供することが基礎自治体に義務づけられている。親は特定の保育施設を希望することができるが，「保育保障」では希望の施設に入所できることまでは保障していない。

　4週間以内に保育サービスを提供できなかった場合，入所できるまでの保育費用は市が負担する。したがって親は市からの補助金を受けて個人の保育者に子どもを預け，希望する保育施設の空きが出るのを待つことも可能である。

## 3．保育サービスの利用児童数

　デンマークは国際的に見て保育サービスの利用割合が非常に高く，0歳児の17.7％，1～2歳児の89.6％，3～5歳児の98.0％（2014年）が利用している。[10] 0～2歳児の利用割合が高いのがデンマークの特徴である。

　前述のように，自治体は生後26週間から就学前の全児童に保育サービスを提供する義務を負っているが，保育サービスの利用要件についても，申請者の入所の優先順位のつけ方についても全国基準はなく，各自治体が独自に定めている。

　公立保育施設と認可保育施設等の入所は，市役所で申し込むほか，市のホームページからオンラインで申請することもできる。

## 4．小学校における就学前教育

　デンマークでは小学校1年生になる前に1年間通う「0学年」が設けられている。義務教育は小学校の0学年から9学年までの10年間である。以前は7歳から就学し，1学年から9学年までの9年間の教育であったが，2009年から就学前クラスの1年間が「0学年」として義務教育に組み込まれた。「0学年」は就学前の準備段階であり，幼児教育と学校教育をつなげる移行期間としての位置づけである。

　「0学年」のクラス担任は，教員ではなく，ペダゴー資格者が担当する。国

表3-1　保育サービス利用児童数（0〜5歳，2014年）

| サービスの種類 | 利用児童数（人） | 利用児童全体に占める割合（％） |
|---|---|---|
| 家庭的保育（公立） | 40,982 | 14.21 |
| 家庭的保育（民間） | 102 | 0.04 |
| 公立保育施設 | 191,090 | 66.27 |
| 非営利団体保育施設 | 38,135 | 13.27 |
| 民間保育所 | 16,110 | 5.59 |
| その他 | 1,913 | 0.66 |
| 合　計 | 288,332 | 100.00 |

出所：https://www.uvm.dk/Dagtilbud/Love-og-regler/Statistik より作成。

民学校法で定められているように（第11条第1項），「0学年」の教育は主に遊びを通じて行われる。また，学校は，「0学年」の課程のなかで子どもが学校生活に適応できるように配慮しなければならない。教育カリキュラムの柱は，①言語，②自然，③芸術・音楽，④運動，⑤社会的能力，⑥協同活動である。これは，保育カリキュラムの6つの領域（本章第3節参照）と対応している。文字の読み書きや数の計算も教育内容に含まれているが，正しく文字を書き，正確に計算することではなく，文字や数字に親しむことに重きが置かれている。

また，各児童が0学年を開始する際に，それぞれの児童の言語能力評価（sprogvurdering）が実施されることが国民学校法で定められている。各児童とクラス全体の言語・表現能力を見極め，学校が教育カリキュラムを作成していくための基礎情報を得ることが目的である。その具体的な実施方法（誰がどのように評価するか）は各自治体または各学校に委ねられている。評価実施の際には，就学前クラスの担任だけでなく，デンマーク語教師，保健師や精神科医，学童保育指導員が加わる場合もある。実施方法も，グループ面接，個人面接などさまざまである。

## 5．給食の導入

デンマークの保育施設には従来，給食はなく，子どもたちが家庭から弁当を

持参することになっていたが，家庭によって内容に差があり，栄養バランスの偏った弁当を持参する子どもがいることが問題として取り上げられるようになった。特に，食生活は世代間で「社会的遺伝」（本章第3節参照）すると考えられているデンマークでは，肥満を防止し，子どもたちの健康を守るために，保育施設で適切な食事をすべての子どもに保障することの必要性が議論されるようになった。このような背景からすべての保育施設で給食を導入することが保育サービス法で定められた。

　ただ，給食の導入が選択制ではなく，すべての市のすべての保育施設で実施されなければならないと規定されたため，親や国民から批判の声があがった。また，給食費が有料で子どもの保育料に上乗せされる（低所得のため保育料を支払っていない人を除く）ことにも反対の声が強かった。また，すべての子どもに給食を提供できるほど十分な調理設備がある保育施設は少なく，そのため設備設置費用もかかる。保育予算が削減されつつある情勢のなか，十分な予算をさいておいしく栄養豊かな給食が提供される可能性は少ないと考えた親からは，自分で子どもに適切な昼食をつくって与えたいという意見も聞かれた。

　これを受けて，政府は，給食の導入に関する規定を緩和し，導入を各保育施設で選択できる柔軟な制度にすることを決めた。給食を導入するかどうかは，各保育施設の保護者委員会が決定する権限をもつということが，2010年6月に改正された保育サービス法で定められた。保護者委員会は2年に1度，給食を導入するかどうかについて協議して決定をくだす。給食の導入を決めた保育施設では，選択制ではなくすべての子どもが給食を利用することになる。給食を提供しない施設では，家庭から弁当を持参することが基本であるが，保護者が運営する給食制度（有料）を取り入れることも認められている。

## 第3節　保育の質の向上をめざして――保育内容と実践

　デンマークの保育は，子どもの参加，民主主義，人権といった価値観を大切にしている。[11] 日常の遊びや活動計画において，子どもが参加し，意見を言う機

会が保障されている。そして，子どもは遊びによって学び，さまざまなスキルを会得するとともに，社会性も身につけるものだと考えられている。(12)

## 1．保育カリキュラム

デンマークでは2004年から保育カリキュラム（Pædagogisk Læreplan）が導入された。前述のように，PISAの学力調査でデンマークの子どもたちの学力低下が示されたことが，保育カリキュラム導入の一つのきっかけとなったが，さらに，負の「社会的遺伝」を防ぐための取り組みが必要であるという議論もその動きを後押しした。「社会的遺伝」とは，生まれ育った社会的・文化的環境や家庭環境が，個人の行動，知識，姿勢，価値観，対処能力等に影響を与えることを意味しており，(13)デンマークでは特に，「負の社会的遺伝」という文脈で使用されることが多く，困難を抱える家庭の子どもは，負の連鎖により，親世代と同じような問題を抱えるようになる可能性が高いと指摘されている。そのため，子どもに可能な限り早く手を差し伸べ，子どもたちが健やかに学び，育つ良好な環境を整えるために，保育を体系化する必要が強調された。

保育サービス法で定められているのは，6つの保育カリキュラム領域（①多面的な人格的発達，②社会的能力，③言語，④身体と運動，⑤自然と自然現象，⑥文化的表現と価値）だけで，各保育施設がそれぞれの領域の「目標」「方法」「活動」を定めた保育カリキュラムを作成することになっている。各保育施設の施設長が保育カリキュラム作成に責任を負うが，計画を作成し，取り組み状況を毎年評価し，フォローアップするプロセスすべてに各保育施設の保護者委員会が関与することになっている。

## 2．3歳児の言語スクリーニング

2007年の保育サービス法により，すべての3歳児に対して市が言語スクリーニング（sprogvurdering）を実施しなければならないことが定められた。これは，子どもの言語能力の発達を調べるもので，年齢相応の発達が見られない子どもには意識的に言語的な働きかけを行う。特に，移民が人口の約1割を占め

るデンマークでは，移民の子どものデンマーク語能力を高めることに重点が置かれており，デンマーク語を着実に身につけるか否かが，就学後の学力や進学率，その後の就職に大きな影響を与えると認識されている。2010年には保育サービス法が改正され，すべての子どもではなく，保育者が必要と認めた子どもにのみスクリーニングを実施することになった（保育サービスを利用していない子どもにもスクリーニングは実施される）。

　保育施設に通う子どもの場合，保育のなかでスクリーニングを実施することが一般的である。

　言語スクリーニングのプロセスは一般的に以下のとおりである。
　・子どもと面識のあるペダゴーが，言語スクリーニングの実施を保護者に予告する。
　・保護者用の言語スクリーニング調査票を保護者がもち帰り，回答を記入する。
　・保護者が調査票を提出し，回答が記録される。
　・ペダゴーが子どもの言語スクリーニングを実施する。実施場所は，保育施設に通所している子どもはその施設，通所していない子どもはその子どもの自宅というケースが多い。
　・保護者の調査票の回答とペダゴーによるスクリーニング結果から総合的な結果が出され，保護者に通知される。
　・その結果，言語的な働きかけが必要と判断されれば，ペダゴーと保護者が今後の計画について相談する。

　2009年に実施された全国調査によると，自治体の実施する言語スクリーニングの結果，83％の児童が年齢相応の言語能力をもっており，残りの17％の児童には特別な言語的な働きかけが必要であることが明らかになっている。[14]

## 3．自然保育

　デンマークでは伝統的に，自然のなかで過ごしたり，ハイキング，キャンプなどの野外活動をしたりすることが日常生活の一部となっている。[15] このような

伝統は保育のなかにも見られ，デンマークの保育施設には特に野外保育を重視したものが多い。日本では「森のようちえん」と紹介される自然保育を重視した保育施設のことを，デンマーク語では，"naturbørnehave（自然保育施設）"または"skovbørnehave（森の保育施設）"と呼んでいる。

　デンマークで最初の自然保育は1950年代に始まったとされ，1980年代半ばから1990年代半ばにかけて数が大きく増加した。[16]デンマークの動きに影響を受けてノルウェー，スウェーデン，ドイツなどでも自然保育施設が増加していった。1990年代から2000年代初頭にかけて，自然保育が子どもに与える効果について多くの研究が行われ，自然保育を受けている子どものほうが病気にかかりにくい，集中力が高いなどの効果が報告された。

　早期教育型の保育アプローチをとるフランスやイギリスにおける自然保育は，教育活動の一部という位置づけである。例えば，週に一度，半日ほど子どもたちを森のなかに連れていく"forest school"と呼ばれるものがあるが，デンマークの自然保育はそのような限定的なものではなく，日常的に保育を自然のなかで行っている。主に3歳から6歳児が対象で，天候や季節にかかわらず，近隣の森に出かけて毎日4～6時間，自然のなかで過ごす。保育施設からバスで森に出かけたり，あるいは森の近くの集合場所まで保護者が送り，その後に森に連れて行ったりなど，さまざまな形態がある[17]。

　国の保育カリキュラムハンドブックに，「自然は私たちの生活の基礎であり，乳幼児期の自然体験は大人になるまで永続的に影響を与える。自然体験によって子どもの情緒的，精神的，身体的な発達が促される。したがって，保育のなかで子どもたちが四季のなかで自然を体験できるようにしなければならない，自然や環境を大切にするようにしなければならない[18]」と記述されていることからわかるように，自然体験は子どもにとって大切であり，発達によい効果があると考えられている。

　自然のなかでの保育では，自由遊びや探索が中心となる。子どもが全身を使って周囲の世界を探索できるようにするためには，それが可能となるような物理的な環境を整える必要がある。したがって，デンマークの保育施設の園庭は，

一角に樹が密集して植えられていたり、丘や洞窟があったり、茂みがもうけられていたりと、自然の世界を再現したものになっている。子どもたちは木登りをしてリンゴを採ったり、丘から駆け下りたりなどして全身を使って遊ぶ。日本の幼稚園や保育施設でよく見られるような、整地されたグラウンドのような園庭は、デンマークではほとんど見られない。

　また、デンマークでは、子どもが自由にのびのびと遊んでいるときには怪我をすることがつきものだという考え方がある。怪我を恐れて子どもの遊びを制限するのではなく、自由に遊ばせて、危ないことは自分で回避できるように学ぶ機会を与えることが重要だと考えられているのである。[19]

## 4．保育を支える専門職

　ペダゴー（pædagog）と呼ばれるデンマークの保育専門職は、英語では"social educator"または"social pedagogue"と訳されることが多い。日本の保育士とは異なり、子どもの保育に特化した専門職ではない。例えば、障害者施設や一部の高齢者施設にも専門職として配置されている。とはいえ、ペダゴー資格を取得した人のほとんどが保育施設や学童保育施設で働いている。

　養成教育は大学学士レベルの3年半の専門教育で、実習と理論教育を交互に繰り返すのが特徴である。実習が長く、3年半のうちに無給の実習が2回（32日間と16日間）、有給の実習が2回（各6か月間）ある。有給の実習中は月当たり約8,000クローネ（約12万8,000円）の給与が支払われる。[20]教育を修了すると、学位が授与される。修了後にすぐ即戦力となる専門家を養成しているこのような教育やペダゴーの能力の高さが保育サービスへの信頼を高めている。

　デンマークでは、保育施設における全国一律のペダゴー配置基準は定められていない。一クラス（グループ）の人数や一人当たり床面積なども全国の基準がなく、各自治体、施設、予算によって変化する。保育職員（有資格者と無資格者混合）と子どもの数の比の全国平均（2013年）を見ると、乳児保育施設では1：3.5、幼児保育施設では1：6.7となっている。[21]ペダゴー労働組合は、保育の質を確保するには十分な職員配置が必要であるとし、全国統一の職員配置基

準（乳児保育施設1：3，幼児保育施設1：6）を定めるように国に働きかけている。一方，OECDによると，デンマークの保育職員全体に占めるペダゴーの割合は60％であり，有資格者の割合が北欧諸国のなかで最も高い。[22]

## 5．保護者委員会の設置

　デンマークの保育サービスの特徴の一つは，活発な保護者委員会の活動である。各保育施設に保護者委員会を設置することが保育サービス法に規定されており，デンマークの保育施設の保護者委員会は，保育方針や予算についても意見を述べることができ，保育施設と緊密な連携をとりながら，よりよい保育のために活発に活動している。サービスの利用者がサービス供給に参加する仕組みを「共同生産（co-production）」というが，デンマークの保護者委員会は親が「共同生産者」として保育をつくりあげていく場であるといえる。「共同生産」の強みはサービス供給者とサービス利用者の「コミュニケーション」である。利用者の意見や希望を伝え，それに対してサービス供給者がフィードバックを与えることで，双方向のコミュニケーションが成立し，それがサービスの質の向上につながる。[23] OECDも，親の保育への参画と保育の質の改善との関連について言及しており，親と保育スタッフのコミュニケーションの頻度や内容がケアの質に影響を与えることを示唆している。[24]

　デンマークでは，社会サービスの利用者が「共同生産者」として活動する利用者組織の伝統があり，利用者が大きな権力と影響力をもっている。[25] 1980年代半ばから，社会サービス各分野（高齢者施設，障害者施設，小中学校等）で利用者委員会を設置して，社会サービスの民主的な運営を図る取り組みが多く見られるようになってきた。1992年からはすべての保育施設に保護者委員会の設置が義務づけられた。家庭的保育制度の場合は，自治体ごとに1つの保護者委員会が設置されている。保護者委員会は，当該保育施設の保育理念や予算の方針の決定にまで関わる機会が保障されている。

　自治体ごとの保護者委員会連合組織や，全国の保護者委員会，自治体の連合組織によって組織される全国組織もある。保護者委員会全国組織（Forældrenes

Landsforening: FOLA）は1974年に結成され，約1,500組織が会員となっている。保育の改善に向けて積極的に活動しており，保育施策に関する新しい動きがあると，しばしば新聞記事にFOLAの代表者のコメントが掲載される。

　ペダゴーの労働組合とも協力しながら活動を進めている。デンマークの労働組合は職種別に組織されており，ペダゴー労働組合（Forbundet for pædagoger og klubfolk: BUPL）は全国のペダゴーの90％以上が加入している非常に強大な影響力をもつ労働組合である。デンマークではペダゴーと親たちが手を結んで，保育の質の向上を先導する役割を果たしている。

## 6．保育サービスの評価・監督

　市は，民間の施設も含めてすべての保育サービスを監督する権限と責任をもっている。監査の方法や基準等については，市がそれぞれ定め，公表しなければならない。事前予告監査を年に一度実施している市が多いが，状況によっては抜き打ちの監査もある。監査は，保育サービスの質のチェックという意味合いだけでなく，監査のプロセスのなかで監査実施側と保育サービスの責任者が対話を重ねることで，保育の質が向上するという意義があるといわれている。監査の内容は，保育内容，安全対策，衛生面，職員の資質，建物，財務などについてである。

## 7．児童環境評価

　保育施設の環境改善にも力が注がれている。2006年に保育サービスにおける児童環境に関する法律が制定され，2007年には保育サービス法に規定が組み込まれた。そこではすべての保育施設は施設の児童環境評価（børnemiljøvurdering）を実施し，児童環境評価書を作成しなければならないと定められている。これは，子どもを取り巻く環境について調査・評価し，改善していくための取り組みである。家庭的保育制度の場合は，自治体単位（あるいは小地域単位）で児童環境評価書が作成される。3年ごとに改訂しなければならない。子どもの視点からの評価も重視されているため，可能な限り子どもを関与させて（子ど

もに聴き取り調査を実施するなど）評価書を作成することが定められている。

　児童環境評価は次の3つの側面から実施されなければならない。①物理的環境（屋内外のデザイン，広さ，室内空気，安全対策など），②美的環境（子どもが居心地良いと感じているか，良い刺激を与え成長意欲を引き出しているか），③心理的環境（保育職員や他の子どもとの人間関係など）の3つである。法律では，このような大枠が定められているだけで，具体的にどのような項目について，どのような方法を使って評価を実施するかは定められていない。これに対して，自治体ごとに統一の基準を定めるべきであるという意見もある。親が保育施設選びの際に参考資料として児童環境評価書を使うことができるようにするためには，評価書の基準が統一されていなければならないからである。

　各施設長が児童環境評価書作成の最終的な責任を負っているが，職員と保護者委員会が一緒に審議して作成することになっている。評価書は誰でも閲覧できるよう公開しなければならず，多くの保育施設はホームページ上で公開している。

## 第4節　保育実践例
　　　　──オーデンセ市のウアベクパーゲンスバアネフス統合保育施設

　ここでは，筆者が2015年夏に訪問した保育施設の保育実践を紹介する。まず，同保育施設を運営しているオーデンセ市の保育施策について簡単に述べる。[26]

### 1．オーデンセ市の保育施策

　オーデンセ市の人口は約20万人，0歳から5歳の人口は1万3,155人で，このうち保育施設と家庭的保育を利用しているのは9,998人である。[27]保育資源として，約150の保育施設（定員各25〜150人）と約500人の家庭的保育者を抱えている。オーデンセ市の保育政策目標は次の4点である。
　・子どもたちを育む。社会的能力やその他の能力を獲得し，育成することが
　　できるよう促し，支えること。

・子どもたちの想像力，創造力，言語能力の発達を促し，遊ぶ機会や学ぶ機会を与えること。
・子どもたちの自立を促し，集団生活を送るための能力を育成すること。
・子どもたちが文化的価値と自然との共生について理解できるようにすること。

　オーデンセ市は20の保育エリアに分割されており，それぞれのエリアは4〜8の公立保育施設から構成されている。それぞれの保育エリアが独自の保育方針を打ち出しており，さらにエリア内の各保育施設でも独自の取り組みを行っている。夏季など子どもが少ない時期は，エリア内の保育施設が合同保育を行うこともある。オーデンセ市の保育施設利用料は，0歳から2歳10か月未満の場合，月2,817クローネ（約4万5,000円），2歳10か月〜就学前までの場合，1,665クローネ（約2万7,000円）である。

　一方，オーデンセ市の家庭的保育は乳児のみが対象となっており，6か月〜2歳10か月の子どもが利用可能である。市の家庭的保育は3つのエリア（北部，西部，南部）に分けられている。各エリアには家庭的保育者グループリーダーが置かれている。家庭的保育者は最大4人まで子どもを保育することができる。また，2週間に一度，小地域の家庭的保育者が集まり，合同保育を行っている。オーデンセ市の家庭的保育の利用料は，月2,435クローネ（約3万9,000円）である。

　公立保育施設，家庭的保育以外に，民間の保育施設もある。また，ベビーシッターを雇用して市から補助金を受け取ることも，自分で自分の子どもを保育して補助金を受ける（1年間以内）ことも可能である（どちらの場合も，補助金額は6か月から2歳10か月未満で月4,770クローネ〔約7万6,000円〕，2歳10か月から就学前で月3,223クローネ〔約5万2,000円〕）。

## 2．ウアベクパーゲンスバアネフス統合保育施設

　筆者が2015年9月に訪問したオーデンセ市にあるウアベクパーゲンスバアネフス（Ørbækparkens Børnehus）という公立保育施設の保育実践を紹介する。こ

の保育施設は,トーンビェア・ローセンゴー(Tornbjerg-Rosengård)保育エリアに含まれる7つの保育施設のうちの一つである。

まず,トーンビェア・ローセンゴー保育エリアの保育方針を紹介する。ここではソーシャル・インクルージョンが保育の重要な目標として掲げられており,誰もが個性を認められ,集団のなかで安心できる居場所を見つけられるよう配慮がなされている。日常の保育実践で重視しているポイントとして,次の6点があげられている。

- 子ども中心の視点で保育を行う。
- 子どもの行動は,集団のなかでの自分の「ポジション」に対する反応と捉える。
- 子どもが人との関わりのなかで積極的に参加できるような学びの場をつくる。
- 多様な学びのグループを形成する。
- 意識的でダイナミックな役割・職務分担を行うことによって,保育スタッフの能力を活用する。
- 保護者とのダイナミックな協力関係を築き,保護者と保育スタッフ双方の経験や意見を尊重する。

次に,訪問した保育施設ウアベクパーゲンスバアネフスについて紹介する。この施設は,0歳から2歳10か月未満を対象とする乳児クラス(定員11人)と2歳10か月から就学前を対象とする幼児クラス(定員38人)をもつ統合保育施設である。職員体制は,フルタイム勤務(週37時間)の施設長に加え,ペダゴー5人(週平均32.4時間勤務),保育補助スタッフ3人(週平均30.5時間勤務),保育実習学生1人(32.5時間勤務,有給)となっている。

開所は朝6時15分。早番の職員は5時45分に出勤する。朝食を家で食べずに早い時間に来る子どもたちにはキッチンでオートミール粥やオープンサンドをつくって出す。夕方は16時30分で閉所する。デンマークでは超過勤務をする人が少なく,特に子どもがいる家庭は家族との時間を大切にするため,職場からの帰宅が比較的早く,日本より早い時間に閉所する保育施設が多い。

写真3-1 豊かな自然を取り入れた保育環境

写真3-2 施設内の様子
一般家庭のようにソファが置かれ、安心できる家庭的な雰囲気づくりが心がけられている。

写真3-3 保育テーマの掲示物
現在取り組んでいる保育テーマ「自然と自然現象」について記載されており、特に動物に焦点を当てて保育を行うことが説明されている。

写真3-4 掲示物
保育テーマと関連する写真が壁に貼られ、子どもたちと話すきっかけとして使用されている。

　この保育施設の幼児クラスでは、月曜日から木曜日の9時半から12時半まで「学習グループ」という活動を行っている。「学習」といっても、遊びを通じて学ぶことを主眼に置いたものである。子どもを4グループに分けて、各グループに担当保育者を割り当てている。保育カリキュラムの6つの領域を一つずつ順番に設定し（約6週間ごとに変える）、それに関連する活動を行っている。筆者の訪問時のテーマは「自然と自然現象」であった。テーマに基づいた日々の保育計画は、1週間ごとに作成され、掲示されている。今回は自然のなかでも特に「動物」に焦点を当てているということで、例えば、動物についての絵本

写真3-5 「学習グループ」とその計画

写真3-6 動物の絵を描く子どもたち

写真3-7 ブロック遊びのコーナー

写真3-8 保育施設内に設置されたモニター

個人所有のパソコンだけでなく，施設に設置されているこの端末でもログインすれば，自分の子どもの保育の様子や連絡事項を確認することができる。

を読んだり，歌を歌ったり，森の絵を描いたりなどの活動が見られた。保護者は，どのような内容の保育が行われていて，自分の子どもがどのグループにいて，どのような活動を行うのかを施設内の掲示物などで見ることができる。また，その日に出勤している保育スタッフも毎日写真入りで掲示されている。金曜日はキャンプファイヤーの日で，園庭で薪を使って火をおこし，パンを焼いたり，歌を歌ったりする。庇のついたベンチスペースがあり，悪天候時には雨をしのぐことができる。

施設の建物のなかには，いくつかの部屋があり，部屋もいくつかのコーナー

に分けられているところがあった。部屋やコーナーは用途別（ブロックで遊ぶコーナー，絵本を読むコーナーなど）に分けられている。

　訪問した日は子どもの数が少ないように思われたのでたずねてみると，一人の子どもがその日誕生日なので，その子どものグループと保育スタッフは家に誕生日祝いに行っているとのこと。子どもの誕生日には，保護者がケーキを焼いて保育施設にもってきて一緒にお祝いするか，あるいは保育スタッフと子どもたちが平日の保育時間内にその子どもの家をたずねてお祝いするのが，デンマークでは一般的である。

　保育施設には，日常の保育記録をつけて保護者に公開することが求められている。子どもたちの様子を写真に撮って壁に掲示しているのはよく見られることであるが，最近は，インターネットの活用も見られる。保育スタッフはiPadを携帯しており，それを使って日常的に子どもたちの様子を写真におさめたり，日誌のように記録したりしている。オーデンセ市のポータルサイトでは，保護者がログインして自分の子どもの保育の様子を見ることができる。保育施設からの連絡事項を確認したり，欠席連絡をしたりすることもできる。

　案内してくれた施設長は，4か月前に着任したばかりとのことで，現在，新たなアイディアを実現しようと保育施設内の模様替えをしていると説明してくれた。部屋の一角に，舞台スペースをつくろうとしているが，人手が足りないので，保護者に手伝ってくれる人を募ったところ，たくさんの保護者が手伝いに来てくれることになったと話していた。共同作業が終わるといつもコーヒーとお菓子を出しておしゃべりするとのことで，そのような交流タイムを楽しみに来る保護者もいるという。それ以外にも，研修等のために保育者が不足する日には，保護者に手助けをお願いするという。いつも必ず十分な数の保護者が手伝ってくれるとのことである。

　この保育施設は給食を導入していない。前回の保護者投票で給食導入は否決されたので，子どもたちはお弁当持参で来ている。なぜ給食導入に反対する親が多いのかとたずねると，費用の問題が大きいと話していた。給食導入となると，1か月575クローネ（約9,200円）かかるので，その費用を払うくらいなら

自分でお弁当をつくって子どもに持たせたいと考える保護者が多いとのことである。

施設長から話を聞くなかで、「ポジション」という言葉が何度も出てきた。これはこの保育施設での保育の特徴を表している言葉であり、主に2つの意味で使われていた。一つは、「子どもの集団のなかでのポジション」という意味である。「立ち位置」または「位置づけ」といってもよいかもしれない。一人ひとりの子どもは、集団のなかに入ると、さまざまな「ポジション」に置かれる。例えば、新しく入所した子どもは、知らない人ばかりで疎外を感じる「ポジション」に置かれることもある。常に子どもが集団のなかでどのような「ポジション」に置かれているかに保育者は注意を払わなければならないということである。例えば、他の子どもに攻撃的な行動をする子どもがいた場合、その子どもの個人的資質や個人的問題ばかりに焦点を当てるのではなく、集団のなかでの相互関係や「ポジション」に目を向けることによって、その行動の背景が明らかになり、子どもたちにとって居心地の良い保育環境をつくることができるという。もう一つは、保育スタッフの「ポジション」である。保育スタッフが受けもつ「担当ポジション」を次のように4種類設定しており、毎日誰がどの役割を担当するかを明確にしている。

①全体把握担当：常に子どもたちの目の届くところにいて、手助けしたり、子どもたちの遊びや子ども同士の関係をサポートしたりする。

②自由遊び担当：自由遊びの時間に子どもたちのそばにいて、子どもを個別にサポートしたり、集団をサポートしたりする。

③活動担当：遊びや活動を設定し、主導する。子どもたちが参加できるように配慮するとともに、学びのプロセスを体験できるようにしなければならない。もし、①②の担当が不足していれば、そちらを優先させなければならない。

④実際的任務担当：おむつ交換、お昼寝時の寝かしつけなどを担当する。

上から順に重要な役割と考えられており、全体把握担当が最も重要な役割である。子どもがいつも大人の存在を感じることができ、何かあればすぐに保育

者のところに行くことができる環境を整えるのが優先事項だと考えている。

　保育の方針や計画は，保護者委員会のなかで親たちに伝え，親たちとも協議する。保護者委員会の役員は毎年7人選出され，年間4回の会議が開かれる。1回の会議は3時間ほどで，議題は保育方針，保育の年間計画，保育カリキュラム，財政，イベントなど多岐にわたる。保育の内容や施設の運営に関する事項についても親に情報を公開し，意見交換を行うことで，互いの理解が深まり，より効果的に保育を行うことができるようになる。保育施設と親との密なコミュニケーションと親の積極的な参画が重要であると施設長が語っていたのが印象的であった。

## 第5節　日本の保育への示唆──デンマークの保育から学ぶこと

　デンマークの保育制度は普遍主義に基づいており，すべての子どもが親の所得や就労状況に関係なく保育サービスを受ける権利を保障している。また，デンマークでは，有能な人材を育成して国の競争力を高めるためには，早い段階から適切なケアと教育を公的責任で提供することが不可欠だと考えられており，質の高い保育をすべての子どもに保障することが公的責任となっている。安易に保育の市場化を進めるのではなく，公的責任を明確にし，普遍的な保育サービスをする意義を日本でも考え直す必要があるのではないだろうか。

　もう一点，デンマークの保育から学べるのは，「共同生産者」としての親の保育への関わりである。保護者委員会は大きな影響力をもっており，その活動はデンマークの伝統であるユーザーデモクラシーの一形態であると言える。また，保育労働者の労働組合も積極的に保育施策に関わっている。国や自治体にまかせるのではなく，自ら行動して保育施策の充実をめざす国民の絶え間ない努力が，デンマークの保育制度の裏側にはある。

　日本の保育においては，保育施設を利用する保護者が保育サービスの本質的な部分に関与する機会はほとんどないのが現状である。保育の質の改善というと，職員配置基準，保育者の処遇，保育室の面積や園庭の有無などが注目され

る傾向があり，親が保育サービスに参画することが保育の質の改善につながるという考え方は見られない。ヴァムスタード（Vamstad, J.）によると，社会サービスの質の改善のための主な手法には，専門化（professionalization），市場化（marketization），共同生産（co-production）の3つがあり，このうち共同生産は質の向上につながる大きな可能性を秘めている手法にもかかわらず，注目されることが少ない。日本も，保育者の資質を向上させること（専門化）と保育の市場化にばかり注力し，「共同生産」という視点を欠いてきたと言えるのではないか。保育サービスを発展・充実させていくためには，当事者の声を取り入れるとともに，行政と国民が協働しながら課題に取り組んでいく「共同生産」の体制づくりが必要ではないだろうか。

注

(1) OECD Family Database（www.oecd.org/els/family/database.htm）
(2) 訓覇法子「貧困縮小のための日本とスウェーデンの戦略」『日本福祉大学評論誌』第4巻，2008年，p. 35.
(3) OECD (2006). *Starting Strong II : Early Childhood Education and Care*. pp. 136-138.
(4) 前掲(3), pp. 160-161.
(5) OECD Stat（https://stats.oecd.org/Index.aspx?DataSetCode=LFS_SEXAGE_I_R）
(6) Danmarks Statistik（http://www.danmarksstatistik.dk/）
(7) Borger. dk（https://www.borger.dk/）
(8) クヌズセン・B・リズベット，釜野さおり（訳）「デンマークにおける最近の出生率の動向――出生率上昇期の家族政策の影響」『人口問題研究』第55巻第3号，1999年，pp. 3-26.
(9) Aalborg kommune（http://www.aalborg.dk/）
(10) Danmarks Statistik（http://www.danmarksstatistik.dk/）
(11) Sandseter, E. B. H. (2014). Early years outdoor play in Scandinavia. In Maynard, Trisha & Jane Waters (eds.) *Exploring Outdoor Play in the Early Years*. Open University Press. p. 115.
(12) 前掲(11), p. 116.

⒀ Jensen, P. T. (2002). *TEMA: Uddannelse og social arv.* AKF Nyt 2, AKF.
⒁ Danmarks Evalueringsinstitut (2009). *Sprogvurderinger på dagtilbudsområdet og børnenes resultater.* p. 9.
⒂ 前掲⑾, p. 117.
⒃ Nørregård, Mette Bindesbøll (2013). *Fakta om friluftslivet: Baggrundsrapport.* p. 61.
⒄ Ejbye-Ernst, Niels (2013). Pædagogers formidling af naturen til børnehavebørn. *MONA: tidsskrift for undervisere, forskere og formidlere* 2013-3, p. 9.
⒅ Styrelsen for social service & Ministeriet for familie- og forbrugeranliggender (2005). *Informationshåndbog om pædagogiske læreplaner i dagtilbud,* p. 17.
⒆ 前掲⑾, p. 121.
⒇ UddannelsesGuiden (https://www.ug.dk/uddannelser/professionsbacheloruddannelser/paedagogiskeuddannelser/paedagog)
(21) BUPL (http://www.bupl.dk/bupl_mener/normeringer/normeringer_i_tal?OpenDocument)
(22) 前掲⑶, p. 359.
(23) Vamstad, Johan (2012). Co-production and service quality. *VOLUNTAS: International Journal of Voluntary and Nonprofit Organizations,* 23⑷, p. 1175.
(24) 前掲⑶, pp. 148-152；池本美香「日本の幼児教育・保育制度における親の参画の現状」池本美香（編著）『親が参画する保育をつくる──国際比較調査をふまえて』勁草書房，2014年，p. 3.
(25) ビクター・A. ペストフ，藤田暁男ほか（訳）『福祉社会と市民民主主義──協同組合と社会的企業の役割』日本経済評論社，2007年，pp. 94-95.
(26) Odense kommune (http://www.odense.dk/)
(27) Danmarks Statistik (http://www.danmarksstatistik.dk/)
(28) 池本美香「はしがき」池本美香（編著）『親が参画する保育をつくる──国際比較調査をふまえて』勁草書房，2014年，p. i.
(29) Vamstad, J., セミナー「福祉サービス供給における共同生産概念と今日的意味を考える」（2015年9月25日，於：同志社大学）報告資料。

## 第4章

# ドイツ連邦共和国

統一後の保育・就学前教育改革の動向

豊田和子

　1990年の東西ドイツ統一後は，社会情勢の急激な変化に伴う東西間の経済格差，少子化，「移民を背景に持つ人[1]」の増加などが保育・幼児教育の分野にも少なからぬ影響を及ぼし，公的な保育サービスや家族支援が整備されるのは21世紀に入ってからである。戦後，二つの保育文化をもつドイツは，統一後は，保育・幼児教育の分野も旧西ドイツの理念や制度によって再編された。「仕事と育児の両立」家族支援策と並行して，保育政策全般では，乳児期からの家庭外保育の量的拡大は，この数年間でようやくEU連合のレベルまで到達した。保育・幼児教育の質確保・改善の面では，2001年の「PISAショック」を契機に，ドイツ特有の「社会教育」観（本章第2節参照）やBildung概念（本章第4節参照）に立脚した連邦共通のプログラム大綱と評価ツールの開発という二つの方策によって図られようとしている。

## 第1節　保育の歴史的背景——源流と2つの保育文化

### 1．保育の源流と戦前までの制度

　ドイツの保育の歴史には，二つの源流がある。一つは，19世紀前半期の産業化の過程で乳幼児の保護と監督をする「幼児学校（Kleinkinderschule）」や「乳幼児託児施設（Kleinkinderbewahranstalt）」が教会の奉仕事業や富裕市民層の慈善事業として急激に普及したことに端を発する児童福祉型の託児施設の源流で，

フリットナー (Fliedner, T.) やフェルジング (Fölsing, J.) らが保育者養成を手掛けた。もう一つは，19世紀半ばにフレーベル (Fröbel, F. W.) によって創設された幼児期の重要性に着目した人間教育観に基づく幼児教育の場としての「幼稚園 (Kindergarten, 1840年設立)」の源流である。フレーベルの幼児教育思想はドイツだけでなく世界中に大きな影響を与え，女性の専門職としての幼児教育職の確立に貢献した。

このような保育・幼児教育の歴史をもつドイツでは，20世紀に入ってから家事や育児は母親の重要な役割分業とする近代家族像が一層根づき，家庭外の保育施設は恵まれない乳幼児を対象とした応急的な児童福祉的性格を強める。制度的には1922年の「ライヒ青少年福祉法」によって，乳幼児施設は青少年育成・援助を担う社会教育として福祉施設の一環に位置づけられ，この制度は戦後の西ドイツでそのまま継承され，1990年の統一後もこの考え方が導入された。

次に，第二次世界大戦後から統一までの約40年間，異なる社会体制のもとで形成されてきた2つのドイツの保育制度・育児文化について概要を述べる。

## 2．分断されたドイツの2つの保育システム・育児文化

（1）旧東ドイツ（ドイツ民主共和国：Deutsche Demokratische Republik）の
　　　場合――社会主義的保育の展開

旧東ドイツでは，旧ソビエト連邦の占領によって，社会主義的人格の形成と社会主義社会の発展という国家の政治目標が国民生活の隅々まで貫徹され，計画的な家族支援策と集団保育施設の供給が実施された。働く女性を支援する0歳からの保育所と学校教育の前段階としての幼稚園は，個人の自由意思による選択ではなく，国家の政策と教育課題を優先して制度化され建設された。家族支援の面では，国の経済的安定が確立してくる1970年代から80年代にかけてさまざまな社会保障施策が打ち出され，とりわけ国家の発展に寄与する有子家庭への期待がかけられた。東西統一までに旧東ドイツで施行された家族支援策の主なものをあげてみると，次のようなものがあった。[2]

働く母親のための労働時間短縮制度（16歳以下の子どもをもつ母親は出退勤時刻

を遅らせたり早めたりできる），妊娠・育児期にある女性の夜勤・残業禁止，若い有子家庭向け無利子住宅貸付制度，妊娠・育児中の全額支給付26週休暇制度，生後1年間の有給育児休暇制度（ベビーイヤー），職場のポストを保持したまま3年間の育児休暇制度，その他，多子家庭に対する衣類や家具や寝具などの購入補助金，家賃の値引き，給食費やミルク代無料などの優遇制度等である。

このように，有子家庭への育児・教育援助給付を公的資金で行うことで，家族負担軽減と女性の就労拡大をめざした結果，出生率の確保と職業における男女共同参画が数字上は実現された。1980年の統計では，労働可能な女性の87.6％が就労中またはその準備中で，全職種の就労者の49.6％を女性が占めた。このように当時の東ドイツ社会には，集団保育の発展と併行して，女性が安心して子どもを産み，育てながら働くための支援策が整えられていた。

一方，保育制度と就学前教育の内容はどうであったか。3歳未満児対象の保育所（Kinderkrippe）は国民保健省管轄の児童福祉施設，3歳以上就学前児童対象の幼稚園（Kindergarten）は国民教育省管轄の教育施設であった。幼稚園はそれに続く10年制普通教育総合技術上級学校（義務教育）の前段階として制度化されていた。3歳未満児対象の保育所の供給率は1980年には61.2％で，ほぼニーズを満たしていた。運営はすべて公費で賄われた。3歳以上児対象の幼稚園は義務教育機関ではないが，将来の社会主義的人格の基礎を培う機関として学校制度の最下段階に位置づき，国家統一プログラムによって教育目標・内容・方法が定められ，教師の養成も一律に定められた。

1980年で幼稚園の就園率は92.0％であった。保育所も幼稚園も，親の就労支援の立場から早朝6時〜18時までの開園の全日保育が基本で，朝食や夕食の提供も稀ではなかった。また，1980年前後から都市部を中心に，同一敷地内に保育所と幼稚園の建物を併有した「幼保一体施設（通称「コンビ」）」が建設されるなど，複数の乳幼児をもつ親の利便性を図る施設が登場したことも特徴的であった。

保育者は，幼稚園教師（Kindergartenlehrerin）は3年制の幼稚園教師養成学校，保育所保母（Kinderpflegerin）は2年制の保育所保母養成所で，国家一律の養成課程によって養成された均質の有資格者であった。

以上のように，家族支援策，保育施設の提供，幼児教育の理念・内容，保育者養成にいたるまで，すべてが社会主義の国家統制のもとで実施され，「画一と均質」性こそが旧東ドイツの大きな特徴であった。社会主義のイデオロギーという政治的コントロールの範囲であれば，どの子どもも，どの有子家庭も，制度上は平等のサービスを受けることができ，原則としてすべての女性は仕事と育児の両立を実行し，旧ソビエトを範として集団保育はめざましく普及していた。だが，個人や個々の家庭の自由意思による，それ以外の選択肢は認められることはなかったところに，真の意味での女性の自立や「育児と仕事の両立」が検証されないまま，ドイツ民主共和国は地球上から消滅したのである。統一直後は，多くの女性が新しい価値社会のなかでとまどった。

（2）旧西ドイツ（ドイツ連邦共和国：Bundesrepublik Deutschland）の場合
　　――家庭育児中心の保育文化

　20世紀初期からの伝統を戦後も踏襲した旧西ドイツ社会では，就学前の施設は，制度上は福祉施設として規定された。その特徴は，子どもの養育・保育の一義的責任は家庭（親）にあり，家庭による養育を援助する手段として教会や民間福祉団体等の施設がサービスを提供することが原則で，それで足りない場合に初めて公共の施設が設置されるという点にある。国家福祉社会であるドイツでは，このような社会保障の「補完性」の原理，すなわち自助―互助―共助―公助という支援の順序が保育の分野にも適用された。

　このため，旧西ドイツでの公的保育の整備は著しく遅れた。併せて「3歳児神話」（ドイツでは「3年間ドグマ」と言う）の強い育児文化風土にあって，保育施設は社会的に恵まれない人たちの救済施設という偏見が根強く，一般市民の間には旧東ドイツの乳児期からの集団保育を批判する声も高かった。3歳未満児保育の普及状況は，統一5年前の1985年ですら，旧西ドイツでは施設数1,028，定員数2万8,353，利用率1.6％であった。同年の旧東ドイツの施設数7,315，定員数33万8,676，利用率72.7％と比べると格段の差があった。

　3歳以上児対象の幼稚園も，長い間，家庭養育の補完という考えが強く反映して，保育時間は，基礎学校と同様に，自宅で昼食をとる半日保育が通常形態

であり，その設置主体の大半がキリスト教会や福祉事業団体などの民営で，国レベルでの保育内容や方法の規定もなく，そのスタッフの学歴や職業名も一律ではなく，養成課程も多様であり，総じて社会全体として幼稚園の保育や教育への期待は高くなかった。

　幼稚園での教育の質の問題が浮上するのは1970年以降である。1957年のソ連の人工衛星打ち上げによるいわゆるスプートニク・ショックを受けた旧西ドイツでは，遅れて1974年に国民教育制度の全面的改革に着手するのであるが，そのときに社会・経済発展の意味から将来的準備として幼児期の教育の重要性が強調され，幼稚園教育が議論の俎上に上がった。特に，これまでほとんど幼児期の教育では取り上げられてこなかった教育や学習の問題が，幼稚園から基礎学校への準備と移行という課題に関連して出てきた。これを受けて一時期，訓練型の早期教育に集中する教育方法も流行したが，すぐに批判が出て，1970年代後半になると，幼稚園教育の原則を「子どもの生活」の状況（場面）に根ざす教育方法がこぞって開発された。その代表的なカリキュラムは，ロビンゾーン（Robinsohn, S. B.）の「開かれたカリキュラム論」に基づくツィマー（Zimmer, J.）らの「状況的アプローチ（Situationsansatz）」と呼ばれるもので，子どもは既成の知識や技能を教え込まれる対象ではなく，社会や日常生活のさまざまな場面で出くわす「テーマ」（例：買い物，学校，老人ホーム，環境やごみ処理問題等）に自ら立ち向かい，その世界を習得していくことのできる存在だという子ども観に立脚するものであった。1980年代になると，このような事物的・社会的方法による問題解決型の自己決定能力の促進をめざすアプローチは「Soziales Lernen（社会学習）」という概念で低学年や就学前教育に発展・定着していく。このような子どもの「生活世界」に根ざす教育原理は，近年，再びドイツの就学前教育の理念・方法として，後述するように新しい「学び」観のもとで発展的に継承されている。

　一方，就学前教育への期待が大きくなるにつれて，1980年以降は，モンテッソーリ教育やシュタイナー教育にくわえて，森の幼稚園など多様な理念の幼児教育が普及し，特色ある教育観をもつ幼稚園として人気を集めている。

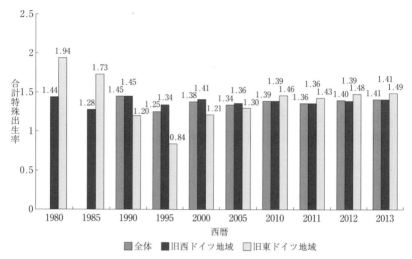

図4-1　ドイツにおける合計特殊出生率の推移
出所：Zusammengefasste Geburtenziffer in Deutschland 1960-2012 Durchschnittliche Zahl der Kinder je Frau im gebährfähigen Alter (15 bis 49 Jahre) をもとに筆者作成。2001年以降はベルリンを除く数字である。

## 3. 現在の子育て支援・家族支援政策

現在のドイツは，日本，イタリアと並び少子化が解決されていない国の一つである。合計特殊出生率は1.41（2013年）で，EU連合の最下位群に属する。旧西ドイツ時代の1975年にすでに1.5を割り，2000年以降は，旧西ドイツ地域では1.36〜1.41の間で低迷している。旧東ドイツ地域では，1980年代に1.94まで回復したが，統一直後は急落し（1995年：0.84），2010年以降に1.4台になって，2013年には1.49まで増加した（図4-1）。ここ数年間では，ドイツ全体では出生率が微増している（2011年1.36，2013年1.41）とはいえ，近い将来，超少子高齢化の急激な進行は避けられない見通しである。

ドイツ政府はナチス時代の断種政策の歴史的反省から，「人口政策に国が介入せず」の立場を長く堅持してきたため，人口問題に着手するのは2000年代以降である。2004年に「連邦・高齢・女性・青少年省」が設置されたのを契機に，男女平等の実現を踏まえた「仕事と家庭の両立」支援の方向に政策転換を図っ

表4-1 両親手当と両親休暇（育児手当改正により2007年施行）の概要

| 両親手当<br>(Elterngeld) | 請求権 | 子どもの親及び子どもの世話・養育人で，現在フルタイム就労をしていない（週30時間以内のパートを含む）人。 |
|---|---|---|
| | 支給月額 | 出生前の平均所得の67%（最高1,800ユーロ）。低所得者は100%支給，無所得者は300ユーロ保障。多胎児は1人増えるごとに300ユーロ加算。3人以上の兄弟姉妹がいる場合は10%加算のボーナス支給。 |
| | 受給期間 | いずれか一方の親が出産後12か月間，さらにパートナーが2か月加算でき，最大14か月まで受給できる（シングルマザーは14か月まで）。両親が同時に取得する場合は最大7か月間。毎月の受給額を半分にした場合は，その期間が2倍に延長される。 |
| 両親休暇<br>(Elternzeit) | | 子どもが満3歳まで育児休暇を取得できる。雇用者の同意があれば満8歳まで取得可能。両親が分担または同時に取得できる。両親休暇の期間中は週30時間までの就労が許される。 |

出所：Bundeselterngeld- und Elternzeitgesetz-BEEG, Vom5. Dez. 2006.

表4-2 両親手当プラス法（2015年7月1日施行）の概要

| |
|---|
| 2015年7月1日以降生まれる児童を対象に，両親手当が支給されている場合，週25〜30時間の短時間就労をすれば，生後14か月（最大28か月）まで支給が延長できる。ひとり親の場合も同様にパートナーボーナスの適用と4か月の両親手当が支給される。<br>将来的には，子どもが3歳から8歳の誕生日の間に，分割して24か月間の両親時間が，雇用者の承諾なしに取得できる。 |

た。その施策は，①男性の育児参加と女性の早期職場復帰をめざす育児休暇制度の改善と，②3歳未満児の保育サービスの拡充の二本柱である。

①に関して，2007年1月から「両親手当・両親休暇」という新しい育児休暇保険制度が導入された（表4-1）。それ以前の育児休暇制度は，子どもの誕生後3年間，女性だけの育児休暇で月額300ユーロの給付金であった。新制度では，子ども一人につき12か月間，それまでの所得の最大67%，最高1か月1,800ユーロの育児給付金を受けることができる。育児休暇は両親で振り分けて取得すれば，最長14か月間を取得でき，父親の育児参加を推奨する。この結果，2003年にはわずか3%だった父親の育児休暇取得率が，2013年には27%に上昇した。さらに2015年7月1日以降の誕生児からは，「両親手当プラス法」の施行により14か月間の短時間就労による休暇が認められ，フレキシブルに活用できるジェンダー平等の育児参加と就労支援の方策が出された（表4-2）。

以上が最近のドイツにおける人口対策，家族支援策の動向で，これらの家族支援策と後述する3歳未満児の公的保育サービス拡充とが両輪となって，ようやく伝統的なドイツモデルの家庭育児からの脱却の方向に歩み出したと言える。

## 第2節　保育制度——保育請求権と量的拡大

### 1．社会教育を担う保育施設
（1）理念と運営

　ドイツの保育の法的根拠は，「社会法典第8編—児童・青少年援助法」(Kinder-Jugendhilfegesetz，1990年制定，2013年改正：KJHG) である。この法律に準拠して，乳幼児を対象とする公的な保育サービスの代表的なものは，①3歳未満児対象の保育所（Kinderkrippe または Krippe）と，②3歳以上6歳までの児童対象の幼稚園（Kindergarten）が通園施設型保育，そして，③育児支援者（保育パパ／ママ）による家庭的保育（Tagespflege）がある。

　これらの他に，保育には6歳以上14歳未満対象の学童保育（Holt）が含まれる。

　施設型の通園保育の運営形態としては，保育所または幼稚園だけの単独施設，保育所と幼稚園を併設した施設，保育所と幼稚園と学童保育の3つの機能を総合的に兼ね備えた施設など多様であるが，現在のドイツで最も一般的なタイプは，「Kindertagessttäte：通称 Kita または KiTA（キタ）」と呼ばれる保育施設で，保育所と幼稚園の機能を併せもち，なかには，学童保育の機能も担う総合保育施設である。この Kita は，1990年前後から都市部を中心に発展し，年齢の異なる子どもを複数もつ親の送迎に便利な施設として定着した。2013年の社会法典第8編改正版では，Kita を3歳以上の保育施設と明記しているので，幼稚園（Kindergarten）を指すこともあり，今日のドイツでは，施設型保育と言えば通常，Kita，KiTA を指す。

　ドイツの保育施設は，制度的には社会教育を担う児童福祉機関として位置づけられている点に大きな特徴がある。ドイツで社会教育（Sozialpädagogik）の

概念は，近代教育学のナトルプ（Natorp, P. G.）やノール（Nohl, H.）の教育理論に由来し，モレンハウアー（Mollenhauer, K.）によって「産業化の進展のなかで，社会的総合援助のシステムとして必然化され，拡大・分化された教育現実の領域」と定義されるもので，人間が成長していくうえで，家庭や学校と並ぶ第3の教育領域として，児童青少年育成・援助の機能を担う重要な領域とされる社会教育は，学校教育とは異なる機能と専門性を有し，その対象は，0歳児から児童・青少年（最長27歳）にまで及ぶが，保育の領域も，基本的には，この社会教育機能を担うものとして位置づけられている。

このような社会教育機能を担う通園保育施設と家庭的保育は，社会法典第8編によって，①自己責任と公共心を有する人格の発達，②家庭教育の支援と補完，③親の就労と育児の両立支援，という三つの社会的役割を担い，その主機能は，「教育（訓育と陶冶）とケア（Erziehung, Bildung und Betreuung）」とされる（社会法典第22条）。ドイツでは，子どもが育つ場をそれぞれの機能から理解するとき，家庭教育には「世話」「養育」「援助」という概念で，学校教育には「教授」「伝達」「練習」などの概念で特徴づけられるのに対して，社会教育では「保護」「育成」「相談・助言」という概念が用いられる。したがって，社会教育の場である保育施設や保育事業では，社会という領域での児童・青少年の育成及び援助が基本概念となる。このため保育の原理にも，「社会（Gemeinshaft, Sozial）」という概念が家庭や学校と独自な関わりをもちながら，子どもの成長を援助する「生活世界」として適用される。

次に，保育の運営について述べる。先の社会法典第8編で示された保育の運営方法は，連邦国家であるドイツでは，基本的には各州に委ねられる。施設の管轄やカリキュラム，養成教育の規定は各州によって微妙に異なり，2015年時点では16州のうち9州は教育系の所管（文化，教育，スポーツ省など），残り7州は福祉系の所管（女性，家庭，健康省など）となっている。また，保育施設の設置者は，旧西ドイツ地域では歴史的伝統から，キリスト教会系列，福祉団体系列が主流で，次に労働組合系列が多く，近年は親イニシアチヴも増えている。旧東ドイツ地域では統一直後までは圧倒的に公営で占められていたが，施設の削減と民

営化の推進によって，現在では公民の割合は西側と同じ状況となり，ドイツ全体では保育施設の6～7割はキリスト教会や福祉団体等による民営である。

（2）保育スタッフの資格

では，保育施設や家庭的保育のスタッフの資格や養成はどうか。ドイツで統計上の保育スタッフには，就学前施設のみならず学童保育も含まれ，これらの保育スタッフは，職業分類上，社会教育を担う職業（青少年援助職，社会教育職）として位置づけられ，学校教師職（Lehrer/rin：男性形／女性形）とは峻別される。その資格者は，①「保育者（Erzieher/rin）」(2014年で約67%)，②「保育補助員（Pfleger/rin）」「社会助手（Sozialassistenz/in）」（同，約13%），③「社会教育者（Sozialpädagogen/gin）」（同，5%）となっている。(11)①の保育者は，通常，高校卒業者が入学する2～3年の養成課程をもつ専門学校で資格取得する。この保育者（Erzieher/rin）の資格保有者が圧倒的に多い。②の「保育補助員」や「社会助手」は，義務教育修了後の2年の養成課程をもつ職業学校で資格取得するが，この学校は減少傾向にある。③の「社会教育者」は，単科大学または総合大学の学士課程あるいは大学院修士課程で資格取得できる。

ここ数年来ドイツでも保育の質向上の課題と並行して，保育スタッフの専門化，養成課程の高度化が図られている。連邦政府主導の「幼年教育専門職の拡張化と継続養育促進方針（Förderlinie "Ausweitung der Weiterbildungsinitiative Frühpädagogische Fachkräfte（AWiFF）"）」に基づく「専門学校での養成から大学で養成される教育専門職への移行プロジェクト（UFA）」である。それは，単科大学や総合大学に「幼年教育学課程（Kindheitspädgogischen Studiengänge）」を設置して，幼年期の社会教育の専門職として「幼年教育教師（Kindheitspädagogen/gin）」を国家資格と認証し，これを幼児・児童保育施設であるKitaの正規職員の主流にしようとする動きである。2006年には約35万人だった保育スタッフは，2015年には約60万人に急増している。この労働市場の溝を埋める新たな職業資格として，ドイツでは，これまでの短大レベルや職業学校レベルに依存していた資格から，学校教員養成に相当するレベルの大学・大学院での「学士・修士」課程で取得できる専門資格へと格上げを図ろうとしているのだ。2015年

には，89の単科大学及び総合大学に「幼年教育学課程」が新設されて，新入生を受け入れている。同時に，専門学校や職業学校出身の保育者や保育補助員等の資格を持つ現職スタッフに，現職教育・再教育を促進している。特に，大学院修士課程では，施設マネージメントコースや特別支援・治療保育のための専門課程を設けて，高度専門化を図ろうとしている。[12]

## 2．すべての乳幼児に保育請求権の法承認という前提

ドイツで注目すべきは，保育に対する法的請求権を前提として保育サービスの整備が進められている点である。3歳以上児に関しては1996年から条件つき（母親が就労あるいは学業に従事）で幼稚園の保育を受ける権利を認めてきたが，1999年の法改正により無条件ですべての幼児に保育請求権が認められた。

3歳未満児に関しては，2013年8月から満1歳以上児に保育請求権が認められ，保育を必要とするすべての乳児は保育所または家庭的保育を利用できる。

ドイツでは乳児期からの保育は，保育・就学前教育を必要とするすべての乳幼児の権利として法的に保障され，「『権利』の主体は子ども自身である」[13]という考え方が徹底している。実際には，入りたい施設がすぐに見つかるわけではないケースも多いようであるが，日本の待機児童対策のような消極的な対応ではなく，子どもの権利保障のためには社会が責任をもってそのポストを用意するという前提に立つ。このような保育制度には，ドイツが歴史のなかで築いてきた社会福祉国家の原則──つまり，「自由と公平と連帯に基づく民主的な社会福祉国家をめざす」[14]という社会保障制度の伝統──が反映されていると思われる。

## 3．3歳未満児保育の量的拡大政策

ドイツの保育サービスの整備は，統一後10年を経て経済的にも安定してきた21世紀に入って急速に推進される。2005年に発足したメルケル政権は，OECDの勧告と他のEU諸国の水準に近づけるため，2009年1月に3歳未満児対象の保育の利用率を2013年度までに35％（75万人）にまで高めるという政策目標数値を掲げて（児童促進法：KiföG）乳児保育サービスの拡張を急ピッチで進めた。

前述の「両親手当・両親休暇」の家族支援策と並行して，質の高い全日保育をめざす保育サービスの提供を行うというものである(15)。その背景には，女性の労働力確保と人権保障の両方から「仕事と育児の両立支援」を実現する家族支援政策と並行して，乳児期からの家庭外保育の教育・発達的意義が専門家の研究によって啓発されてきたこと(16)などがある。

上記の政策目標によって3歳未満児の保育利用率は上昇した。2007年にはわずか15.5％であったのが，2012年には27.6％，2014年には32.3％と上昇している（旧西ドイツ地域で27.4％，旧東ドイツ地域で52.0％）。

2015年3月1日時点では，約69万人の3歳未満児が公的保育サービス（保育所や家庭的保育）を受けている（表4-3）。この数字は2014年に比べて，約3万2,000人（4.8％）増加，2013年から2014年の間には約6万4,000人（10.6％）の増加である。利用類型別では，保育所等の通園施設が全体の88.4％，家庭的保育が14.6％である。2015年の統計によれば，ドイツ全体で，5万4,422の通園施設と4万4,098の家庭的保育がある。

次に，保育の質に関わるデータとしての保育単価は，ドイツ全体の平均は2006年の3,464ユーロから2012年に5,734ユーロと増加しているが，州差がある。最高はベルリンの8,537ユーロで，7,000ユーロ（1ユーロ130円換算で約91万円）以上の州はザーラント，ラインラント・プファルツ，ブレーメン等でいずれも旧西ドイツ地域であり，最低はメクレンブルク・フォアポンメルン州の3,459ユーロで，続いてザクセン・アンハルト州，ザクセン州等で，これらはいずれも旧東ドイツ地域である。

このように，東西間の経済的格差は保育単価にも反映し，当然ながら保育の質にも影響を及ぼしているのが実状である。このことを調査したベアテルスマン財団は，人員配置の面で旧東ドイツ地域は旧西ドイツ地域に比べると劣悪状況だと指摘する(17)。3歳未満児の場合，保育所における保育者対子どもの比率は，連邦全体の平均は1：4.5（2012年）であるのに対して，旧東ドイツ地域の週6日間のフルタイム利用の場合，1：6.5の配置（ザクセン・アンハルト州）が見られた。その後2014年3月時点では，連邦の平均数は1：4.3となり若干改善の方

第4章　ドイツ連邦共和国

表4-3　3歳未満児の公的保育の普及状況

（2015年3月1日現在の州ごとの施設数，家庭的保育数及び利用児童数）

| 州 | 保育所数 | 家庭的保育数 | 3歳未満児の利用児童数 ||||
|---|---|---|---|---|---|---|
| | | | 利用児童の総数 | 前年度比（％） | 内訳 ||
| | | | | | 保育所の利用児童数 | 家庭的保育の利用児童数 |
| バーデン・ヴュルテンブルク | 8,709 | 6,762 | 79,185 | 3.1 | 68,918 | 10,267 |
| バイエルン | 9,167 | 3,203 | 92,740 | 4.4 | 85,621 | 7,119 |
| ベルリン | 2,355 | 1,658 | 48,895 | 4.0 | 44,534 | 4,361 |
| ブランデンブルク▲ | 1,842 | 1,158 | 33,426 | 0.8 | 29,475 | 3,951 |
| ブレーメン | 435 | 316 | 4,712 | 5.9 | 3,865 | 847 |
| ハンブルク | 1,044 | 1,051 | 23,277 | 5.8 | 21,109 | 2,168 |
| ヘッセン | 4,193 | 2,970 | 47,932 | 6.0 | 40,559 | 7,373 |
| メクレンブルク・フォアポンメルン▲ | 1,065 | 1,327 | 21,719 | 0.7 | 17,431 | 4,288 |
| ニーダー・ザクセン | 4,989 | 6,428 | 54,607 | 2.6 | 42,809 | 11,798 |
| ノルト・ライン・ヴェストファーレン | 9,900 | 13,137 | 117,957 | 12.2 | 84,988 | 32,969 |
| ラインラント・プファルツ | 2,495 | 1,800 | 30,444 | 2.0 | 28,388 | 2,056 |
| ザーラント | 482 | 293 | 6,032 | 6.6 | 5,557 | 475 |
| ザクセン▲ | 2,894 | 1,718 | 54,071 | 3.4 | 46,868 | 7,203 |
| ザクセン・アンハルト▲ | 1,774 | 180 | 29,846 | 0.6 | 29,216 | 630 |
| シュレスヴィヒ・ホルシュタイン | 1,762 | 1,745 | 21,739 | 6.7 | 16,703 | 5,036 |
| チューリンゲン▲ | 1,316 | 352 | 27,956 | 1.9 | 26,856 | 1,100 |
| ドイツ全体 | 54,422 | 44,098 | 694,538 | 4.8 | 592,897 | 101,641 |
| 旧西ドイツ地域 | 43,176 | 37,705 | 478,625 | 6.0 | 398,517 | 80,108 |
| 旧東ドイツ地域▲（ベルリンを除く） | 11,246 | 6,393 | 215,913 | 2.2 | 194,380 | 21,533 |

注：▲印は，旧東ドイツ地域。
出所：Pressemitteilung Nr. 259 des Statistischen Bundesamtes vom 14.07.2015より筆者作成。（https://www.destatis.de/DE/PresseService/Presse/Pressemitteilungen/2015/07/PD15_259_225.html：2015年8月10日取得）

向に向かってはいるものの，人員配置の面でも東西間の地域格差は未だ克服されていない。

　さらに2015年には，家庭的保育の育児支援者の質向上の課題に対して，連邦政府は新たに「家庭的保育のアクションプログラム」を策定し，新しく育児支援者になる人のために160時間の講習による資格基準を法律で定めた。連邦，州，及び連邦関係機関が，民間の設置者に共通の質認証（ベンチマーク）を授与することで質の確保を実現しようというわけである。日本が「子ども・子育て支援新制度」による家庭的保育の支援者の講習を約21～22時間程度としているのに対して，約7～8倍の講習時間である。このアクションプログラムは，2015年12月から始まり2018年12月で終了する。この間，連邦は毎年7.5億ユーロ（1ユーロ130円換算で，約970億円）の予算を計上するとしている。このように，3歳未満児保育の量的拡充の達成から質の確保・向上への本格的な改革は緒に就いたばかりである。当然，保育者不足の課題も浮上している（2014年度見積りでは約12万人の不足，Welt誌）。

## 4．3歳以上児の幼稚園（Kindergarten）の普及状況と課題

　3歳以上児の就園率は9割を超えるまでに拡充しており，連邦が1999年以降，無条件で保育請求権を定めた政策が功を奏している。「すべての3歳児」とは，外国籍児童や障害を有する児童など特別な支援を必要とする子どもを優先する意味でのすべての子どもである。2014年3月統計では，3～6歳の就園率はドイツ全体で93.0％（ベルリンを除く），旧西ドイツ地域で92.4％，旧東ドイツ地域で95.7％となり，3歳以上児の就園率は確実に東西差を縮めている。

　幼稚園の開園時間は，①午前か午後だけの半日保育（5時間以内），②朝から昼食後までの7時間保育，③朝から夕方までの全日保育の形態があるが，近年，就労支援として，早朝5時半から夜8時頃まで開園している園も増えている。

　幼稚園の量的充足は，就学前期の教育の質向上の課題と結びつき，1990年頃から集中的に質研究が取り組まれることになる。とりわけ，移民を背景にもつ子どもの言語教育は，ドイツでは大きな課題となっている。

## 第3節　質向上とナショナルスタンダードの作成

### 1．「教育の質」研究の着手

　ドイツで保育・幼児教育の質に関する研究が広がるのは，学校教育全般の質的向上やカリキュラム改善という課題が就学前教育分野にも波及した1990年代頃からである。当時の質研究の代表的なものをあげると，エフテナーキ（Fthenakis, W. E.）らによる教育の質の問題を施設に限定して捉えるのではなく家庭や社会生活全般を視野に入れた総合的な教育の質（Erziehungsqualität）研究（国立ミュンヒェン幼児教育研究所）[18]，フリート（Fried, L.）らによる「教育的環境」という視点から幼稚園の教育活動に入り込んで保育者の行為や子ども同士の社会的関係を分析してこの側面から制度などの構造面や教育過程の質向上にアプローチしたドルトムント大学のグループ[19]，ティーツェ（Tietze, W.）らによる「幼稚園・家庭・基礎学校」の3つの場と幼児から学童までの年齢縦断による発達調査研究から就学前施設教育の意義を検証したベルリン自由大学の研究グループ[20]，ヴォルフ（Wolf, B.）らによる旧東ドイツ地域の「機能的アプローチ」から「状況的アプローチ」への転換を図ることによって幼稚園教育の質改善を図ろうとしたベルリン自由大学の研究グループ[21]，などがあげられる。1990年代に始まるドイツの保育・幼児教育の質研究は，社会・経済・文化的要因を視野に入れたマクロなレベルから，施設内の目標や構造に関わるミクロなレベルまで多様であった。

　21世紀に入り，ドイツは学力問題の緊急課題に直面する。それは第1回2000年のPISA（「OECD生徒学習到達度調査」）において数学的リテラシーで21位，科学的リテラシーで21位，読解では22位という結果（いわゆる「PISAショック」）となり，学校教育全般の教育の質向上課題が社会全体に広まり，幼児教育の理念や教育方法・カリキュラム改革にまで波及したのである[22]。とりわけ，良質な就学前教育の提供は，社会の将来的発展の観点からも有意義であるというOECD等の国際的動向等の調査を受けて，国レベルでの質確保・改善の課

題に着手するようになった。その当時のドイツ固有の課題には次のようなものがあった。

・PISAショックによる就学前教育の質向上の課題
・幼稚園を半日保育から全日保育にする課題（旧西ドイツ地域）
・幼稚園から基礎学校への円滑な移行の課題（幼小接続）
・東西地域間の経済格差に伴う子どもの学力格差解消の課題
・幼稚園スタッフの養成教育レベルアップと資格化の課題　など

それまで州主体の運営に依存していたドイツは，保育・幼児教育の質改善の取り組みを，1999年以来連邦イニシアチヴで打ち出してきた。それは，①幼稚園教育の質確保・改善のためのツール開発，②幼児期から学童期（10歳）までの教育プログラム開発，という2つのストラテジーである。

## 2．ナショナルスタンダードとしての評価ツール開発

「家族・女性・高齢者・青少年省（BMFJ）」の主導で連邦政府が1999年から2003年までの4年間をかけて行われた研究プロジェクトは注目に値する。このプロジェクトは次の5部門からなり，それぞれ乳幼児教育分野の専門研究者たちが研究助成を受けてチームを組み，実地調査などを手がけた。このプロジェクトは，16州のうち10州の公営・民営の施設が参加した大規模なものであった。

・プロジェクトⅠ・Ⅱ：3歳未満児と3歳から6歳児対象（PädQuis gGmbH, Berlin, 研究代表 Tiezte, W.）
・プロジェクトⅢ：6歳以上児対象（SPI, Köln, 研究代表 Stratz, R.）
・プロジェクトⅣ：状況的アプローチ（INA gGmbH, Berlin, 研究代表 Preissing, C.）
・プロジェクトⅤ：経営（設置）（IFP, München, 代表 Fthenakis, W. E.）

「子どものために」を標榜したこのプロジェクトは，公的な保育・教育施設だけでなく，家庭も子どもの成長・教育にとって重要な場・環境・人的要因として不可避な責任をもつという社会教育と生涯学習の視点からの改革である。つまり，子どもの成長・教育的要因を施設に限定しないで広く子どもの生活世

界において捉え，環境活用と人的責任において実践する社会教育の立場から，基本コンセプトを「保育・幼児教育・児童福祉」に置いた乳幼児期から児童期までを対象とする保育所・幼稚園・学童保育等の教育的課題と，家庭支援という福祉的課題の2つの機能の改善と質的向上をめざすものである。この意味からドイツの保育の質基準は，学校準備型ではなくホリスティックの方向に転換しつつある。この「国家質評価改善イニシアチヴ」は，OECDの"Starting Strong Ⅱ"では，「興味深い取り組み」として取り上げられ，「すべてのTragerは質改善策に関わっている」と評価されている[23]。

プロジェクトⅠ・Ⅱを担当したベルリン自由大学のティーツェらは，評価ツールの開発と「適認証（Gutesiegel）」の授与という2つの成果を出した。アメリカのハームス（Harms, T.）らの評価方法に学びながら，施設と家庭の両方を射程に入れた独自の評価ツール（目標の質，構成・構造面での質，教育課程の質，家庭との協働の質という4視点からなる）を開発し，その評価によって適格と判断される施設に対して「適認証」を授与するというものである[24]。

## 3．質評価のためのナショナルスタンダード（2003年）

プロジェクトⅠ・Ⅱでは『児童通園施設における教育的質　国家標準要覧』（以下『標準要覧』と略記）（総270頁）[25]を開発し，プロジェクトⅣでは「状況的アプローチ」論に基づく質の評価ツール『状況的アプローチにおける質——児童通園施設における質基準と資料』（以下『資料』と略記）（総371頁）[26]を開発した。この『資料』は，相賀（2015）[27]によれば「教育の質を位置づける哲学的な理論と実践知の相互作用的な明確な結びつきが，保育者の専門性を高め」，科学的根拠に基づく主体的な外部・内部評価の取り組みを促すものとして注目される。

これらのナショナルスタンダードとしての評価ツールは，保育現場からの，いわばボトムアップ的な質改善を実施するための自己評価基準として機能する。ドイツの保育施設は公立・私立多様であり，州によってもカリキュラムや運営構造が異なることを前提に，これらの『標準要覧』は連邦レベルにおいて「子どもの幸せと発達」をスローガンに一定の具体的な評価指標を示し，現場でそ

表4-4　6群に分類された21の質領域

| 内容 | 質の領域 |
|---|---|
| 1群 | 1．子どものための空間<br>2．1日の構成 |
| 2群 | 3．食事と栄養<br>4．健康と身体養護<br>5．休息と睡眠<br>6．安全 |
| 3群 | 7．言語とコミュニケーション<br>8．認知的発達<br>9．社会的・情緒的発達<br>10．運動<br>11．空想と役割遊び<br>12．栽培と工作<br>13．絵画・音楽・ダンス等の芸術との出会い<br>14．自然，環境，事物 |
| 4群 | 15．文化の多様性<br>16．障害児との統合 |
| 5群 | 17．住居<br>18．挨拶と別れ<br>19．家庭との協働<br>20．幼稚園から学校への移行 |
| 6群 | 21．マネージメント |

れぞれの目的に応じて活用することに意義を置く。乳幼児をもつ保護者に対して保育施設の意義を啓発するメディアとしてもこの『標準要覧』を役立たせたいとの意図もある。

　乳幼児期からの「教育的質」の確保と向上が，子どもの幸せと発達を保障できるという主張である。ティーツェは「この『標準要覧』の特徴は最低基準ではなく，「最善の実践」を志向するものであり，これによって教育的専門職者に高度な要求を提示する」ものだと述べ，各施設・職員がこれを活用することで「子どもの幸せと発達のためには何が重要なのか，何が可能なのか」を考える出発点となり，各施設が広範な到達点を確認しつつ未来へ向かって目標を確定しながら「最善の実践」を徐々に確かなものにできると言う。この意味で，ナショナルスタンダードは，保育現場の関係者が自己の省察と新たな目標設定

第4章　ドイツ連邦共和国

表4-5　「教育の質領域」を指標する6つの重点

| 1．空間的条件 | 施設内外の空間が子どもの相互活動や特殊性にふさわしい生活の場になっているか。子どもの欲求と興味を満たすように用意されているかをみる視点である。 |
|---|---|
| 2．保育者と子どもの相互作用 | 専門職像の1つで、保育者の社会的コンピテンスとしての「子どもとの相互作用」を意味する。具体的には、「観察」「対話や関わりの心構え」「刺激」の3つで、対子どもだけでなく、対保育者の自己研鑽の面でも相互作用能力は意義をもつ。 |
| 3．計画 | 保育者の実践面での専門的力量の1つで、いわゆる「PDCA」の流れで省察から計画へと発展させていくための視点である。 |
| 4．教材の活用と多様性 | 子どもが遊びを通して自主的に周囲に関わり、遊びのイメージや行為の多様性を支え保障しうるものとして、教材の多様性を意味する。 |
| 5．個別性(個性) | 一人ひとりの子どもの人格尊重の考えに立って、施設保育において集団と同時に個人的な興味や欲求を発達させるように教材を用意したり、教育活動を個別化していく視点を示している。 |
| 6．参加 | 施設の教育過程に子どもが主体的に参加していくことを意味する。クラス活動の決定や約束事、子どもの願望やチャンスを日課のなかでプランする際に子どもの自主性を重んじる。この視点の根底には「行為主体としての子ども」「子どもは日課やプロジェクトの参加主体である」という子ども観・保育観がある。 |

の出発点として機能することが強調されている。

　次に『標準要覧』の内容の一部を紹介する。保育の質に関わる21の領域は総合的なもので、教育過程の質だけでなく、組織・管理、家庭・基礎学校との連携等が範囲に含まれ、表4-4に示したように6群化された内容からなる。また、この21の質領域を評価するための指標となるのが「空間的条件」から「参加」までの6つの重点である（表4-5）。さらに実践レベルで、具体的にどのような指標が示されているのか、一例として「8．認知的発達」の質領域の内容の一部を取り上げてみた（表4-6）。

　この『標準要覧』を、各施設で「状況分析」⇒「施設の質のプロフィール」⇒「専門的な方向づけ」⇒「改善目標の議論」⇒「目標決定」⇒「改善段階の計画」⇒「成果の確認」というPDCAサイクルで活用していくことで系統的な質発展を促そうというものである。

　このようなプロジェクトと並行して、連邦では「幼児期の保育・教育に関する国民調査」を、2000年に8つの州で、保育所・家庭的保育・家庭で育つ2歳

表4-6 「8．認知的発達」の質領域の内容

---

1．空間的条件
　1.1　子どもが一人または小グループで遊びや課題を邪魔されないで取り組める空間がある。
　1.4　長時間邪魔されないで集中して参加できるコーナーがある。
2．保育者と子どもの相互作用
　2.2　保育者は，子どもの興味や自ら提案したテーマの活動を観察している。
　2.5　保育者は，子どもが自分の行為や出来事を説明することに耳を傾ける。
　2.15　保育者は，子どもが関心をもったりさまざまなやり方で新しいことを発見できるような問いかけを行っている。
3．計画
　3.2　保育者は，自分を学習者として見なし，子どもにとってモデルとなるように疑問や学習行為や情報収集を行っている。
　3.40　保育者は，子どもが自主的に知識を広げるためにどのような方法で情報を手に入れることができるか伝えている。
4．教材の活用と多様性
　4.3　環境，自然，科学，技術，労働，生活，文化，空想，童話などさまざまなテーマや知識の分野に関する本や絵本がある。
　4.25　認知的発達を促すような設備，教材，遊具を一日の多くの時間子どもが自由に使える。
5．個別性
　5.2　保育者は，それぞれの子どもの学習プロセスの個性的なテンポを尊重している。
　5.8　保育者は，提案したことに対して参加したいかどうかの子どもの決定を尊重し，場合によっては認知的促進のためにその子には異なる活動を提供している。
6．参加
　6.6　保育者は，部屋，コーナー，教材の使い方について共通のルールを子どもたちと一緒に考える。
　6.13　（個と集団のバランスで）保育者は，学習方法や能力が異なる子どもがいることに子どもたちが気づき互いを尊重するように援助している。

---

出所：『標準要覧』pp. 114-128より抜粋。

児と4歳児（2,000人）対象のモニター調査を実施し，2010年には全州一斉にその対象に広げて，発達と子どもが育つ場に関する質の調査を実施した。

## 第4節　新しい子ども観に立脚する連邦共通大綱と各州のプログラム

### 1．「自己形成の主体」「生活世界の探究者」としての子ども観

　ドイツにおける教育観・子ども観は，近年，モンテッソーリやピアジェの教育学・心理学から脱却して，子どもは主体性をもって能動的に学ぶ人として自己形成するという認知発達や知覚心理学，脳研究の方向へ発展している。その

キーワードが"Bildung"（ビルドゥング）という概念で，レーヴェン（Laewen, H.-J.）やシェファー（Schäfer, G. E.）らの幼児教育者たちは近年の著書で，「自己形成」「探究者」としての教育観・子ども観を説く。レーヴェンによれば，自己形成という教育，主体としての子どもが大事なのであって，子どもは教育されるのではなくて，自己形成しなくてはいけない。大人はその際，彼らを援助する存在なのだ。それゆえ，教育は子どもと大人との間の協同的な過程（kooperativen Prozess）となる。子どもにとって大事なことは，教育的な刺激のある環境を自由に駆使できることである。大人は，子どもの自己形成の過程を促進するような空間的，物理的，状況的な条件をつくり出すのだ，と述べる。また，シェファーは，子どもを，「探究者」，「世界像の形成者」として捉えている。

つまり，子どもは生活世界に生きる主体的存在であると捉え，生活環境のなかでのさまざまな経験や活動を通して，自ら何かを学び取り，その知識や学びの方法を習得していく能動的活動によって，自分自身の像を形成していく過程を「Bildung」概念（人間形成）として，幼児期の教育においてもその意義を捉え直そうとしている。子どもは教えられるのではなく，生活世界との対決を通しての自己形成を遂行するという新しい子ども観である。これは，わが国の幼稚園教育の基本であるところの「環境を通しての教育」と言葉上は似ているようでもあるが，そのカリキュラムや教育方法の基盤となる教育観には根本的な相違がある。

## 2．Bildung（人間形成）重視のプログラム──コンピテンシーと6領域

2004年5月・6月，連邦青少年大臣会議と文化省会議は共同で「ドイツの保育施設における幼児教育のための連邦共通大綱（以下，共通大綱と略記）」を決議し，各州はこれに基づいて独自の教育プログラムを開発することとした。連邦と諸州が，保育施設における幼児教育の課題を共通認識したのは，州分権制をとっているドイツでは初めてのことで，連邦政府が就学前教育の社会的期待に応える姿勢を示したことを表すと考えられる。

共通大綱では，「教育（Bildung und Erziehung）は，社会的な生活世界におい

て子どもが日常生活のなかで知識を獲得していくという能動的な参加を含むような独特な持続的で補完的な様相と見なされ」「統一的，現実生活的な，広がりのある出来事」として理解する，先の「人間形成」観に近いホリスティックな立場が強調されている。その目標は「子どもの将来の生活とその生活課題の解決に向けて動機づけを準備するような基礎的コンピテンシーの伝達と人格発達の促進」であり，「とりわけ，日常生活的な学びにとってはプロジェクト的な活動がふさわしい」(35)として，次の6つの要点をあげている。

①学び方の学習をサポートすること（学び方のコンピテンシー）
②施設における生活に関わる決定に子どもを参画させること
③多文化教育
④ジェンダーを自覚した教育活動
⑤発達リスクを有する子どもや（重度な）障害をもつ子どもへの個別的促進を行うこと
⑥特殊な才能を有する子どもへの促進を行うこと

大事なことは，「子どもたちが生活現実の世界に出会い，それに興味をもち，自らが繰り広げる学習を要求するような学びの形態，遊びをデザインする空間，チーム活動を可能にすること，子どもたちが自由に知ったり試したりすることを子どもたちに認めること」と述べ，教育面では6つの領域を示している。

①言語，文字，コミュニケーション
②人格的・社会的発達，倫理教育・宗教教育
③数学，自然科学，情報技術
④音楽教育・メディア
⑤身体，運動，健康
⑥自然的，文化的環境

その教育原則は，教育の中心は無条件に尊重されるべき人格としての子どもであること，インフォーマルで探究的で遊びを中心とした学びの形態が主流であること，大人は子どもに同伴しリードすること，大人は子どもに学びの楽しみと喜びを呼び起こし子どもの探究心を広げ支えること，とされている。くわ

えて各州が幼児教育プログラムを開発するにあたって，特に教育の質の確保と発展の課題や，基礎学校への移行課題について明記されている。

連邦の共通大綱をうけて2008年までに作成された各州のプログラムは名称も対象年齢も多様である。その後，改訂版が出されているが，現在のところ，16州のうち，7州は0歳から就学前期まで，9州は0歳から学童期まで（10歳ないしは14歳未満）を対象としていて，OECD調査諸国のなかではユニークである。どのプログラムも詳細で分量も多い（ベルリンは総130頁，チューリンゲン州は総172頁，バイエルン州は総476頁）。各州におけるプログラムのなかで取り上げられた教育面での内容を整理したものが，表4-7である。

## 3．ベルリン，バイエルン州等の Kita の実践から

ベルリンのプログラムには「自己像の形成，他者像の形成，世界像の形成」の3つが子ども像として描かれており，子どもの人格発達の目標は「自己コンピテンシー」「社会的コンピテンシー」「事物コンピテンシー」「学び方のコンピテンシー」の4つが示されている。筆者が見学した市内の幼稚園（Kita）では，誕生からの子どもとその家族の写真等を入れ込んだ個人用ファイルが保育室に置かれ，幼い子どもがいつでもそれを開いて自分を確かめるような環境が工夫されていた。また，5歳児クラスでは，「社会的及び文化的環境」の領域で，子どもたちが保護者たちの職場見学を計画し，順番に見学とインタビューをして，そこから「仕事」という大きなプロジェクト活動を長期に発展させていく実践を行っていた。親参加が原則の社会に開かれた教育実践で，玄関の壁面には子どもたちが職場を見学・参加した写真と説明文が掲示され，家庭でも話題にできるような工夫がなされていた。このテーマでは，保育者は活動の企画段階から子どもを参加させ，子どもの関心から社会的な学びを広げていくような条件づくりというリードと，学びと遊びの過程で子どもに同伴する（begleiten ベグライテン）という援助をすることだと説明されていた。

船越の研究では，「民主主義への教育」の視点からバイエルン州とシュレスヴィヒ・ホルシュタイン州の幼稚園における「子ども参画」の実践が取り上げ

表4-7 各州のプログラムにおける教育面での内容（6領域とその他の特徴）

| 州 | 対象年齢 | 6領域に関わる内容 ||||| その他の補充的領域 ||||
|---|---|---|---|---|---|---|---|---|---|---|
| | | 身体 | 言語 | 思考 | | 感覚 | | 感情、共感 | | | |
| バーデン・ヴュルテンブルク | 就学前まで | 身体、運動、健康 | | | | | | | | | |
| バイエルン | 就学前まで | 身体、運動、健康 | 言語とリテラシー | 数学 | 自然科学と技術：世界 | 音楽 | 美学、芸術、文化 | 世界志向と宗教 | 情報、コミュニケーション、技術、メディア | 情緒：社会的関係と葛藤 | 宗教 |
| ベルリン | 就学前まで | 身体、運動、健康 | コミュニケーション：言語、文字文化、メディア | 数学的基礎経験 | 自然科学的基礎経験 | 描画活動 | | | | | |
| ブランデンブルク | 就学前まで | 身体、運動、健康 | 言語、コミュニケーション、文字文化 | | 数学、自然科学 | | 表現と造形 | | 社会的及び文化的環境 | | 社会的生活 |
| ブレーメン | 就学前まで | 身体と運動 | 言語的及び非言語的コミュニケーション | | 自然、環境、技術 | リズムと音楽 | 組み立てと造形 | | | 遊びと空想 | 社会的学習、文化、社会 |
| ハンブルク | 14歳まで | 身体、運動、健康 | コミュニケーション：言語、文字文化、メディア | 数学的基礎経験 | 自然科学的及び技術的経験 | 音楽 | 絵画的造形 | | | | 社会的及び文化的環境 |
| ヘッセン | 10歳まで | 強い子ども・情緒的、社会的葛藤・健康、運動、スポーツ・生活実践 | コミュニケーションを喜びメディアとコンピテンシーのある子ども | 学習、探究及び発見をする子ども・数学・自然科学・技術 | | 創造的、空想豊かな、芸術的な子ども・絵画的、表現的芸術・音楽とダンス | | 責任豊かで世界志向的に行為する子ども・宗教性と価値志向・社会、経済、文化・民主主義と政治・環境 | | | |
| メクレンブルク・フォアポメルン | 10歳まで | 運動教育 | 会話と言語 | 初歩的数学的思考 | 共同社会、自然、事物 | 音楽、美術及び造形 | | | | | |

150

| | | | | | | | |
|---|---|---|---|---|---|---|---|
| | | 運動と健康 | 言語 | 自然及び生活環境、数学的及び自然科学の基礎理解 | | 芸術教育 | 倫理及び宗教問題、人間存在の基礎経験、情緒的及び社会的コンピテンシー、認知的能力 |
| ニーダー・ザクセン | 就学前まで | 運動と健康 | 言語 | | | | |
| ノルト・ライン・ヴェストファーレン | 10歳まで | 運動 | 言語 | 自然および文化的環境 | 遊戯、造形、メディア | | |
| ラインラント・プファルツ | 14歳まで | 運動 | 言語 | 数学、自然科学、技術 | 音楽的創造的領域 | | 自然経験／生態学的コンピテンシー、異文化学習、ジェンダーコンピテンシーの促進、価値教育：宗教教育、メディア |
| ザールラント | 就学前まで | 身体、運動、健康 | 言語と文字 | 数学的基礎経験 | 音楽 | 絵画的造形 | 社会的・文化的環境、価値教育と宗教的環境 |
| ザクセン | 10歳まで | 身体の教育「安心感」 | コミュニケーション教育「対話」 | 自然科学教育「発見」、数学教育「整列」 | 芸術教育「知覚」 | | 社会教育「参加」 |
| ザクセン・アンハルト | 就学前まで | 身体、運動、健康 | コミュニケーション：言語、文字文化 | 世界文化と自然科学的基礎経験 | 芸術と創造性 | | （国際ー）文化と社会的基礎経験 |
| シュレスヴィヒ・ホルシュタイン | 14歳まで | 身体、運動、健康 | 言語、記号、文字、コミュニケーション | 数学、自然科学、技術 | 音楽・芸術教育、メディア | | 文化、共同体及び政治；倫理、宗教及び哲学 |
| チューリンゲン | 10歳まで | 運動及び健康教育 | 言語及び文字言語的教育 | 自然科学的及び技術的基礎経験 | 音楽的教育 | 芸術的造形教育 | 社会文化と道徳教育 |

出所：Schlecht, D. u. a. (2008). *KITA-Wie gut sind wir？* Skalen zur Einschätzung der pädagogischen Qualität nach internationalen Standards unter Einbeziehung aller Bildungspläne in Deutschland. Berlin·Düsseldorf·Mannheim. S. 12-13. の表をもとに筆者作成。

られている。バイエルン州ミュンヘンの幼稚園では、自然や医学や歴史などのテーマ（「太陽」「医学への冒険」等）のプロジェクト活動が、保育の重要な活動として位置づいている。シュレスヴィヒ・ホルシュタイン州では、朝の会や活動選択などの日常的な場面で子ども参画を促したり、大人の気分に影響されることなく子ども参画を保障するための「子ども議会（Kinderparlament）キンダーパラメント」という教育方法を取り入れて、子ども自らが生活世界での問題（例：ブランコがもっとほしい、トイレが汚れている等々）をめぐって討論し合って自分たちで解決していくことを体験的に学んでいく実践が紹介されている。この「子ども参画」の教育は、生活世界を学ぶ過程とその過程での自己認識及び社会認識をする主体は子どもたち自身であるという子ども観に立った新しいアプローチである。今後、期待したい実践である。

## 第5節　日本の保育への示唆——ドイツの保育から学ぶこと

　ドイツはEU諸国のなかでは、人口・面積・子どもの貧困率、出生率など数字のうえで日本に近く、また、母性神話の強い育児文化も通じる点がある。しかし、1990年の東西統一という大きな困難を乗り越えてきた経緯、大量の移民や難民を抱える多文化社会、地方分権制などの面に見られる多様性という点で、保育の基盤となる子どもを取り巻く社会的政治的状況には、両国間には大きな違いがある。単純に日本の保育への示唆を導き出すことは許されないが、次の3点をあげてみる。

### 1．「保育が子どもの権利である」という前提と法的保障の重要性について

　昨今、日本では「待機児童」問題が浮上し、その対策は数字のうえでの処理に終始しているが、保育サービスは量的確保の問題ではなく、何よりも「子どもの幸せ」が優先されるべきである。この点で、ドイツの「保育請求権」の法的保障は、子どもを中心に据えた保育の質量両面からの確保を実現していくための大前提だと理解してよい。「子どもの幸せと発達」を指標にした量的確保

と質的向上が2000年以降のドイツの保育政策の基本になっている。近年は多様な家庭と多様な子どもの権利保障という観点から，連邦レベルでの現場サイドの評価ツール開発によって保育の質のボトムアップを図ろうとしている。

## 2．「保育」概念の包括的理解に立つことが生涯学習における発達につながる

　ドイツでは保育を「Erziehung, Bildung und Betreuung（教育とケア）」と切り離さないで，保育の営みを常に包括的に捉え，そのうえでBildungの再検討をしている。日本では「子ども・子育て支援新制度」によって幼保連携型認定こども園の教育機能を強調することで質改善を図ろうとしているが，その際，根本的な問題は「教育」と「保育」を切り離した保育観にある。そもそも，乳幼児期における保育とは何か。社会構造と家庭の生活スタイルが大きく変化し，大半の子どもが保育を利用する時代となった今日の日本社会で，保育は社会・家庭・施設という3つの場に深く関連した社会的役割を担うものであることを再認識するとき，「教育」と「保育」を切り離した保育観からは，子どもの生涯を見通したうえでの乳幼児期の育ちや発達やその活動を探究する道は中断してしまうのではないだろうか。子どもの現在及び将来の視点から生活世界を包括的に捉え，それを基軸として新しい理念で乳幼児期における発達と教育，学びのあり方を粘り強く探究しているドイツの姿勢は，保育の概念とは何かを考え直す機会を与えてくれるのではないだろうか。

## 3．幼児期の子どもの学びとその教育の方法をめぐる改革から

　19世紀半ばにドイツのフレーベルは彼の幼稚園教育思想において「遊び」を重視し，遊びを通じて子どもの発達を促進する方法を「恩物」の考案によって広めた。フレーベルの影響を受けた日本では，子どもの遊びは現実世界から遊離した空想的創造的活動として大切にされ，今日では子ども中心の保育や遊びを通しての総合的指導などの保育方法に収れんされている。本場のドイツでは，遊び活動は重視されてはいるが，目下，教育の質改善に迫るアプローチは，コンピテンシー観に根ざす子どもの「学び」を中心としたカリキュラム構想にな

っている。子どもは「生活世界」に立ち向かうことで自己形成し，世界像を習得するという子ども観・教育観に立って，コンピテンシー志向の教育面での領域が細かく編成されている。他の先進諸国でも同じような方向に向いていると思われるが，このような動向のなかで，日本はどのようなアプローチで乳幼児期の「学び」というテーマに立ち向かうのかが問われている。

注

(1) ドイツの移民には，外国人労働者，難民，ドイツ帰還者という3タイプがあるが，2005年から「移民を背景に持つ人（Personen mit Migrationhintergrund）という言葉が公用語として採択された。本章の訳語は，日本の文部科学省に依拠する。2014年の「移民を背景に持つ人」の割合は，全人口の20.3％で，保育を利用する児童の割合もほぼ同じ数値を占め，旧東ドイツ地域のベルリンやフランクフルト an der Odel を除いて全体的に旧西ドイツ地域に多い。

(2) フランク・リースナー，清野智昭（監修），生田幸子（訳）『私は東ドイツに生まれた――壁の向こうの日常生活』東洋書店，2012年，pp. 94-97参照。

(3) 北島健一「福祉国家と非営利組織」宮本太郎（編）『福祉国家再編の政治』ミネルヴァ書房，2002年，p. 251.

(4) 豊田和子「ドイツ幼稚園の『場面アプローチ』の単元研究」『高田短期大学紀要』第15号，2005年。

(5) Berghoff, W. (Hrsg.) (2007). *Kita-Praxis : Bildung : Soziales Lernen; ich, du, wir ; 3 bis 6 Jahre.* Verlag-Cornelsen などの幼児期の社会的学習の実践書。

(6) 三成美保「ドイツにおける家族・人口政策の展開とジェンダー」冨士谷あつ子・伊藤公雄（編著）『日本・ドイツ・イタリア 超少子高齢社会からの脱却――家族・社会・文化とジェンダー政策』明石書店，2009年，pp. 54-56.

(7) Mollenhauer (1964/1968). Einfuhrung in die Sozialpädagogk. Probleme und Begriffe der Jugendhilfe. Weinheim u. Berlin (In; Reyer, J. (2002). *Kleine Geschichte der Sozialpädagogik : Individuum und Gemeinscaft in der Pädagogik der Moderne.* Schneider Verlag. S. 248.

(8) 大串隆吉「ドイツ社会教育の概念」生田周二・大串隆吉・吉岡真佐樹『青少年育成・援助と教育』有信堂，2011年，p. 147.

(9) 児童青少年・援助法第3章第22条では，それまで「ケア，陶冶及び訓育（Betreuung, Bildung und Erziehung）」という順序だったのを，2004年から「訓育，陶冶

及びケア」に改め，教育的作用のない保育はあり得ないという見解を強調した。ドイツ語では，「陶冶と訓育」を合わせて，「教育」という。
(10) ドイツには，6大福祉団体，つまり，「ドイツ・カリタス連合」(カトリック系)，「ディアコニー事業団」(プロテスタント系)，「ドイツ・ユダヤ人中央福祉会」(ユダヤ教系)，「ドイツ無宗派社会福祉連合会」，「労働者福祉団」，「ドイツ赤十字社」という民間団体があり，福祉，医療，介護の分野の多くの施設運営を担っている。保育施設にも，これらの団体が多く関与している。
(11) Fachkräftebarometer Frühe Bildung Ein Projekt der Weiterbildungsinitiative Frühpädagogische Fachkräfte. (http://www/fachkräftebarometer.de./kindertagespflege/beschäftig-2015，2016年3月1日アクセス)。
(12) Züchner, I. らは，保育スタッフのアカデミー化（学士・修士）を分析して，社会科学系の学士（バッチェラー）から修士（マスター）コースへの進学率が60〜70%であるのに対して，「幼年教育課程」の大学院進学率が低すぎると指摘し，今後さらに高めることを要望している（Hanssen, K./König, A. u. a., (Hrsg.) (2015). *Arbeitsplatz Kita-Analysen zum Fachkräftbarometer Frühe Bildung 2014*, Müchen. S. 31-32.)
(13) 木下秀雄「ドイツの『保育』事情概観」『保育情報』No. 461, 2015年，p. 12.
(14) 岩村偉史『社会福祉国家　ドイツの現状——ドイツ人の人生の危機への備え』三修社，2006年，p. 12.
(15) この政策目標実現のために，連邦政府は「子どもの保育融資」という特別予算を組み，2014年までに54億ユーロ（約7,020億円）を計上し，2015年以降は，2013年に1歳の子どもが3歳になることを見込んで，増加する保育ニーズに備えて定員確保のために，毎年8億4,500万ユーロ（約1,100億円）の財源を充てて各州及び自治体の保育サービス整備の実現を支援することを議決した（1ユーロ＝130円換算）。
(16) Fthenakis, W. E. (2007). Kita. Ab18 Monaten, Intaview, die Tageszeitung.
(17) Bertelsmann-Stiftung (2012). Länderreport Frühkindliche Bildungssysteme. Quelle; Pressemiteilung der Bertelsmann Stiftung vom 04. 07. 2013. (http://www/lkindergarten pädagogik.de/1650html, 2014年10月15日アクセス)。
(18) Fthenakis, W. E. (1998). Erziehungsqualität: Ein Versuch der Konkretisierng durch das Kinderbetreuungsnetzwerk der Europanischen Union. In Sturzbecher, D. (Hrsg.), *Kindertagesbetreuung in Deutschland-Bilanz und Perspektiven. Ein Beitrag zur Qualitätsdiskussion.* Lanbertus. S. 45-70.
(19) Fried, L. (Hrsg.) (2001). *Indikat oren der Qualität von Bildungseinrichtungen am Beispiel von Kindertagesstätten.* Triea.

⒇　Tietze, W. (1998). *Wie gut sind unesere Kindergarten? Eine Untersuchung zur pädagogischen Qualität in deutschen Kindergarten.* Luchterhand.

(21)　Wolf, B./Petra, B. u. a. (Hrsg.) (1999). *Der Situationsansatz in Evaluation.* Landaun.

(22)　小玉亮子「PISAショックによる保育の学校化──『境界線』を越える試み」泉千勢・一見真理子・汐見稔幸（編著）『世界の幼児教育・保育改革と学力』明石書店，2008年，pp. 69-88；近藤孝弘「ドイツ・オーストリア　移民受け入れに揺れる社会と教育と教育学の変容」佐藤学・澤野由紀子・北村友人（編著）『揺れる世界の学力マップ』明石書店，2009年，pp. 50-72.

(23)　OECD（編），星三和子・首藤美香子・大和洋子・一見真理子（訳）『OECD保育白書──人生の始まりこそ力強く：乳幼児期の教育とケア（ECEC）の国際比較』明石書店，2011年，p. 170.

(24)　豊田和子「ドイツの幼稚園における『教育の質』をめぐる議論と成果──Tietzeら（ベルリン自由大学研究グループ）を中心に」『保育学研究』第49巻第3号，2011年，pp. 29-40.

(25)　Tietze, W./Viernickel, S. u. a. (Hrsg.) (2003). *Pädagogische Qualität in Tageseinrichtungen für Kinder : Ein nationaler Kriterienkatalog.* Beltz.

(26)　Preissing, C. (Hrsg.) (2003). *Qualität im Situationsansatz : Qualitätskriterien und Materialien für die Qualitätsentwicklung in Kindertageseinrichtungen.* Beltz.

(27)　相賀由美子「『状況的アプローチ』に基づくドイツの幼児教育とその質と評価の方法に関する一考察──INA研究所の試みを通して」『保育学研究』第53巻第1号，2015年，pp. 18-30.

(28)　Tietze, W./Lee, H.-J. (2009). Ein System der Evaluation, Verbesserung und Zertifizierung pädagogischer Qualität von Kindertageseinrichtungen in Deutschland. In Altgeld, K./Stöbe-Blossey, S. (Hrsg.), *Qualitätsmanagement in der frühkindlichen Bildung, Erziehung und Betreuung.* Perspektiven für eine öffentliche Qualitätspolitik. Wiesbaden. S. 43-62.

(29)　Tietze, W. u. a. (Hrsg.) (2013). *Nationale Untersuchung zur Bildung, Betreuung und Erziehung in der frühen Kindheit (NUBBEK).* verlag das netz, Berlin, Weimar.

(30)ドイツ語で「教育」を表す言葉には，通常，Erziehung, Bildung, Pädagogikの三つがある。Erziehungは，大人から子どもや青少年に対して行う広い意味でのしつけを含む教育的行為を指し，「訓育」という訳語が使われている。Bildungは，文化，知識，技術を獲得し人格形成を促す教育作用という意味で，子どもから大人までを

対象とし,「陶冶」という訳語があてられていた。Pädagogik は, Bildung や Erziehung に関する包括概念で, それらを扱う科学・教育学でもある。このなかで, Bildung の概念が, 個人の人間形成と社会的文化への同一化, 社会的統合という関係において捉えなおされるようになり, グローバル化社会と教育実践の新たな改革という今日的課題のなかで, ドイツ教育学では, Bildung の概念をめぐって議論が白熱している。それをふまえて, 最近, 日本の教育学者の間では,「人間形成」という訳語を用いることで新たな解釈を導き出している。そのような動向をふまえて, 本書では山名らの「人間形成」という訳語を援用した。L. ヴィガー・山名淳・藤井佳代（編著）『人間形成と承認――教育哲学の新たな転回』北大路書房, 2014年）。

(31) Laewen, H.-J. (2006). Funktionen der instituitionellen Früherziehung: Bildung, Erziehung, Betreuung, Prävention. In Fried, L. und Roux, S. (Hrsg.). *Pädagogik der frühen Kindheit : Handbuch und Nachschlagewerk*. Cornelsen Verlag, Berlin. S. 96-106.

(32) Schäfer, G. E. (2006). Der Bildungsbegriff in der Pädagogik der frühen Kindheit. In Fried, L./Roux, S. (Hrsg.). Ebenda, S. 33-42.

(33) 中西さやか「保育における子どもの『学び』に関する検討――シェーファー（Schäfer, G. E.）の自己形成論としての Bildung 観に着目して」『保育学研究』第51巻第2号, 2013年, pp. 12-25.

(34) Gemeinsamer Rahmen der Länder für die frühe Bildung in Kindertageseinrichtungen. (Beschluss der Jugendministerkonferenz vom 13./14. 05. 2004/Beschluss der Kultusministerkonferenz vom 03./04. 06. 2004)

(35) Ebenda. S. 2-3.

(36) OECD (2012). *Starting Strong III : A Quality Toolbox for Early Childhood Education and Care*. OECD Publishing. pp. 97-99.

(37) Berlin Senatsverwaltung für Bildung, Jugend und Sport (2004). *Das Berliner Bildungsprogramm für die Bildung, Erziehung und Betreuung von Kindern in Tageseinrichtungen bis zu ihrem Schuleintritt*. verlag das netz. S. 11.

(38) 船越美穂「幼児期における民主主義への教育（III）―― Willy-Althof-Kindergarten における実践」『福岡教育大学紀要』第62号第4分冊, 2013年, pp. 95-107；船越美穂「幼児期における民主主義への教育（IV）――シュレースヴィヒ＝ホルシュタイン州の保育施設における子ども達の参画」『福岡教育大学紀要』第64号第4分冊, 2015年, pp. 153-162.

## 第5章

# フランス共和国

公教育を基軸に幼児期の育ちを支える

赤星まゆみ

　フランスは，近年，子育て支援の優等生として注目されている国である。2014年の合計特殊出生率は2.0で，その出生数は約82万人である。2006年に82万9,000人という出生数を記録して以来，一定して高い出生率と年間82万前後の出生数を保持してきた。その結果，2015年の人口（フランス本土のみ）[1]は，6,420万人に達した。ちなみに1980年は5,370万人で，この間，単純に計算すれば，1年に30万人ずつ増えたことになる。しかし，その歩みはさほど単純ではなく，人口が6,000万人を超えるのは2003年である。なかでも，21世紀になって高い出生率と出生数を記録するようになる背景には，家族政策，特に1980年代からの積極的な子育て支援策（フランスでは「幼少期政策（la politique pour la petite enfance）」という）の成功がある[2]。もちろん，その政策にもなお課題が多い。特に3歳未満児の保育には，日本の待機児童問題と同じような状況がある。この国は家庭的保育の仕組みに依拠してきた古い歴史があり，低年齢幼児のための集団保育施設が極端に少ないからである。早くも19世紀初頭にその制度の嚆矢(こうし)を見る保育所（Crèche）は，3歳未満児を受け入れるが，長い間絶対的な量的不足が問題とされてきた。そのため1980年代から量的充実の政策がとられてきたが，最近でも全体の1割程度をカバーするにとどまっている。そこで伝統的な保育所の整備では追いつかない部分を埋め合わせるため，新たな形態として小規模保育の制度を創出するとともに，より柔軟な運営が可能となる複合施設化を進めることにより，集団保育を行う施設型の保育方法（EAJE：乳幼児

受け入れ施設）の整備と拡充を進めてきた。これらの方法を一覧に示したものが，表5-1である。

　フランスの義務教育以前の幼児期の制度は，基本的に3歳未満児を受け入れる保育所（Crèche）（厚生省管轄）と，3歳以上児（一部2歳児を含む）を受け入れる保育学校(3)（École maternelle）（国民教育省管轄）に大きく分かれている。すなわち，3歳を区切りにした年齢で二分される縦型（積み上げ型）の二元的制度になっているのだ。

　保育学校の教育は，19世紀末に創設されたもので，その歴史の始まりから公教育として無償で提供されてきた。そして，1989年には，すべての3歳以上児の受け入れが保障されるものとなった。つまり，自治体にすべての希望する家庭の3歳児を受け入れる保育学校の定員枠を設置することが義務づけられているので，3歳以上児には，いわゆる待機児童問題は生じない。一方，3歳未満児については，上述したように集団保育の方式が極端に不足しており，21世紀に入ってからは，表5-1から見て取れるように，保育所の複合施設化を含む厚生省管轄の多様な受け入れ施設（EAJE）と受け入れサービスを制度化して，あの手この手の政策を展開している。

　ところで2013年の3歳未満児の主たる保育方法を見ると(4)，大半は親によって保育されている（61％）。そのほか，保育ワーカーなどの家庭的保育の利用が19％，施設型保育（EAJE）の利用が13％，保育学校への2歳児就学が3％，祖父母などの家族の一員による保育が3％，自宅雇用による保育が1％などである。また，2013年の保育所等の施設型保育（EAJE）への受け入れ定員は約39万6,000人で前年度より9,000人増加している。これに，保育学校への受け入れが9万2,000人，家庭的保育の利用が98万2,000人である。この結果，フランスの3歳未満児に対する保育方法の整備率は40％で，EUの掲げたバルセロナ目標33％（2002年）を達成した。また，EUは4歳以上児についても95％という目標（教育訓練戦略2020）を設定しているが，フランスでは3歳以上児のアクセス保障が実現しており，100％の就学率を達成している。このようにEUの乳幼児期の整備にかかる2つの目標を達成した国は，フランスのほかにスウェ

第5章 フランス共和国

表5-1 フランスの幼児期教育機関及び受け入れ施設・サービス（6歳以下）の一覧

| 所管 | 設置者・管理者 | 受け入れ方式の分類 | | 受け入れ機関・方法の区別 | 受け入れ定員・割合（2013年） | | 対象（歳） |
|---|---|---|---|---|---|---|---|
| 国民教育省（2015年：国民教育・高等教育・研究省） | 大学区県・市町村 | 受け入れ学校教育 | | 保育学校（École maternelle）（年齢別編成。単独設置できないときは、初等学校の幼児学級・幼児班） | * 3歳以上は希望者全員の就学が保障されている（就学率は、ほぼ100%）。 ・2～5歳児 約2,550,000人 ・2歳児 約92,000人 | （人） （％） | 2-5 |
| 青少年・スポーツ省（2015年：都市・青少年・スポーツ省） | 市町村 | 学校周辺活動余暇活動（学童保育） | | 課外保育（早朝預かり）・課外活動余暇センター・学校付設余暇受け入れ（ALAÉ）野外余暇センター | | | 3～小学生 3?～14 |
| 厚生省（2015年：厚生・女性権利省）（母子保健サービス：PMI） | 市町村県議会 | 受け入れサービス | 受け入れ施設（EAJE） | 集団的受け入れ | 1. めざまし園 *2009年制度化 | 460 | 0.1 | 2-3 |
| | | | | | 2. 移行学級（家庭から保育学校統学への移行を援助する） | 8,210 | 2.1 | 2-5 |
| | | | | | 3. 幼児園（Jardin d'enfants） | 114,390 | 28.9 | ～3未満 |
| | | | | 単目的受け入れ | 4. 保育所（Crèche） | 81,920 | 20.7 | |
| | | | | | 　地域型 | 63,220 | 15.9 | |
| | | | | | 　職域型 | 10,780 | 2.7 | |
| | | | | | 　親の自主管理型 | 2,050 | 0.5 | |
| | | | | | 5. パートタイム保育所（Haltes-garderie）（定期的利用施設） | 23,800 | 6 | |
| | | | | | 　地域型 | 22,910 | 5.8 | |
| | | | | | 　親の自主管理型 | 890 | 0.2 | |
| | | | | 中間的 | 6. ミクロ保育所（多目的受け入れ施設）*2009年度から試験的運用 | 5,870 | 1.5 | |
| | | | | 集団的受け入れ | 7. 複合施設（保育所、パートタイム保育所のほか、家庭保育・親と子の受け入れの場などの機能を総合的に設置した施設） | 230,060 | 58 | |
| | | | | | 　保育所 | 192,180 | 48.5 | |
| | | | | | 　地域型 | 12,740 | 3.2 | |
| | | | | | 　職域型 | 4,170 | 1.1 | |
| | | | | | 　親の自主管理型 | 7,480 | 1.9 | |
| | | | | 中間的 | 　ミクロ保育所（地域型）*2009年度から試験的運用 | 13,490 | 2.7 | |
| | | | | 家庭的受け入れ | 8. 家庭保育（集団保育併用） | 52,030 | 13.1 | |
| | | | | | 9. 保育ワーカーのグループ | | | |
| | | | | | 10. 保育ワーカーの家 *2010年制度化 | 10,730 | 2.7 | |
| | | | | | 11. 独立保育ワーカー | 41,300 | 10.4 | |
| | | | 個人 | | | | | |
| | | | 家庭（自宅） | | 12. 訪問型保育ワーカーを雇用（在宅保育）（共同利用保育も含む） | 約982,000 | | *家庭的受け入れは、小学生も利用できる |
| | | | | | 合計 | 100% 396,480人 | | |

出所：筆者作成（赤星まゆみ「フランスの幼児教育・保育と子育て支援」『日本福祉大学子ども発達学論集』第4号、2012年、pp. 47-66を参照。なお、統計データはフランス国立統計経済研究所（INSEE）[https://www.insee.fr] が発表したものを使用している）。

ーデンやオランダなど7か国である。<sup>(5)</sup>

　こうして乳幼児期に注目してみると，フランス社会の特性は，子どもの最初の社会化の責任を家庭と同様に国家も担うという意識にあると考えられる。それは，公教育制度が整えられた19世紀以来連綿と受け継がれ，また時代とともに紡がれてきた社会の底流に横たわる意識でもある。

## 第1節　最初の学校
――家庭と学校を機軸として社会につながる子どもの育ち

　保育学校の源流は，よく知られているように18世紀末のフランス北東部アルザス地方でオベルラン牧師（Oberlin, J.-F.）によって始められた編み物学校（petites écoles à tricoter）にある。19世紀になると，ロンドンの幼児学校を範とした保育機関（salles d'asile）が現れる。それらは慈善的施設であったが，1848年の第二共和制時に「保育学校」という名称が付され，公教育機関として位置づけられた。ここに，国家が幼児の保護と教育の施設を政策の対象として法整備を行うようになり，幼児期はまさしく国家の関心事となったのである。その後，政治体制の転変に伴う一進一退の変遷を経て，第三共和制下の1981年，初等教育の無償化など一連の教育に関する法律，いわゆるジュール・フェリー（Ferry, J.）法により，保育学校は2歳からの教育機関として無償の初等公教育体系の一環に組み込まれ，今日に至る。

　このようにフランスでは，幼児期は19世紀から公教育の対象と見なされ，19世紀末葉に登場する家族政策とともに，家族や幼児期という，多くの国では私的な領域に属すると見なされてきた領域に対して，国が早期から積極的な干渉を行ってきたことが特筆される。

　保育学校の創設期には，保育学校は教育の機関であると同時に社会的な避難所であって，当時，母親も働かざるを得ない労働者家庭のための代替的機関と考えられた。必然，教育機関とはいえ社会的な役割が優先された。貧困などにより不安定な状況にある労働者家庭を援助する教育機関であるので，まず保健

衛生や道徳の教育が必要であり，「保健衛生の学校」であるとさえ言われた。
創設期に保育学校総視学官としてその教育の確立に尽力したケルゴマール（Kergomard, P.）も，保育学校は「賢明で献身的な母親」のような方法が用いられる「拡大された家庭」でなければならないと言ったほどである。長い間，保育学校はこのような社会福祉的な色彩の強い機関と見なされたが，第二次世界大戦後，幼児期に独自の教育方法の追求が開花し，量的にも質的にも大きな飛躍の時代を迎える。保育学校はもはや家庭の代替機関とは見なされなくなり，国民に共通の就学前教育機関として受け入れられた。1960年代末には5歳児の就学率がほぼ100％に達する。続いて4歳児は1970年代末に，3歳児も1980年代末に，ほぼ100％の就学率を実現する。こうして3～5歳児のほぼすべての就学が普及すると，1989年教育基本法（通称：ジョスパン〔Jospin, L.〕法）により3歳からの就学が保障された。ここに小学校前3年間にわたる国民共通の無償公教育が名実ともに確立する。

このような保育学校の量的発展の末に，1986年，保育学校は新たな段階を迎えた。当時の国民教育大臣シュベーヌマン（Chevènement, J.-P.）は，その年に規定された「保育学校教育要領」に関して，保育学校は「間違いなく学校である」と明言する。そして，保育学校は家庭外の最初の教育の場として，安定した社会生活を通じて「子どもの世界と大人の世界との必要な橋渡しを保障する」責任をもつものと位置づけられた。ここに，2～3歳の早期から保育学校に通う子どもの社会化の基盤は家庭と学校にあり，両者が相補的に働き合うことが確認された。子どもたちは家庭と学校を両機軸として社会につながるという考え方を前提にして，以後の幼少期政策と教育政策は推進される。

この30年来の乳幼児期をめぐる政策の考え方を図式化したのが図5-1である。公教育を担う学校と子どもの教育の基本的な場である家庭を2つの機軸として，その間を時間的・空間的に埋めるのがEAJEの乳幼児受け入れ方法・サービス（厚生省管轄）であり，学校周辺活動（青少年・スポーツ省管轄）である。子どもたちには，これらの場の間の時間的・空間的移動，すなわち「トランジション（移行）」という現代的な課題が考慮されなければならない。子どもの

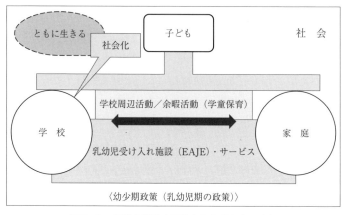

図5-1　家庭と学校を両輪とした子どもの育ち
出所：筆者作成。

　生活圏は，伝統的社会と違って，時間的・空間的に点在する場をつなぐ形で構成される。つまり，子どもの生活場面は映像画面が切り替わるように切り替わるのだ。その場と場をつなぐことの重要性が認識されている。さらに今日の幼児期の政策の基盤には「ともに生きる」という理念がしっかり根づいている。このような乳幼児期からの子どもの育ちを支える社会のシステム，社会政策は，今日，公教育である学校教育を中心に，相互補完的に，また連続一貫したものとして整備されている（図5-2）。

　ここで明らかなことは，フロラン（Florin, A.）が指摘するように[8]，最近の幼児期の制度に関する国際比較調査では，フランスの保育学校が他国の多様な保育方法と同列で扱われ，比較されているが，それは妥当ではないということである。フランスの保育学校は，先述のように，19世紀末葉から公教育として「共和国の学校」の最初の段階を構成している。「共和国の学校」は特定の諸価値を有し，それを通して国の統一に貢献してきたのであり，その一環において保育学校も「ともに生きる」ことを要求する学校として社会の信頼を得ている。共和国の最初の学校という使命をもつ保育学校の意味は重く，決して他国の保育方法と同様に見なされるものではない。

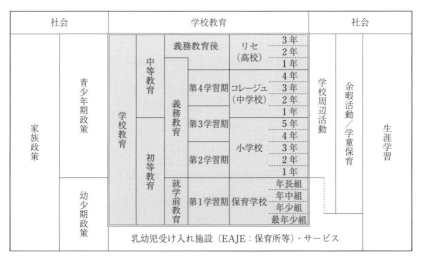

図5-2　子どもの育ちを支える学校教育と社会のシステムに関わる概念図
出所：筆者作成。

## 第2節　現在の保育学校——「共和国の学校再建」の切り札

### 1．「最初の学校」としての特徴

　フランスの保育学校は，上述のように19世紀末葉以降，初等公教育としての幼児期教育の機関であり，今日は，義務教育の基盤として学校教育の「最初の学校」に位置づけられている。その主な特徴を列挙すると，次のようなことが指摘されよう。

　①保育学校は，6歳から始まる義務教育に先立つ機関で2歳以上の子どもを受け入れることができる。

　　義務教育ではないが無償の教育であり，ライシテ（世俗性：宗教からの独立）を原則とする。1990年以降就学保障がなされている3〜5歳児は，ほぼ100％が就学している。[9] 2歳児の就学も新政権によって再び重視されるようになったが，10％をやっと超える程度である。[10] 保育学校に在籍する幼児数は，2015年の調査では，公立224万5,000人（87.6％），私立31万9,000

人（12.4％）である。
②保育学校は，大半の子どもにとって家庭外の最初の教育の場である。

　保育学校は，国民に共通の最初の教育の場であり，都市か農山村か，また貧困問題の多い地域（いわゆる ZEP と言われる地域）か裕福な地域かを問わず，国内のあらゆるところに設置されており，アクセスの平等が実現している。1989年以来，教育はフランスの優先事項である。教育の公役務は機会均等に貢献するもので，教育への権利は保障されている。

③保育学校の教育は，今日の教育成功政策の重要な鍵と見なされている。

　子どもが落第することなく学校教育の成功に必要な能力を獲得できることを可能にするのは，まずその最初の学校である保育学校での教育経験にかかっていると考えられている。特に3歳以下の就学は，学校文化から離れた環境にある生徒と家族にとっては，学校教育における成功の重要な要素となる。教育成功政策の背景には，フランスの小学校以後の学校段階では落第（原級留置）が実施されているが，落第という失敗を重ねて学校教育のなかで遅れをとることにより，学校や社会のなかで周辺化し疎外されていく若者が社会の一定層を構成しているという現代社会の緊急課題がある。このような若者をできるだけ減らす対策の要として保育学校の果たす役割が重視されている。教育成功の政策は，フランスだけでなく EU 全体の目標でもある。

④保育学校は，子どもの学校を通じた初期学習，そして生涯にわたる学習の履歴に欠かすことのできない段階である。

　保育学校は，子どもたちがその基礎的な知的能力を発達させ，言語を上達させ，書き言葉の世界，数の世界，そして他の学習分野を発見しはじめる場所である。初めての学校経験において成功体験を味わえるようにすることが，保育学校の主たる目的である。

⑤保育学校の編成は，年少組（PS），年中組（MS），年長組（GS）という，年齢に対応したものである。

　2013年のペイヨン法に基づき，2014年より，保育学校は第1学習期とし

て年少組,年中組,年長組という年齢に対応した3つのクラスによって一つの学習期全体を形成するものとなった。保育学校数は,2015年の調査では,公立1万4,784校,私立138校である。

以上にあげた5点は,いわばフランスの保育学校の制度的な強さと言ってよい。しかし,もちろんそれには弱さもある。例えば,アクセスの平等が確立されているとはいえ,決してまったく平等な学校が実現しているわけではない。現実には,自治体の財政問題をはじめ地域的な偏りがさまざまな面で見られる。また,学校としての地位が世界的に承認されているとはいえ,幼児自身の行為や自発性を発達の原動力として,幼児の情緒的・社会的・動機づけ的・認知的発達を促すという保育学校教育の役割の見直し,近年の小学校化と言われる傾向から脱出することなど,幼児期に特有の学校としてのあり方が改めて問題となり,模索されている。

## 2.「保育学校」と学習期制度

フランスの保育学校は,学校教育体系の第一番目の学校である。それは,1989年のジョスパン法が規定した,9年間の「3つの学習期」(「2〜4歳の第1学習期」—「5〜7歳の第2学習期」—「8〜10歳の第3学習期」)の制度によって強固なものとされた。保育学校は第1学習期を構成し,最初の学習を行うとともに,年長組(5歳児)より第2学習期が開始され,小学校の1年・2年とともに第2学習期として教育制度上の一つのまとまりを形成してきた。保育学校と小学校にまたがる学習期制の導入を実体化するため,保育学校年長組の教員と小学校の1学年及び2学年の教員による「学習期教員会議」が義務づけられ,教員のチームでの指導体制が図られた。このとき,両学校の連絡資料となる「成績通知簿(Livret scolaire)」も導入された。こうして保育学校には小学校との接続により「最初の学校」としてのアイデンティティが強化された。

さらに,1995年には小学校と一体化した「初等学校プログラム(学習指導要領)」が制定された。これは,その後2002年に改訂され,さらに,義務教育における知識とコンピテンシーの「共通基礎(socle commun)」(共通基礎知識技

表 5-2 初等教育に係る学習期制度 (Les cycles)

- 1991～2013年度 「初等教育の3つの学習期制度」1989年法
  第1学習期 (Cycle 1)：初歩学習期（保育学校年少組／年中組：PS／MS）
  第2学習期 (Cycle 2)：基礎学習期（保育学校年長組／小学校1年／2年：GS／CP／CE1）
  第3学習期 (Cycle 3)：深化学習期（小学校3年／4年／5年：CE2／CM1／CM2）
- 2014・2015年度 「初等教育の3つの学習期制度」2013年法の一部適用
  第1学習期 (Cycle 1)：初歩学習期（保育学校課程の全クラス：PC／MS／GS）
  第2学習期 (Cycle 2)：基礎学習期（小学校1年／2年：CP／CE1）
  第3学習期 (Cycle 3)：深化学習期（小学校3年／4年／5年：CE2／CM1／CM2）
- 2016年度から「義務教育の4つの学習期制度」2013年法 全面適用
  第1学習期 (Cycle 1)：初歩学習期（保育学校年少組／年中組／年長組：PC／MS／GS）
  第2学習期 (Cycle 2)：基礎学習期（小学校1年／2年／3年：CP／CE1／CE2）
  第3学習期 (Cycle 3)：強化学習期（小学校4年／5年／中学校1年：CM1／CM2／6ème）
  第4学習期 (Cycle 4)：深化学習期（中学校2年／3年／4年：5ème／4ème／3ème）

出所：筆者作成。

能）を定めた2005年フィヨン法を受けて2008年に改訂された。

　ところが，2012年5月に成立した新政権（オランド（Hollande, F.）政権）は，「共和国の学校再建」を掲げて2013年7月に新たな教育基本法（ペイヨン法）を定めるが，この枠組みのなかで保育学校も新たな時代を迎える。1989年から20余年続いた初等学校の「3つの学習期」制度を変更し，保育学校から中学校までの12年間を「4つの学習期」（表5-2）に編成することに改められた。この改革により，保育学校は単独でその第1学習期を構成することになった。新しい学習期制度は2014年度から保育学校において先行して導入され，保育学校年長組が第2学習期から外れた。それとともに新しい「保育学校プログラム」が，従来の初等学校プログラムという保育学校と小学校の両学校を含む形ではなく，単独で作成された。このプログラムは2015年9月から実施に移っている。「共和国の学校再建」の政策は，第一に初等学校（保育学校と小学校）を優先し，特に保育学校は共和国の学校再建の切り札と見なされた。

　この新しい4つの学習期制度の導入に際し，国民教育総視学官ルルー（Leloup, M. H.）氏は，保育学校年長組が第1学習期に戻ったことは，保育学校の「保育学校自体への後退」を意味するのではなく，保育学校が小学校への準備の特別な空間であることを意味するのだと強調している。たしかに保育学校の

成功という点では議論の余地がない。保育学校の教育が，小学校入学時の子どもの社会的・文化的な背景の差異から現れる格差を減少させ，効果的であることは証明されている。では，なぜ学校再建なのかといえば，それは近年の「保育学校の小学校化」という現象が懸念されているからである。つまり，保育学校本来の教育の姿を実現すること，それが，今回の学校再建のねらいとするところである。

この点について，保育学校が忌避すべき「偏向（誤り）」が2点ある。

一つは，これが最も陥りやすいところであるが，保育学校が孤立し，自己のなかへ後退し，閉じこもることである。保育学校は，家庭や乳幼児期の保育機関等の，子どもがすでに関わり，経験し，よく知っている場からのトランジション（移行）を伴うとともに，保育学校の後に続く場としての小学校へのトランジションも伴う。このトランジションへの考慮と適切な対応が求められる。

もう一つは，義務教育における「共通基礎」（2005年）に無関心であることである。保育学校は，たとえ，直接的に関係していないとしても，「共通基礎」と無縁ではない。今回の学習期制度の改革は，保育学校が義務教育とつながる線上にあり，その基礎を構成することを確認したものである。保育学校の教育は，たしかに義務教育ではないが，義務教育を見据えた最初の学校教育として，義務教育と一貫した教育を行うものである。

## 3.「保育学校」の再定義

2013年ペイヨン法は，次のように保育学校を規定し，保育学校に再定義と新しいアイデンティティを与えた。実線による下線部は，2005年フィヨン法の規定に照らし，2013年法で付加された部分である。なお，2005年法の書き出しには，1975年アビ（Haby R.）法以来の「読み・書きの早期学習を義務にすることなく」という文言があったが，今回，これは削除された。また，点線による下線部は，2005年法で付加された文言である。

「幼児級と保育学校で行われる育成（formation）は，子どもの人格の目覚

めを促し，子どもの感覚的・運動的・認知的・社会的発達を刺激し，自己と他者の肯定評価（estime）の力を発達させ，子どもの情緒的発達に向けて尽力する。この育成は，一人ひとりの子どもに学びたいという気持ちと学ぶことが楽しいという気持ちを発達させることに力を注ぐものである。保育学校は，ハンディキャップのある生徒のニーズにあわせて彼らの就学を可能にするような手立てを講じなければならない。また，修学上の困難を予防し，ハンディキャップを見つけ，不平等を補償することをめざすものである。保育学校の教育的使命（la mission éducative）は，知識の基礎的道具を獲得するための最初のアプローチを提供すること，子どもに小学校で実施される基礎学習の準備をさせること，社会における生活の諸原則を学ばせることにある」。

（教育法典第L321-2条）

　学校であると同時に自立した学習期となり，新しいアイデンティティを得た保育学校は，子どもが生徒（élève）になることを可能にするように，「学びたいという欲求と学ぶことの喜びの場所」でなければならないとされている。また，子どもの感覚的・運動的・認知的・社会的発達や情緒的発達と肯定的評価を重視している。小学校とは異なる幼児期の学校教育の特性を考慮する視点が，発達や情意への着目となっている。とくに，「欲求と喜びの場所」という表現には注目したい。近年の子どもを取り巻く環境が大きく変わったのはフランスも例外ではなく，学校における子どものウェル・ビーイング（bien-être）と「学校の雰囲気（climat scolaire）」の重要性が叫ばれていることと関係する。これらは，2008年プログラムからの大きな変化で，幼児期本来の学習期を実現するという意図が反映されている。

　一方，「不平等の補償」と「知識の基礎的道具の獲得」は，保育学校の基本的な役割である。前者は，1975年アビ法以来の野心的な目的である。後者は，2005年法で規定された義務教育の「共通基礎」に対する保育学校の教育的使命への言及である。また，本条文には，国連の「障害者の権利に関する条約」を受けたインクルージョンの方針も盛り込まれた。

表5-3 学校教育に関わる権限

| 事項＼学校 | 初等教育<br>（保育学校／小学校） | 前期中等教育<br>（中学校） |
|---|---|---|
| カリキュラムに関すること<br>（教育課程の基準） | 国 | 国 |
| 財政に関すること<br>（学校設置，施設設備等） | 市町村 | 県 |
| 教育行為に関すること<br>（教科書〈貸与〉・教材・ノート等） | 市町村 | 国 |
| 教員に関すること<br>（採用・養成／研修・配置・給与） | 国 | 国 |
| 行政職・技術職・保健職に関すること<br>（採用・養成／研修・配置・給与） | 国 | 国 |
| 現業職に関すること<br>（採用・養成／研修・配置・給与） | 市町村 | 県 |

出所：筆者作成（根拠法は，1983年7月22日付法律第83-663号「市町村・県・州・国間の権限分配に関する法律」である）。

## 4．「保育学校」のアクター

　保育学校は小学校とともに初等学校である。初等学校段階として，両学校の制度的な基盤はほぼ同一のものである。表5-3に示すように初等学校に関わる事項のうち，教育課程と人的環境に関わるものは国の管轄下にある。一方，物的環境の整備は，それに関わる人的組織も含めて市町村に委ねられている。フランスの公立学校の教員は，行政職職員等を含めすべて国家公務員である[18]。保育学校教員も小学校教員と同じ制度のもとで，養成・採用・任用される[19]。研修制度も同様である。最近，ようやく幼児期の特殊性に対応する必要性が認識され，保育学校教員対象の研修が実施されるようになった。

　このような保育学校を動かしていくアクターには次のような者がいる。

　教諭（professeurs des écoles: PE），校長（directeur），及び，行政職の国民教育視学官（inspecteurs de l'Éducation nationale: IEN）と，この職を補佐する指導主事（conseillers pédagogiques）である。さらに教諭を補佐する者として，施設設備の清掃と衛生管理に関わる作業に携わり，教材教具等の物的管理と準備を

表5-4　フランスの保育学校に関わる主な教職員の資格と養成

| | | 職　種 | 職　務 | 養　成 |
|---|---|---|---|---|
| 学校時間 | 授業 | 教諭（professeurs des écoles：PE） | 2歳から11歳の子どもの教育に携わる。授業時間は週27時間。4つの任務がある。<br>・その行う教育は，フランス語や数学などすべての教科にわたる総合的な内容をもつものであること。<br>・言語学習を優先すること。すなわち，保育学校での話し言葉の習得を小学校での書き言葉の習得につなげる。<br>・子どもの多様性にうまく対応すること。<br>・教育の責任を果たし職業倫理を実践すること。 | 小学校教諭と同じ養成・待遇である。マスターレベルの資格である。<br>2013年度から，教員養成は，教育大学院（Écoles supérieures du professorat et de l'éducation：ESPE）で行われるようになった。マスター1年目に採用試験に合格して，名簿登載された者は，マスター2年目にクラス配当され，現場実践を積みつつ，ESPEでの専門教育を履修する。1年間の試補期間を終えると，所定の審査を経て，正教員に任用される。 |
| 学校周辺時間／余暇時間 | 給食・保護・世話・余暇活動等 | 自治体雇用保育学校職員（ATSEM：Agents territoriaux spécialisés des écoles maternelles） | ATSEMの任務は，教育職員の補佐をして，子どもを受け入れ，子どもの活動を指導し，年少の子どもの世話をすること，施設設備の整備と衛生管理，子どもの使用する教材教具等の物的準備をすることである。同時に教育共同体に参加し，給食時には年少の子どもの世話をする。また，学校教育時間外の受け入れにおいても同様の任務を果たす。ハンディキャップのある子どもの受け入れ施設で教員の補佐をすることもある（1992年8月28日付政令第2条）。 | 自治体雇用保育学校職員は，自治体において，「職業適性証—幼少期専門（CAP petite enfance）資格」保持者を対象とした試験で採用される。CAPは中等教育で得る資格である。 |
| | | アニマトゥール（Animateurs）<br>・BAFA（アニマトゥール職適性証書）<br>・BAFD（管理職適性証書） | 余暇時間（学校時間以外の時間）に子どもを安全に受け入れ，子どもの活動を導く。同時に家族を受け入れ，子どもの家族の環境と学校の環境との間の移行（トランジション）がスムーズにいくようにする。<br>学校周辺時間，すなわち，昼食時間帯と授業後の時間帯から夕刻までの子どもの活動と見守りを保証する役割をもつ。例えば，パリ市の保育学校では，15時から16時半までの居残り時間とその後18時半までの預かり時間がある。基本的に有償であるが，火・金の居残り時間は無償である。 | 適性証書は，学校の長期休暇や職業休暇あるいは余暇活動の際に，バカンス用施設に滞在する4歳から18歳までの未成年者への臨時的な指導スタッフになるために必要である。青少年・スポーツ省によって付与されるが，養成は同省が認可したアソシアシオンによって行われる。BAFAは最長2年間で修了し，県青少年・スポーツ局長から交付される。BAFDは施設管理職に就くために必要で，最大4年間で修了し，州青少年・スポーツ局長から交付される。 |

出所：筆者作成。

行う自治体雇用保育学校職員（agents territoriaux spécialisés des écoles maternelles：ATSEM）がいる（表5-4）。

また，複数の学校を担当する者として，スポーツ活動や芸術活動などに関わる外来講師（intervenants），保健分野を与る学校医（médecin de l'Éducation nationale），「困難のある生徒への特別援助網（réseaux d'aides spécialisées aux élèves en difficulté：RASED）」の担当者である学校心理士（psychologues scolaires）または教育方法専門／再教育専門特別支援学校教諭（professeurs des écoles spécialisés à dominante pédagogique ou rééducative）がいる。

学校の生活は，「教育共同体（communauté éducative）」のうえに成り立っている。教育共同体は，生徒と学校の内部にいる者と学校に関わる者のすべてが協力して学校の使命を達成するように努力するものである。つまり，これには，生徒，生徒の親，そして学校の教員スタッフと非教員スタッフ，外部からの講師，自治体や公教育に関係するさまざまな地域の機関が含まれる。教育共同体として，各学校には，学校評議会という組織がある。これは校長が主宰するもので，構成員は，市長，自治体の学事担当参事官，学校の各学級の担当教諭，選出された生徒の親代表，国民教育県代表，国民教育視学官である。各学期（3学期制）に一度ずつ招集され，学校の内部規則を定め，学校の運営についての意見や提案を提出する。

保育学校の運営を担うのは校長であるが，学校内では，学校のよりよい機能のために，教員会議，学習期教員会議を通して，教員がチームとして協働する。保育学校では，自治体雇用保育学校職員（ATSEM）も教員のアシスタントとしてクラスに入るので，必要に応じて教員の会議に参加する。

一方，学校周辺活動として行われる学校時間外の活動，すなわち，早朝預かり，給食を含む昼休みの時間，放課後の課外活動などには自治体雇用のアニマトゥール（animateurs）とATSEMがあたる。現在は，市町村が保育ワーカー（assistants maternels, assistantes maternelles）という家庭的保育の担い手をATSEMと同様の職務に任用することも可能である。

## 5.「保育学校」の立ち向かうべき現代的課題

　今日の保育学校に大きく立ちはだかる問題として，次の4点をあげておく。社会の変化のなかで幼少期の子どもの育ちが変わり，また変わらねばならず，学校として幼児期の教育を担う保育学校がこれらの問題にどう向き合うかが問われ，試されている。

### （1）子どもへの視線の変化

　今日の幼児に対する視線は，もはやロック（Locke, J.）の白紙説やルソー（Rousseau, J.-J.）の「か弱く，守られる存在」という子ども観ではなく，主体，アクターとしての子ども観に立っている。いまや子どもは「絶え間ない進歩」の上にあり，「欲望する存在（enfant du désir）」であり，「熱中する存在（passion de l'enfant）」である。またメディアも子どもの話題を頻繁に取り上げ，子どもへの視線にあふれている。乳児期からの学習能力に関する研究も蓄積され，この30年間に社会の子ども観が大きく変化してきた。しかし学校では，子どもは「今を生きる存在（être au présent）」として見なされると同時に，行為し学習する能力があるという確信のもとに「未来に備える存在（être en devenir）」として教育を受ける。[22]

### （2）家族の変化と保育学校[23]

　フランスに限らないが，今，家族のあり方が大きく変化している。フランスでも2014年に同性婚が合法化され，親子関係はますます複雑で多様なものとなった。親は保育学校の教育共同体の重要な構成員であり，保育学校もそのような家族の多様性に対応する必要に迫られている。父親の役割と母親の役割は，社会の変化のなかで捉えられなければならない。父親と母親は家族という基本単位を構成し，子どもの言語構築の基礎となる存在である。しかし，家族の多様化のなかで子どもは非対称な父母の役割関係という困難に直面している。例えば，単親家庭の場合，離婚や離別・死別のほか，もともと単親のみの家庭等その由来はさまざまであるが，育てる親と異なる性の人間との関わりは家庭の外に求めるしかない。同性の二親の家庭でも同じようなことが言える。また，子どもと遊ぶということ自体が，社会化と役割モデルを示す自然な形であり，

それは子どもに喜びと同時に教育経験を与えるものだ。こういった観点から，今日の家族に見られる劇的な変容を受けとめることが大きな課題となっている。

すでに2014年4月，法学の視点からは新しい親子関係に関する報告書（「親子関係，生まれ，親であること——法律は世代責任の新しい価値に向き合う」）が出されたが[24]，このような現実を受けとめていかなければならない。

(3) 暴君という子ども（l'enfant tyran）[25]と権威

子どもは望まれて生まれ，しかも計画的に生まれる。そしてかわいがられ，十分な投資が施され，何も不足するものはない。その一方で，規律や大人の権威を問い直す動きもある。2009年の調査で，75％の親は子どもに対してほとんど権威がないと考え，70％の親は子どもの特定の行動に対して困惑し，58％の親は子どもと向き合うことを避けていると回答しているそうだ。また75％の親は昔より子どもを育てにくくなっていると感じている。親たちは，子どもを育て教育することは複雑な問題なので，できれば学校などの機関が代わってやってほしいと思っているという結果も報告されている。一方，教育に関わるさまざまな専門職に対するアンケートでは，親の態度として一般的によく見られるのは何か問題があると重大な過ちを犯したように責めるというものだそうだ。現代社会の人間関係の不安定化のなかで大人が権威を失った一方で，「暴君という子ども」（「子どもの王様」ともいう）の現象が出現していると言われており，この「暴君という子ども」は非社会的関係性の産物と考えられている。

このように親も教育の専門職も力を失っているならば，第三の権威が必要であり，それを構築しなければならない。それは，学校で行われる。学校において，子どもを取り巻く大人の関係性が打ち立てられ，「ともに行動する（co-agir）」ことが求められる。この「ともに教育する」という「共育（co-éducation）」は，1989年ジョスパン法以来の考え方でもある。子どもが価値を学び，人間関係をつくり，話し方を身につけ，責任を果たすことを学ぶのは，学校においてである。こうして子どもはさまざまな能力（コンピテンシー）を身につけ，「成長する（grandir）時間」をもつのである。

(4) デジタルネイティヴ (digital native) の子どもたち

現在の子どもたちはインターネットやスマートフォンとともに育つ新しい世代である。世界共通の現象であるが、そのなかで保育学校は、デジタル教育を担い、推進しつつ、この問題に対処しなければならない。

(5) 学校における女子と男子の平等

これもフランス社会全体の課題である。保育学校は、その名称に由来するように教員集団はきわめて女性に偏っている。学校教育全体を貫く「女子と男子の平等」は、もちろん、幼児期の段階から始まる。例えば、2013年度と2014年度には「平等のABCD」というキャンペーンを展開して不平等の状況分析のツールを開発した。

(6) 保育学校への2歳児就学

1980年代以降、2歳児の保育学校への就学は2歳児全体の3分の1程度を維持していたが、2007年成立のサルコジ (Sarközy, M.) 政権下においては保育学校への2歳児就学が制限され、他の制度への移行が議論された。2009年から2・3歳児を対象とする新制度としての「目覚まし園 (Jardin d'éveil)」の設置が推奨されたが、あまりにも簡易な方法であるとともに、自治体に全面的に責任を転嫁する制度で、ほとんど広まらなかった。フランスでは保育学校以外に3歳未満児の集団保育の決定的な仕組みをもたないため、2歳児の集団教育の方法が政治的な論点となったのである。しかし、2012年の政権交代により、新政権はただちに公約どおり2歳児の保育学校就学推進政策への転換を打ち出した。[26] 2歳児が学校に就学できるのはヨーロッパでもベルギーとフランスの2か国だけである。

## 第3節 保育の質改善に向けた取り組み──2015年プログラム

### 1. 保育学校の基本原理

2013年ペイヨン法をふまえて制定された2015年保育学校プログラムは、保育学校が「単一で、すべての者の成功の基礎的な学習期」であると強調している。保育学校は、すべての生徒の成功を保障する最初の教育段階として基本的な位

置を占めるものであるから、すべての者にとって「正しい（公正な）学校」であらねばならないと同時に、その目的から必然的に、一人ひとりの子どもに対して「要求の多い学校」でもあるという。つまり、この間の学校教育は、義務教育ではないが、人間形成と学習の基礎を築くものであり、以後の生徒の学習を支える基礎として学校教育の全段階を通じた生徒の学習の発展の拠り所となるものである。その意味で保育学校独自の使命が生じる。

「保育学校は、以後の学校教育課程の各時期に比して、はるかに優しく生徒を受け入れる学校である。その基本的使命は、子どもが、学校へ行きたい、学びたい、自己の個性（自分らしさ）を発揮して生き生きしたいという気持ちをもつようにすることである。保育学校は、一つの基本原則に依拠する。すなわち、すべての子どもには学び、進歩する力がある、ということである。保育学校は、その一人ひとりの子どもに対する信頼を表明することによって、子ども自身が、自分は本来、行動し、考える能力を有していること、また、学校教育の課程とそれ以後において学び、成功する力があることを信じるように関わる」。

新しい「保育学校プログラム」には、保育学校を構造化するための「哲学」や論点、及び三つの基本原理を掲げている。三つの基本原理とは、(1)幼児に適応する学校、(2)特別な学習方式を組織する学校、(3)ともに学び、ともに生きる学校、である。

(1) 幼児に適応する学校

幼児に適応する学校とは、簡単に言えば、子どもとその親を受け入れること、子どもが経験してきた生活の場からのトランジションに寄り添い、子どもの発達を考慮する、そういう学校のことである。保育学校は、それ以後の学校教育の各時期に比べれば、はるかに優しく生徒を受け入れる学校でもある。その基本的使命は、「子どもに学校へ行きたい、学びたい、自己の個性を発揮して生き生きとしたいという気持ちをもたせる」ことである。

初めて保育学校に入る子どもは，すでにそれまでの生活において何らかのスキルや知識を保有している。それだけでなく，それぞれのやり方で世界を認知している。すなわち，子どもは，自分の家族のなかで，またそれまでに通っていた乳幼児期の受け入れの場で，諸習慣を身につけ，経験や学習を重ねてきている。ゆえに学校は，それらを尊重し，考慮しなければならない。その意味で，幼児に適応する学校とは，次のような特徴をもつ学校をいう。
　①学校は，子どもとその親を受け入れる。
　　　教員と親の定期的な対話を重視し，とくに学校と離れていると感じる家庭に対する注意力が必要である。
　②学校は，子どもにさまざまなトランジションを体験させる。
　　　最初に学校に入るときのトランジション（家庭や他の乳幼児受け入れ施設などからの移行），学校時間と学校周辺時間のトランジションが考慮され，子どもの学校内外の時間管理が保障される。
　③学校は，子どもの発達を考慮する。
　　　子どもの能力の伸長には成熟と刺激が関係する。子ども一人ひとりは唯一独自の存在であり，その発達の姿はさまざまである。
　④学校は，積極的・肯定的な評価を実施する。
　　　自己肯定評価・他者肯定評価の力を発達させる。

（２）特別な学習方式を組織する学校

　保育学校は，「特別な学習方式を組織する」学校で，①遊ぶことを通して学ぶ，②よく考えることと問題解決することを通して学ぶ，③繰り返し練習しながら学ぶ，④思い出し，記憶しながら学ぶというやり方を提供する。
　教員は，子どもに，遊びや問題解決，練習などの多様な学習の状況を設定しなければならないが，それにはクラスなどの集団の要求や子ども一人ひとりの要求を踏まえて選択することが求められる。また，教員はそれぞれの保育学校における学習期のチームとして働くことが求められる。協力して学習期を通じた教育内容の漸進的な進め方を定めるとともに，共通のリソースやツールを構築する。[27]そして，それぞれの教員は，多様な学習の状況を一貫したものとして

創出する。そのためには，教員の選択肢が豊富にあることが必要であり，実践方法や道具・教材についての共通リストを作成し，活用できるようにすることが求められている。また，子ども間の相互作用，相互的な関わりが重視され，学習共同体をつくるために，同じことに注意を向けさせるといった注視・注目の共有や他者の視点の考慮などを促すことや，プロジェクトを通じて相互に関わる状況をつくり出すことなどが強調されている。

　遊びの重視は今回の改訂で力が入れられた点である。このことは，現場からの多くの支持を得ている。本プログラムは，「遊びによって子どもが保育学校のクラス全体の中で実際に味わう経験が豊かになるとともに，あらゆる学習領域の学びにつながる」と述べている。

　また，問題解決も重視されている。これは子どもたちが自分のもっている知識を総動員するように導こうとするもので，子どもたちの試行錯誤の過程に意味を見いだしている。その際，教員は「言語や行動によってその過程を注意深く見守る」，すなわち「教員は，試してみることや議論が起きることを肯定的に評価する（意味づける）」ことが必要であるという。つまり，これはレベルの高い認知活動であり，「子どもたちに学びたいという気持ちや知的に自立したいと思う気持ちをもたせるための基礎である」と強調する。学習活動を通した子どもへの積極的・肯定的な評価を実践する重要性が強く認識されている。

　最後に，社会的な視点から重視されているのは，練習という行為である。子どもの家庭での生活環境の差が最も反映されるからである。家に本や鉛筆がないような環境にある子どもほど，保育学校で練習できることの意味がある。繰り返し練習するには時間が必要だからである。

（3）ともに学び，ともに生きる学校

　最後にあげられているのが「子どもがともに学び，ともに生きる学校」という原理である。なお，「ともに生きる」という目標は，2002年プログラムにおいて活動領域「ともに生きる」として登場した。そして，2008年の改正で，「生徒になる」という活動領域に変更され，その下位目標に位置づけられた。「最初の学校」という位置づけから，保育学校を最も特徴づけているものであ

るが，2015年改正では，プログラム全体を貫く基本原理になった。プログラムでは次のように述べている。

「保育学校は，子どもたちを育成するための中心的な課題を中核にして学習を構造化する。クラスやグループは学習共同体をつくり上げる。そして，その学習共同体を通して，ライシテ（宗教からの独立）の諸規則を尊重し，世界における多文化に開かれた市民性構築の基礎を築くものである。学習期全体を通じて，徐々に子どもが生徒になるように求められるのは，この枠組みにおいてである。子どもたちは，それぞれ異なる職種・立場などの大人の役割が何であるかを見極め，クラスや学校のなかの空間がそれぞれどのような機能を果たしているか，またそれに関係して定められている規則を把握する。子どもたちに関係のある特定の事柄の決定については，子どもたちの意見が求められる。こうして，集団討論の根拠というものを知る。保育学校は，こうして社会における生活の原則を，最初に，確実に身につけさせる。すべての者が，違いへの肯定的な視線を発達させることに寄与する。大人全体が，すべての子どもが公正な扱いをされる環境において恩恵を得ることができるように注意深く監視する。保育学校は，特に女子と男子について平等的な環境をつくる」。

「子どもがともに学び，ともに生きる学校」という考え方は，「学校の機能を理解すること」，及び「グループのなかで，唯一の存在としての個人が構築されること」という2点から成り立つ。また，これは学習の一つの分野というよりも，教員側への要求という意味合いが大きい。

## 2．五大学習領域と教育行為

新保育学校プログラムは，上述のように，小学校と切り離して作成され，2014年7月の原案公表，9月から10月にかけての意見募集の結果をもとに再検討され，2015年2月に成立した。7月のプログラム案では，「ともに生きるた

めに，ともに学ぶ」ことを基本に置き，「保育学校は，まさに子どもの育成の中心を担うものとして学習を構造化する」と述べ，遊びの重要性を取り戻した。その教育内容が，三つの拠点（pôle：大きな柱）に編成された。三つの拠点（A－C）の下位には，五大学習領域（①～⑤）を置いた。デジタル教育（ICT教育）は，あらゆる領域にわたるものとされた。以下のとおりである。

 A 言語の拠点
  ①口頭言語（話し言葉）と文字言語（書き言葉）
 B 行為，感覚，想像の世界，感性，思考の間の相互作用を発達させることができる拠点
  ②身体活動を通じて，動き，表現し，理解すること
  ③芸術活動を通じて，動き，表現し，理解すること
 C 数学，科学，技術の初歩的教養の基礎を定める拠点
  ④さまざまな目印（マーク）を適切に組織し，用いること（「量を組織し構築する」「形と大きさを比較し，選別し，同一化する」「時間的・空間的位置をつかむ」）
  ⑤生き物，物体，物質の世界を探究すること

結局，この学習の構造化の考え方自体は大きく変化はしなかったが，教員が理解しやすい形にすることが求められ，三つの拠点という表現は姿を消した。今次のプログラム改定の大きな特徴は，学びと遊びを鍵概念として，2008年までの「活動領域」という考え方から「学習領域」に変わったことである。

（1）五大学習領域

2015年に制定されたプログラムの五大学習領域の構成は次のとおりである。
 ①あらゆる次元で言語を駆使する：話し言葉／書き言葉
 ②身体活動を通じて，動き，表現し，理解する
 ③芸術活動を通じて，動き，表現し，理解する：造形・ビジュアル作品（プロダクト）をつくること／音声世界／生の舞台等の鑑賞
 ④自分の考えを構造化するための初歩的な道具をつくりあげる：数と数の使用を発見する／形・大きさ・組み合わせの探究

⑤世界の探究：時間的・空間的な位置がわかる／生き物・物体・物質の世界
　を探究する
　この五つの領域は，子どもの発達に必要不可欠なものであり，日々の時間割のなかにきちんと位置づくことが必要である。言語の基幹的重要性は，すべての者の成功に不可欠な条件であることが再確認されている。とくに話し言葉が重視される。身体的活動と芸術的活動の実践は，行為，感覚，想像，感性，思考の間の相互作用を発達させる。「自分の考えを構造化するための初歩的な道具をつくりあげる」という領域と「世界の探求」という領域は，結びついて，数と最初の数学的ツールの理解，子どもの周りの環境の理解を発達させ，子どものなかに「なぜ」という問いを生じさせる。子どもたちの体験から育まれる最初の知識を拠り所にして，身の回りの世界を秩序づけ，日常の表現と小学校で深まる知識に接近させることができる。
　フランスのプログラムには同一の骨組みが設定されている。すなわち，①一般定義，②めざす目標と漸進的進歩の諸要素（子どもの発達，学習期を通じた学習を組織するための指標〔ベンチマーク〕を提供できる教育方法的〔ペダゴジカル〕な指示事項をいう），③保育学校修了時に「（習得しているように）期待されること」の三つである。「保育学校修了時に期待されること」は，従来は，「保育学校の終わりに習得すべきコンピテンシー」という言い方をしていたものだが，現行では，コンピテンシーではなく，期待という用語を用いている。全領域で59個の期待項目がある（2008年のプログラムでは，48個）。また，実践のためにプログラムの手引きも作成されており，エデュスコル（Éduscol）というサイトに掲載されている。
（2）教育行為――プログラムの実施を成功させるための条件
　このプログラムの実施の成否は，言うまでもなく教員の手に握られている。そこで成功の条件として，教員の教育行為の重要性が強調されている。フランスの学校では，教員は，学校に配置されているというよりクラスに配置されているという認識がある。これは伝統的なもので，人事権が校長ではなく視学官にあることと関係する。1989年ジョスパン法で導入された学習期教員会議は，

教員がクラスの壁を越えて協力し，学校の一員として協力するチームワーク体制を築くことに貢献してきた。本プログラムでも，教員が学校全体の教育実践にチームとして協力することを強く求めている。

■クラスにおいて

まず，環境整備が重要である。子どもたち一人ひとりの異なる欲求に応える多種多様なリソースをもつ空間が提供されることが必要であり，クラスを生活環境とするように環境整備することが求められている。例えば，「豊かで，子どもの諸要求に応答することが可能な環境をつくること」「変化すること」「わかりやすく，開かれた，近づきやすい状況があり，関わりたい，やってみたいという気持ちがわくように誘いかける環境であること」である。

次に，時間の編成をすることである。プログラムを尊重することと同時に，子どもの欲求やリズム，注意力の変化（子どもの睡眠欲求）を尊重するということが大事である。

そして，教員には，より効率的な学習状況を設定すること，遂行力のある効果的な学習条件をつくることが求められている。そのためには，ねらいとする目標をふまえて，的確な状況を設定することが必要である。その際，指示の出し方，場の整備，子どもにイニシアティヴを委ねることなどを考慮する。また，多様な活動形態（遊び・自由な探索活動・問題の解決・繰り返し練習・文化の伝達等）やさまざまな指導方法（観察する，活動を話す，相互作用を引き起こす，遊びを活気づける，価値づける，熟考させる，記憶させる，学習の一場面を管理するなど）を選択して，良い学習状況をつくり出さなければならない。

■学校全体において

学校レベルでは，まず学校教育計画（Projet d'école）を作成することが必要である。これは，教員がチームとして取り組むべき実質的な作業である。親との対話の方法，さまざまなパートナーとの関係を定める。その内容は次のようなものである。

①学校教育計画の適切化

年少組から年長組まで，生徒が段階を踏んで進んでいく学習計画に一貫

性・連続性をもたせること，親との対話・協力の方式を決め説明すること，時間と空間を組織すること

②子どもたちが保育学校に入る前に経験する幼少期の多様な機関及び小学校との関係づくり

③チームでの仕事

学習期全体を通じて，段階を踏んで漸進する教育内容の編成，共通のリソース・ツールの作成，実践・道具・教材に関する共通リストの作成

④積極的・肯定的評価を実践する学校を築くこと

評価は観察を通して肯定的に行い，それに基づいてニーズを見直し，活動を修正する。評価は親にも子どもにも伝える。

■熟考した評価の実施[28]

今次のプログラムにおいて，評価の実施は教員の教育行為のなかでも重点事項であり，よく熟考した評価を行うことが求められている。保育学校では子どもの年齢の開きが大きく，それだけ発達や成熟度の差も大きい。そのことが子どもの能力習得のリズムに影響する。したがって，評価を行うにあたっては，子どもの学習行為の結果ではなく，どのように学習に取り組んでいるか，その過程に視線を向けることが必要であると指示している。

生徒として保育学校から小学校に進むうえで連続した学習履歴を実現するため，第1学習期の教員は，第2学習期の教員に対して保育学校修了時に習得した能力の状況を伝える。具体的には，生徒の学習状況調査と進歩状況報告のため，二つの方法が利用されている。第1学習期全体の記録が施される学習状況調査簿（carnet de suivi des apprentissages）と第1学習期の最終年に作成される習得能力報告書（synthèse des acquis）である。習得能力報告書は，学習期を通じて実施してきた学習状況調査簿の通知と同様に，親に通知される。この親に対する通知の機会については，家族と肯定的に対話することが推奨されている。また必要があれば，落ち着いて第2学習期に入ることができるように，子どものニーズや弱点があればそれを支援することを伝えて安心させるものでもある。そこに評価の意義がある。

## 3．学校教育の時間編成と修学リズム（rythme scolaire）──日・週・年

　フランスの学校教育は，第三共和制下の学校教育制度の確立以降，初等学校（保育学校・小学校）では，週の1日を宗教教育の日として休日にしてきた。これは長らく水曜日に定められており，週当たり授業時数26時間（1989年ジョスパン法以来）が土曜日を含む週4日半に割り当てられてきた。これは，2008年，サルコジ政権下で，土曜日を休日とするとともに，週4日の24時間授業時数に削減された。削減された週2時間は，教員が学力不足の要支援の子どもへの学習指導を行うための時間に充当した。この学習支援の実施は，各教員に任されたが，保育学校段階も同様である。しかし週4日で24時間の学習は，子どもへの負担が大きいことが懸念されるようになり，子どもの修学リズムの検討が全国規模で行われ（2010～2011年），それを引き継いだ新政権のもとで，新たな修学リズムが提起された（2013年1月）。それが，2014年から実施されている週4日半制である。今まで授業のなかった水曜日に半日の授業日が導入されたのである。それとともに，学校時間と学校教育外の時間である学校周辺（課外）活動との有機的なつながり（接続）を図ることが自治体に求められた。

　こうして，学校週4日半制に移行したが，初等学校の授業時数が週24時間であることに変わりはない。変更前は，この総授業時数を年144日で実施していた。これは合計すると864時間になる。新しい方式では，総授業時数を変更せずに，週24時間の授業を年間36週，174日で実施することになった。フランスの学校の1年間は，表5-5のようになっている。

　この規定は保育学校も小学校も同様である。そこで，教育時間を最大週24時間と規定し，子どもの注意力の状態によっては変更することができると補足を加えた。この週24時間の規定には次のような原則が含まれる。まず，授業（教育活動）はすべての子どもに対して最大24時間であること，週5日の午前授業があること，及び，昼休みの時間は1時間半以上であることである。また，保育学校では，年少の子どもの生体リズムを尊重して，子どもが体験し，学習するのに最適な環境を設定しなければならない。とくに，子どもの年齢に応じて午睡の時間や休息の時間に配慮することを求めている。さらに，この新しい学

表 5-5　学年歴（クレテイユ大学区・モンペリエ大学区・パリ大学区・トゥールーズ大学区・ベルサイユ大学区）（2016年度）

| 区　分 | 週　数 | 期間（開始日～終了日） | |
|---|---|---|---|
| 第1期（新年度開始） | 7週間 | 2016/9/1～10/19 | 1学期 |
| 万聖節休み | 2週間 | 10/20～11/2 | |
| 第2期 | 6週間 | 11/3～12/17 | 1学期 |
| クリスマス休み | 2週間 | 12/18～2017/1/2 | |
| 第3期 | 5週間（地域により7週間／6週間） | 1/3～2/4 | 2学期 |
| 冬休み | 2週間 | 2/5～2/19 | |
| 第4期 | 6週間 | 2/20～4/1 | 2学期 |
| 春休み | 2週間 | 4/2～4/17 | |
| 第5期 | 12週間（地域により11週間／10週間） | 4/18～7/8 | 3学期 |
| 夏休み | 約8週間（54日） | 7/9～8/31 | |

注1：年間は，5つの休暇と5つの授業期間に分かれ，3学期制となっている。授業日数は，年間174日，36週である。ほかに祝祭日の休日も数日ある。
　2：フランス全土は，3つのゾーンに区分されており，冬休みと春休みは，ゾーンごとに異なる。この表は，パリ都市圏のパリ大学区・クレテイユ大学区・ベルサイユ大学区を含む第3ゾーンのものである。
出所：国民教育省のHPをもとに筆者作成。（「学年歴」http://www.education.gouv.fr/pid25058/le-calendrier-scolaire.html&xtmc=calendrier&xtnp=1&xtcr=1）

校教育時間の改革では，子どもたちのために自治体が組織する多様な活動を提供して，利用できるようにすることが必要であるとされた。学校時間と学校周辺（課外）時間の接続がうまくいくように，とりわけ学校と学校周辺活動担当者チームとの協力が求められている。今次の改革により，1日の授業時間が少なくなり，1日の学校時間の終了時刻が早まったので，少なくとも従来の授業終了時間であった16時半までの時間については，希望する家庭の子どもには無償で学校に居残ることができる措置を自治体に求めた。

　新しい修学リズムのもとでの保育学校の週時間の編成例を示したものが表5-6である。また，改革前の2013年の保育学校の日課の例を示したものが表5-7である。この保育学校は，パリ都市圏の北東方向の外れにある。小さな学校なので，異年齢の子どもたちを一緒に教育する異年齢教育を実践している。

第5章　フランス共和国

表5-6　週間の時間編成の例

1．ベルサイユ大学区・ヴァルドワーズ県の保育学校の例（2015〜2016年度）
（École maternelle et élémentaire publique Les Bourseaux）

| | 8:45 | | 11:45 | 13:45 | 16:00 | 16:30 |
|---|---|---|---|---|---|---|
| 月曜日 | 受け入れ（登園） | 学校教育 | 昼休み（給食または自宅等） | 学校教育 | APC／TAP | TAP／帰宅 |
| 火曜日 | 受け入れ（登園） | 学校教育 | 昼休み（給食または自宅等） | 学校教育 | APC／TAP | TAP／帰宅 |
| 水曜日 | 受け入れ（登園） | 学校教育 | | | | |
| 木曜日 | 受け入れ（登園） | 学校教育 | 昼休み（給食または自宅等） | 学校教育 | APC／TAP | TAP／帰宅 |
| 金曜日 | 受け入れ（登園） | 学校教育 | 昼休み（給食または自宅等） | 学校教育 | APC／TAP | TAP／帰宅 |

注1：APC（activités pédagogiques complémentaires）：補完教育活動，TAP（temps d'activités périscolaires）：学校周辺活動の時間．
　2：昼休み／給食は，自治体の責任で実施する．
　3：16:00以後の時間も自治体の責任で実施する．単独コミューン（最小行政単位）で実施する場合も，複数コミューン間の共同で実施する場合もある．
　4：この地域は，パリ圏全域への通勤者が多く居住している．この学校では，図に示されていないが，必要な家庭に対しては，早朝の託児（午前7時以降）も自治体によって実施されている．
出所：http://www.education.gouv.fr/annuaire/95-val-d-oise/saint-ouen-l-aumone/etab/ecole-elementaire-publique-les-bourseaux.html

2．政府の提案例

| | 8:30 | | 11:30 | 12:00 | 13:30 | 14:00 | 15:30 | 16:30 |
|---|---|---|---|---|---|---|---|---|
| 月曜日 | 受け入れ（登園） | 学校教育 | 昼休み（給食または自宅等） | | TAP | 学校教育 | | TAP／帰宅 |
| 火曜日 | 受け入れ（登園） | 学校教育 | 昼休み（給食または自宅等） | | 学校教育 | | APC／TAP | TAP／帰宅 |
| 水曜日 | 受け入れ（登園） | 学校教育 | | | | | | |
| 木曜日 | 受け入れ（登園） | 学校教育 | 昼休み（給食または自宅等） | | 学校教育 | | APC／TAP | TAP／帰宅 |
| 金曜日 | 受け入れ（登園） | 学校教育 | 昼休み（給食または自宅等） | | 学校教育 | | APC／TAP | TAP／帰宅 |

注1：APC（activités pédagogiques complémentaires）：補完教育活動，TAP（temps d'activités périscolaires）：学校周辺活動の時間．
　2：帰宅（sortie de l'école）：学校を出るという意味で，必ずしも自宅に帰るとは限らない．例えば，祖父母宅や保育サービスの利用など．
出所：http://cache.media.education.gouv.fr/file/2013/78/7/2013_document_info_parents_rythmes_240787.pdf

表5-7 保育学校の1日(2013年9月)(年少組(PS)―年中組(MS)―年長組(GS)の混合クラス)

| | 時間 | | 内容 | 年間を通じた変化の観点 |
|---|---|---|---|---|
| 学校時間（授業）| 8:20-8:40 | 受け入れ（登校） | ・子どもは自分のカードを出席ボードの定められたところに掛ける。そして、遊びに行く。<br>・係の子どもが、教員とともに出席数、欠席数を数える。 | 受け入れの時間は、月日やプロジェクトが進むにつれて、だんだんと新しい活動を加えて、朝の時間の活動内容を増やす。 |
| | 8:40-10:00 | 午前アトリエ<br>年少組 PS/<br>年中組 MS/<br>年長組 GS<br><br>片付け | ・年長組の子どもは自立アトリエ*の課業計画表のそばに集まり、それぞれどれに参加するかを決めて、登録する。<br>・年中組の一人の子どもがクラスの課業計画を読み上げ、教員が三つのアトリエを開くのを順番に援助する。三つのアトリエとは、一つは、自立アトリエであり、一つは、自治体雇用職員の ATSEM のサポートするアトリエである。もう一つは、教員のサポートするアトリエである。たいていの場合、アトリエは、一つずつ取り組んで、順に、別のものへと移っていく。年少組と年中組が希望のアトリエを選んで（登録し）、行う。年長組も、自分の自立アトリエが終わったら、参加することができる。ただし、これに参加する前か後に遊ぶ。各自、この時間内に、三つのアトリエのうち、少なくとも一つのアトリエを行わなければならない。<br>・すべての子どもが参加したら次のアトリエに交代する。 | 課業計画の読み上げは、徐々に年少組の子どもにも参加させる。また、年中組の子どもへの要求度を高めていく：正しい言葉、完全な文、適切な時制など。これは、言語を重視する時間である。アトリエの数は、自立の獲得につれて増加させる。 |
| | 10:00-10:05 | 集まり | ・歌、わらべうた、詩…<br>・決まり事 | 毎日、全体で行う決まり事は、年度の初めは短い時間に限る。 |
| | 10:05-10:10 | 飲み物 | ・生徒は飲み物を飲み、数え、ともに生きることを学ぶ。<br>・教員は、生徒の成果物に応じて振り返りを行う準備をする。 | コップを用いた数の学習状況は、複雑なものにしていく。 |
| | 10:10-10:20 | ふりかえり | ・選んだプロダクト（活動の成果物）について、活動や学習をしたことを思い出して話す。 | 子どもたちが相互に発表し合う方法を多様化させていく。 |
| | 10:20-10:30 | 絵本（『静かに！』） | ・読むこと、子どもの文学の世界に入ることに興味を持たせることにかかわる。・ある程度の沈黙が求められる。絵本を出発点に言語を用いることは小さなグループで行う。 | 読み聞かせる絵本は、年度当初は短いものにする。 |
| | 10:30-11:30 | 体育・スポーツ-休憩 | ・運動室に行くか、天気が良ければ外に出る。 | 集団遊びは、年度の終わる頃に行う。 |
| 学校周辺活動 | | | ※家庭の責任のもと、自宅等で過ごす。または、自治体の開設するサービスを利用する。 | |
| 学校時間（授業）| 13:30-14:00 | 指導時間 GS<br>静かな時間 MS | ・この時間は、年長組の子どもの指導にあてる。この間、年中組の子どもは、ゆっくりと体を補い、横になる。昼寝をした子どもは、目が覚めたら活動に加わる。15時には、夜の眠りを乱さないように、すべての子どもが起きる。 | 年中組の子どもも年度の途中で年長組の子どもに加わることができる。 |
| | 14:00-15:00 | MS/GS<br>個別アトリエ（操作） | ・子ども一人ひとりが、活動プレートと一つ選び、その教員等を用いて個人で行う作業に取り組む。できるだけ静かに行う。本人の意思に応じて、一つの活動を何度もやり直したり、違う活動に変える。<br>・年少組の子どもでも眠らない場合は、活動に徐々に加わる。 | 諸活動は、個別に新しい指示を取り入れて複雑化させる。 |
| | 15:00-15:45 | 全体活動<br>休憩 | ・大きな声で本を読むこと、CD プレイヤーなどによる音声の活動、お話の語り、哲学アトリエ、音楽、その他で構成される。 | 読む文章は、長さ、複雑さの程度を高めていく。 |
| | 15:45-16:20 | アトリエ<br>PS/MS/GS | ・アトリエは課業計画に基づいて提供される。ここでは難しくない活動を行う。積み木遊びや一連のパズルなど。<br>・子どもたちは、複数のアトリエのうちの一つ選ぶ。 | アトリエは多様化する：パソコン、グループで行うゲームなど。時には親の助けも得る。 |
| | 16:20-16:30 | 集まり | ・うた：一人の子どもがうた・わらべうたを一つ選び、全体で歌う。次に別の子を指名して、また同じように続ける。 | 毎月一度、誕生会をする。 |

注：* 自立アトリエとは、子どもが、基本的に大人の援助なしで、自力でやり遂げることのできる課題の作業に取り組む、課業グループのことである。また、フランスでは、子ども自身の取り組む活動をアトリエと言う。常に選択可能な作業グループを複数設置することが一般的である。
　　* 本サイトの開設者のルモワーヌ（Lemoine, C.）氏に対する調査を実施しており、リソースを使用することの承諾を得ている。

出所：Emplois du temps, classes à niveaux multiples / ©Christine Lemoine Sept 2013. (http://maternailes.net/pratiques/emploidutemps/emploidutemps.html)

第5章　フランス共和国

## 4．新プログラム実施の今後の課題

　2015年に制定され，その秋より実施に移された保育学校プログラムの周知にあたって，国民教育総視学官のルルー氏は，今次改革の考え方をまとめて次のように述べている。

　　「再建される保育学校は，保育学校本来の機能を有する，一つの完全なる学校である。同時に，より広い全体の一要素であり，教育の基礎を構成する。これは，すべてのものを社会的決定論のなかに閉じ込めることなく，一人ひとりの成功をめざすものである。また保育学校は，子どもと親を受け入れ，すべてを歓迎するやさしい学校である。学びたい，大きくなりたい，自分は独自の主体であることをはっきりと示したいという気持ちを与える学校，また，子どもを信頼し，子どもが行動し，考える能力を発達させるために不可欠な条件を整える学校，すなわち，学ぶ欲求を与え，子どもの必要に合わせる学校である。そのため，教育方法や組織，子どもの発達の考慮，子どものトランジションに寄り添うことなどにより，子どもの要求に適応する学校である。そこで行われる評価は一つの過程であって，刃（やいば）となるものではない」。

　このような共和国の学校再建を掲げた教育改革の一環において，フランスの保育学校は新たな挑戦のときを迎えている。保育学校は小学校以後の義務教育の成功を見据えた切り札である。その成功の鍵は，教員の手に委ねられている。教員の教育行為を変えることが重要であり，そのための研修などの制度が必要となっている。現実的には，研修の実施においてもまだ未整備である。前のサルコジ政権によって，2010年，教員養成がマスターレベルに変更になったが，試補制度も研修制度もまったく手つかずで，教員政策は非常に混乱した状況であった。それがようやく2013年に，ESPE（École supérieure du professorat et de l'éducation）という教育大学院制度を樹立し，ともかく「走りながら考える」という様子であったと言える。したがって，研修制度の見直しと整備はまだこれからの課題である。ほかにも政策上の課題は多いが，今次の保育学校プログラムは，学校現場では全体的に好意的に迎えられているようだ。

## 第 4 節　日本の保育への示唆——フランスの保育から学ぶこと

　2000年にOECDによる第1回のPISA調査が実施されたが，このあたりから，フランスでも学力問題への社会の関心は急速に高まり，低学力問題への対応が議論されるようになった。そこで批判の矢面に立つことになったのが保育学校も含む初等教育であった。このような風潮のなか，学校訪問を繰り返す筆者に，フランスの教育関係者は，よく「なぜフランスに調査に来るのか。よほど日本の教育のほうが進んでいるのではないか。フランスに学ぶことはないのではないか」と質問してきた。また，保育学校については，教員養成が小学校と同一で，ほとんど特別な養成プログラムや研修プログラムが用意されていなかったため，「日本には幼児期専門の教員養成があるのか」と尋ね，あると答えると皆一様に羨ましがった。ちょうど日本では，フランスの出生率が高まっていることからフランスの幼児期教育への関心が高まり，フランスの子育て支援策が注目されはじめた頃である。2005年のフィヨン法成立の後，義務教育の学力が重視され，義務教育における知識とコンピテンシーの「共通基礎」が制定された。その後2007年に成立したサルコジ政権は，幼児期の教育制度を変革することを意図し，保育学校から2～3歳児を切り離して，国民教育省の管轄から外した新しい仕組みをつくろうとした。当然，保育学校教員の配置予算は毎年削減されていった。この間の論争を通じて，フランスの保育学校の関係者は疑問と自信喪失のなかに置き去りにされたような感があった。その一方，言語と学力の基礎は幼児期にあり，幼児期の教育の重要性も議論の中心になりつつあった。2010年，イリテラシーを撲滅し，義務教育修了時の学力を保障するために幼児期の教育の重要性は明らかとなった。しかし，財政削減を企図する政治のもと，政策は停滞した。そこに2012年，社会党が政権を奪還し，「共和国の学校再建」をスローガンに教育政策の強化推進を進め，具体的には保育学校の教育改革から始めた。その改革動向を述べたのが本章である。この改革は，教員自身が大きな危機感を抱えて協力し，取り組んできたものと言える。2歳

## 第5章 フランス共和国

からの公教育として，幼児期が国の教育政策見直しの最前線に立つことになったのは，言うまでもなく，幼児期教育が無償の公教育として確立しており，3歳以上はすべての子どものアクセス保障が実現しているという，教育に一元化された制度が揺るぎないからである。このような強固な制度的基盤をもつことが現代の幼児期教育には必要だと思われる。

　一方，わが国では，フランスの保育学校は就学準備型の教育であるとして，幼児期の教育のあり方として評価しない向きもあるかもしれないが，こうした安定した制度によって，幼児期からの「教育を受ける権利」がすべての者に平等に保障されているという根本を見逃してはならないと言えよう。たしかにフランスの幼児期学校教育の最も懸念される点としては，上述したように，近年，保育学校の小学校化という現象が批判されており，小学校的な教育に偏した教育方法とその質が指摘されよう。今次の保育学校プログラム改訂は，その批判をふまえて見直されたものである。保育学校における幼児期の教育の見直しには並々ならぬ決意をもって臨んでおり，その行方を注視したいと考える。一方，幼児期の教育方法やその質には，わが国でも大きなばらつきがある。フランスにおいても同様である。筆者自身は，フレネ教育のような能動的・活動的な教育を実践する保育学校を調査してきた。優れた実践も数多くあり，一様には評価できない教育の現実があることも念頭に置いておく必要がある。

　また，本章で紹介した保育学校プログラムには，非常に社会的な理念が掲げられている。例えば，家族の多様化，貧困や不平等の問題，ジェンダー平等など，現実の多様な社会問題にきちんと対峙する姿勢を示していることも評価できる点であろう。そして，何より学力保障の責任を国が幼児期段階から担うという決意の重さも重要な点であると思う。地域社会のつながりが脆弱化し，孤立する子育ては誰であっても陥る危険がある現代だからこそ，子どもの育つ環境の弱体化・貧困化を避ける手立てが必要である。それは，子どもの発達や学習の機会を奪うことになりかねないからである。そのような現代の子育て環境がもつリスクを考えると，すべての子どもの発達と教育を受ける権利の保障の観点からの幼児期制度の再検討が望まれよう。

なお，教育方法の観点から見ると，フランスでは，今，静かにモンテッソーリ（Montessori, M.）が見直されているという。小学校と中学校のプログラム改訂が2015年秋に成立し，2016年9月から実施に移ったが，そこには学習方法の大きな転換が起きており，モンテッソーリの提唱したような能動的・活動的な学習方法が一層重視されている。学習方法の見直しを幼児期段階から行うことは，日本でも緊急を要するのではないだろうか。

　また，2012年11月と2015年6月にインタビューに答えてくれたパリ市の国民教育視学官であるルル＝ガラン（Leleu-Galland, E.）氏は，教育の場で肯定的な評価を行うこと，「認める（valoriser）」ことの重要性を何度も力説した。その考えは2015年プログラムでも強調されている。ルル＝ガラン氏によれば，フランスの就学準備型の教育は，決して小学校教育の先取りをするものではなく，義務教育やその後の教育を見通した一貫性のもとに幼児期教育の独自性を確立しようとするものである。そのような教育が，一方で，子どもの自信を回復させようと努力し，子どもの幸福を学校という場に実現することを指向している。実際，2015年保育学校プログラムが，子どもの幸福を指向する「ウェル・ビーイング」に言及しているとおりである。学力の獲得と子どもの幸福は分かちがたいものである。その背景として近年クローズアップされてきた子どもの貧困問題はフランスでも重要な政策課題であり，その対策として社会格差の是正を果たす学校教育の役割の重要性が認識されている。保育学校もその一端を担う。

　したがって，フランスから学ぶことができる最も重要な点は，幼児期を公教育制度として整備することにある。これはOECD調査の「就学準備型」という分類では十分に評価されていない論点である。

　　［追記］なお，現在のフランスでは，2019年7月26日付法律により3歳からの義務教育制度が成立している。

## 第5章 フランス共和国

注

(1) 各年の人口統計（フランス国立統計経済研究所〔INSEE〕のデータによる）は，1月1日現在の人口として発表される。なお2015年は，出生数80万人，合計特殊出生率1.96と2014年よりわずかに後退した。

(2) 詳しくは，赤星まゆみ「フランスの幼児教育・保育と子育て支援」『日本福祉大学子ども発達学論集』第4号，2012年，pp. 47-66，及び，石田久仁子・井上たか子・神尾真知子・中嶋公子（編著）『フランスのワーク・ライフ・バランス——男女平等政策入門：EU，フランスから日本へ』パド・ウィメンズ・オフィス，2013年を参照のこと。

(3) わが国の幼稚園にあたる。原語である école maternelle の語義と制度の歴史を汲んで，保育学校と訳している。maternelle は，「母親的な，母親代わりの」といった語義をもつ。ここでは，母親的な世話を意味する。20世紀後半は，école を省いて，この段階の小学校とは違う独自性を重視し，愛着を込めた呼び方として「マテルネル（maternelle）」という呼称が広まった。最近は，名称が時代に合わないという議論があり，「小さな学校（petite école）」「最初の学校（première école）」というような呼称も提案されているが，変更する兆しはない。英訳は，nursery school が一般的である。なお，保育学校は，学校教育として，そこに通うことは「就学（scolarisation）」であり，そこに通う幼児は「生徒（élèves）」である。本章では，フランス語を直訳して，これらの用語を使用する。

(4) Villaume, S., Legendre É.,; Modes de garde et d'accueil des jeunes enfants en 2013, *Études et résultats,* n° 896, octobre 2014, Publié 30 octobre 2014.

(5) Ho, M-H, Lefresne, F., DEPP-MIREI, (2014). Éducation et accueil des jeunes enfants: cadrage européen, *Note d'information,* n° 33.

(6) 赤星まゆみ「保育学校教師の資質に関する歴史的考察——「母親」像との関係を中心に」『フランス教育学会紀要』1989年，創刊号，pp. 37-48を参照。

(7) Les orientations pour l'école maternelle de 1986.（1986年1月30日付通達）

(8) 赤星まゆみ「フランスの保育学校をめぐる最近の論争点——早期就学の効果」『保育学研究』第50巻第2号，2012年，p. 132.

(9) 本章における統計データは，とくに断りのない限り次の資料に基づく。ME-NESR-DEPP; *Repères & references statistiques sur les enseignements, la formation et la recherche,* 2016. これは毎年8～9月頃公表される。利用した最新のものは2016年版である。

(10) 2歳児の就学率は1980年代以降約30～35％を維持していたが，2000年以降，政策的な意図により減少した。1999年には34.6％であったが，2012年に11.0％となり，

オランド新政権の２歳児重視策にもかかわらず、2014年も11.8％にとどまっている。

(11) 『日仏教育学会年報』（「EUと日本における若者の早期学校離れ問題」特集号）第20号、2014年参照。

(12) 2015年、「知識とコンピテンシー・教養の共通基礎」という新しい枠組（Le socle commun de connaissances, de compétences et de culture）に規定し直され、2016年度から実施に移った（2015年３月31日付政令）。

(13) 2013年７月８日付法律「共和国の学校再建のための教育基本計画法」（Loi n° 2013-595 du 8 juillet 2013 d'orientation et de programmation pour la refondation de l'école de la République）。

(14) 教育法典第D311-10条。2013年７月24日付政令「初等学校から中学校までの学習期」。

(15) この経緯については、赤星まゆみ「フランスの保育学校をめぐる最近の論争点――早期就学の効果」『保育学研究』第50巻第２号、2012年を参照のこと。

(16) パリ市の保育学校教員全体への大規模な研修会が2015年５月20日に行われたが、そのときの新保育学校プログラムの解説における発言である。Retour sur le Séminaire académique de la mission Ecole Maternelle de Paris 2015. (https://www.ac-paris.fr/portail/jcms/p2_1144396/retour-sur-le-seminaire-academique-de-la-mission-ecole-maternelle-de-paris-2015)

(17) フランスでは保育学校は幼児の教育機関であり、学校なので、そこに通うことは「通学」、通う者は「生徒」である。日本では「通園」「幼児」と言うが、ここではフランス語訳をそのまま用いる。

(18) 国との契約を結んだ私立学校（l'établissement sous contrat）では、契約下のクラスに配当される教員の給与は国が支払う。

(19) 給与体系も同一である。次の表は、2014年度のものである。

| 状　況 | 給与総額（最低） | 給与総額（最高） | 所得（最低） | 所得（最高） | 手当等（総額） |
|---|---|---|---|---|---|
| 試補期間(最初の３か月) | 1,616€ | 1,616€ | 1,325€ | 1,325€ | 初任度手当（年）：1500€ |
| 試補期間(残り９か月) | 1,741€ | 1,741€ | 1,428€ | 1,428€ | 生徒伴走支援手当（年）：400€ |
| 正教諭任用(2) | 2,000€ | 2,000€ | 1,640€ | 1,640€ | 月単位の手当 |
| 勤務歴２年後 | 2,060€ | 2,060€ | 1,690€ | 1,690€ | -校長(固定額)：de 107.97€ à 242.3€ |
| 勤務歴10年後 | 2,292€ | 2,459€ | 1,879€ | 2,016€ | -校長(調整額)：de 25€ à 168.75€ |
| 勤務歴20年後 | 2,834€ | 3,047€ | 2,324€ | 2,498€ | -特別支援教諭手当：69.51€ |
| 勤務歴30年後 | 3,218€ | 3,626€ | 2,639€ | 2,973€ | -困難地域教育（ECLAIR）手当：96.33€ |

毎年９月１日付で公表される（http://www.education.gouv.fr/cid101179/la-remuneration-des-enseignants.html 参照）。

(20) 外国語の活動を担当する早期言語教育担当職員（personnels chargés de l'ensei-

gnement précoce des langues）が配置されている場合もある。

⑵1 ジュヌヴィエーヴ・プジョル，ジャン＝マリー・ミニョン，岩橋恵子（監訳）『アニマトゥール——フランスの社会教育・生涯学習の担い手たち』明石書店，2007年を参照。

⑵2 Leleu-Galland, E. (2015). *L'école maternelle, quels piliers pour la refondation ?*, canopé editions, pp. 63-65.

⑵3 前掲⑵2, pp. 65-69.

⑵4 Théry, I., Leroyer, A-M., *Filiation, origines, parentalité : le droit face aux nouvelles valeurs de responsabilité générationnelle*, Ministère de la famille, Avril 2014. また，浅野素女『同性婚，あなたは賛成？反対？ フランスのメディアから考える』パド・ウィメンズ・オフィス，2014年，を参照。

⑵5 前掲⑵2, pp. 69-73.

⑵6 2012年12月18日付け通達「3歳未満児の就学」：「3歳未満児の保育学校への受け入れを進めることは，《学校の再建》という枠組みで初等学校に与えられている優先政策の必要不可欠の側面である。したがって，2013年度から新しい人員配置が用意される。子どもが3歳になる前に就学することは，保育学校が，子どものニーズに適合し，子どもが適応できる条件を満たしたものであるとき，その子どもと家族の好機である。保育学校は，学校教育の第一歩であり，多くの子どもにとっては，初めての集団教育の経験である。それは，とりわけ，学業成功を促す有効な手立てに関わるものとなる。社会的・文化的・言語的な理由により，子どもの家族が学校文化から隔たっているならば特にそうである。したがって，この早期就学は，社会的に不利な環境にある学校において優先的に進められなければならない。……この就学は，特別なニーズをもつ《最年少児》に関わるものであるから，保育学校の他のクラスに存在するものとは明らかに違う活動の組織と生活の場を必要とする。したがって，これには特別な計画が必要となる。ただし学校教育計画に組み込まれたものである。これは間違いなく学校教育の道の第一歩であるから，同じ年齢の子どもを受け入れる他の施設に置き換えられてよいものでは決してない。保育学校の教育との有機的なつながりの論理で考えられなければならない」。

⑵7 このためにはさまざまな方法が提供されている。例えば，国民教育省の Éduscol というサイトには，学習期ごとのプログラムとそのために活用されうる資料集が掲載されている。また，パリ市のサイトにも多くの情報がある。« L'école maternelle à Paris »（https://www.ac-paris.fr/portail/jcms/p1_375896/l-ecole-maternelle-a-paris）ほかに，教員の自発的なサイト運営もある。そのうちの一つが，ルモワーヌ（Lemoine, C.）氏の運営するサイト « Maternailes: Pratiques et Ressources de Cycle

en maternelle »（http://maternailes.net）である。
⒀ 「保育学校プログラムの解説（La présentation du programme à l'école maternelle）」（http://www.education.gouv.fr/cid33/la-presentation-des-programmes-a-l-ecole-maternelle.html）

＊本稿はJSPS科研費25285216・26301039の助成を受けたものである。

## 第6章

# カナダ

人権意識の高い多民族国家

伊志嶺美津子・藤川史子

　カナダの保育は州ごとに異なっているが，先進的なオンタリオ州を例にとると，2010年に，家庭型保育，学童保育を含めた認可保育（Early Childhood Education and Care: ECEC）は，キンダーガーテンと同じ教育省幼児教育（early learning）課の管轄となった。教育省は，2010年から段階的に始めて2014年に確立されたすべての4・5歳児への全日制キンダーガーテンと早朝及び放課後の学童保育も含めて，保育に関わるすべての政策と事業に責任を負っている。家族支援協会（Family Resource Program: FRP）も教育省傘下となり，乳幼児を育てる家族支援にも力を入れている。[(1)]

　カナダは，多民族国家で多文化主義を掲げていることから，保育実践においては多様性を受け入れ，それぞれの個性，価値観を尊重し，子ども一人ひとりの選択，個別性に対応することに重点が置かれている。「子どもは遊びを通して学ぶ」とし，静かな室内遊びと屋外での遊びにおいて，発達に即した豊かな経験ができるよう，多様な環境を準備している。

## 第1節　保育の歴史的背景

### 1．カナダの保育の草分け[(2)]

　カナダでは，1830年代，保育と幼児教育はほぼ同時期に現れたとされる。東海岸ハリファックスの工場主が女性労働者を呼び寄せるために開いたインファ

ントスクールとケベックの出稼ぎ労働者や貧困者の子どもをケアするために設立された託児所である。幼稚園の源流は1870年代にフレーベル（Fröbel, F. W.）の流れをくむ最初の幼稚園ができ，トロントに公立幼稚園が誕生した。1885年にはオンタリオ州が幼稚園を公立学校システムに組み込み，半日もしくは全日保育を開始し，他州にも広がった。1890年代のトロントのデイケアは，小学生が弟妹を教室に連れてくることが多くなり，ある教員が教育委員会に申し出てつくられたもので，地域の女性を助ける役割を果たした。当初の保育は，親が稼ぎに出るために世話してもらえない子どもたちを救うためのもので，管理的でスタッフの訓練もなく，ほとんどの託児所では1人で乳児やプリスクール児15人を担当する状態であった。

## 2．デイ・ナースリー法の制定

1924年トロント大学が設立したセント・ジョージ・チャイルド・スタディ学部は，後に子ども学研究所として子ども研究運動のモデルとなり，そのプログラムの枠組みはオンタリオ・デイ・ナースリー法に活かされている。また第二次世界大戦中に，研究所スタッフのスタプルフォード（Stapleford, E.）は，幼児の発達ニーズに応えるデイ・ナースリーの設置に寄与し，園は子どもにとって安全な場となっただけでなく，遊びを基本とした子どもの教育が期待されるようになった。

戦後，スタプルフォードはカナダで初めてのチャイルドケアの規定，オンタリオ・デイ・ナースリー法の創設と履行にも協力した。オンタリオで戦時中にデイ・ナースリーを開き続けたことは，全国の保育に安定した発展をもたらし，また，発達研究者による保育の質の効果の発見，女性運動の高まり及び母親の雇用の増大をもたらすこととなった。

## 3．第二次世界大戦後──福祉の興亡

第二次世界大戦中は多くの女性が銃後の守りで多様な職場で働いたが，戦後しばらくは女性が家庭に戻って保育の低迷が続いた。1980年代になって女性の

労働力が雇用の40％を超え、国による保育制度制定の要求が高まったが、幼児教育と保育のほとんどは、州及び準州政府の地域もしくは家族サービス省の管轄にとどまり、各州でスタッフトレーニング、子どもの定員、対数（保育者と子どもの数の比率）、広さ、健康と安全に関わる最低基準が制定された。1990年代に入ると、乳幼児期の重要性と国の保育事業が政治の舞台にのぼり、州と国の政府が国の保育指針を発展させるために協働することに同意する。

1990年初頭のオンタリオ州では福祉政策は充実していて、新設する学校には保育施設を併設することが義務づけられていた。筆者らの現地視察においてもその充実ぶりを感じることができたが、残念ながらそれは長くは続かなかった。1994年に政府は財政難により保健、教育、福祉予算を大幅にカットした。オンタリオ州も知事の交代により福祉と教育は大きく後退し、行く先々で予算カットについての不安を聞き、大規模な子どもセンターや良質の保育園が閉鎖になったことを知って唖然としたことがある。

州の認可保育所の設立主体は非営利で、公的補助もしくは公的に設置されたものが57％であったが、その他は営利を目的とする機関により運営されていた。カレッジ付属の認可園で、資格をもった保育者により民主的に運営されていた園では、希望者10人のうち1人しか入園できない狭き門で、保育者の人件費もかなり低く抑えられていた。

## 4．保育改善運動と子どもの発達の重視

そうしたなかで、保育がいかに健全な子どもの発達を促進し、社会全体のウェル・ビーイングにとって決定的に重要なものであるか、といった認識に立って、保育改革の動きが高まっていた。そのスローガンは「善意としてのサービスから必須の公的サービスへ」であり、保健や教育と同様に非営利サービスとして公費による運営をめざした運動であった。[3]

当時、州の助成を受ける保育サービスは以下の三種類であった。一つはいわゆる施設型保育で、乳児から12歳までの子どもを保育施設で保育するもの。カナダでは学童保育も保育に位置づけられている。二つ目は日本でいう保育ママ

が自宅で保育する家庭型保育，三つ目に第5節で述べるファミリー・リソースセンターなどによる親子・家族支援事業を位置づけている。これは，子どもが生まれ育つ最初の場所は家庭であり，親は最初の教師であるという理由による。

1999年にオンタリオ州は，多くの専門家による共同研究「就学前期の研究——最終レポート」を完成させ，胎児から6歳までの脳の発達がその後の人生の学習や行動，健康の基礎となるので，未来の市民のすべての可能性を開花させることは，すべての人にとっての優先事項であるとした。[4]

2000年には乳幼児発達協定書（EDUC）に署名，その目標は乳幼児期からの発達を促進し，子どもがすべての可能性を達成できるよう家族とコミュニティを支援することであり，各州政府が予算をつけてこの目的を達成することが要請された。その後，保育は政党の公約や政策に載せられ予算化もされるが，十分な体制を整えるにはいたらなかった。

保育事業，幼児教育（アーリー・ラーニング）と保育（チャイルドケア）は，州ごとの取り組みとなり，託児事業（ナースリープログラム），全日保育（チャイルドケア），家庭型保育（保育ママの家庭での保育），家族支援（ファミリー・リソース）プログラムと多様で，公的責任下にあったキンダーガーテン以外は個人的家族の問題とされ，多くの子どもたちは無認可の家庭型保育に託されるのが現状であった。州ごとの差は広がり，公立認可園は質量ともケベック州以外では不十分で整備されない状況であった。

一方，公的指導下にあった保育は，0歳から12歳のための保育施設，認可家庭型保育，幼児の学びに適合した半日ナースリースクールであった。「ベスト・スタート」オンタリオ・モデルは，国のプランに基づいた幼児教育の第一段階とされ，入学までに学びの準備ができるよう親たちを支援するプログラムで，公立学校のなかで保育と教育が組んで，保育者と教員が州のカリキュラムの全領域をカバーするキンダーガーテン2学年分の「遊びを通した」カリキュラムを確立することとされた。これは，次節に述べるオンタリオ州が2010年にスタートし2014年に州全体で実現した，すべての4・5歳児を対象とした全日制のキンダーガーテンへの移行につながっていった。[5]

## 5．家族支援の萌芽

　1970年代半ば，オンタリオ州では家族センターが発展する事情があった。都市に家族は増えたがキンダーガーテンや保育は限られており，貧しい層は保育料が払えず親子で在宅を余儀なくされた。政府はこのサービス格差を埋めるため，市民活動支援によるおもちゃ図書館を各地に開いていき，家族に良質のおもちゃを貸し出す活動を始める。1975年にはカナダおもちゃ図書館協会が設立されている。

　おもちゃを借りに来た親たちは，長くそこに居残って互いに交流し，情報や経験，支えをほしがった。親同士が集まって支え合うことが，失われたコミュニティ・ネットワークを再生することになり，初期的な精神保健の予防的効果が認められるようになって，親子のセンターに公的な助成金がおりるようになった。困っている家族の問題解決をもたらすセンターの支援の成功が他の地域にも広がっていき，親子への他のサービスも生み出していった。このように，センターは地域の必要性と政府の方針によってつくられていった。

　当初は精神保健的予防のみを目的に絞っていたセンターもあるが，他のセンターは意識的に対象を絞ったグループを集めるなどして，プログラムの幅を広げていった。似たような社会的，政治的状況はそれぞれの家族センターへのニーズを生み出していったが，開設にあたっての個々の物語はユニークである。

　例えば，公園に来ていた親子がそこで集まる計画を立てて集まったときに，雨に降られて隣接のコミュニティセンター内で雨宿りをする。寒くなってきて親子は長い時間をセンター内で過ごすようになり，ついに常設の場を得るようになった。孤独とストレスを経験した親たちは，自分たちと同じ仲間のために事業を立ち上げ，それをボランティアと寄付が支えていたが，次第に強く組織化されて公的基金を得るようになり，たくさんの事業が持続的な補助金を得て開設されていくこととなった。[6]

　トロントでは，1976年にリヴァとスーザンという女性が，親子で集まれる場の必要性を感じて一軒の民家を借りて創設した Children's Storefront が始まりで，その後の多くのセンターに先鞭をつけた。[7]大通りに面した入りやすい入

口を入るとすぐに魅力的な遊びの場がある。奥にはキッチンと大きなテーブルが備えられ，いつでも飲食が可能であり，誕生日会などのイベントが行われていた。その奥から外に出ると広い裏庭があり，外遊びもできる。二人は訪問者をいつも温かく迎え入れ，親子のニーズに応える活動を続け，リヴァが亡くなった後もスーザンが，開設から30年間センターを守り続けて引退した。センターは若い人に引き継がれて，場所を変え，今も多くの親子を迎えている。

1982年にはコミュニティ社会サービス省の保育支援が始まり，働く親の子どもを自宅で保育する保育ママを支援する事業を，センターに託すようになった。これによりセンターは，乳幼児を育てる親と同じようにストレスに苦しむ保育者同士が日を決めて訪れて，互いに交流し，子どもたちもより大きな集団を経験できる場ともなった。また，センターのサービスは，親たちに情報を提供することで，親たちが保育を賢く選択し預けることを助けるようになった。

このように当初の家族センターは，家族のニーズに応えて多様な機能を備えていき，現在のファミリー・リソースセンターへと発展していった。

## 6．家族支援の共通原則・指針

全国に開設されるようになったファミリー・リソースセンターでは，それぞれが地域の家族のニーズに応えて必要な事業を展開していた。カナダおもちゃ図書館協会は，1988年にこれらファミリー・リソースセンターを統括，支援する全国家族支援協会（FRP Canada）として再出発することになった。この協会は全国各地に支部をもち，2004年には教育省に吸収されて，親が支援サービスを探すのに便利な存在となっている。

全国の現場からは，次第に家族支援の指針となるものがほしいという声があがり，家族支援協会（FRP）は，2000年から2年がかりで大がかりなプロジェクトを組み，スタッフや家族から，実践で大切にしていること，原則としていることについて全国の現場で聞き取りを行い，それらを中央に集めた。そこであがってきた内容を整理，検討し，時間をかけて練り上げたものが表6-1に示す12項目である。

表6-1 「家族支援の共通原則・指針」

①すべての家族が支援を受けるのは当然という認識により，プログラムはすべての家族に開かれている。
②既存のサービスを補完し，ネットワークや連携を構築し，健全な子どもを育てる家族の力をサポートする政策やサービス，制度を支持する。
③要請されたニーズに応えるために，家族や地域社会と協力して事業を行う。
④健康促進に焦点を当て，予防的方策をとる。
⑤機会を増やして個人，家族，地域の力を強化することに努める。
⑥家族の生活は相互依存的な性質をもつことを認めて，生態学的な視点をもって取り組む。
⑦相互の，かつ対等な仲間同士の支え合いを尊重し，奨励する。
⑧子育てとは，生涯学習の一環であると断言する。
⑨参加者が自発的に参加する意思を尊重する。
⑩平等に基づく関係を促進し，多様性を尊重する。
⑪家族全員の安全を保障するために，非暴力を主張する。
⑫絶えず目的や方法を熟考し，改善する努力を続ける。

出所：FRP Canada. The Guiding Principles of Family Support（www.frp.ca）より筆者作成。

　この指針は，いずれも普遍的でどこにも当てはまりそうであるが，実践にはどう活かせるだろうか。それぞれのセンターでは，まず指針が意味するところを誰もがわかっているか時間をかけて確認する。そのうえで地域の実情とニーズに合わせて具体化を検討し，実践者らが共通理解をもって実行に移していく。カナダの家族支援はこの指針を地域の家族に資するべく，家族の実情に合わせ，実際に何をするのかを熟慮して日々の活動に活かしている。

## 7．専門職としての支援者養成

　トロントにあるライアソン大学レイモンド・チェンスクールは，多くの成人教育プログラムを提供しているが，家族支援者資格は1991年に家庭生活教育資格として始まり，家族支援の現場からの要請を受けて，大学の幼児教育学科の協力による大学レベルの授業内容を提供し，96年にファミリーサポート資格者養成コースに再編された。その後，2003年にコミュニティ・サービス課程のなかの家族支援専門家（Family Supports Practitioner）資格取得コースとなった。このコースは大学の課程と並行して履修が可能であるが，職場を離れずに遠隔地でも学習できるよう，通信制の課程も置いている。授業内容は，現場の仕事

表 6-2　家族と地域関与コースの履修科目（2015〜2016年）

| 必修2科目 |
| --- |
| ①家族支援の理論と実践<br>　地域の公的あるいは非営利の家族支援現場で，理論的アプローチと職業的実践とを結びつける方法を見つけ出す。<br>②コミュニティへの参加実践<br>　事例研究や現場実習によって，コミュニティの実践家が必要とする効果的な地域関与とリーダーシップ発展の技法を示唆する。 |
| 選択科目　4科目から1科目選択 |
| ①現代家族の課題<br>②コミュニティ・サービスにおける対立の解決<br>③多様なコミュニティへの関与<br>④子どもの行動・発達指導 |

出所：http://ce-online.ryerson.ca/ce/familysupports より筆者作成。

とかけ離れることのないように外部の諮問委員会を置いて常に軌道修正が行われ，履修科目も更新されることが多い。2015〜2016年の履修科目のうち，家族と地域関与コースの科目は表6-2のようになっている。

当初は，科目に「グループダイナミクスと対人コミュニケーション」「プログラムの企画」などが含まれていたが，変遷を経て2015年度は上記カリキュラムとなっている。コースのコーディネーターによれば，「家族支援」はコミュニティとの関連や支援も視野に入れてきたことや，オンタリオ州の幼児教育と保育との関連性へも広がりが出てきたことから，この資格取得コースはこの年度で終了することになるが，終了時までの資格取得者は180人ほどになるという。今後，それぞれの科目は複数の学科に併合されて開講され，上記科目を履修すると「専門家修了証」を授与される。

## 第2節　現在の保育制度

カナダでは，幼児教育と保育の内容は州ごとに異なるが，ほとんどは私的な非営利団体によって運営されている。対象は0歳から12歳までで，学童保育も保育に位置づけられている。先住民イヌイットの子どもたちのためのアボリジ

ニナル保育プログラム，第5節で述べる6歳までの子どもと親を対象としたファミリー・リソースプログラムも保育の一環であり，軍人の家族と子どものためのミリタリー・ファミリー・リソースセンターもあって当該家族にサービスを提供している。

　主な保育サービスとしては4・5歳児を対象とするキンダーガーテン（日本の幼稚園に該当）とチャイルドケア（同保育所）であり，その対策は女性が労働市場に平等にアクセスすることを保障する必要条件であり，同時に乳幼児の発達と生涯（長期）にわたる学習への堅固な基礎を築くために質の高い保育が求められている。

## 1．保育の管轄とプログラム

　カナダでは，州政府及び準州政府が幼児教育と保育（Early Childhood Education and Care：以下 ECEC）の政策やプログラムの計画，実施を含めた子どもと家族の福祉と教育のサービスを規定する主要な任務を担っている。各州と準州には，認可チャイルドケアセンター（日本の保育所に該当。なかには学童保育を提供するセンターもある，以下チャイルドケアと表記），認可家庭型チャイルドケア，学童保育，ナースリースクールまたはプリスクールといった，法で定められた条件と基準，そして資金調達が確立している認可のECECプログラムがある。州，準州政府はまた，キンダーガーテンプログラムの任務も担っている[8]。

　カナダのECECのこの10年間（2010年時点で）のカギとなる発展は，国際的規範となりゆく方向性，保育と幼児教育（認可チャイルドケアとキンダーガーテン）の統合への関心が高まっていることである[9]。

　2016年12月現在，10州と3準州のうち，6州と2準州のチャイルドケアとキンダーガーテンが同じ省の管轄下にあり，7州と1準州が全日制，3州と1準州が半日制，1準州が全日制と半日の制両方のキンダーガーテンプログラムを提供している（表6-3）。

**表6-3 キンダーガーテンとチャイルドケアの各管轄省とキンダーガーテンの構成要素**

| 州／準州 | キンダーガーテン管轄省 | チャイルドケア管轄省 | キンダーガーテン構成要素 |
|---|---|---|---|
| ニューファンドランド・ラブラドール州 | 教育と乳幼児発達省 | | 5歳児全日制 |
| プリンス・エドワード州 | 教育と幼児教育と文化省 | | 5歳児全日制（義務） |
| ノバ・スコシア州 | 教育と乳幼児発達省 | | 5歳児全日制（義務） |
| ニュー・ブランズウィック州 | 教育と乳幼児発達省 | | 5歳児全日制（義務） |
| ケベック州 | 教育省 レジャーとスポーツ | 家族シニア省 | 5歳児全日制 4歳児クラスもあり |
| オンタリオ州 | 教育省 | | 4・5歳児全日制 |
| マニトバ州 | 教育省 | 家族福祉省 | 5歳児半日制 4歳児クラスもあり |
| サスカチュワン州 | 教育省 | 教育省（幼児教育チャイルドケア課） | 5歳児半日制 |
| アルバータ州 | 教育省 | 人間福祉省 | 5歳児半日制 3・4歳児クラスもあり |
| ブリティッシュ・コロンビア州 | 教育省 | 子どもと家族の発達省と保健省 | 5歳児全日制 |
| ノースウエスト準州 | 教育・文化・雇用省 | | 5歳児全日制・半日制 |
| ヌナブト準州 | 教育省 | | 5歳児半日制 |
| ユーコン準州 | 教育省 | 保健社会福祉省 | 5歳児全日制 4歳児クラスもあり |

出所：Friendly, M., Grady, B., Macdonald, L., Forer, B. (2015). *Early Childhood Education and Care in Canada 2014 CHILDCARE RESOURCE AND RESEARCH UNIT*, pp. 125-128. (http://childcarecanada.org/sites/default/files/ECEC-2014-full-document-revised-10-03-16.pdf) 及び Government of Newfoundland and Labrador, Department of Education and Early Childhood Development. *Full-Day Kindergarten Questions and Answers for Parents and Guardians*. (http://www.ed.gov. nl. ca/edu/pdf/full_day_kindergarten.pdf) をもとに筆者作成。

## 2．オンタリオ州の幼児教育と保育

　オンタリオ州政府は，子ども青少年福祉省（The Ministry of Children and Youth Services）の管轄であったチャイルドケアをはじめとする乳幼児保育を，2010年に教育委員会が属する教育省（the Early Learning of the Ministry of Education）に移管した。同年9月，オンタリオ政府は4・5歳児のための全日制

キンダーガーテンを公立学校システムのなかに組み込み,実施し始めた。2014年秋には州全体で完全に実施された。また,早朝と放課後の延長保育は,子どもにより多くの学びと成長の機会を与えるとし,オンタリオ州教育委員会は,20人以上の子どもの家族の関心があるキンダーガーテンに延長保育プログラムを提供するよう指導した。プログラムの時間帯は学校によって異なるが,およそ7時から9時と15時30分から18時で,保護者は,各プログラムへの参加の有無を選択できる。これらは,教育委員会,または,教育委員会を通した第三団体によって提供される。第三団体とは,その地域にあるチャイルドケアのことであり,Registered/Designed Early Childhood Educator(以下RECE/DECE)と呼ばれるオンタリオ州公認の保育教師が従事している。[10]

## 3. 雇用と保育者養成課程制度

　州や準州によって資格要件の詳細は異なるが,基本的にチャイルドケアで保育者として働くには,2～4年制大学の保育学科(Early Childhood Education)を修了し,保育教師(Early Childhood Educator:以下ECE)の資格が必要である。園長の場合,それに数年の経験,またはさらに進んだ技術と経験が条件に加えられる。保育アシスタントは,高等学校を修了していること,チャイルドケアでの経験が必須で,保育アシスタント養成課程の修了が必要な場合もある。キンダーガーテンは,4年制大学の教育学部の学位に加え,児童発達学の学位も必要な場合もあり,特殊教育,または第二言語科目の履修が必須であり,さらに州,準州公認の教員免許を取得しなければならない。[11]

　オンタリオ州では,保育教師(ECE)は認可チャイルドケアや認可家庭型保育,家庭支援協会など子どもや家族対象のさまざまなプログラムで働いている。また,全日制キンダーガーテンへの移行に伴い,それまでの雇用制度が変わり,公認保育教師(RECE/DECE)は,公立の全日制キンダーガーテンでオンタリオ州公認教師(Ontario Certified Teacher:以下OCT)と同じく教育委員会に属し,2人でチームを組んで指導にあたる。チーム指導にあたり,公認保育教師(RECE/DECE)の役割は,乳幼児の発達,観察と評価の保育の知識をもち,年

齢に応じた子どものすべての発達（身体的，認知的，言語的，情緒的，社会的，創造的）と心身の幸福感を促すためのプログラムの作成に集中する。公認教師（OCT）は，幅広い教育，評価とレポート報告，子どもの発達の知識をもち，子どもの学びと効果的な指示と評価，そして，子どもの発達に対し保育者チームの評価をもとにした保護者へのレポートの責任を担う。これらの役割分担が明確でない場合，公認教師（OCT）に比べ公認保育教師（RECE/DECE）がアシスタントのように扱われてしまうというケースもあり，協力的なパートナーシップの確立が必要とされる。また，2人の保育者に対し，1クラス当たりの子どもの人数はおよそ26人とされているが，なかには40人近くにも上るキンダーガーテンがあると報告されており，チーム指導システムの向上とともに，これも今後の課題となるだろう[12]。

## 4．保育のカリキュラム

### （1）連邦政府のカリキュラムガイドライン

　連邦政府は2004年，カナダ政府トップ（王座：the Throne the Government of Canada）のスピーチにおいて，4つの重要事項（① Quality：保育の質，② Universally inclusive：普遍性，③ Accessible：利便性，④ Developmental：発達プログラム）をもとにした「幼児教育と保育（Early Learning and Child Care：以下，ELCC）」の国家制度を機能させるために，州及び準州と協力すると発表した。これは広く「QUADの重要事項」と呼ばれている[13]。

　2005年，連邦州政府チャイルドケア協定は，「QUADの重要事項」を基盤とした「幼児教育と保育（ELCC）」事業の詳細にわたる行動計画を作成することを州政府に義務づけた。2014年までに7州が，「幼児教育の枠組み（Early Learning Framework：ELF）」と呼ばれるカリキュラムガイドラインを発行している。異なる発展経緯にもかかわらず，これらのガイドラインには多くの類似性が見られる。家族や地域は，子どものニーズに応えるためにプログラムの力を強化させるパートナーと見なされ，多様性，公平，公正，そしてインクルージョンの尊重は，最善の発達に不可欠なものとして取り入れられている。遊び

を主体とする計画的なカリキュラムは，子どもの生まれもった好奇心と溢れる活力を，学びのために十分に活用できる最上のものであると認識されている。これらの資料は，主に，直接子どもやその家族と関わる者に向けて書かれている。ガイドラインは，職員に子どもが抱く期待を知らせ，自分自身と子どもの発達を記録する手引きとなる。また，保育者に日課や活動スケジュールや室内，屋外スペースの構成，支援が必要なスペシャルニーズの子どもを含んだスペースや活動の適切な方法を示している。[14]

ガイドラインは，ホリスティック（全人的）な子ども主体のアプローチで，学びと発達のねらいを中心に構成されている傾向がある。学校経営のチャイルドケアでは使用を義務づけられているが，認可チャイルドケアにおいては，そうとは限らない。学校経営のキンダーガーテンは，広範囲な科目によって構成されているか，州・準州の初等科カリキュラムを幼児対象に広げた，より明確で教育者用ガイド付きのカリキュラムに沿っている。[15]

（2）オンタリオ州のカリキュラム

オンタリオ州のキンダーガーテンで使用されているカリキュラムは「全日制幼児教育——キンダーガーテン・プログラム（the Full—Day Early Learning：Kindergarten Program 2010-2011）」で，カリキュラム指針（Early Learning for Every Child Today：以下 ELECT）とも連動している。指針（ELECT）は，オンタリオ州政府教育省が2007年1月に，0歳から8歳までの子どもを対象にした保育プログラムにおけるカリキュラムと教育をサポートするための手引きとなることを目的に発行した。

チャイルドケアでも，カリキュラム作成の手引きとして指針（ELECT）とともに，"How Does Learning Happen？" が使用されている。"How Does Learning Happen？" は，子どもや家族と関わる者のために書かれたもので，結びつき（関係性）を通した学びについての専門的な指導リソースガイドである。また，これは保育者が子どもを取り巻く環境において，子ども，家族，保育者の相互関係に焦点を当てることに役立っている。そして，子どもが成長し，活躍するために重要となる4つの基礎的条件（① Belonging：帰属意識，② Well-be-

表6-4　カリキュラム指針（ELECT）の6つの理念

| |
|---|
| ①子どもの発達一つひとつが，生涯にわたる学び，ふるまい，健康の基盤をつくる。<br>②家族，地域とのパートナーシップは，子どものニーズに合った乳幼児期の環境を強化する。<br>③多様性，公正，インクルージョンを尊重することは，子どもの権利と最適な発達及び学びを尊重する必須条件である。<br>④計画的なカリキュラムは，子どもの学びをサポートする。<br>⑤遊びは，子どもの生まれもった好奇心と溢れる活力を，学ぶことに十分に活用できる手段である。<br>⑥豊富な知識をもち，敏感に反応できる保育者がきわめて重要である。 |

出所：Ontario Ministry of Education（2007）. *Early Learning for Every Child Today A framework for Ontario early childhood settings Best Start Expert Panel on Early Learning・January 2007*, p. 5.（http://www.edu.gov.on.ca/childcare/oelf/continuum/continuum.pdf）をもとに筆者作成。

表6-5　発達領域と向上させたいスキル（2歳6か月～6歳）

| | |
|---|---|
| 社会的発達 | 友だちをつくる，問題解決力，仲間に入る，手伝う（手助けする），積極的で敬意を表したやりとり，協力する，共感する，他者の視点をもつ，大人と関わる |
| 情緒的発達 | 自己概念をもつ，自己確立する，自己肯定感をもつ，感情を認識・表現する，注意・感情・行動を規制する，学びに対して積極的な態度をとる |
| コミュニケーション・言語・読み書きの発達 | 口頭，または言葉を用いないでやりとりをする，英語と母国語を使用する，語彙力を増やす，ほかの子どもたちや大人と話し合う，説明・探究・展開に描写的言語を使う，他者の話を聞く，読み書きを楽しむ，読み書きの力を使用し理解する，お話を再度話す，音韻意識をもつ，文字の形や音を認識する，活字に対する方向づけと約束事を理解する，話し言葉と書き言葉を結びつける，アルファベットや使用頻度の高い言葉を書き始める |
| 認知的発達 | 自己規制する，問題を解決する，表現する，疑問を抱き質問する，観察する，情報を集めまとめる，物事を振り返り結論づける，発見を伝える，論理的に推論する（因果関係，連続的な変化，変化への探究と仮定），分類する，連続性を知る，数える，測量する，量を比較する，数を表現する，平面（2D）と立体（3D）を理解する，模様を区別する，長さ・重さ・容量・温度・時間・お金を測定（測量）する，数を合わせる，数を表すものを使う，空間的関係・方向・地図を使用する |
| 身体的発達 | 歩く，跳ぶ，片足で跳ぶ，スキップする，投げる，乗る，表現の手段として体を動かす，衣服を身に着ける，食べる，道具を使う，絵を描く |

出所：Ontario Ministry of Education（2007）. *Early Learning for Every Child Today*（http://www.edu.gov.on.ca/childcare/oelf/continuum/continuum.pdf）より筆者作成。

ing：心身の健康と幸福感，③Engagement：集中（没頭），④Expression：表現（コミュニケーション））によって構成されている。両方のカリキュラムには，指針（ELECT）の6つの理念の一つである遊びを基盤にした学び（Play-Based Learning）が掲げられ，保育でも幼児教育の現場でも，遊びを通した学びを理念に置いている[16]（表6-4）。

キンダーガーテン，チャイルドケアともに各プログラムは，発達の全領域（①社会性，②情緒，③コミュニケーション・言語・読み書き，④認知，⑤身体）を考慮したもので，観察によって発見した子どもたちの興味や関心，発達段階と向上させたいスキルを理解し，個人のニーズに合わせて，それぞれにカリキュラムを組み立てている。このようなカリキュラムをエマージェント・カリキュラムと呼ぶ。このなかで，保育者は，向上させたいスキルを発達のねらいにしたラーニングセンターと呼ばれる学びのエリアとアクティビティを計画する（本章第4節参照）。

前述の表6-5は，カリキュラム指針（ELECT）のなかで記されているそれぞれの発達領域と向上させたいスキル（2歳6か月～6歳）をまとめたものである。これらを考慮して，子どもの発達を援助するプログラムを作成する。

## 5．全日制キンダーガーテンの利点

前述のようにオンタリオ州では2014年までにすべての4・5歳児が保育を受けられるように体制を整えてきた。全日保育によって「学び，発達，遊び」が提供され，そこで期待できることとして，以下をあげている。

・学期中の子どもの学びを強化する

　　教師と保育者が教室で，協働で子どもの学びと発達を援助する。このチームアプローチでは，全日制キンダーガーテンのために特別につくられたカリキュラムによる活動や遊びを通して，子どもに最高のものをもたらす。

・学校の始業前と放課後のプログラム

　　必要があれば学校年を通して学童保育が提供される。任意であり，あまり高くない料金で受けられる。必要が認められた家族は補助金も受けられる。保護者に関心があり可能であれば，学校が休みの期間にもこの事業が提供される。

・より強固な学びのための基盤

　　研究によれば，乳幼児期の学びは子どもの学業習熟や社会的スキルに長期的な効果をもたらすとされる。人生初期の全日保育は，保護者と子ども

にとって小学校への移行を容易にする。子どもの学校あるいは人生における読み，書き，数学的スキルを高めることができる。
・遊びを通した学びは科学によって立証されている
　　全日保育のなかで子どもたちは遊びを通して学ぶ。研究は，遊びは子どもの発達に良い影響をもたらすことを示している。子どもが遊んでいるときに生じる探索，思考，問題解決，言語表現は脳に影響を及ぼし発達させる。子どもは遊んでいるとき，想像を刺激され，創造的な問題解決力を促進する。そして学ぶことへの自信と肯定的な態度を発達させる。
・子ども，親，オンタリオにとってもよい
　　全日保育は現在，すべての4・5歳児が受けられる。州政府の補助により，家族にとって子ども1人当たりの保育料が年間最大で6,500ドルの節約になる。

## 第3節　保育内容

　本節では，カナダの保育内容について，まず保育理念を見たうえで，多民族国家として欠かせない多様性とインクルージョン（誰ひとり除外されることなく，すべての人間を受け入れること），環境構成，日課の3点について紹介する。
　そもそも国土の広いカナダには，国全体としての保育理念は存在するのだろうか。
　2014年6月，カナダ教育閣僚協議会（CMEC）は，幼児教育と発達指針を記した "CMEC Early Learning and Development Framework" を発行した。[17]このなかで0歳から8歳の子どもの学びと発達におけるカナダ全土で共有すべき事項として，表6-6の6つの理念を掲げている。
　このなかで特に重要視されているのが，理念⑤の遊びを通した学びである。これについては，「第4節　保育実践」で詳しく説明する。

表6-6　カナダ全土で共有される保育理念

①子どもは，保育方針とプログラムの発展において絶対不可欠の存在である。
②家族は，子どもの発達において中心的な存在である。
③子どもやその家族の多様性を尊重することは，公正とインクルージョンにおいて不可欠である。
④安全で健康的かつ没頭できる環境は，生涯にわたって学びや発達，ふるまいと心身の健康と幸福の土台となる。
⑤遊びを通した学びは，子どもの生まれもった好奇心と溢れる活力を十分に活用することができる。
⑥教育者や，教育者としての役割を担う拡大家族は，反応が良く思いやりのある関係を通して，子どもの学びや発達を援助する中心的な存在である。

出所：CMEC（2014）. *CMEC Early Learning and Development Framework* をもとに筆者作成。

## 1．多様性とインクルージョン

　もう一つ注目したいのが，理念③の多様性とインクルージョンについてである。移民の国と言われるカナダだが，一体どのくらいの割合なのだろうか。2011年の国勢調査によると，カナダに住む外国籍の人口は約677万5,800人で，これは全人口の20.6％を占めている。そして，これらの人々が最も多く住んでいるのが，オンタリオ州，ブリティッシュ・コロンビア州，ケベック州，アルバータ州の4州である。また，200か国以上の民族から成り立ち，200以上の言語が話されている[18]。

　多様な文化をもつ子どものために，乳幼児期から多様性に対する理解を深める営みが欠かせない。よって，日常の保育において多様性とインクルージョンを保障できるようにしている。クローザー（Crowther, I.）は，「子どもが自分と異なる人間を受け入れ，その人たちは価値のある存在だと大切にすることを学ぶために，手助けとガイダンスが必要である」と述べ，インクルージョンを促すために以下のものを利用するとよいと紹介している[19]。

・文化，人種，年齢，能力の異なる人々を表す本や写真
・固定観念のない多様な役割を表す本や写真（例：女性の工事作業員，男性の看護師）
・子どもの母国語表記の本
・多文化を表す小道具や備品（例：異なる人種の人形，解剖学的に正確な人形，民族衣装，多文化の食器や調理器具，さまざまな文化で使われる筆記用具，異文化

の看板）
・おやつや食事の時間の献立に民族料理
・異文化の音楽や民族楽器

多様性とインクルージョンが最も発達しているカナダ最大の都市トロントが位置するオンタリオ州には，0歳から8歳の子どもを対象にしたカリキュラム指針（ELECT）がある。そのなかで掲げられた6つの理念のひとつ（表6-4参照）に「多様性，公正，インクルージョンを尊重することは，子どもの権利と最適な発達及び学びを尊重する必須条件である」とある。また，オンタリオ州教育省のホームページに指針（ELECT）の理念などの要点をまとめた「幼児教育の枠組み（Early Learning Framework）」が掲載されており，そのなかで，すべての子どもにとっての公正な成果は，保育環境が以下のように構成されるときに援助されると述べられている。[20]

・子どもが社会で生活し学ぶことに対し，平等な権利をもつ市民として認識される。
・乳幼児と児童の学びとその地域の保育のニーズを基盤としたプログラムを作成する。
・祖先，文化，民族性，人種，言語，ジェンダー，性的指向，宗教，社会経済的地位，家庭環境，発達能力とニーズを含む，子どもとその家族の異なる性質を認識し尊重する。
・すべての子どもの文化や母国語を重んじる方針を作成する。
・すべての子どもが参加できる包括的（ホリスティック）な学びの環境を助長するためのプログラム計画を立てる。
・参加者の多様性を貴重な宝と見なし，相違性を反映したプログラムを計画し，環境を豊かにする。

多様性とインクルージョンに対する教育は，保育者養成課程においても必修科目とされている。例えば，セネカカレッジ保育学科（Early Childhood Education）2年制プログラムでは，第2学期の必修科目に「自分と他者の理解（Understanding Self and Others）」が組み込まれている。これは，アイデンティテ

ィや多様性，先入観や偏見について学ぶ授業である。第4学期には支援を必要とするスペシャルニーズについて学ぶ科目があり，保育の現場における多様性とインクルージョンについて理解を深めることができる[21]。

## 2．恵まれた学びの環境

毎日，保育施設で一日を過ごす子どもが有意義に遊びを通して学ぶために，クローザーは，「子どもの学びを促す効果的な環境構成の原則（Principles of Effective Organization for Children's Learning）」の要点を次のようにまとめている[22]。

・効果的な環境構成は，子どもの学びと発達に適した教材と体験が基盤となる。
・効果的な環境とは，子どもの活動を展示する，混雑せず移動しやすい，学びのエリアを分ける，教材を保管する場所を与える，包括的なケアを提供する，良い色づかいをする，活動や集中力を妨げられないように音を制限した空間である。

実際のチャイルドケアの環境構成を見てみよう[23]。写真6-1はオンタリオ州にあるSeneca College Early Childhood Education Lab School（以下ラブスクール）の一室である。オンタリオ州の保育者と子どもの比率はインファント（18か月未満）が3：10，トドラー（18か月〜30か月）が1：5，プリスクール（30か月〜6歳未満）が1：8，キンダーガーテン（44か月〜68か月未満）が1：13と法律（the Child Care and Early Years Act, 2014）に定められている[24]。

各エリアは，備品や教材が整頓され使用しやすい。ロフトやその下のエリアには，絵本が用意され，静かで落ち着いた空間となっている。ごっこ遊びのエリアは，備品や飾り付けにより日常的に多様性を取り入れている。壁には家族写真と紹介，その文化背景に関するものが飾られ，多様性に対する理解だけでなく，子どものアイデンティティの育成も促進している。子どもの創作物（作品）も展示され，保護者は送迎時に確認できる。

写真6-1　セネカカレッジラブスクールの一室

写真6-2　創作エリア

## 3．学びを促す豊富な遊びのエリア

　環境を構成するときによく考えなければならないのが遊びのエリアである。なぜなら，学びの空間を生み出す遊びのエリアは，乳幼児期に最も大切とされる発達を促進するからである。クローザーは，「子どもの学びの空間は，家庭的な雰囲気をつくり出し，身体的，情緒的，創造的，言語的，認知的，社会的，これらすべての発達領域を尊重するものである」(25)と述べている。

　これらのエリアは，ラーニングセンターと呼ばれ，保育者によって計画されたアクティビティが用意される。ラブスクールの環境設定について，いくつかのエリアの具体的な様子を見てみよう。

（1）創作エリア

　粘土遊びやペインティングなどさまざまな創作活動が行われる。一斉に全員が同じ作業をせず，子どもは与えられた選択肢から自分で選択し，少人数で各エリアに分かれて活動する。定員がある場合は，順番に行う。特定の遊びに偏らないように保育者が声をかけ，できる限りすべての活動ができるようにする（写真6-2）。

（2）積み木エリア

　多種類の木の積み木で子どもたちが作成したお城（写真6-3）。作成を継続したい場合は，数日そのまま保管される。作品にテーマがあれば，プロジェクトとして発展することもある。保育者は，子どもたちの興味や関心事を知るた

写真6-3　積み木エリア

写真6-4　ごっこ遊びエリア

写真6-5　自然と科学エリア

写真6-6　数遊びエリア

め，このような活動中，子どもたちの会話や言動を注意深く観察する。
(3) ごっこ遊びエリア

　豊富な備品が用意され，快適な空間がつくられている。場面や役柄を設定できるので子どもが感情移入しやすく，本来の自分と違う姿が引き出され，広範囲にわたり多様な学びを得ることができる（写真6-4）。

(4) 自然と科学エリア

　自然素材を自由に観察でき，抱いた疑問を探究できるように，多様な備品やテーマに沿った絵本が用意されている（写真6-5）。

(5) 数遊びエリア

　数を認識する手づくりのアクティビティ（写真6-6）。子どもは小さい数字から順番に並べたり，数と教材を一致させたりして数の概念を学ぶ。

写真6-7　園庭の砂場

写真6-8　園庭の遊具

写真6-9　写真つきのスケジュール

## 4．日課（スケジュール）

　保育施設での日課について，クローザーは，「日々のスケジュールは，構造的なものと柔軟性のあるものがバランスよく提供される必要がある。構造的な活動には，登園や降園，屋外で過ごす時間や食事の時間，そして，昼寝（休憩）が含まれる。これらの活動は，毎日規則的に行われ，一般的に時間が決められている。スケジュールは，一日の大部分が屋内外での遊びにあてられていることを示すべきである。理想的には，遊びは屋内から屋外の環境に流れていくと良いが，少なくとも一日に一回は屋外遊びの時間をもつべきである」と述べている。また，時間設定における例外として，以下の3つをあげている。

・インファントクラスの食事時間：乳児には，個々に合ったスケジュールと食事の要求がある。

・おやつの時間：与えるタイミングや頻度と必要性に対し融通を利かせるべ

表6-7　トドラークラスの一日のスケジュール

| 時　間 | スケジュールの予定 |
|---|---|
| 7:30-10:15 | 室内活動：室内の日常の活動や学びのエリアに参加する。<br>日々のプログラムを通して子どもの興味は探究される。 |
| 8:30-9:30 | トイレ・おむつ交換：この時間中は，おやつを要求できる。 |
| 10:15-10:30 | 片づけ：体を大きく動かす活動の準備をする。 |
| 10:30-11:15 | 屋外プログラム：いろいろな屋外活動に参加する。<br>天気の都合によりジムを使用する場合もある。 |
| 11:15-11:30 | グループタイム：一堂に集まり話し合い，歌，フェルトを使った話や指遊び等。<br>昼食前の手洗い。 |
| 11:30-12:00 | 昼食：一堂に集まり，落ち着いた食事と会話のやりとり。 |
| 12:00-12:30 | 昼食後：お皿を片づけるお手伝いをする。本を持って自分のベッドに行く前にトイレ・おむつ交換を済ませる。 |
| 12:30-2:30 | 昼寝：身体を休める時間。<br>落ち着く音楽を聞いてベッドでリラックスして休む。 |
| 2:30-3:00 | 起きた子どもからトイレ・おむつの交換を済ませ，本読み，パズル，音を立てないゲームや静かな認知的活動に参加する。 |
| 3:00-4:15 | さまざまなアクティビティやプロジェクト，室内に設定されたラーニングセンターに取り組む。<br>4時まで好きなときにおやつを要求できる。 |
| 4:15-5:15 | 外遊び：片づけ後，グループタイムに参加し外遊びの準備をする。<br>天気の都合によりジムを使用する場合もある。 |
| 5:15-6:00 | 屋内活動：自由遊び。<br>お迎えが来るとあいさつして充実した一日を終える。 |

出所：Seneca College ECE Lab School Toddler Class より筆者作成。

きである。多くの子どもたちは，登園前にすでに長い朝の時間を過ごして，到着時には空腹の可能性があるので，登園時におやつが必要かもしれない。
・昼寝の時間：これも個々のスケジュールがあり，ある子どもは一日に二回以上昼寝をするかもしれない。トドラークラスに上がる前には，睡眠パターンは整い始め，午後の決まった時間の昼寝しか必要なくなるかもしれない。プリスクールクラスになると，昼寝の必要がなくなる可能性があり，昼寝をしない子どもは，寝ている子どもと分けられ，本読みやパズル，お絵かきやゲームなど集中できる静かな活動を与えられる必要がある。

参考までに，ラブスクールのトドラークラスの日課を示しておく（表6-7）。

## 第4節　保育実践——エマージェント・カリキュラム

### 1．エマージェント・カリキュラムの特徴

　遊びを通して学ぶカナダの保育では，エマージェント・カリキュラムと呼ばれるカリキュラムが使われており，シプレー（Shipley, D.）はその特徴を次のように定義している。[27]

　　「エマージェント・カリキュラムは，プログラムの計画づくりや子どもの発達の測定評価のための指針（枠組み）として，発達カリキュラムを使用する。それは，子どもの興味関心をもとにした活動を含み，保育者と子どもたちの間の話し合いで決められたテーマやアイデアを実行する。エマージェント・カリキュラムは，発達カリキュラムの内容と展開予想にあたる部分から構成される。それが，学びを主体とする保育のための指針（枠組み）なのである」。

　また，カナダ独自のカリキュラムについて，次のように述べている。[28]

　　「保育者は，今日のカナダにおける保育のねらいと（発達上の）優先事項に向けられたプログラムやカリキュラムを計画するべきである（directional：方向づけ）。それらは，英語を第二言語として学ぶ過程で苦労している子どもを含めたすべての子どもの発達を援助するために目的をもって計画され（strategic：戦略的），文化や障害，保育者による個々の子どもの発達に対する評価に対応されるべきである（adaptive：適応性）。目的をもち，戦略的で適応性のあるカリキュラムには，子どもから湧き出る興味，アイデア，疑問から生まれるテーマや思考を使用し，そして，それは保育者と保護者による優先事項に対応し，そのプログラムが行われるコミュニティ（保育専門職，行政官，教育制度，一般大衆）によって求められる価値観，実践，基準に対応する

だろう。これが，カナダでつくられたモデルになり，先住民族を含むカナダの多様な集団による解釈においても最適な順応性を保障するだろう」。

## 2．エマージェント・カリキュラムの実際
### (1) 指導案の作成手順
　では，エマージェント・カリキュラムはどのように計画されるのか。シプレーは，指導案の作成手順を次のようにまとめている。[29]

　①子ども独特の学び方と学びの原則について理解する。

　　この原則のうち10の原則を以下に記す。
- 子どもは主に五感を使って学ぶので，そのような機会を多くもつ必要がある。
- 子どもは自由に移動できて選択肢があり，自分のペース，発達レベル，学び方に合ったアクティビティに没頭できる環境で，探究や実験を行っているときに学びを得る。
- 子どもは自分で試し，具体的対象にふれることにより学ぶ。
- 子どもは自ら関心をもち，選んだアクティビティに没頭しているとき，最も効果的な学びを得ることができる（これが，エマージェント・カリキュラムの基本原則である）。
- 子どもは安心感があり，一か八か試したり，間違えたりでき，そして，励ましやよい指導を受けることができる環境のなかで学ぶ。
- （ピアジェ心理学の）前操作期の子どもは，具体的対象を使った体験型で実験的な経過を重視した学びに没頭できる形式的でない環境において，最も学びを得ることができる。
- 遊びのなかに学ぶべき概念やスキルがあるとき，子ども自身がそれを見つけることがある。その学びが子どもにとって意味のある状況で起き，自ら発見したとき，たいてい，その学びは記憶され理解されることだろう。
- 知識，スキル，理解のレベルが，単純なものからより複雑に，具体的なものから抽象的に，一般的なものから特定のものに変わるとき，乳幼児期の

学びを生み出す体験は最も効果的になる。
・最初に学びが起きたときと異なる状況で知識，スキル，概念と出会うとき，学びは強化され，次の段階へ移行されるだろう。
・既知の体験が次の段階へ進むとき，学びは最も効果的なものとなる。
②カリキュラムの意図や目標を確定する。
③カリキュラムを通して達成したいそれぞれの発達領域（身体的，社会的，情緒的，認知的，創造的）の最終的な成果となるものをはっきりと述べる。
④アクティビティにおける発達のねらい（目標）を確定する。
⑤遊びと学びのアクティビティを計画する。
⑥発達のねらいを促すために使われる指導と学びの方法を記述する。
⑦子どもの発達状況を発達指標（発達基準を示すもの）を使って測定評価する。
⑧アクティビティ，プログラム，カリキュラムを評価する。

（2）エマージェント・カリキュラムに基づくプロジェクトの実際

次に，エマージェント・カリキュラムを実践しているラブスクールのプロジェクト（ひとつのテーマに沿って数々のラーニングセンターやアクティビティからなるもの）を担任保育者による記録から順を追って見てみよう。

〈テーマ：地下鉄の実践事例〉[30]

①観察から子どもの関心を知る

地下鉄がテーマのこのプロジェクトは，プリスクールクラスの内気で静かなある子どもE（3歳）から始まった。ある朝，Eが地下鉄の全駅名を言っているところを担任保育者が耳にした。Eは開閉するドアや駅のアナウンスの真似もしていた。保育者がEに声をかけると，Eは地下鉄に乗った体験について話し出した。

②アクティビティの設定

会話を通して保育者は，これらの体験はEにとって大きな意味をもつということに気づき，Eに地下鉄の絵を描くことを提案した（写真6-10）。描いている間，Eはその絵について説明した。次に，保育者は，Eにグループタイムで自分の体験を話してみることを提案した。Eは自分の内気な性格に

苦労しながらもゆっくりと駅名を言い出した。
③家族の参画
　迎えに来たEの両親にこのことを話した保育者は，両親からEは毎週水曜日に地下鉄に乗るとの情報を得た。
④発達のねらいの設定と保育者間の協働
　他の保育者たちと観察結果を分析しながら，これはEのクラスでの居心地を良くする機会になるかもしれないと，地下鉄の路線図や写真を持ち込み，積み木エリアに置いた。グループタイムでは，移動手段や公共交通機関について学んだ。ある保育者は図書館から地下鉄の本を見つけ紹介した。

写真6-10　子どもによる地下鉄の絵
写真提供：Maya-Rose Simon

⑤さらなるアクティビティと学びの体験の設定
　子どもたちは，積み木エリアで半円の積み木をトンネルに見立て，園庭で椅子を並べて駅をつくり，地下鉄システムをつくり始めた。路線図は各遊びに組み入れられ，それまでは，見ていることが多かったEだが，グループにより一層参加するようになった。そして，Eの保護者に毎週の地下鉄の体験を記録してもらい，これらの記録を地下鉄関係の絵本に組み入れて，紹介した。子どもたちは，興味をもち，Eにその体験を話すように頼んだ。子どもたちが地下鉄に関する本を求め，全員でカレッジ内の図書館に探しに行った。クラス全体がこのテーマに興味を示したので，次の段階として，実際の地下鉄に乗りにいくことを全員で決めた。当日，一同はバスに乗り最寄り駅に向かった。トンネルに入る瞬間や次の駅に到着する様子を見るために一番前の車両に乗った。子どもたちは，駅に着くたびに駅名を言い，各駅の建物が違うことに気づき比較した。乗車中，運転手が子どもたちに自己紹介をし，質疑応答が行われた。

写真6-11 積み木でつくった地下鉄
写真提供：Maya-Rose Simon

写真6-12 粘土と積み木でつくった
トンネルと街
写真提供：Maya-Rose Simon

⑥プロジェクトの発展

　その後の遊びは，より細かく描写されるようになった。シンプルだった半円のトンネルに，電車を待つ人々がいるプラットホームが加えられた（写真6-11）。トンネルを通過したことから子どもたちは，そのつくり方に興味をもち，建築過程のビデオをYouTubeで見た後，粘土でそのアイデアを探索した（写真6-12）。完成したトンネルの上に街をつくった。

⑦プロジェクトの評価

　このように，地下鉄プロジェクトは一人のおとなしい子どもEが駅名を言っているところを観察したことから始まった。この2か月間で，Eの自己肯定感は向上し，クラス内でEの声を聞く機会が増え，より積極的にグループに参加するようになった。子どもたちは，人々の移動手段やどのように公共交通機関が街に役立っているのか，また地下鉄はどのようにつくられたのかについて学んだ。子どものアイデアは重なっていることも多いが，一人ひとりが独特の興味をクラスにもってくる。保育者は，子どもたちの知識の旅において，それぞれの子どもを手助けするバランスを見つけなければならない。

（3）発達の評価と計画の手順

　次に，シプレーが提唱する発達の評価と計画の手順を紹介する。[31]

**写真 6-13** 自然素材にペインティング
写真提供：Laura Salau

**写真 6-14** 光と影の動物園

①遊んでいるときの子どもたちの行動や言動を観察し，適切な記録技術を用いて記録する（例：実践記録，事例記録，イベントサンプリング，活動チェックリスト及び発達チェックリスト）。
②子どもによる教材や備品の使い方とアクティビティのねらいに関係する子どもの能力について考慮して記録されたものを分析する。
③そのときに起きている発達のねらいと学びの到達レベルを評価する。
④学びと発達において，子どもがすでに到達しているレベルから次の段階へ導くねらいを組み立てる。
⑤それぞれの子どもの発達の成果に向かった進行状況を表すデータをつくる。
⑥一人ひとりの子どもに対して，個別のねらいを示した計画を立てる。年齢別のクラスにおいて子どもの発達段階や能力が似ている場合，保育者の計画は簡素化することができる。
⑦健常の子どもに行うアクティビティと同じものを，支援が必要なスペシャルニーズの子どもの発達に適応させ計画する。そうすることで，すべての子どもが一緒に活動に取り組むことができる（インクルージョンの達成）。

（4）アクティビティの実践例

　最後に，ラブスクールトドラークラスで行われたアクティビティの実践例を

紹介する。

アクティビティ①：身近な自然素材を利用して，紙と異なる感触を体験する。少し素材を変えるだけで，違った感触を味わうことができる。同時に紙を使用し，感触や絵の具の付き具合など似た点や異なる点を尋ねてみる（写真6-13）。

アクティビティ②：木の置物と動物の人形でつくった動物園に映写機で影をつくると遊びは発展し，そこで生まれる学びの可能性は大きく広がる（写真6-14）。

## 第5節　家族支援の実践

### 1．カナダの家族支援

　カナダの家族支援は，日本の子育て支援と似て非なるものといえる。カナダが家族支援に力を入れるのは，「健康な家族とコミュニティは生産的な社会の基礎である。よく機能する家族は有能な子どもを育てるだけでなく労働力，経済，そして強く活気に満ちたコミュニティの創造に貢献する」という理由による[33]。

　家族支援は，すべての家族に支援は必要という考えのもと，すべての家族に開かれているが，その中心にあるのは子どもとその家族であり，家族を支援することによって子どもの環境を改善し健全な成長を促すという予防型の支援である。カナダには「今，子どもに1ドルを惜しむと，将来7ドル分世話の焼ける大人ができる」という言葉があって，子どもを健全に育てておけば将来大人になったときの非行，犯罪，病気などさまざまな問題を予防することができ，社会的コストがその分かからずにすむとの考えで，予防的なプログラムに力を入れる。今，特に問題や課題を抱えていなくても，子どもや家族に必要なことやもの，望ましい環境を整えることで問題を予防することに努めている。

　家族支援協会（FRP）カナダによれば，家族支援とは，その地域の子どもたち，家族，保育者たちを対象として，その長所を伸ばし，家族としての能力を開発して健全な成長を促す，コミュニティを基盤とした組織的な活動である。

家族支援の共通原則・指針に基づいて，地域の実情や使える資源などによって多様なサービスが，他の関係団体との協力も得ながらあまり硬くならない雰囲気のもとで提供される。[34]

　ファミリー・リソースプログラムは，周りの他のやり方に合わせるのではなく，その家族に合わせることが主眼であり，センターの強みは，今現在家族のなかに起こっているニーズに対応する力があることにある。センターのプログラムは伸縮自在であり，そのときに間に合うように家族に対応できて，レッテルを貼らない。どんな家族にも垣根が低いのが特徴である。[35]

　支援センターはファミリー・リソースセンター，ファミリー・プレイスなどと呼ばれ，カナダ全土で約2,500か所，オンタリオ州で400か所，くわえてトロント教育委員会が公立学校内に開くペアレンティング・リテラシーセンターが172か所（2013年）ある。学校内のこのセンターは親子と学校双方にメリットがある。移民の親子にとって，学校は言葉の不慣れもあって敷居の高いものであるが，センターに出入りすることで学校になじめること，学校にとっては入学以前から地域の子どもを家族ともに把握できることと，学内に乳幼児がいることで児童が乳幼児にふれる機会を得られることである。ゴードン（Godon, M.）の提案により，授業の一環に一組の乳児の親子を毎月教室に招き子どもたちに学ばせる「共感の根（Roots of Empathy）プログラム」[36]を，1996年からいち早く取り入れて子どもたちの共感性を育ててきたのも同じトロント公立校である。

## 2．ファミリー・リソースセンターの事業

　ファミリー・リソースセンターは何をするのか。まずは親子で他の家族と交流できるドロップイン（親子のひろば）が中心にあり，親子で安心してゆっくり過ごせる場を提供している。センターまで来られない家族のために教会や公民館に出向いて出張ひろばを開いたり，出てこない家族にチラシを届けるなどして来所を勧めるアウトリーチも行っている。

　家族支援は，子育てを支援するにとどまらず家族全体の課題解決を図り，家族が力をつけること，互いにつながることで地域のコミュニティづくりを図る

など,地域社会への貢献も視野に入れている。まずは地域の家族のニーズに応えることが目的なので,実際の事業は地域によって一様ではなく多様である。その地域で必要なこと,必要な家族がいればできるだけそれに応える努力をしている。親子が暮らす地域発展のために地域のリーダーたちと連携し,その活動の支援もする。

　こうした家族支援の原則は第1節に述べた「家族支援の共通原則・指針」(表6-1)に導かれており,親であることとその健全さ,子どもたちの自立を促進することを主眼とし,遊びの大切さ,予防的アプローチを主張する。さらに社会的ネットワークを促進することで家族の孤立を防ぐことなどを第一義としている。[37]

　ドロップイン・プログラムはファミリー・リソースセンターの中核をなす事業であり,親子がいつ来ていつ帰ってもいい居場所を開き,親子が家庭のなかにこもって孤立しないよう,外で人間関係を築き地域とのつながりをもつ機会など,さまざまな支援を提供している。

　プログラムが提供するのは,基本的に以下のようなものである。

- 時間と場所：親たちは子育てや家族について考える場所と時間を与えられ,子どもとともに他の家族やスタッフとの人間関係により,新しい選択肢を与えられる。
- 情報：豊富な知識をもつスタッフが親たちのニーズを捉え,信頼できる研究や経験に基づく新たな知識や情報を紹介するなど,親が選択肢を広げる手助けをする。家族が必要とする情報や資料が潤沢に揃えられ,整理してわかりやすく掲示されるか,あるいは手に取って閲覧もしくは持ち帰れるように並べられている。
- 新しいスキル：スタッフや他の親たちの力を借りて,家族や子育てに必要な新しいスキルを身につけることができる。
- 孤立からの解放：家族同士で喜びや悲しみを分かちあい,安心で快適な場をつくりだす。「ノーバディズ・パーフェクト[38]」では,特にプログラム終了後に,地域に戻っても続く人間関係が築かれる。

・資源を得る：暮らしや子育てに役立つ利用可能な地域資源情報を得ることができる。寄付された食料や衣類を受け取ることもできる。
・他機関への紹介：センターで対応できない問題が生じたとき，地域の他の専門家に紹介される。

## 3．親子にとってのドロップイン

　ドロップインでは，まず子どもが安全な場で良質なおもちゃで他児ともじっくり遊べる環境があり，ときにはお話や楽しい活動にも参加できる。おもちゃや遊び場は，子どもの発達や季節などを考慮して，楽しく遊びながら子ども自らが学べるよう配慮されている。おもちゃ図書館もあって低額の年会費で好きなおもちゃを借りて持ち帰り，次に返すまで家で楽しむことができる。

　親そして自宅で子どもを預かる保育ママにとっても，まず仲間とふれあい，つながることで相互支援が生まれる場となる。親同士がグループで学びあえるノーバディズ・パーフェクトプログラムを実施するセンターは多く，参加者はファシリテーターの助けを得ながら，互いの経験から子どもや子育てについて学びあうことができる。スタッフに子どもの相談をしたり，必要があれば専門家の相談を受けることもできる。一時保育を頼めるセンターもある。保育ママが保育する子どもを連れてきて遊ばせたり，おもちゃ図書館でおもちゃを借りることもできる。保育ママ同士が預かっている子どもたちを連れて集まる日を設けて，互いに情報交換したり，子ども同士が大きい集団を経験できる機会を提供するセンターもある。

　カウンセリングも行う。読み書き力を促進するプログラムは，カナダの公用語である英語や仏語を解さない移民として来た人などが，現地語に早くなじめるよう提供するプログラムで，子育てをするうえでも必要な支援となる。その他，健康と安全の促進，食事と栄養の支援，就労支援，他サービスへの紹介なども必要があれば行う。生活支援として寄付等で集まった食料や衣類を必要な人に渡す支援や住宅斡旋なども行う。

　ドロップインは基本的にノンプログラムであり，いつ来て，何をするか，い

つ帰るかは自分で決める。自分の選択，自己決定が尊重される。片隅で15分ほどのリズム遊びなどが時折行われるが，自由参加でやりたい者だけが集まる。多民族が暮らすトロントのドロップインは民族のるつぼの感があり，外見，服装もさることながら，彼らのもつ文化や価値観が多様であることが推測される。多文化主義がそれらを尊重し受け入れる文化を形成しているのである。

## 4．家族支援スタッフの姿勢

　ドロップインのスタッフは，福祉や心理学の専門性をもつ人が多いようだが，かつて利用者であった親を雇用することもある。親の立場がわかることや，スタッフの多様性を保つためである。親，保育者や大人の担当スタッフと子どもの担当が分かれていて，乳児担当責任者などもいるようだ。その他，実習生，ボランティアも受け入れていて，現場は多様な大人に見守られることになる。実習生の指導要綱も大学との連携でしっかりしたものがある。ライアソン大学チェンスクールの家族支援資格コースは終了しつつあるが，カリキュラム，科目内容のレベルはかなり高い。ブリックステッド（Blickstead, M. L.）の資料が[39]，家族支援スタッフのあるべき姿勢として示す項目には次のようなものがある。

- ・家族のニーズに応える：家族が伝えるニーズに対応する。
- ・信念や価値観に対して敬意を示す：それぞれの家族がもつ価値観や信念の違いを尊重し，受け止める。
- ・秘密を守る……しかし通報の権利について理解する：守秘義務を守ると同時に，必要なときには通報の義務があることを承知しておく。
- ・毎日反省しながら実践する：スタッフ会議での議論，助言を受ける，日記をつけるなど，これでよかったのか常に反省をして実践に活かす。
- ・専門性を高めることに全力を尽くす：研鑽を怠らない。

　その他，訪問した現場でよく聞かされたことは，家族に対して判断しない，押しつけない，情報や選択肢は示すが，決めるのは家族自身とする。家族に何かをしてあげるのではなく，家族自身が力をつけて自らできるよう，エンパワーされるように手を貸すということであった。

ドロップインには日々どんな人が訪れるかわからない。異なった文化，気分，ニーズ，価値観，偏見，社会的スキル，傷つき，問題を抱えて，等々さまざまな不特定の人々が集まる場である。来なくてはならない場所ではない。初めは勇気を奮い立たせなければ来られない人もいる。初めての人には特に細心の配慮が必要である。来てほっとする，来てよかったと思える場にするためにスタッフはどうあったらよいか，日々心を砕く仕事である。

## 5．オンタリオ・アーリー・イヤーズプログラム[40]

　2001年5月オンタリオ州政府は州内に，健康な子どもの重要な発達過程を助けるために子どもと家族へのサービスを強化し，地域レベルのニーズに応える柔軟に計画されたアーリー・イヤーズプログラムをスタートさせた。実績のあるファミリー・リソースセンターに委託して，州内に103か所，トロントはそのうちの22か所に加えて先住民とフランス語のセンター各1か所の24か所を開設している。委託されたセンターはファミリー・リソースとアーリー・イヤーズという2枚の看板を掲げて，週に何日かアーリー・イヤーズプログラムを実施している。

　プログラムは対象を6歳までの子どもと親，保育者としているが，その理由として，誕生前から6歳までは，人生のどの時期よりも脳の発達と後の学習，行動そして健康に最も重要な影響を与えるため，としている。学校生活にスムーズに入れる準備という位置づけもある[41]。子どもが人生の健康なスタートを切れるよう，安全で親しみやすい環境で子どもの学ぶ力を強化する幅広い学習活動，普遍性の原則に即した以下の9つのセットをすべての子どもに提供する。

　プログラムが提供するのは，①親子が早期から一緒に学ぶ機会，②健康な子どもの発達，③栄養などすべての側面に関わる情報と支援，④妊娠・産前産後に必要な情報と訓練，⑤地域でこのプログラムを受けられるセンターの情報，⑥親の孤立を防ぐためのケアワーカー，⑦肯定的な親の経験を話し合うグループ情報，⑧ボランティアの紹介，⑨プログラムの効果などのデータ処理である。

　アーリー・イヤーズプログラムはスタートから10年余を経て，2012年から13

年にかけてトロントの24センターで効果について調査が行われた。親や家族の満足度は7点中6.46点ときわめて高く、まずはスタッフの受け入れやニーズに対応する姿勢が評価されている。家で使えるアイデアや活動を教えてもらい、子ども同士が遊べて社会性を身につけた、学校にあがる準備になった、転入者が地域になじむよう助けられ、親へのサポートをもらい、友だちや地域でのつながりができたなど、子どもとともにセンターでたくさんのことを学んだという。障がい児をもつ親もこのプログラムが子どものニーズに合っていたと評価した。スタッフと子どもの相互交流を良いとした親は87.5%、子ども同士の関係は83.3%の親が良かったとしており、このプログラムが地域に根ざし、家族への支援とともに乳幼児の発達と学びを保障していることがわかる。これらは親子の問題、たとえば育児不安や虐待、学校での不適応、人間関係の問題などを未然に防ぐ予防的役割を果たしていると考えられる。

## 第6節　日本の保育への示唆——カナダの保育から学ぶこと

　人口も減少に転じた日本が世界に存在するためには、一人ひとりがもつ力を最大限に発揮していくことが求められ、そのために教育、保育の果たす役割は大きい。以下に、カナダの保育から学び、日本に提案したいことを述べる。

### 1．多文化・多様性を学べる保育

　多民族でつくりあげた国カナダでは、民族間の垣根が低く、互いに尊重しながら融合してコミュニティをつくり、社会、国家を形成している。少数の人々、スペシャルニーズをもつ人々も包み込んだインクルージョンを実現して、違いを認め個性を尊重して一人ひとりを活かす保育・教育を行っている。世界に伍していける人材は多文化・多様性に対応できる人材でもある。多文化・多様性を盛り込んだ環境をつくり、子どもが自然に異文化や多様性を理解し身につけられるような保育を提案したい。

## 2．子ども主体，子どもから出発する保育

　個性を尊重し一人ひとりを活かす保育のために，子どもをしっかり観察し，その言動や関心から保育カリキュラムを組み立てる。それは一人ひとりと対峙できる保育者のゆとり——担当する子ども数が少ないことや子どもを観察し理解する力量を身につける学びなどから生まれる。保育の量ではなく質を高めるために，カナダの少人数クラス，子どもから出発する保育に学ぶことは多い。

## 3．家族への対応——家族支援と地域づくり

　子どもが育つ家族という環境，その周りのコミュニティを視野に入れたカナダの家族支援の要素を取り入れたい。家族のニーズに応え，家族自身が力をつけて子どもを導く力をつける支援を広めること，親子で学び家族同士が交流できる場をつくり，必要な支援を提供できる支援者の力量を育成していくことなどを課題としたい。

注

(1) Ministry of Education, Early Learning Division. *PROVINCIAL RESPONSI-BILITY FOR CHILD CARE 2012* (http://www.edu.gov.on.ca/childcare).
(2) Friendly, M. (2000). *History and Vision: Blending Child Care and Early Childhood Education.* Social Policy Unit, University of Regina.
(3) Child Care Branch Ministry of Community and School Services (1992). *Child Care Reform, Setting the Stage.* A Public Consultation Paper.
(4) McCain, M. & Mustard, J. F. (1999). *Early Years Study, Reversing the Real Brain Drain. Final Report.* Ontario Ministry of Children and Youth Services.
(5) Lummis, M. L. (2006). *The Scope of Child Care in Canada. A snapshot of the journey child care has taken and present day practices in Canada.* 講演資料 by Sir Sandford Fleming College, Peterborough.
(6) Fisher, M. (1990). *The Family Resource Centre TRAINING SOURCEBOOK.*
(7) The Children's Storefront A Child-Parent Centre. Toronto 1980
(8) Employment and Social Development Canada (2015). *Public Investments in Early Childhood Education and Care in Canada 2013*, p. 5. (http://www.esdc.

gc.ca/eng/child_family/childhood/early_childhood_education_care_report_2013.shtml)

(9) Childcare Resource and Research Unit (2013). *The state of early childhood education and care in Canada 2010: Trends and analysis*, p. 9. (http://www.childcarecanada.org/sites/default/files/state_ecec_canada_2010_CRRU.pdf)

(10) Association Early Childhood Educators Ontario. *Full Day Kindergarten*. (http://www.aeceo.ca/full_day_kindergarten)

Ontario Ministry of Education. *Who is working in the classroom?* (http://www.edu.gov.on.ca/kindergarten/whoisworkingintheclassroom.html)

Ontario Ministry of Education. *What happens before and after school?* (http://www.edu.gov.on.ca/kindergarten/whathappensbeforeandafterschool.html)

(11) Government of Canada (2016). *Early Childhood Educators and Assistants.* (http://www.servicecanada.gc.ca/eng/qc/job_futures/statistics/4214.shtml)

Government of Canada (2016). *4214 Early childhood educators and assistants*. (http://cnp.edsc.gc.ca/English/noc/QuickSearch.aspx?ver=16&val65=4214)

Government of Canada (2016). *Elementary School and Kindergarten Teachers.* (http://www.servicecanada.gc.ca/eng/qc/job_futures/statistics/4142.shtml)

Government of Canada (2016). *4032 Elementary school and kindergarten teachers.* (http://cnp.edsc.gc.ca/English/NOC/QuickSearch.aspx?ver=16&val65=4032)

(12) Association of Early Childhood Educators Ontario. *Public Policy and the Early Childhood Educators.* (http://www.aeceo.ca/public_policy)

Association of Early Childhood Educators Ontario. *Full Day Kindergarten.* (http://www.aeceo.ca/full_day_kindergarten)

Ontario Ministry of Education. *Who is working in the classroom?* (http://www.edu.gov.on.ca/kindergarten/whoisworkingintheclassroom.html)

Mary-Louise Vanderlee, Brock University, Sandy Youmans, Queen's University, Ray Peters, Queen's University, Jennifer Eastabrook, Queen's University (2012). *Final Report: Evaluation of the Implementation of the Ontario Full-Day Early Learning-Kindergarten Program*, p. 6. (http://educ.queensu.ca/sites/webpublish.queensu.ca.educwww/files/files/Research/SPEG/SPEG%20Full%20Day%20Early%20Learning%20Kindergarten%20Report.pdf)

Caroline Alphonso (2014). *THE GLOBE AND MAIL, Crowded, chaotic classrooms hurt Ontario full-day kindergarten push.* (http://www.theglobeandmail.com/news/national/parents-describe-ontario-kindergartens-as-chaotic/

article20295459/)
(13) PARLIAMENTARY INFORMATION AND RESEARCH SERVICE (2007). *CHILD CARE IN CANADA: THE FEDERAL ROLE p6*, Julie Cool Political and Social Affairs Division Revised 16 April 2007. (http://www.parl.gc.ca/content/LOP/ResearchPublications/prb0420-e.pdf)
(14) Kerry McCuaig, Fellow Early Childhood Policy, Atkinson Centre/OISE (2014). *Review of Early Learning Frameworks in Canada*. (http://www.oise.utoronto.ca/atkinson/UserFiles/File/Resources_Topics/Resources_Topics_CurriculumPedagogy/Review_of_Early_Learning_Frameworks_in_Canada-all.pdf)
(15) Ontario Institute for Studies in Education/University of Toronto (2014). *Early Childhood education Report 2014*, p. 14. (http://atkinsonfoundation.ca/wp-content/uploads/2014/11/early-childhood-education-report2014-eng.pdf)
(16) Ontario Ministry of Education. *The Full-Day Early Learning—Kindergarten Program Draft Version 2010-2011*, p. 2. (http://edu.gov.on.ca/eng/curriculum/elementary/kindergarten_english_june3.pdf)
Ontario Ministry of Education (2007). *Early Learning for Every Child Today A framework for Ontario early childhood settings Best Start Expert Panel on Early Learning · January 2007*, p. 5. (http://www.edu.gov.on.ca/childcare/oelf/continuum/continuum.pdf)
Ontario Ministry of Education (2014). *How does learning happen? Ontario's Pedagogy for the Early Years*, p. 5, p. 7. (http://www.edu.gov.on.ca/childcare/HowLearningHappens.pdf)
(17) Council of Ministers of Education, Canada/CMEC Early Childhood Learning and Development Working Group (2014). *CMEC Early Learning and Development Framework*. (http://www.cmec.ca/Publications/Lists/Publications/Attachments/327/2014-07-Early-Learning-Framework-EN.pdf)
(18) Statistics Canada (2016). *Immigration and Ethnocultural Diversity in Canada National Household Survey, 2011*, p. 4, p. 8. (http://www12.statcan.gc.ca/nhs-enm/2011/as-sa/99-010-x/99-010-x2011001-eng.cfm)
(19) Crowther, I. (2005). *Introduction to Early Childhood Education: a Canadian Perspective*. Toronto, ON: Nelson, a division of Thomson Canada Limited, p. 195.
(20) Ontario Ministry of Education. *Principle 3*. (http://www.edu.gov.on.ca/childcare/oelf/principles/principle3/index.html)

(21) Seneca College. *Early Childhood education.* (http://www.senecacollege.ca/fulltime/ECE.html)
(22) 前掲(19), p. 209.
(23) 取材協力・資料提供：*Seneca College Early Childhood Education Observation Laboratory Teaching School Newnham Campus.*
(24) Ontario Ministry of Education (2015). *The New Child Care and Early Years Act What Providers and Parents Need to Know,* p. 5. (https://dr6j45jk9xcmk.cloudfront.net/documents/4648/what-parents-need-to-know-en-08062015.pdf)
(25) 前掲(19), p. 209.
(26) 前掲(19), p. 196.
(27) Shipley, D. (2008). *Empowering Children Play-Based Curriculum for Lifelong Learning.* Toronto, ON, Nelson, a division of Thomson Canada Limited, p. 434.
(28) 前掲(27), p. 124.
(29) 前掲(27), pp. 126-130.
(30) 取材協力：*Seneca College Early Childhood Education Observation Laboratory Teaching School Newnham Campus.*
資料・写真提供：*Maya-Rose Simon* (*Seneca College Early Childhood Education Observation Laboratory Teaching School*)
(31) 前掲(27), p. 144.
(32) 取材協力：*Seneca College Early Childhood Education Observation Laboratory Teaching School Newnham Campus.*
資料・写真提供：*Laura Salau* (*Seneca College Early Childhood Education Observation Laboratory Teaching School*)
(33) Kyle, I., & Kellerman, M. (1998). *Case Studies of Canadian Family Resource Programs Supporting Families, Children & Communities.* Canadian Association of Family Resource Programs, p. 18.
(34) FRP Canada. (2002). *What is a Family Support Program?*
(35) 前掲(6)。
(36) www.rootsofempathy.org/ 参照。
(37) Martha Lee-Blickstead (2005). *Child and Family Support in Canada.* The Chang School, Ryerson University. (関東学院大学における講演資料)
(38) 子ども家庭リソースセンター（編）『Nobody's Perfect 活用の手引き』ドメス出版，2003年。
(39) 前掲(37)。

⑷0) Ontario Early Years. *A CELEBRATION OF ONTARIO EARLY YEARES CENTRES.*（www.ontarioearlyyears.ca）
⑷1) 前掲(4)。
⑷2) The Toronto Network of Ontario Early Years Centres (2013). *How are we doing？ Ontario Early Years Centres in Toronto Evaluation Report.*

## 第7章

# ニュージーランド

「学びの物語」と保育の質向上の取り組み

鈴木佐喜子

　幼保一元化を実現しカリキュラム「テ・ファリキ（Te Whāriki）」（1996年）とアセスメント「学びの物語（Learning Stories）」をつくりだしたニュージーランドの保育に世界の関心が高まっている。「テ・ファリキ」は，OECDのカリキュラムの比較研究に5つの代表的なカリキュラムの一つとして取り上げられ，[1]「学びの物語」に対する関心は国境を越えて広がり，多くの国の保育現場で「学びの物語」のアプローチを取り入れた実践が展開されている。[2]

　また，『学校評価のしくみをどう創るか——先進5カ国に学ぶ自律性の育て方』がその冒頭でニュージーランドを紹介しているように，ニュージーランドは，学校・保育施設の外部評価（Education Review）や自己評価（Self-Review）において多くの経験や蓄積を有する国でもある。[3]

　本章では，「学びの物語」と保育の質に焦点を当て，ニュージーランドの保育が何をどのように達成してきたか，直面する課題は何かを明らかにしたい。なお，教育省のもとに幼保一元化されたニュージーランドでは，「教育（education）」「教師（teacher）」を使用することが一般的であるため，原著に従って「教育」「教師」を使用する。しかし，「教育」は「保育（education and care）」と同じ意味で用いられ，「保育園の実践者あるいは職員は教えるという行為を行わない，あるいは教師がケアをしないということを意味するものではない」[4]ことをつけ加えておく。

## 第1節　保育の質に関わる保育政策の展開

### 1．幼保一元化と保育制度の整備

　ニュージーランドは世界有数の「高度福祉国家」であった。しかし，オイルショックを契機として深刻な経済・財政危機に直面したニュージーランドは，1980年代後半から1990年代にかけて，小さな政府，市場原理・競争原理に基づく行財政改革を断行した。国有事業の民営化，医療費負担の導入など，広範な分野で改革が行われ，福祉は大きく後退した。改革の波は教育分野にも及び，公正，教育の質，効率性，効果を基本原理として，就学前教育から高等教育にいたる公教育制度全体の抜本的改革が図られた。[5]

　ニュージーランドには，幼稚園，保育園を含む保育センター（Education and care centre），家庭的保育サービス，コハンガ・レオ（Kōhanga Reo）[6]，プレイセンターなど，多様な保育施設があるが，1986年，幼保一元化によりすべての保育施設が教育省の管轄となった。保育施設の多様性を尊重しつつ，統一的なカリキュラム，施設の認可・補助金制度，教員養成制度等の整備・確立がめざされ，公的な性格が強い幼稚園と他の保育施設との格差を解消し，保育の質を維持・向上させることが課題とされた。

　1996年，ニュージーランドで最初のナショナル・カリキュラム「テ・ファリキ」が誕生した。ナショナル・カリキュラムが保育施設の自主性・独立性を脅かすのではないか，学校のカリキュラムが保育に下ろされてくるのではないかという危機感があるなかで，政府から委託を受けたヘレン・メイ（May, H.）とマーガレット・カー（Carr, M.）は，5年の歳月をかけ，トップダウンではなく，保育諸団体と協議を重ね政府と粘り強く交渉するなかでカリキュラムをつくり上げた。「ファリキ（Whāriki）」は，マオリ語で織物のマットを意味し，「テ・ファリキ」を共通の基盤としながら，具体的な内容はそれぞれの保育施設が多様に織り上げていくという意味が込められている。「心，身体，精神において健康であり，所属感や社会に価値ある貢献をすることのできる知識をも

ち，有能で自信に満ちた学び手，コミュニケーションの担い手として子どもたちが成長していくことをめざす」というビジョンの下に，①エンパワメント（Empowerment），②全体的発達（Holistic Development），③家族と地域社会（Family and Community），④関係性（Relationships）の4つの原理と，①健康と幸福（Well-being），②所属感（Belonging），③貢献（Contribution），④コミュニケーション（Communication），⑤探求（Exploration），という子どもの発達と学びの分野である5つの領域が設定されている。

「テ・ファリキ」は，西欧のカリキュラムに支配的な伝統的発達段階アプローチとは大きく異なり，その基礎には子どもの学びを広い社会や文化の文脈のなかで捉える社会文化的理論が据えられている。人間発達を社会・文化的な視点で捉え，家族や地域社会の文化・価値観を保育のなかに位置づけることを重視し，何歳で何を教えなければならないという構造的なカリキュラムではなく，一人ひとりの子どもの学びに視点を当てたカリキュラムである。

## 2．質の高い保育・幼児教育への参加の拡大

質の高い保育への参加を拡大することが，保育政策の重点課題となっている。1990年代，子どもの発達にもたらす保育効果を明らかにする研究が盛んに行われた。これらの研究結果は，保育が子ども・家族・社会にもたらす効果についての認識を高め，保育における政府の役割・関与を大きく浮上させた。

2002年，教育省「未来への道――乳幼児教育の戦略的10か年計画（Pathways to the Future: A 10-year strategic plan for early childhood education. 以下「未来への道」）」は，質の高い保育に多くの子どもたちを参加させることを目標として掲げ，就園率の増加を図るため，親・ファナウ（拡大家族）への情報提供，補助金等が提案された。2007年，政府は保育への参加を促進する方策として，教師主導型保育サービス（teacher-led ECE Services＝幼稚園，保育センター，家庭的保育サービス）に参加する3・4歳児に対する「20時間無償幼児教育（20 Hours Free Early Childhood Education）」を導入し，1日最大6時間，週最大20時間の保育料が無償化された。労働党から政権を引き継いだ国民党現政権は，2010年，

「20時間幼児教育（20 Hours ECE）」を制定し，5歳児や親主導型保育サービス（parent-led ECE Services＝プレイセンター，コハンガ・レオ）にも無償化を拡大した。政府は，2016年までに就学時の子どもの就園率を98％とする目標を掲げ，就園率の低いマオリや太平洋諸島グループ，低所得層に焦点を当て，就園率を高めるさまざまな施策を策定している。これらの施策の効果もあり，就学時点での子どもの就園率は2004年の93.0％から2014年には95.9％へと上昇している。子どもが保育施設で過ごす時間も，2004年の平均週16.1時間から2013年には21.7時間に上昇している(7)。

女性の就労率の上昇もあり，年齢別登録児童の割合も，2004年と2013年では，1歳未満10％から15％，1歳29％から44％，2歳48％から65％，3歳85％から96％，4歳96％から100％と各年齢で上昇している(8)。なお，登録割合は，1つ以上の保育サービスに重複登録している場合があるため実際の就園率よりも高い数字となっている。また，義務教育は6歳であるが，5歳の誕生日の翌日から親の選択により小学校に通うことが一般的であるため，5歳児の登録割合はごく少数である。

## 3．保育施設における有資格・登録教員の割合をめぐって

保育施設における有資格・登録教員を増やすことは，保育の質に関わる重要な課題でありながら常に政策的な争点となってきた。幼稚園では全員が有資格・登録教員であるのに対して，他の保育施設では長い間，有資格者は責任者1名と規定されてきた(9)。1999年の保育施設職員のうち，ディプロマ資格（Diploma of Teaching）・それと同等の資格をもつ職員は35％にすぎず，20％は無資格者であった(10)。

「未来への道」は，教師主導型保育施設の正規職員について，2007年に50％，2010年に80％，2012年には全職員を「完全登録教員（Full Registered Teacher）」または「暫定登録教員（Provisional Registered Teacher）」にするという目標を掲げた。ニュージーランドには「教員登録制度（Teacher Registration）」があり，教員はニュージーランド教育審議会（New Zealand Education Council: EDU-

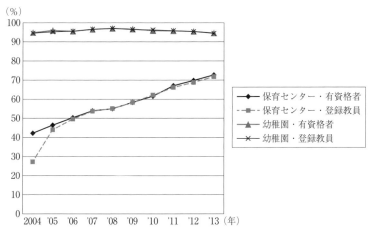

図7-1 幼稚園・保育センターにおける有資格者・登録教員の割合の推移
出所：Education Counts, Annual ECE Census: Summary Report 2013より筆者作成。

CANZ, 2015年に New Zealand Teachers Council: NZTC より改組）に登録することが必要である。「暫定登録教員」とは，資格を取得した新人教員が登録するカテゴリーで，2年以上の研修を受け，教育審議会に登録が認められれば「完全登録教員」へ移行する。

　政府は，「未来への道」の目標達成に向けて，奨学金制度，登録教員の割合に応じた施設への補助金等の方策を講じ，有資格・登録教員の拡大に力を入れた。その結果，有資格者の割合は2002年48.6％から2013年76.2％，登録教員の割合は，2002年34.7％から2013年75.4％へと増大した。[11] 保育センターにおける有資格保育者の割合は，2004年42.2％から2013年72.7％，登録教員の割合は2004年27.3％から2013年71.8％となり，9年間で有資格者は30.5ポイント，登録教員は44.5ポイント増加した（図7-1）。

　しかし，国民党政権は，「教育（乳幼児サービス）規則（Education〔Early Childhood Services〕Regulations 2008)」において，教師主導型保育施設における有資格教員の割合を50％以上（責任者を含む）と明記するにとどめ，「未来への道」が掲げた2012年には全職員を登録教員にするという目標を80％に引き下げ

た。急増している営利の保育センター経営者が、利益の確保や親の保育料負担の増加を根拠に認可基準の資格要件を高めることに反対していることが背景にあると言われている。メイは、ニュージーランドは保育料、保育者の給料、保育の質に関して、ほとんど監視なしに私立保育センターが政府の補助金を受け取ることのできるOECD諸国で唯一の国であると指摘している。[12]登録教員の割合を高めるための保育施設に対する「暫定登録教員支援補助金（Support Grant for Provisionally Registered Teacher）」も100％枠が廃止され80％までとなった。保育センターのなかには補助金削減によって経営が困難になり、人員削減や有資格・登録教員の削減を行い再び無資格者を雇用するなどの影響が出てきていると言われている。オタゴ大学のアン・ミード（Mead, A.）らは、有資格教員の割合が100％の保育センターと59～79％の保育センターの保育を比較検討し、100％のセンターの子どもたちのほうが教育的働きかけや学びにおいて肯定的な恩恵を受けていることを明らかにした。この結果を踏まえて、すべての保育センター、特に乳児を保育するセンターでは、少なくとも80％は有資格教員であることが不可欠であると提言している。[13]有資格・登録教員の割合を増やすことは依然として課題であり、政策的争点となっているのである。

## 4．施設規模、大人と子どもの比率に関する規定の後退

「未来への道」では、保育の質の向上に関する目標として、施設規模や大人と子どもの比率（保育者1人当たりの子どもの数）の改善が提案された。しかし、政権交代による保育政策の転換に伴い、保育条件の改善も後退した。「教育（乳幼児センター）規則1998」で定められていた施設規模は、2歳未満25人以内、2歳以上50人以内、2歳未満・2歳以上混合の場合25人以内であったが、「教育（乳幼児サービス）規則2008」では、2歳未満25人以内、ただし必要な要件を満たしていれば75人まで、2歳以上150人以内、混合の場合50人以内、ただし必要な要件を満たしていれば150人まで（2歳未満は75人まで）へと大幅に緩和された。ニュージーランドにはクラス別の子どもの人数に関する規定が存在しないこともあり、保育の質の低下を危惧する声が保育関係者からあがっている。

「教育（乳幼児センター）規則1998」は，大人と子どもの比率を，2歳未満では半日・全日保育ともに5：1，2歳以上では半日保育でおよそ15：1，全日保育でおよそ10：1と定めている。0歳児5：1の保育条件は厳しく，良心的な保育施設では保育者を多く配置している。「未来への道」は，子どもと職員の比率の見直しを課題として掲げ，改善案の検討が行われてきたが，現政権のもとでの改善は見送られ，現行のままとなった。

## 第2節　保育の外部評価（Education Review）と自己評価（Self-Review）

### 1．教育評価局（ERO）による外部評価

　ニュージーランドでは1989年，教育評価局（Education Review Office：ERO）が設立され，学校・保育施設の外部評価が実施されている。外部評価導入当初は，評価結果が学校の改善に結びついていない等の意見が数多く寄せられ，評価システム，評価指標などの改善が幾度となく重ねられた。2001年，「アカウンタビリティ評価（Accountability Review）」を「教育評価（Education Review）」に変更し，「教育の質の向上」が評価の中心に据えられた。同時に，学校・保育施設の自己評価が重視され，「教育の質の向上」に向けた支援機能の強化・充実がめざされることとなった。教育評価局の外部評価と保育施設の自己評価(Self-Review)とは「補足し合う関係」と捉えられ，評価力の構築に向けて保育施設の自己評価の強化を支援することが外部評価の役割とされた。個々の学校・保育施設に対する外部評価は3年ごとに実施されていたが，現在では評価結果を4つの段階に区分し，次の評価時期を定めるように変更されている。評価結果が「非常に良い」場合は4年後，「良い」場合は3年後，「さらなる向上が求められる」場合は2年以内，「良くない」と評価された学校・施設は教育省が認可要件に適合すると認めるまで教育評価は実施されない。

　教育評価局は，2013年，「ヘ・ポウ・タタキ　EROはどのように保育サービスを評価するのか（HE POU TATAKI How ERO reviews early childhood services)」のなかで保育施設における教育評価の新たな枠組みを提示した。「すべ

ての子どもたちの好ましい学びの成果 (learning outcomes) を促進する」ことが教育評価の中心に据えられ，「好ましい学びの成果を促進する」ために，①どのようにビジョン，理念と方針を決定しているか，②どのようにリーダーシップが発揮されているか，③誰の知識が尊重され，どのようにカリキュラムが構成されているか，④教育的働きかけと学びに対するアプローチはどのように多様性に対応し，学びの成果を援助しているか，という4つの枠組みが提示された。現政権の重点課題である保育施設における「学びの成果」の明確化を念頭に置きつつも，読み書き能力 (literacy) や基礎的計算能力 (numeracy) という就学準備に直結した狭い観点から「学びの成果」を捉えるのではなく，保育施設における実績に視点を当て，幅広く「学びの成果」を捉えるという観点を堅持したのであった。

## 2．保育施設の自己評価 (Self-Review)

　教育評価局 (ERO)，教育省ともに，保育の質を維持・向上するために保育施設の自己評価 (Self-Review) を重視している。1996年，「テ・ファリキ」に沿って改訂された「改訂版：ニュージーランド認可保育サービスのための望ましい目的と実践 (Revised Statement of Desirable Objection and Practices for Chartered Early Childhood Services in New Zealand: DOPs)」のなかで，保育施設は内部評価 (internal review) を実施し保育を評価・改善することが明記された。2006年，教育省から出された「乳幼児教育のための自己評価ガイドライン (Nga Arohaehae Whai Hua: Self-Review Guidelines for Early Childhood Education)」は，自己評価の目的を「説明責任と保育の改善」と定め，自己評価を「実践を評価する (evaluate) ために保育サービスの内部において引き受けられる評価 (review)」と定義している。「自己評価ガイドライン」は，子どもたちの学びの実践を改善することに向け，①準備 (Preparing)：何をなぜ，検討するのか，検討の焦点，指標，資源や計画を明確にする，②収集 (Gathering)：判断根拠となる情報を収集する，③情報の意味の解明 (Making sense)：情報を分析し，収集した情報の個々の側面を綿密に吟味する，④決定 (Deciding)：明

らかになった課題について改善のための計画を立てる，という4つの評価プロセスを提示している。[17]自己評価は，施設全体の集団的・協同的な実践と捉えられ，保育施設の保育者が協同で実践上の問題点・課題を定め，さまざまな情報・データを収集・分析し，多様な視点から自らの実践を振り返り，実践の改善につなげていく取り組みなのである。[18]

「自己評価ガイドライン」には，自己評価の実践事例が紹介されているが，保育施設によって課題も情報収集・分析の方法も多様であり，自己評価が画一的なものではないことがわかる。重要なことは，保育施設が何をどのように調査検討し改善につなげたか，そのプロセスや結果をエビデンスに基づいて明らかにすることにある。アクション・リサーチが提起した「研究者としての教師」，レッジョ・エミリアによる集団的な省察の取り組みなどの知見と実践の蓄積が，現在の自己評価の考え方や実践につながっている。[19]

## 第3節 「学びの物語」が提起したアセスメントの転換

### 1.「テ・ファリキ」に基づくアセスメント「学びの物語」

「学びの物語」は，マーガレット・カーが実践者との共同プロジェクトのなかで開発した「テ・ファリキ」に基づく新しいアセスメント（assessment）の理論と実践である。アセスメントは，通常，教育的決定のための論拠として子どもの発達や学習に関するデータを収集することを意味しているが，その目的は，①個々の子どもや保育プログラムを計画し支援する，②特別なサービスや介入に向けた教育的ニーズを特定し支援につなげる，③保育プログラムを評価しプログラムを改善する，あるいは説明責任を果たす，④補助金等，公的施策決定の判断材料とするなど，多様な目的，異なる側面を含んで発展してきた。[20]

ニュージーランドの保育施設において一般的に行われていたアセスメントは，就学に向けて必要なスキル（自分の名前を書く，基本的な生活習慣の自立，初歩的な算数等）をチェックリストによってチェックするというものであり，「テ・ファリキ」の理念や多くの保育者が大切にしたいと考える保育とはかけ離れたも

表7-1　2つのアセスメントモデル

| | 筆者の旧来のモデル | 新しいモデル |
|---|---|---|
| 何を目的にアセスメントを行うか | 小学校入学時に「有能」とされるスキルを簡単なリストに沿ってチェックするため | 学びを促すため |
| 乳幼児期に大切な学びの成果とは何か | 断片的で文脈とは無関係な、学校に適応するためのスキルを身につけること | 学びの構えを育むこと |
| どこに焦点を当てて介入を行うか | 問題点、「できないこと」を「できる」ようにさせることが前景化される | 子どもを信頼し、学びの構えを育むことが前景化される |
| どのように妥当性を確保するのか | 客観的に観察する | 観察されたことについて解釈し、それについて議論し合い、合意を形成する |
| どのように成長をとらえるのか | スキルを蓄積していくこと | 参加のレパートリーが広がり複雑になっていくこと |
| どのようにアセスメントを行うのか | チェックリストを用いる | 学びの物語を書く |
| アセスメントは実践者にとっていかなる価値があるのか | 外部機関による監視・評価 | 4種類の関係者（子どもたち、家族、他の職員、実践者本人）とコミュニケーションをはかること |

出所：マーガレット・カー，大宮勇雄・鈴木佐喜子（訳）『保育の場で子どもの学びをアセスメントする――「学びの物語」アプローチの理論と実践』ひとなる書房，2013年，p. 20.

のであった。また，保育に対する「評価のまなざし」「監視」，「就学準備」に向けた国や学校からの圧力が強まるなかで，子どもたちの学びを守り専門的知識に裏づけられたアセスメントの理論と方法をもつことが保育の重要な課題とされた。「学びの物語」の理論と実践は，「外部への説明責任と応答的な教育的働きかけを結びつけることをめざして考案された」[21]のである。「学びの物語」は，アセスメントの捉え方を変え，子ども，保育者双方にとって意味あるものに転換したという点で非常に大きな意味をもっている[22]。まず，「学びの物語」が提起した学びやアセスメントの捉え方の転換とその意味を明らかにしていきたい（表7-1参照）。

## 2. 子どもへの信頼を基礎に「学びの構え」を育む

「学びの物語」が提起したことの第一は，子ども理解と，乳幼児期に育む「学びの成果」の捉え方の転換である。「学びの物語」は，子どもを働きかけの対象と捉えるのではなく，「子どもは有能な学び手」だという子ども観に立ち，子ども自身の学ぶ力と可能性への信頼を基礎としたアセスメントである。保育者側の視点から子どもの「できないこと」や「問題点」に焦点を当てて「できる」ように働きかけるのではなく，子どもを信頼して子ども自身の関心や視点を探り「学びの構えを育むこと」に焦点が当てられている。

また，「乳幼児期の学びの成果」は，就学や学校への適応に向けた知識やスキルの獲得から「学びの構えを育むこと」へと転換され，子どもの学びを捉える視点として，①関心をもつ，②熱中する，③困難や不確かなことに取り組む，④他者とコミュニケーションする，⑤自ら責任を担うという5つの「学びの構え（learning dispositions）」が提起された。5つの「学びの構え」は，保育者がこれらの行動に焦点を当てて観察し，価値づけ，援助することを通じて「テ・ファリキ」の人間像である有能で自信に満ちた学び手，コミュニケーションの担い手として子どもが育っていくことを意図するものである[23]。カーの近著では「学びの構え」を中核とした「学び手としてのアイデンティティ」構築という観点がより明確に打ち出されている[24]。

## 3. ナラティヴ・アプローチによる形成的アセスメント

「学びの物語」が提起したことの第二は，アセスメントの方法の転換である。「学びの物語」は，アセスメントにテストやチェックリストを用いるのではなく，保育者が「学びの物語を書く」というナラティヴ・アプローチを採用した。テストやチェックリストでは，保育の場における子どもの学びの豊かさ，複雑さを捉えることができないからである。カーはサロモン（Salomon, G.）の言葉[25]を引用して，「学びの物語」は，「実際の教室のなかで起こる豊かで複雑で相互に関連し合っている出来事や行為」に参加しながら，子どもたちがどんな意味を構築しているかを見いだすための窓であると主張する。保育者が綴るナラテ

ィヴ,「学びの物語」こそが,子どもたちの学びの複雑さや豊かさを捉えることを可能にすると考えられたのである。

「学びの物語」では,「学びを捉える (Describing)」,「話し合う (Discussing)」,「記録をつくる (Documenting)」,「次にどうするか判断する (Deciding)」という4つのプロセスが提起された。子どもの姿から出発し,子どもの学びの理解を話し合いや記録によって深めるだけでなく,保育者が捉えた子どもの学びの事実に立脚して「次にどうするか判断」し計画することを含んでいる。つまり「学びの物語」は,カリキュラム終了後に行われる「総括的 (summative) アセスメント」ではなく,「学びの向上のために不可欠なもの」として日常的に行われ実践に生かされる「形成的 (formative) アセスメント」なのである[26]。

## 4.「外部機関による監視・評価」から子どもを取り巻く人々の合意形成へ

旧来のアセスメントでは,「いかなる学びの成果であれ,それを外から測る『客観的』な物差しあるいは基準が存在しなければならない」という前提のもと「客観的に観察する」ことが求められた。それに対して,「学びの物語」では「解釈的で質的なアプローチ」が求められた。情報をできる限り開示し,職員,家族が「観察されたことを解釈し,それについて議論し合い,合意を形成していく」ことがアセスメントの妥当性を確保すると考えられたのである[27]。

したがって,アセスメントの価値は,旧来モデルの「外部機関による監視・評価」から,新しいモデルの「4種の関係者(子どもたち,家族,他の職員,実践者本人)とコミュニケーションをはかること」へと転換された。アセスメントは,保育者を監視・評価するためのものでも,保育者個人や園内部に閉ざされたものでもなく,子ども,家族,他の職員と実践者本人が話し合い,子どもの学びの理解を深め,合意を形成していくものと捉えられた。大宮勇雄は,「保育の質」は「保育をつくり出している人々(保育者,子ども,親,地域)の手で判定され,その改善の方向の手がかりを得るために研究されるべきもの[28]」であると指摘している。「学びの物語」の保育実践を通じた保育者,親・家族,子どもたちによる「学び」の創造と相互理解の深化こそ,「保育の質」を高め

第7章 ニュージーランド

表7-2 「学びの物語」のアセスメントの書式例

子どもの名前：
日付：
観察者：

|  |  | 事例または手がかり | 学びの物語 |
|---|---|---|---|
| 所属 | 関心を持つ | この場所にある様々な話題や活動，役割等の中で興味をひかれるものを見つける。よく見知っているものに気づき，知らないものに出会うことを楽しむ。変化に対処する。 |  |
| 安心 | 熱中する | 一定の時間，注意を持続したり，安心感を持ち，他者を信頼する。他者と／あるいはモノを使って遊ぶことを楽しむ。 |  |
| 探索 | 困難に立ち向かう | 困難な課題を設定したり，選び取ったりする。「行き詰まった」時，様々な方略を使って問題を解決しようとする（具体的に）。 |  |
| コミュニケーション | 考えや感情を表現する | 多様な方法で（具体的に）。例えば，話し言葉，身振り・手振り，音楽，造形，文字，数や図形を使う。お話を作って披露する等。 |  |
| 貢献 | 自ら責任を担う | 他者，物語，想像上の出来事に応答する。ものごとが公正に運ぶようにする，自ら振り返る，他者を助ける，保育の進行に貢献する。 |  |

| 短期の振り返り | 次にどうする？ |
|---|---|
| 問い：ここでどのような学びが進行していると考えたか？（学びの物語の要点） | 問い：私たちは，これらの関心，能力，方略，構え，物語が<br>・さらに複雑になる<br>・保育プログラムの他の場面や活動にも現れてくるようにするにはどのように励ましたらいいか。<br>どうしたら私たちは，「学びの物語」の枠組みにおける次の「段階」に進むことを促すことができるか？ |

出所：マーガレット・カー，大宮勇雄・鈴木佐喜子（訳）『保育の場で子どもの学びをアセスメントする──「学びの物語」アプローチの理論と実践』ひとなる書房，2013年，p. 238を一部改変。

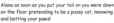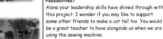

資料7-1　学びの物語1「アラナの猫の尻尾」
出所：Raechel Thompson, St. Peter's Childcare.（http://www.elp.co.nz/learning-stories.cfm）

ていく共同の保育「評価」の営みなのである。

## 第4節　「学びの物語」の保育実践

### 1.「学びの物語」の保育実践の実際

　共同プロジェクトに参加した実践者は，「学びの物語」のさまざまな書式を開発した（前頁表7-2参照）。子どもの意見を聞き取って記入する「子どもの声」，親が記入・作成する「親の声」「家庭での物語」を取り入れた書式も考案された。実践的視点を踏まえたアセスメントの方法や書式の開発は，「学びの物語」が保育者・保育施設に普及した一つの要因であろう。

　現在では，記録にパソコンやデジタルカメラを活用することが一般的になり，2つの記録事例のように，文章に写真を添え，書式にこだわらずに自由に作成

第 7 章　ニュージーランド

資料7-2　学びの物語2「危険を冒す」
出所：Donna Anderson, Molyneux Educare. 〈http://www.elp.co.nz/learning-stories.cfm〉

された「学びの物語」が多くなっている。「アラナの猫の尻尾」（学びの物語1）（資料7-1）は，「キャッツ」のDVDを観て，歌，ダンスや猫に夢中になった4歳のアラナが布で猫の尻尾をつくる物語である。猫の尻尾を作成する過程，週末に母親とミシンを使ってたくさんの物を作成してミシンの操作に自信をもつようになったこと，その力を友だちのなかで発揮することを「今後の可能性」として期待していること等が記述されている。「危険を冒す」（学びの物語2）（資料7-2）は，ビアンカ（15か月）が固定遊具に挑戦した物語である。階段を登る，スロープを滑りおりる等に挑戦するなかで，身体のバランスの調整の仕方を発見し，問題解決をめざして粘り強く取り組むことを学んだことが記述されている。

　「学びの物語」は，子ども，保育者，親・家族が共有する子どもの学びの記録として保育現場に定着している。学びの物語は保育室の壁に掲示され，その

後，個々の子どものポートフォリオに収められる。ポートフォリオは子どもが手に取って見られるように収納されており，許可を得れば家に持ち帰ることもできる。また，子どもが学校に入学する際，ポートフォリオを学校に持参する取り組みも増加しており，子どもの学校への移行を助け，学校の教師と保育施設の保育者とのコミュニケーションや相互理解を図る重要な手段となっている。「学びの物語」の記録は，教育評価局（ERO）による外部評価や保育施設の自己評価のエビデンスとしても活用されている。

## 2．「学びの物語」の保育現場への普及

「学びの物語」は保育現場に普及し，多くの保育者が「学びの物語」を取り入れて実践している。リンダ・ミッチェル（Mitcel, L.）の調査によると，学びのエピソードを記録するために「学びの物語」の枠組みを用いた教師／教育者は，2007年には94％にのぼっている[29]。なお，認可の保育施設ではアセスメント記録の作成が義務づけられているが，「学びの物語」が義務化されているわけではない。

「学びの物語」の保育現場への普及に大きな役割を果たしたのが，教育省のアセスメント実践事例集「ケイ・トゥア・オ・テ・パエ（地平線を越えて）学びのためのアセスメント：乳幼児実践例集（Kei Tua o te Pae Assessment for learning: Early Childhood Exemplars. 以下「アセスメント実践事例集」とする)」（2004～2009年）と「ケイ・トゥア・オ・テ・パエ専門性開発」である。先の調査によると「アセスメント実践事例集」を利用した教師／教育者は72％にのぼり，アセスメントの理論的基礎や使用法の理解，コミュニティの参加を促すために役立ったと回答している[30]。「ケイ・トゥア・オ・テ・パエ専門性開発」は，教育省が補助金を交付しアセスメントに関する研修や支援を保育施設や保育者に提供するものである。

「学びの物語」の実践事例を提供してくれた保育者を含め，多くの保育者が「学びの物語」に手応えを感じ，楽しみながら実践している。筆者の調査において，「とてもおもしろい！ 学びの物語を書くことでどのように子どもが学

んでいるか理解を深め，自分の保育の助けになっている」「わくわくして楽しい。また，親と子どもたちにとって意味があるアセスメントで，やりがいがある」「保育への楽しさや情熱を取り戻した」「それぞれが書いた学びの物語を見せ合い，その子どもの学びに対する別の意見，複数の見方を加えることができる。お互いに助け合い，助言し合って有能な保育者として成長していける」[31]などの意見が出されている。「学びの物語」は，保育者の意欲を高め，保育者の学び・成長，保育者の専門性の向上につながるアセスメントとなっているのである。

## 3.「学びの物語」実践の到達点と課題

　教育評価局（ERO）の報告書『乳幼児教育におけるアセスメントの質（*The Quality of Assessment in Early Childhood Education*, 2007)』は，外部評価結果を分析して，約3分の2の施設でアセスメントの方針と実践が検討されて取り組まれ，アセスメントが「テ・ファリキ」の4つの原理を反映していることを明らかにしている。特に，子どもの学びを目に見えるようにして子どもたちや親・ファナウ（拡大家族）と共有するという点で大きな前進が見られたことを評価している。

　同時に，アセスメント実践の課題も提起されている。教育評価局は，アセスメントにおいて子どもの学びと発達を振り返ること，学びにアセスメント情報を活用すること，自己評価にアセスメント情報を役立てるという点で，約半数の施設に改善が必要であると指摘している。また，地方の保育施設やプレイセンターにおいて質の高いアセスメント実践が少ないことの要因として，①専門性開発への参加の機会がないこと，②「ノン・コンタクト・タイム」（子どもから離れてアセスメント記録作成等の作業をする時間）や会議の保障がないこと，③ICT（情報通信技術）を十分に活用できないこと，④有資格・登録教員が少ないことをあげている。[32]

　教育省「ケイ・トゥア・オ・テ・パエ　学びのためのアセスメント：乳幼児実践事例集の実施に関する評価：ケイ・トゥア・オ・テ・パエ　2008年専門性

開発実施の効果に関する評価（Evaluation of Implement of Kei Tua o Te Pae Assessment for Learning: Early Childhood Exemplars: Impact evaluation of the Kei Tua o Te Pae professional development）」報告書は，教育者がアセスメントと計画とのつながりの過程を確立し，アセスメントの記録の公開を通じて学びを共同体に目に見えるようにする等の点でアセスメント実践事例集やケイ・トゥア・オ・テ・パエ専門性開発がアセスメント実践に良い影響を与えていることを明らかにしている。同時に，子どものポートフォリオのなかには，「子どもの経験と作品のスクラップブック」にとどまり，学びの継続性や発達，形成的アセスメントにおける子どもたちや親たちの関わりを裏づけるエビデンスを備えていないものが見受けられたと指摘している[33]。

　アセスメントの記録が，子どもの活動や作品の紹介にとどまり，子どもの学びの理解・分析が深められていないことが問題とされているのである。これらはアセスメント実践に対する指摘であるが，多数の保育者が「学びの物語」を用いている点を踏まえると，「学びの物語」実践の課題でもあると言えよう。子どもの学びをどのように捉え，その解釈が分析され深められているか，子どもの学びの理解を軸に保育実践を振り返り，計画に活かしていくことが「学びの物語」実践の課題となっているのである。そのためには，質の高い保育者養成や専門性開発の充実が欠かせない[34]。

## 第5節　子どもの学びの成果をめぐって
―「テ・ファリキ」と「学びの物語」に対する圧力の強まり

　国民党政権は，2011年，「ECE特別調査委員会最終報告書（An Agenda for Amazing Children Final Report of the ECE Taskforce）」において保育政策の見直しを発表した。報告書は，政府の幼児教育支出に対して保育施設が実績（performance）や成果（outcome）を報告することを求め，「テ・ファリキ」の実施に対する評価（evaluation）を提言している[35]。

　報告書が打ち出した保育施設に対する学びの成果の明確化や「テ・ファリ

第7章　ニュージーランド

キ」実践に対する評価という課題の提起は，学校におけるナショナル・スタンダードと同様の評価法を幼児教育にも導入しようとしているのではないかという保育関係者の懸念とも相まって保育界を大きく揺るがすこととなった。政府は，学力不振層の拡大により約5分の1の生徒が学校を離れている現状に危機感を抱き，2010年，生徒の学業成績（achievement）の向上を意図してナショナル・スタンダードを導入した。ナショナル・スタンダードは，1〜8年生を対象として読み（reading），書き（writing）と算数（mathematics）の達成すべき基準を学年ごとに示したものである。学校は生徒の達成度を基準に照らして「上回っている」「同程度の達成」「下回っている」「かなり下回っている」の4段階で評価し，各家庭に報告するとともに結果を国にも報告することが求められた。導入の結果，学校や教師はナショナル・スタンダードを意識した教育活動を行わざるを得ない環境がつくり出されたと指摘されている。

マスコミや研究者の間でも幼児教育の効果，学びの成果が一つの焦点となり，さまざまな議論が展開されることとなった。2014年，雑誌『ニュージーランド・リスナー（New Zealand Listener）』は，記事「幼児教育の警告」のなかで，「テ・ファリキ」や「学びの物語」は，読み書き算の学習と発達に有効であるのかという問題を取り上げている。この記事のなかでナショナル・スタンダード策定者の一人であるメルボルン大学のジョン・ハッティ（Hattie, J.）は，「カリキュラム，テ・ファリキには，『重大な欠陥』がある。その柔軟性は，教師が言語発達の決定的な分野を見落とすことにつながる」と述べ，「言語的スキルを早期に確実に習得しないことは，その後の子どもの学校生活を危うく」し，「就学前の時期における認知能力の発達の必要性を無視することは，『最大の損失』」であると主張している。

ユニテックのケン・ブレイクロック（Blaiklock, K.）も，現在のニュージーランドの幼児教育が「子どもたちの学習や発達を向上させることに実際に有効であるかどうかはわからない」と指摘している。「テ・ファリキ」のホリスティックな特徴は長所であると同時に弱点であり，領域「コミュニケーション」のなかで言語的スキルについて言及しているものの「これらのスキルを教えるこ

*257*

とは義務ではなく、『必須の学びの成果』は何もない」というのである。また、アセスメント「学びの物語」は「どの子どもたちがつまずいているかを特定するものではなく」、子どもたちの成長に関するより妥当性のある観察を導入する必要があると指摘し、カリキュラムと「いい加減な」アセスメントとの組み合わせは、「最悪の事態」を招くと批判している。[39] ハッティやブレイクロックの主張は、子どもの認知能力の発達や言語的スキルの獲得に関して、「テ・ファリキ」の有効性や「学びの物語」のアセスメントとしての妥当性に疑問を投げかけ、アセスメントの方法の再考を提起するものであった。

「テ・ファリキ」のカリキュラムとしての有効性を支持するエビデンスは不十分であり、教授内容に対する認識不足は子どもの学びの重要な分野を無視している、アセスメント「学びの物語」も子どもたちの学びの重要な領域（例えば言語発達）における進歩を示すために使用するエビデンスとしては不十分であるというブレイクロックの批判をめぐって、研究者の間でも論争が展開されている。[40] 例えば、アン・ミード（Meade, A.）は、「テ・ファリキ」は特定の教授内容を伝えるというよりも子どもたちの学びのアイデンティティとモチベーションを援助するための理論的枠組みを提供していること、特定の教授内容の成果を有することがより良い学びの成果につながるという見解を支持するエビデンスはない、カリキュラムをその文脈を無視して評価することは困難であるゆえに一つのカリキュラム・モデルが他よりも優れているというエビデンスは存在しないと述べ、ブレイクロックの見解に反論している。[41]

こうした状況のなかで、教育省に「学びの成果の枠組み」を作成する諮問グループが設置された。詳細は公開されていないが、2011年、教育省幼児教育政策フォーラム「幼児教育の学習成果の枠組み」として、「幼児教育（ECE）における学びの強化：枠組み」と「活動のなかの読み書き能力の成果を捉える枠組み例」が公表されている。「活動のなかの読み書き能力の成果を捉える枠組み例」では、読み書き能力（literacy）を文字の読み書きと狭く捉えるのではなく、「文化のためのコミュニケーション・ツール」と捉え、コミュニケーションのための口頭、身振り、視覚、聞くこと、活字による方法など、幅広い観点

から定義している。そして,「テ・ファリキ」の5つの領域ごとに,「より広い学びの成果」「成功の指標　文脈」には教師がどのような文脈や環境を用意し働きかけをするのかが,「成功の指標　子ども」にはめざすべき子どもの理解や態度，姿が記載されている。[42]諮問グループのメンバーの一人であったジュディス・ダンカン（Duncan, J.）によれば,「子どもの学習効果を評価するには『入学準備ができているかどうか』というチェックリストに焦点を当てるよりも，広範囲なディスポジショナル（資質的）アプローチが必要であると説明している」という。[43]この枠組みは,学びの成果を明確にするという政府の意向に応えつつも，就学に向けたスキルや知識の習得に焦点を当てるのではなく，「テ・ファリキ」と「学びの物語」の「学びの構え」を育むという包括的なアプローチを堅持しようとするものであった。

## 第6節　日本の保育への示唆──ニュージーランドの保育から学ぶこと

「テ・ファリキ」と「学びの物語」は，ニュージーランドの多くの保育者の支持を集め，保育実践を変え，保育を豊かに発展させるうえで大きな役割を果たしてきた。しかし現在，保育条件の後退や補助金の削減が続く一方で「就学準備」に焦点を当てた「保育の成果」「学びの成果」を求める圧力が一層強まっている。OECDの調査報告書 *Starting Strong II* は,「保育の質」は普遍的なものではなく，その国の保育政策の基本的方向性,「志向性の質（orientation quality）」──例えば，カリキュラム「就学レディネス重視の伝統」と「ソーシャルペダゴジーの伝統・生活基盤（ホリスティック）型」に端的に示される──によって左右されると指摘している。[44]この間の保育政策の展開を見るならば，ニュージーランド国内においても「志向性の質」をめぐるせめぎ合いが続いていることは明白だろう。めざすべき保育の質とは何か，保育の目的は何か,「乳幼児に大切な学びとは」「どのようにアセスメントを行うのか」ということが，改めて問われていると言えよう。

　ニュージーランドの保育研究者・実践者は,「就学準備」の圧力や「評価の

*259*

まなざし」にただ反発するのではなく，協議を重ねカリキュラムやアセスメントを再定義し保育を変えてきた。現在も政府との協議や粘り強い交渉が続けられている。ニュージーランドの保育研究者・実践者がどのように保育の課題に向きあい，実践を切り拓いてきたかということをまず心にとめておきたい。2018年の幼稚園教育要領，保育所保育指針，それぞれの改訂（改定）で「幼児期の終わりまでに育ってほしい姿」10項目が盛り込まれ，小学校との接続を前提に子どもの育ちが捉えられているのではないかとの懸念が広がっているなど，日本の保育もまた「就学準備」の圧力や「評価のまなざし」という共通の課題に直面しているからである。

　また，「テ・ファリキ」や「学びの物語」は自ら考え探求することを保育者に求めていることを押さえておきたい。アン・スミス（Smith, A.）が指摘するように，「テ・ファリキ」は処方箋を提供するのではなく，教師が理論的知識を実践に適用することを求めるカリキュラムである。「テ・ファリキ」の実践には，解釈，対話，慎重な計画，観察及び親／ファナウ（拡大家族）や子どもたちとの協議が不可欠なのである。カーは著書の最後で「『学びの物語』そのものの日々を送っている」という保育者の言葉を紹介している。「関心をひかれる実践を進めていくことを自ら引き受け，それを探求することに熱中し，困難に立ち向かい，共に議論し，そうして変化をつくり出すことに連帯責任を担っている」というのである。「研究者・探求者としての保育者・教師」像がニュージーランドの保育の基盤に据えられているといえよう。このことは，「テ・ファリキ」や「学びの物語」からどのように学ぶのかという問いかけにもなっている。

　最後に保育評価についてふれておきたい。マーガレット・カーの著作からは，「監視」「評価のまなざし」が保育を浸食し苦しめている現状への鋭い問題提起が浮かび上がってくる。わが国でも幼稚園における学校評価，保育所の第三者評価，保育所・保育士等の自己評価の取り組みが広がり，地方公務員の人事評価の一環として保育士の人事評価を実施する自治体も増加している。わが国の保育者も「評価」の目にさらされ，「保育評価」の問題に直面しているのであ

第7章 ニュージーランド

る。筆者が行った公立保育士の人事評価調査からは，多くの保育士が人事評価制度は「保育士の意欲の向上」や「職場の活性化」につながっておらず，「時間と労力を費やす意義がある」と考えていないことが明らかになった。保育という職務を数値化して短期間で成果を評価することは困難であり，人事評価制度は「保育には適していない」と考えているからである。調査結果からは「日々の仕事を職場全体で振り返ることで，コミュニケーションをはかって，互いに支え合い，成長し合える関係を築きつつ，実践の課題や手立てを探って，よりより保育につなげていきたい」という保育士の願いが浮かび上がってくる。[48] こうした保育者の願いに応える保育評価を明らかにしていくことが課題となっていると考える。子どもの学びを軸に自らの実践を集団的に検討していく自己評価（Self-Review）実践や「学びの物語」の理論と実践は，わが国の保育評価のあり方を考える貴重な手がかりとなるだろう。

**謝　辞**

　学びの物語の記録を提供してくださった Raechel Thompson, Donna Anderson の両名，記録の提供を許可してくださったアラナ，ビアンカとご家族の方々に心より感謝申し上げます。また，学びの物語の記録提供に際して手助けをしてくださった Wendy Lee にお礼申し上げます。

**注**

(1) OECD (2004). *Five Curriculum Outlines-Starting Strong, Curricula and Pedagogies in Early Childhood Education and Care*.

(2) Carr, M. (2001). *Assessment in Early Childhood Settings-Learning Stories*. SAGE Publications.（マーガレット・カー，大宮勇雄・鈴木佐喜子（訳）『保育の場で子どもの学びをアセスメントする——「学びの物語」アプローチの理論と実践』ひとなる書房，2013年，p. 3.）。なお，本章における引用はすべて翻訳書による。

(3) 窪田眞二・木岡一明（編著）『学校評価のしくみをどう創るか——先進5カ国に学ぶ自律性の育て方』学陽書房，2004年。

(4) 前掲(2), p. 12.

(5) 青木麻衣子・佐藤博志（編著）『新版オーストラリア・ニュージーランドの教育——グローバル社会を生き抜く力の育成にむけて』東信堂，2014年，pp. 92-96.

(6) コハンガ・レオは，先住民族マオリの言語，文化，価値に基づく保育・教育を提供する0歳から就学までの子どもの保育施設である。
(7) Education Counts, Annual Early Childhood Education (ECE) census summary report 2014.
(8) Ministry of Education, Participation in early childhood education, 2014.
(9) 教育（乳幼児センター）規則（Education [Early Childhood Centres] Regulations 1998).
(10) May, H. (2009). *Politics in the Playground—The World of Early Childhood in New Zealand*, Revised edition, Otago University Press, p. 251.
(11) Education Counts, Teachers in early childhood education 及び Annual ECE Census: Summary Report 2013.
(12) 前掲(10), p. 234.
(13) Mead, A. et al. (2012). *Early childhood Teacher's Work in Education and Care Centres: Profiles, patterns and purposes*. NZ Childcare Association, p. 107.
(14) 前掲(3), 及び鈴木佐喜子「ニュージーランドにおける乳幼児教育施設への教育評価」『ニュージーランド研究』第14巻，2007年。
(15) Education Review Office (2013). *HE POU TATAKI How ERO reviews early childhood services*, p. 10.
(16) 前掲(15), pp. 20-21.
(17) Ministry of Education (2006). *Nga Arohaehae Whai Hua: Self-Review Guidelines for Early Childhood Education*, p. 9, pp. 18-37.
(18) 鈴木佐喜子「ニュージーランドにおける乳幼児教育のセルフ・レビューに関する研究」『保育学研究』第50巻第1号，2012年，p. 69.
(19) Grey, A. (2006). Self-review How far have we journeyed? *Early Education* (spring/summer), p. 33.
(20) Rebecca, S. N. & Cochran, M. (2007). *Early Childhood Education-An international Encyclopedia*. Praeger, p. 33 ; OECD (2001). *Starting Strong: Early Childhood Education And Care*, pp. 68-70.
(21) 前掲(2), p. 22.
(22) 鈴木佐喜子「変化する保育現場と保育者養成，保育者の成長の課題——日本とニュージーランドの比較を通じて」『臨床教育学研究』第3巻，2015年，pp. 36-39.
(23) Carr, M. (1998). Assessing children's learning in early childhood settings: A Professional development programme for discussion and reflection-support booklet and videos. *New Zealand Council For Education Research*, p. 15.

(24) Carr, M. & Lee, W. (2012). *Learning Stories-Constructing Learner Identities in Early Education*, SAGE.
(25) Salomon, G. (1991) Transcending the Qualitative-Quantitative Debate: the analytic and systemic approach to educational research. *Educational Researcher* (*Aug-Sep*), pp. 10-18. 訳は前掲(2), p. 282. による。
(26) 前掲(2), pp. 246-247.
(27) 前掲(2), pp. 35-36.
(28) 大宮勇雄『保育の質を高める』ひとなる書房, 2006年, p. 150.
(29) Mitchell, L. (2008). Assessment practices and aspects of curriculum in early childhood education-Results of 2007 NZCER national survey for ECE services. *New Zealand Council For Educational Research*. p. 11.
(30) 前掲(29), p. 14.
(31) 鈴木佐喜子『ニュージーランドにおける自己評価とアセスメントに関する研究報告書』平成21年度~23年度科学研究費補助金基盤研究 (C), 2013年, p. 12, p. 14.
(32) Education Review Office (2007). *The Quality of Assessment in Early Childhood Education*, p. 42.
(33) Ministry of Education (2008). *Evaluation of Implement of Kei Tua o Te Pae Assessment for Learning: Early Childhood Exemplars: Impact evaluation of the Kei Tua o Te Pae professional development*, pp. 107-108.
(34) 鈴木佐喜子「ニュージーランドの保育と『学びの物語』実践の現状と課題」, 前掲(2), pp. 315-316.
(35) Ministry of Education (2011). *An Agenda for Amazing Children final Report of the ECE Taskforce*, p. 5.
(36) Ministry of Education (2011). *National Standards Information for Schools*. (http://www.education.govt.nz/ministry-of-education/specific-initiatives/national-standards/, 2015年8月15日アクセス)
(37) 高橋望「ニュージーランドの学校教育カリキュラムに関する考察」『群馬大学教育学紀要 人文・社会科学編』第63巻, 2014年, p. 187.
(38) Woulfe, C. (2014). Early Warnings, *New Zealand Listener*, p. 3. (http://www.listener.co.nz/current-affaires/education/, 2015年8月31日アクセス)
(39) 前掲(38), p. 4.
(40) Blaiklock, K. (2010). Te Whāriki, the New Zealand curriculum: Is it effective? *International Journal of Early Years Education*, 18, p. 210; Blaiklock, K. (2013). What are children learning in early childhood education in New Zea-

land?. *Australasian Journal of Early Childhood*, 38, p. 54.
(41) Smith, A. B. (2013). Dose Te Whāriki need evidence to show that it is effective? A discussion paper, *New Zealand Listener*, p. 4.
(42) Ministry of Education (2011). *Strengthening the learning: Outcomes in Aotearoa New Zealand early childhood education. Draft ECE learning outcomes framework.* 詳細は，ジュディス・ダンカン「アオテアロア／ニュージーランドにおける幼児教育の歴史的概要」七木田敦・ジュディス・ダンカン（編著）『「子育て先進国」ニュージーランドの保育——歴史と文化が紡ぐ家族支援と幼児教育』福村出版，2015年を参照されたい。
(43) ジュディス・ダンカン，前掲(42)，p. 67.
(44) OECD (2006). *Starting Strong II*（『OECD保育白書　人生の始まりこそ力強く』明石書店，2011年，p. 147，p. 163.「ソーシャルペダゴジーの伝統」に泉千勢が用いた「生活基盤（ホリスティック）型」（『世界の幼児教育・保育改革と学力』，明石書店，2008年，p. 27）を追加した。
(45) 文部科学省「幼稚園教育要領」2017年3月31日，厚生労働省「保育所保育指針」2017年3月31日。
(46) Smith, A. B. (2009). Implementing the UNCRC in New Zealand-How we are doing in early childhood. *Keynote address to NZAREECE*, pp. 13-14.
(47) 前掲(2)，p. 291.
(48) 鈴木佐喜子「公立保育士の人事評価を考える——アンケート調査結果から」『現代と保育』第92号，2015年。

## 第8章

# オーストラリア連邦

保育の質改革への挑戦

林　悠子

　オーストラリアは，広大な面積の自然豊かな国土を有し，外国で生まれた人の割合が人口の26％，人口の5分の1は両親のどちらかが外国生まれであるという多文化の国である[1]。また，先住民族であるアボリジニとトレス海峡諸島民（人口：2.5％，54万8,370人[2]）の文化の尊重を強く打ち出している。連邦制のオーストラリアは，6つの州及び北部準州と首都特別地域からなる。そのため，保育制度は州により異なるが，就学前教育の充実を図るため，義務教育ではないものの5歳児は小学校併設の幼稚園（準備学校：Kindergarten, Preschoolなどと呼ばれる）に通うことが促されるようになるなど，乳幼児教育への注目が高まっている。また，オーストラリアでは1990年代以降，保育の市場化と政府の施策の変化により，一時期は一営利企業立の保育所が全国の保育施設の多くを占める状況になり，そして企業倒産による混乱を経験している[3]。同時期，OECD加盟国における幼児教育への投資額の低さも指摘され[4]，OECDの報告書"Starting Strong II"においては，政策上の問題・課題として，幼児教育・保育施策の明確なビジョン（枠組み戦略も含めて）の精緻化，システムの一貫性と調整，質の問題（職員の賃金，社会的地位と養成レベルの低さ，質規制とモニタリングへの投資など），保育者養成と現職研修，先住民族の子どものインクルージョンなどが指摘されている[5]。これらの状況をふまえ，国をあげての幼児教育・保育の質向上を目標とした改革が動き出している。2007年，労働党のラッド政権が発足し，社会的・人的資源への投資を通したオーストラリア経済の強化策を

*265*

打ち出した。中心となったのは「教育改革」である。ここに，幼児教育・保育の質の改善が盛り込まれ，改革がスタートすることとなった[6]。本章では，この改革の具体的内容に注目する。

## 第1節　幼児教育・保育に関する基本的情報

### 1．管　轄

　オーストラリアでは，連邦政府と州政府の二元体制の管轄である[7]。連邦政府は，保育費用補助の管理，保育に関する統計，質の向上のための「国の質枠組み（The National Quality Framework for Early Childhood Education and Care: The NQF）」（後述）の運営，幼児教育・保育に関する情報出版と政府のウェブサイトでのサービスの質公表などを行う。州政府は，家族支援，児童福祉，保育・幼児教育の規制を行う[8]。

### 2．幼児教育・保育サービスの種類[9]
（1）保育形態・対象児による分類

　幼児教育・保育サービスは formal care（公式保育）と informal care（非公式保育）に二分されている。formal care では保護者以外による「家族外保育（non-parental care）」及び「幼児教育サービス（early learning services）」があり，政府による規制及び補助がある。informal care は親族，友人，近隣，ナニーやベビーシッター等による保育である。州により名称は異なるが，formal care（公式保育）には以下のものがある。

- 施設型保育（Long day care: LDC）：全日またはパートタイムのサービスを提供。対象年齢は主に0〜5歳である。
- 家庭型保育（Family day care: FDC）：保育者の自宅での少人数の子どもの保育。対象は主に0〜5歳だが，学童も利用可能である。
- 一時保育（Occasional child care: OCC）：多くは施設型保育において，保護者の所用，パートタイムの仕事，勉強，レスパイトなどで利用可能。対象

年齢は主に0〜5歳である。
・学童保育（Outside school hours care: OSHC）：12歳までの学童が対象。授業前，放課後，休暇期間などの利用となる。
・幼稚園（Preschool）：小学校入学の1年前に，有資格保育者による教育プログラムを実施。
・訪問型保育（In-home care: IHC）：子どもの自宅での保育。オーストラリア政府援助の In-home care は，一定の状況下にある子どものみを対象とする（例えば，当該児童または兄弟姉妹に障害がある，親，保護者らに障害がある，遠隔地居住の子ども，他のサービスが利用できない保護者の労働時間帯，未就学児が3人以上いる場合）

上記以外には，公的補助はないが州政府の認定を受けている保育施設がある（例えば，ジムやショッピングセンターの保育室など）。

（2）認可保育と登録保育

対象となる子どもや保育形態等による分類以外に，認可保育（Approved care）と登録保育（Registered care）[10]の区別がある。

認可保育サービスは，オーストラリア政府の基準及び要件を満たしており保育給付金（Child Care Benefit: CCB）[11]と保育料金の払戻（Child Care Rebate）[12]が適用される。formal care 利用者の90％以上が認可保育所を利用している。認可保育を提供している施設型保育（LDC），家庭型保育（FDC），学童保育（OSHC）は，「国の質枠組み（The National Quality Framework: The NQF）」の質基準と運営条件を満たさなければならない。認可保育の事業主は多岐にわたっており，教会，非営利団体，地方政府，大きな法人，個人運営などである。約50％は営利主体で，施設型保育の約3分の2は営利主体の運営である。

登録保育は，人間サービス局（the Department of Human Services）に登録した，祖父母，親戚，友人，近隣，ナニー・ベビーシッターらによる保育サービスで，2013年現在約3万5,000人の供給者が登録されている。登録保育供給者は，州の基準・要件を満たす必要があるが，国の質枠組み（The NQF）の質基準は満たす必要はない。登録保育利用者には保育給付金（CCB）が適用される。

## 3．保育の利用状況[13]

2014年6月現在，0歳から12歳の約380万人の子どものうち，48％（180万人）が何らかのタイプの保育を利用している。およそ4分の1（91万9,400人）がformal care（公式保育）に，130万人がinformal care（非公式保育）を利用しており，32万7,800人は両者を利用している。約5分の1の子どもは祖父母のケア，14％は施設型保育，7.8％は学童保育，2.5％は家庭型保育を利用している。

2歳以下では22％がformal care，32％がinformal careを利用，2～3歳では54％がformal care，36％がinformal careを利用している。

保育に参加しているすべての子どもの平均利用時間は，週当たり18時間である。費用は，formal careを利用の場合は週100ドル未満で，施設型保育は他の保育形態より高く，1週間で平均102ドルである。

## 第2節　幼児教育・保育改革——乳幼児発達国家戦略「乳幼児への投資」

2008年11月，連邦政府及び州政府は，就学前年度にあるすべての幼児に良質な就学前教育へのアクセスを保障することへの合意として「幼児教育に関する国の連携協定（the National Partnership Agreement on Early Childhood Education）」に署名した。この合意には以下の点が含まれている。

・小学校入学前のpreschoolにおける12か月間のフルタイムでの学習
・4年制大学卒の教員による教育
・週15時間，1年間で40週の学習
・多様性のある設定
・保護者のニーズを満たす形態
・アクセスを妨げない費用

2013年までにこれらを実施するため，連邦政府は970万オーストラリアドルを投入することとなった。[14]

2009年7月，連邦政府評議会（Council of Australian Governments: COAG）は乳幼児発達国家戦略（A National Early Childhood Development Strategy）として

「乳幼児への投資（Investing in the Early Years）」に合意し，2020年までにすべての子どもが，自分自身と国のためによりよい将来を創るために，最善の人生のスタートを切ることができる，というビジョンのもと，保育改革に着手することとなった。そのため連邦政府と州政府の間に，多数の協定書が交わされた。[15]そのうちのいくつかを以下に紹介する。

・乳幼児教育に関する国の連携協定
・先住民族の乳幼児発達に関する国の連携協定
・予防保健医療に関する6年間の国の連携協定
・質の基準，規制方法の合理化，評価システム。「乳幼児の学びの枠組み」
・質の改善と労働力供給
・先住民族の子どもの運動・読み書き能力と保育への参加
・オーストラリアの児童保護のための国の枠組み
・オーストラリアの若者のための教育目標に関するメルボルン宣言
・国の家族支援プログラム（8州共同のプログラム）
・有給両親休暇制度
・女性と子どもに対する暴力防止国家計画
・国の障がい者協定に基づいた，早期介入と予防枠組み
・ホームレスとその危機にある家族支援に関する連携協定

「乳幼児への投資」において，本政策のビジョン，到達目標，行動領域が整理された図が示されている（図8-1）。

ビジョンと目標達成に向けての効果的なシステム構築において鍵となる要素として，「子どものよりよい発達への包括的なアプローチ」が図8-2のように描かれている。子どもを中心に据えた，幅広い社会生態学的なシステムによって，子どもの発達が促されていることが示されている。

「乳幼児への投資」の冒頭には，国家戦略が必要な理由があげられている。最初に，「子どもは重要な価値ある存在である（Children are important）」という見出しがあり，子どもが世界にもたらす価値と周囲の世界による人間形成，乳幼児期に必要な代弁や援助が必要であることなど，子ども期の価値を認める

| ビジョン | すべての子どもは，自分自身と国のよりよい未来を創り出すために最善の人生のスタートを切る |
|---|---|
| 到達目標<br>(どのような到達点なのか) | 子どもは健やかに生まれ生きる。 / 子どもを取り巻く環境は満たされ，文化的に適切で，安全である。 / 子どもは人生と学びについての知識と技術を身につけている。 / 子ども（特に先住民族の子ども）は社会的包摂により利益を得て，不利益を減少させられる。 / 子どもは教育機会に恵まれ，利益を得ることができる。 |
|  | 家族は子どもの発達をサポートすることに自信をもち，その能力を有する。 |
|  | 質のよい乳幼児期発達サービスが家族の労働力参入の選択を支援する。 |
| 行動領域<br>(どのようにして実行するのか) | ・子ども，両親，保育者，地域を支援する。<br>・応答的な乳幼児期発達サービス<br>・職場とリーダーシップの発展<br>・質と規制<br>・インフラ<br>・政策と財政<br>・知識管理と革新 |

図8-1 「乳幼児への投資（Investing in the Early Years)」におけるビジョン，到達目標，行動領域

出所：Commonwealth of Australia (2009). *Investing in the Early Years—A National Early Childhood Development Strategy: An initiative of the Council of Australian Governments.* p. 15 より筆者作成。

記述がある。次に，子どもは将来の社会にとって重要な存在であり，将来社会へ参加する能力は子ども期の経験によってつくられるものであること，人生の出発点である乳幼児期に良いスタートを切ることは，オーストラリアが国際社会で競争するためのより良い備えとなるということが述べられている。そして，子どもの権利条約調印国として，長期にわたり，社会において子どもを育み保護することを認め，この「戦略（Strategy)」は，子どもの権利とニーズが政策発展とサービス供給の中心となるためのものである，と位置づけている。また，子どもを育てる第一義的責任は親あるいは主たる養育者にあるが，政府，地域，非政府組織，ビジネスにおいても子育ての条件を整える責任があるとし，家族，地域，組織，親の職場，政府それぞれに求められる役割と責任が明記されている[16]。

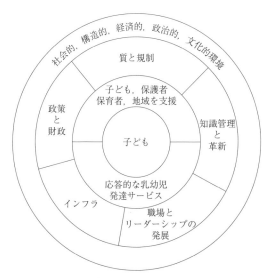

図8-2　子どもの効果的な発達システムの要素
出所:Commonwealth of Australia (2009). *Investing in the Early Years—A National Early Childhood Development Strategy: An initiative of the Council of Australian Governments*, p. 16 を筆者訳。

## 第3節　国の質枠組み(The NQF)のもとでの保育の質向上の取り組み

### 1．国の質枠組み (The NQF) の設立

　連邦政府及び州政府は，子どもの生涯における福祉の保障及び国全体の生産性向上のために乳幼児期に焦点を当てることの重要性を認識し，2009年12月，オーストラリアの全州において，国の質枠組み (The National Quality Framework for Early Childhood Education and Care) の設立協定が結ばれた。国の質枠組み (The NQF) は，下記を通して保育及び学童保育の質の向上及び，継続的な改善と保育サービスの一貫性をもたせることを目的としている。[17]

・国の法律と規則
・国の質基準
・国の質評価とアセスメント・プロセス

- 合理的な法規制上の措置
- オーストラリア保育質評価機関（Australian Children's Education and Care Quality Authority: ACECQA）

　国の質枠組み（The NQF）は2012年1月から施行された。施行に伴い，保育者資格，保育者と子どもの比率等が2012年から2020年の間に段階的に変更されることとなった。同時に，質評価の仕組みも新たになった。[18]

　2012年から，各州・準州は，0～13歳の保育（施設型保育，家庭型保育，学童保育，幼稚園）の規制のため，国の質枠組み（The NQF）に基づき保育サービスの管理を行うことになった。その根拠法は，Education and Care Services National Law（以下，National Law：国の法律）及びEducation and Care Services National Regulations 2011（以下，National Regulation：国の規則）である。

　国の法律（National Law）の指針として以下の5点が掲げられている。[19]

- 子どもの権利と最善の利益が最も重要である
- 子どもは，実り多く，有能な学び手である
- 尊厳，インクルージョン，多様性の原理が本法の基盤にあり，アボリジニとトレス海峡諸島民の文化に価値を置く
- 保護者と家族の役割は尊重され支援される
- 保育サービスにおける最善の実践が期待される

　国の質枠組み（The NQF）のホームページでは，導入について以下のように説明している。[20]

　質の高い教育とケアは，すべての子どもの未来を形づくるものであり，発達と学びの基盤となる。乳幼児期は，自尊心，回復力（resilience），健全な成長，学びの可能性にとって重要な時期である。研究においても，質の高い教育とケアが，その後の人生におけるよりよい健康と教育，雇用をもたらすことが明らかになっていることも明記されており，以下の2点が質に影響をもたらすものとされている。一つは，保育者の資格要件，もう一つは保育者と子どもの人数の比率が低いこと，である。これらの要素は特に幼い子どもと不利な背景をもつ子どもにとって有益であることも示されている。

「多くの研究において，高度な資格を有する保育者が子どもの達成をよりよくすることが明らかにされており，資格が高度であるほど，保育者は子どもの発達や健康，安全についての理解が深い。これらの保育者は子どもを刺激する活動を提供し，子どもの学びや発達を援助することができる。また，保育者と子どもの比率を改善することにより，保育者は子どもとの個別の関わりができ，子どもの社会性や学びに良い結果をもたらすことにつながる。保育者は子どもとより効果的で意義深い関係を発展させることができる」。

このように，研究知見を根拠に，質の向上における重要な点を明確にし，そのための国全体の取り組みが必要であることが示されている。

## 2．国の質枠組み（The NQF）のこれまでの取り組みの流れ

国の質枠組み（The NQF）設立協定後の取り組みを以下に紹介しておく[21]。

なお，比率及び資格要件については，10年間の移行期間が設けられている。この間に各保育施設では保育者の研修や学習が実施可能である。資格要件の完全実施は2020年まで猶予がある。

2010年　国の法律と規則の導入
2011年　オーストラリア保育質評価機関（ACECQA）の設立。従来の質評価機関である National Childcare Accreditation Council（NCAC）は終了。
2012年　国の質基準（National Quality Standard: NQS）の導入（質評価システムを含む）。
2013年　国のサービス登録と質評価情報（National registers of services, Quality rating information）の出版
2014年　保育者と子どもの比率および資格要件の改善導入

## 3. 国の質枠組み (The NQF) における各州の規制機関の役割

　各州・準州の規制機関は，国の法律（National Law）のもと，質の規制とモニタリングの責任を有する。「国の質枠組み（The NQF）」(2012年施行) のもと，各州での監督権限者が設置され，以下のことを担当する。[22]

- ・質の測定と評価（評定）
- ・法令遵守（コンプライアンス）の監督と実施
- ・認可申請の評価
- ・事故や苦情の調査
- ・助言・指導

## 第4節　質評価の仕組み——国の質基準（NQS）を中心に

## 1. 国の質枠組み（The NQF）の中核となる国の質基準（NQS）
### ——その目的と7つの質領域（Quality Area）[23]

　国の質基準（NQS）は国の質枠組み（The NQF）の主要部分であり，保育と学童保育のオーストラリア国家基準である。国内すべての保育施設が質基準を満たすように評価される。すべての保育施設は厳格な健康・安全要件を満たさなければならない。

　乳幼児期の教育・発達が最善の状況で子どもたちが楽しむことができるよう，国の質基準（NQS）は質の継続的改善を図る。保護者と子どもにとっての主要な利益は，以下の5点である。

- ・保育者と子どもの比率の改善
- ・一人ひとりの子どもへの関わり
- ・保育者の技術と資格の向上
- ・子どもの学びと発達のよりよいサポート
- ・保護者が居住地域の保育の質を評価できるための国家登録制度

　国の質基準（NQS）に基づき保育の評価を実施している。評価は，施設型保育，家庭型保育，学童保育，幼稚園を対象としている。それぞれの保育施設は，

7つの質領域（quality area: QA）と総合的評価が実施される。7つの質領域（QA）は以下のとおりである。

 QA1：教育計画と実践
 QA2：子どもの健康と安全
 QA3：物的環境
 QA4：職員配置
 QA5：子どもとの関係性
 QA6：家族と地域との連携協力
 QA7：リーダーシップと管理運営

 これら7つの質領域（QA）を踏まえた実践が，質の良い保育のための規制モデルとして位置づけられている。その特徴として，包括的なアプローチであること，高いハードルとなっていること，以前の規制モデルのように指示的ではなく，子どもの学びの結果に焦点を当てていること，以前のシステムよりもより効率的で，保育施設事業者がそれぞれの文脈に応じて柔軟に取り組めるようになっていることがあげられる。また，以前は各州で異なる規制システムを運用していたものを，国全体で一律の最低基準と質基準を設けたことにより，家族にとっても一貫性が保て，保育施設事業者にとっても運営上の負担軽減が可能となった。

 国の質基準（NQS）は7つの質領域（QA），18の質基準（QS），それぞれの基準（standard）に2〜3の下位基準から構成されている。それぞれの基準の下に，基準に到達することで見られる結果としての要素（element）が示されており，全部で58項目ある（表8-1）。

## 2．評価システム
### （1）評価レベルとその公表

 7領域からなる評価基準は，評価プロセスと一体的に運用される。2012年1月より，国の法のもとにある保育施設は，国の質枠組み（The NQF）の評価基準により評価と格付けがなされることになった。各州及び準州の監督庁が，評

表8-1　国の質基準（NQS）：7つの質領域（QA）

| | |
|---|---|
| QA1 | 教育計画と実践（Educational program and practice） |
| 1.1 | 学びの枠組みが、子どもの学びと発達を促すカリキュラムを発展させている。 |
| 1.1.1 | カリキュラムでの決定事項は子どもの学びと発達の結果について子どものアイデンティティ、地域とのつながり、ウェル・ビーイング、学びの主体としての自信、コミュニケーターとしての効果などの観点から貢献するものである。 |
| 1.1.2 | 一人ひとりの子どもの現在の知識、アイディア、文化、能力、興味がプログラムの基礎となっている。 |
| 1.1.3 | 生活習慣も含めたプログラムは、それぞれの子どもの学びの機会を最大にする方法で組み立てられている。 |
| 1.1.4 | 一人ひとりの子どものプログラムと発達についてのドキュメンテーションを家族も利用できる。 |
| 1.1.5 | すべての子どもはプログラムに参加するようサポートされる。 |
| 1.1.6 | 一人ひとりの子どもの作用が、選択や決定、出来事や彼らの世界に影響を与えることができるように促される。 |
| 1.2 | 保育者やコーディネーターは、一人ひとりの子どもにとってのプログラムのデザインとその提供において、積極的かつ省察的であることに集中している。 |
| 1.2.1 | 一人ひとりの子どもの学びと発達は、計画、記録、評価の現在進行中のサイクルの一部として評価される。 |
| 1.2.2 | 保育者は子どものアイディアや遊びに応答的であり、一人ひとりの子どもの学びを支え発展させるために意図的な教育的関わりを行う。 |
| 1.2.3 | 子どもの学びと発達についての振り返り（一人ひとりの子どもとグループについて）は、プログラムを実践するために定期的に用いられている。 |
| QA2 | 子どもの健康と安全（Children's health and safety） |
| 2.1 | 一人ひとりの子どもの健康が促進されている。 |
| 2.1.1 | 一人ひとりの子どもの健康に関するニーズに対して援助がなされている。 |
| 2.1.2 | 一人ひとりの子どもにとっての心地よさが提供され、子どもの睡眠、休息、リラックスのニーズを満たすための適切な機会がある。 |
| 2.1.3 | 効果的な清潔習慣が促進・実践されている。 |
| 2.1.4 | 感染症拡大防止及び怪我や病気への対処のために、ガイドラインをもとにした方法がとられている。 |
| 2.2 | 健康な食事と運動が子どものプログラムに組み込まれている。 |
| 2.2.1 | 健康な食事が促進され、一人ひとりの子どもにとって提供される食物と飲み物が栄養のある適切なものとなっている。 |
| 2.2.2 | 体を使った活動が計画され、自発的な経験を通して促進され、一人ひとりの子どもにとって適切なものとなっている。 |
| 2.3 | 一人ひとりの子どもが保護されている。 |
| 2.3.1 | 子どもたちはいつでも適切な助言を得ている。 |
| 2.3.2 | 子どもたちを怪我やおそれのある害から守るための適切な予防策がとられている。 |
| 2.3.3 | 事故や緊急事態に効果的に対処する計画が、適切な専門家の指導のもとで展開され、実践されている。 |
| 2.3.4 | 保育者、コーディネーター、職員は、すべての子どもの虐待やネグレクトの危機に対応するための役割と責任を認識している。 |
| QA3 | 物的環境（Physical environment） |
| 3.1 | 建物のデザインや立地は保育の実施において適切である。 |
| 3.1.1 | 屋外、屋内スペース、建物、家具、道具、設備、教材類などが目的に対して適切である。 |
| 3.1.2 | 建物、家具、設備は安全、清潔で、維持管理されている。 |
| 3.1.3 | 設備はすべての子どもがアクセスでき、参加でき、柔軟な使い方ができ、屋内外の相互作用性があるようデザイン／導入されている。 |
| 3.2 | 環境は、包括的であり、遊びを通してコンピテンス、探究、学びを育むものである。 |
| 3.2.1 | 屋外・屋内のスペースは、すべての子どもが、建設物・自然物の環境において良い経験ができるよう、デザイン／組み立てられている。 |
| 3.2.2 | 教材や備品は、十分な数があり、プログラムの適切で効果的な運用ができ、多様な使い方ができるよう整えられている。 |
| 3.3 | 保育は、環境に配慮する積極的な役割と持続可能な未来に貢献するものとなっている。 |
| 3.3.1 | 持続可能な実践が保育運営に組み込まれている。 |
| 3.3.2 | 子どもたちは、環境に応答的であり、敬意を示すよう援助されている。 |
| QA4 | 職員配置（Staffing arrangements） |
| 4.1 | 職員配置が、子どもの学びと発達を高め、安全と幸福を保障するものとなっている。 |
| 4.1.1 | 保育者―子どもの比率と保育者の資格要件は常に維持されている。 |
| 4.2 | 保育者、コーディネーター、スタッフは尊重し合い、倫理的である。 |

| 4.2.1 | 専門職基準が,実践,相互作用,関係性についての導きとなっている。 |
|---|---|
| 4.2.2 | 保育者,コーディネーター,スタッフは協働的であり,技術の発展や実践・関係性改善のために,お互いを肯定し,努力し,サポートし,学び合っている。 |
| 4.2.3 | 相互作用によって,お互いの尊敬,公平,それぞれの長所や技術を認め合うことがもたらされている。 |
| QA5 | 子どもとの関係性(Relationships with children) |
| 5.1 | 一人ひとりの子どもと,敬意があり公平な関係が築かれ維持されている。 |
| 5.1.1 | すべての子どもとの相互作用は,温かく,応答的で,信頼関係が築かれている。 |
| 5.1.2 | すべての子どもは,生活と学びのスキルの習得を援助する意義深くオープンな相互作用において保育者と関わることができる。 |
| 5.1.3 | 一人ひとりの子どもは,安心し,自信をもち,帰属感を感じられるよう援助されている。 |
| 5.2 | 一人ひとりの子どもは,他の子どもや大人と,敏感で応答的な関係を築き維持できるよう援助されている。 |
| 5.2.1 | 一人ひとりの子どもは,協同的な学びの機会を通して,他者とともに関わり,他者から学び,他者を助けることを援助されている。 |
| 5.2.2 | 一人ひとりの子どもは,自分の行動を調整したり,他者の行動に適切に応答したり,問題解決のために効果的にコミュニケーションをとることについて援助されている。 |
| 5.2.3 | すべての子どもの尊厳と権利は常に保たれている。 |
| QA6 | 家族と地域との連携協力(Collaborative partnerships with families and communities) |
| 6.1 | 家族との敬意のあるサポーティブな関係が築かれ,維持されている。 |
| 6.1.1 | 家族にとって有効な入園とオリエンテーションのプロセスがある。 |
| 6.1.2 | 家族は保育に関わり,保育の意思決定に貢献する機会がある。 |
| 6.1.3 | 保育施設についての最新の情報を家族が入手可能である。 |
| 6.2 | 家族は,子育ての役割や子育てについての価値や信条を尊重されるよう援助されている。 |
| 6.2.1 | 家族の知識が認識され,その知識は子どもの学びとウェル・ビーイングについての意思決定において共有される。 |
| 6.2.2 | 子育てや家族の幸福を援助するコミュニティ・サービスや資源についての最新の情報を,家族が入手可能である。 |
| 6.3 | 子どもの学びと幸福を高めるために,保育サービスは他機関や他のサービス提供者と協働している。 |
| 6.3.1 | 関連あるコミュニティや援助機関とのリンクが築かれ維持されている。 |
| 6.3.2 | 一人ひとりの子どもにとっての学びの継続と交換が,適切な情報と責任の明確化によって援助されている。 |
| 6.3.3 | 包摂へのアクセスと援助が促進されている。 |
| 6.3.4 | 保育施設が地域との関係を築き,地域に関わっている。 |
| QA7 | リーダーシップと管理運営(Leadership and service management) |
| 7.1 | 効果的なリーダーシップがポジティブな組織文化を生み出しており,専門的な学びのコミュニティを築いている。 |
| 7.1.1 | 保育の運営のために,適切な管理が行われている。 |
| 7.1.2 | 保育者,コーディネーター,スタッフの導入は包括的である。 |
| 7.1.3 | 保育者とコーディネーターの継続性への努力がなされている。 |
| 7.1.4 | 適切な資格と経験のある保育者やコーディネーターがカリキュラムを発展させ,保育と学びの明確な目標と期待を確立させられるように備えられている。 |
| 7.1.5 | 子どもと関わる者,運営に従事する者,園に属する者として適当である。 |
| 7.2 | 継続的改善への公約がなされている。 |
| 7.2.1 | 保育理念の表明が運営のすべての側面を導くものとなっている。 |
| 7.2.2 | 保育者,コーディネーター,スタッフの言動は評価され,改善を援助するために個々の成長の計画が実行されている。 |
| 7.2.3 | 効果的な自己評価と質改善プロセスを実施している。 |
| 7.3 | 管理システムが質の良いサービスマネジメントにとって効果的である。 |
| 7.3.1 | 記録と情報は適切に保管され,秘密保持が保たれており,入手可能であり,法的要求に一致して維持されている。 |
| 7.3.2 | 効果的な運営のために管理システムが確立・維持されている。 |
| 7.3.3 | 規制権限者は保育施設,重大な事故,違法であると言われる苦情等に関連する変化についても知らされている。 |
| 7.3.4 | すべての不満や苦情が公正に処理,調査され,速やかに記録されるためのプロセスが実行されている。 |
| 7.3.5 | 保育実践は効果的な記録方針と手順に基づいており,それらは入手可能であり定期的に点検されている。 |

出所:ACECQA (2013). Guide to the National Quality Standard. pp. 10-11. (http://acecqa.gov.au/national-quality-framework/the-national-quality-standard)

価及び格付けの実施と実施プロセスに関する相談窓口となっている。

評価に関する情報は，透明性と説明責任を促進し，保護者の保育所選択を助けるものとなる。評価結果については各保育施設での掲示が義務づけられ，国の機関であるオーストラリア保育質評価機関（ACECQA）と，保護者向けの保育情報ウェブサイトである「My Child」上で公開される。評価のレベルは以下の5段階に設定されている。

- ・優良（Excellent）―オーストラリア保育質評価機関（ACECQA）より表彰
- ・国の質基準を超えている（Exceeding NQS）
- ・国の質基準を満たしている（Meeting NQS）
- ・国の質基準へ向けて取り組み中（Working towards NQS）
- ・国の質基準を満たしていない。大幅な改善が必要（Significant improvement required）

（2）質改善計画（Quality Improvement Plan）の作成

評価と格付けプロセスに不可欠なのが質の改善計画である。国の質基準（NQS）では，認可された保育施設の長には質改善計画を立てていることが求められている。改善計画は以下の点について立てられる。

- ・国の質枠組み（The NQF）と国の質基準（NQS）に対する保育実践の質について保育施設事業者による評価。
- ・保育施設事業者は改善が必要であろう評価エリアを明確にする。
- ・保育の哲学（設立精神，理念）についての表明がなされている。

（3）評価方法

国の質基準（NQS）は，評価の方法について定めている。評価者には以下の点が義務づけられている。

- ・保育施設の情報のレビュー（法令遵守「コンプライアンス」の履歴，評価と格付けの履歴）
- ・保育施設の現在の質改善計画のレビュー
- ・施設型保育については，実践の観察のための訪問の実施
- ・家庭型保育については，1か所以上の住居またはサービス提供の場の訪問

の実施

　また，国の質基準（NQS）では，評価者は格付けの際に以下の点を含むさまざまな情報を考慮に入れる必要がある。
　・政府省庁，地方機関，州・準州の監督官庁，連邦政府の関連する情報
　・保育施設に関連する教育法下の他の質保障・登録プロセスについての情報

　保育施設の評価は，認定（委任）された担当者が国の質基準（NQS）の評価方法により行う。評価実施後，規制機関は認定された保育施設事業者に対して，各質領域（QA）の格付けと施設全体の評価について告知する。評価において，国の質基準（NQS）を上回るとされた保育施設は，最高ランクのExcellent（優良）の判定を受けるためにオーストラリア保育質評価機関（ACECQA）に申請できる。

(4) 評価の決定

　保育施設は，基準の全項目を満たすこと，そして，質領域（QA）のすべての基準を満たすことが必要である。評価がどのように決められるのか，その判定基準について表8-2に示す。

　保育施設では，自己評価と質改善計画の立案が義務づけられており，各保育施設では「評価指針（Guide to the National Quality Standard）」を参照し，保育施設の評価と改善点を明確にする。評価指針には，「基準（standard）」で求められることの概要と，各保育施設の実践を振り返るための「質問（reflective question）」が掲載されており，これらをもとに各保育施設での実践の質を検討できるようになっている。また，各基準（standard）を構成する要素である「下位項目（Element）」については，各要素の実践例の提示により，日々の実践において要素がどのようなものであり，どのように評価されるのかを示している。具体例は，「観察（Observe）」，「議論（Discuss）」，「閲覧（Sight）」という3つの柱のもとに示される。具体例がすべてではなく，各保育施設の特徴や文脈は多様であり，具体例以外の結果へのアプローチがあることが認識されている。

　ここでは，「Quality Area 1」「Standard 1.1」，さらに「Element 1.1.1」

表8-2　評価の判定基準

| 評価レベル | 評価の決定のされ方（判定基準） |
|---|---|
| 優良である | 評定はオーストラリア保育質評価機関（ACECQA）から与えられる。 |
| 国の質基準を超えている | すべての基準を満たし，少なくとも4つの質領域で「国の質基準を超えている」の評定があり，以下の質領域のうち少なくとも2つが評定されていること。<br>・教育計画と実践<br>・子どもとの関係性<br>・家族・地域との連携協力<br>・リーダーシップと管理運営<br>プリスクールの年齢の子どもを対象としている保育サービスでは以下のサービスの場合質領域1についてしか評定がない場合がある。<br>・プリスクールのプログラムを提供している場合<br>・プリスクールプログラム提供のサービスを文書で取り決めており，保護者にもその内容を知らせている場合 |
| 国の質基準を満たしている | 各質領域において少なくとも「国の質基準を満たしている」の評定であること。1つ以上の質領域で「国の質基準を超えている」の評定があるが，「国の質基準を超えている」は満たしていない。 |
| 国の質基準へ向けて取り組み中 | 1つ以上の質領域について国の質基準へ向けて取り組み中の評定あり（ただし，「重大な改善が必要」の評定がないこと）。 |
| 国の質基準を満たしていない。大幅な改善が必要 | 1つ以上の質領域について「重大な改善が必要」の評定あり。 |

出所：ACECQA (2013). Guide to the National Quality Standard. pp. 13-14. (http://acecqa.gov.au/national-quality-framework/the-national-quality-standard)

の評価指針の内容について紹介しておく（表8-3）。評価者による観察と，保育者との議論，関連書類の閲覧の3つを合わせた評価ができるような詳細なガイドとなっている。

（5）評価のプロセス

　国の質枠組み（The NQF）での評価に際して，規制機関は以下のことをなさねばならない。

・保育施設の現在の質改善計画（Quality Improvement Plan）の検討

・保育施設のこれまでの評価の検討

・保育施設の法令遵守の検討（2012年1月より3年前の期間を含む）

・認可された担当者による，施設型保育（centre-based service）または1か所以上の家庭型保育（family day care）への現地訪問

第8章　オーストラリア連邦

表8-3　Quality Area 1：Standard 1.1―Element 1.1.1の内容

| |
|---|
| Quality Area 1：<br>　この質領域では，教育プログラムと実践が，活気があり魅力的で子どもの学びと発達を高めることを保障するということに注目している。省察と注意深い計画によって，教育プログラムとその実践が子どもの興味に応答し，学びの足場となるよう保障することにより，子どもの保育における時間の価値が増す。保育理念の表明も教育プログラムと実践を発展させるであろう。計画は家族や子ども，運営，監督機関への説明責任を果たすうえで重要である。<br>　保育施設の事業者及び保育のスーパーバイザーは，学びの枠組みに基づいた適切なプログラムが子どもに提供されるための責任を有する。<br>　QA1は，子どもの学びと発達を促すことを，<br>・保育者とコーディネーターによる教育的実践<br>・5つの学びの結果を通じて子どもの学びを促進するプログラムの発展<br>を通して焦点を当てている。 |
| **Standard 1.1**<br>　認可された学びの枠組みが，一人ひとりの子どもの学びと発達を促すカリキュラムの発展を提供している。 |
| **Standard 1.1での到達目標**<br>　家族，保育者，コーディネーターらの協働で，子どもの学びにとっての計画を導いていくために学びの結果を用いる。カリキュラムの決定によって，すべての子どもの文化，アイデンティティ，能力，強みの権利が認められ価値あるものとされ，子どもと家族の生活の複雑さに応答することができる。子どもとともに，保護者の協力関係とともに取り組みながら，保育者とコーディネーターは子どものウェル・ビーイングのために保育計画を進めるよう，学びの結果を用いる。 |
| **Standard 1.1は質の良い保育にどう貢献するのか**<br>　認可された学びの枠組みを用いることで，保育に関わるすべての立場の人々が，子どもの学びと発達を高める質の高い保育実践の共通の理解と実践の支援が可能となる。<br>　子どもたちは日々の生活に参加しながら，自分の興味を発展させ，自分のアイデンティティと世界の理解を構築している。<br>　子どもたちは，自分たちの経験が自分にとって意義深いものであるときによく学ぶ。子どもたちは継続的に新しいスキルを身につけ，自分の世界の新しい見方を獲得するので，保育者は常に保育を評価し，それぞれの子どもについての知識を新たにし，今の子どもの文脈に応じて新しい経験を計画することが求められる。 |
| **Standard 1.1に関して実践を振り返るための Questions**<br>・私たちは，すべての子どもの学びの結果を高めるための学びの枠組みについての知識や理解をどのように構築しているのか。<br>・私たちは，すべての年齢の子どもにとっての学びの結果を最優先に高めることをどのように保障しているのか。<br>・私たちは，それぞれの子どもの強み，可能性，意味についてどのように知ろうとしているのか。<br>・私たちは，子どもの日々の経験や日課についてどのように決定し，その決定には誰が参加しているのか。<br>・私たちは，経験と日課が大人主体でなく子ども主体になっていることをどのように確かめているのか。<br>・私たちは，すべての子どもがプログラムに参加するためどのようにサポートしているのか。<br>・私たちは，プログラムにおいて，子どものアイディアや思考，興味に価値を置いていることをどのように示しているのか。<br>・私たちは，子どもたちが自分の学びについての意思決定に関わる方法をどのように改善しているのか。<br>**乳児に関する追加質問**<br>・私たちは，すべての乳児が保育において所属の感覚をもてるためどのようにしているのか。<br>・私たちは，乳児の家族と乳児にとっての学びの結果の重要性についてどのように交流しているのか。<br>・私たちは，乳児についての私たちの学びと発達の知識を学びの枠組みにどのように適合させているのか。<br>**学齢期の子どもに関する追加質問**<br>・プログラムの計画的・意図的な側面は，子どもが主体の遊びや余暇の経験をどのように支援しているのか。<br>・私たちは，どのように学びの結果を余暇の機会や日々の経験と組み入れているのか。<br>**Family Day Care に関する追加質問**<br>・私たちは，学びの結果を子どもたちが家庭で経験する日々の活動にどのように組み入れているのか。<br>・すべての子どもの学びの機会を保障するために，他のどんな活動が私たちのプログラムに取り入れられるだろうか。 |
| **Element 1.1.1**<br>　カリキュラムでの決定事項は，子どもの学びと発達の結果について，子どものアイデンティティ，地域とのつながり，ウェル・ビーイング，学びの主体としての自信，コミュニケーターとしての効果などの観点から貢献するものである。 |
| **Element 1.1.1の到達目標**<br>　子どもの学びは現在進行形であり，それぞれの子どもが多様で公平な意義ある方法で結果に向かっている。学びは予測可能でなくまた直線的でもない。保育者とコーディネーターはそれぞれの子どもとその学びの結果を考慮して計画する（Early Years Learning Framework, p. 9）。子どもが日々の生活に参加するなかで，興味関心を発展させたり，アイデンティティを確立したり，世界についての理解を深める。学齢期の子どもの学びは家庭と学校での学びを充実させるものである（Framework for School Age Care, p. 5）。 |

(次頁へ続く)

(表8-3の続き)

Element 1.1.1の評価指針
すべての年齢，保育形態への指針
評価者は以下のことを観察できる。
■保育者とコーディネーターと子どもは学びの枠組みに記述されている学びの結果のエビデンスと一致した行動・活動をしている。例えば以下のようなことである。
・子どもは幅広い感情，思考，考え方を建設的に表している。
・子どもたちはごっこ遊びを通してアイデンティティを探究している。
・子どもたちは自分に影響のある事柄について意見表明をしている。
・子どもたちは自分たちのニーズを満たすために選択をしたり，問題解決ができるようエンパワーされている。
・子どもたちは他者と協働的に関わっている。
・子どもたちは周囲の環境に自信をもって安全に関わっている。
・子どもたちは学びについて好奇心と熱意をもって参加している。
・子どもたちは調べたり，想像したり，アイディアを探究するために遊んでいる。
■保育者は，例えば以下のことによって，アイディア，複雑な概念や思考，根拠や仮説の探究を活発に促したり引き起こしたりする経験を提供している。
・子どもと文を共有するとき，韻文，文字，音などの概念についてはっきりと話している。
・文字，数，時間，お金，音楽記号などのシンボルについて子どもたちと話し合っている。
・数学的・科学的な議論に建設的貢献ができるよう子どもたちをサポートしている。
・自然や科学についての子どもの学びの基礎になるものとして，日々のできごとを活用している。
・遊びのなかでリテラシーや数を用いる役割を子どもが担えるようサポートしている。
・子どもたちは目的と自信をもってメッセージを伝え，構築している。
■保育者とコーディネーターは，子どものコミュニケーションを，例えば以下のようなことによって統合し広げようとしている。
・子どもたちを，歌や詩を歌ったり，言葉や音のある遊びに引き込んでいる。
・子どもたちが目的と自信をもってメッセージを伝えたりつくったりすることをサポートしたり，家庭や地域でのリテラシーづくりをする。
・多様なメディアを用いて子どもたちがアイディアを表現したり，意味をつくる機会を提供している。
・子どもたちが，標準的なオーストラリア英語と家庭での言語での会話をし，また，聞き手のニーズに応える力を表せるような，独立したコミュニケーターとなるよう，サポートしている。
・家庭での言語と標準的なオーストラリア英語の掲示を含んだ，リテラシーが豊かになるような環境を提供している。
乳児に関する評価指針
評価者は以下のことを観察できる。
　保育者とコーディネーターは
・乳児の相互作用と会話を始めようとしていることをサポートし促している。
・乳児の発する合図やサインに敏感に気づき応答する。
・日々の日課のなかで，乳児との個別の関わりを行っている。
　乳児は
・心地よい手助けや協力がありコミュニケーションを試みている。
・遊びを楽しみ，他者にポジティブに応答している。
学齢期の子どもに関する評価指針
評価者は保育者とコーディネーターの以下のことを観察できる。
・子どもたちが遊びや楽しみを通してリラックスできるような機会を認めて計画する。
・子どもたちのプログラムにおける，多様な経験，ものの見方，期待，知識や技術を統合する。
すべての年齢，保育施設に関する評価指針
評価者は以下のことについて議論できる。
・保育施設が子どもの学びの結果を家庭とどのように交流しているか。
・保育施設の理念が教育・教授に関する決定をどのように結びつけているか。
学齢期の子どもに関する評価指針
評価者は以下の方策について議論できる。
・すべての子どもが，定期的参加あるいは不定期参加であってもそのサービスにおいての帰属感をもてるための，その保育施設での方策。
・不定期参加の子どものニーズがプログラムの計画と実践に反映されるようにするための方策。
家庭的保育に関する評価指針
評価者は，学びの枠組みの結果に到達するよう子どもをサポートする幅広い経験を提供するために，屋外の活動がどのように取り入れられているのか，について議論できる。
すべての年齢と保育施設タイプに関する評価指針
この評価は，観察および保育者との議論において実施されるものである。
評価者は，カリキュラム決定が，それぞれの子どもの学びと発達の結果にどのように貢献しているかを表す学びのアセスメントとして，プログラムやドキュメンテーションの書類を見ることを希望できる。

出所：ACECQA (2013). Guide to the National Quality Standard. pp. 17-25. (http://acecqa.gov.au/national-quality-framework/the-national-quality-standard)

表8-4 評価のプロセス（保育施設にとって）

| タイムライン | 段階 | 評価プロセス |
| --- | --- | --- |
| 第1週 | A：訪問の告知 | 保育施設事業者は規制機関より，評価の訪問が4週間後にある旨の書面を受け取る。 |
| 第3週 | B：質改善計画 | 保育施設事業者は規制機関に質改善計画を提出する。 |
| 第5～8週 | C：訪問実施 | 評価訪問が書面に記載された4週間の間に実施される。規制機関は訪問日の少なくとも5日前に保育施設事業者へ連絡をする。評価担当者は訪問の際に一般的なコメントをすることはあるが，格付けに関する指摘は行わない。フィードバックには，訪問の際に懸念された点を示すため，質領域と時間枠を特定して微調整ができる機会を含めることができる。 |
| 訪問後 | | |
| 訪問後約3～5週後 | D：概要の報告 | 保育施設事業者は概要の報告を受ける。保育施設事業者は，報告のなかの事実の間違いに関するフィードバックとその根拠を提供するために10日間の作業期間を与えられる。 |
| 訪問後約5～7週後 | E：フィードバック | 規制機関は概要報告に対するフィードバックを受け取る。フィードバックがない場合，その報告が最終版となり最終格付けが保育施設事業者に発行される。 |
| 訪問後約8週後 | F：最終報告 | 概要報告へのフィードバックがあった場合，規制機関により検討される。そのうえで，報告が完了され保育施設事業者に格付けが発行される。 |

出所：ACECQA (2013). Assessment and Rating Process for Services (http://acecqa.gov.au/assessment-and-ratings-process)

　評価のプロセスは，どのように基準を満たすのかを議論できるよう協同的なものになるようデザインされている（表8-4）。

　評価が決定したのち，保育施設事業者は，全体の評定及び各領域の評定を保育施設に掲示しなければならない。結果はオーストラリア保育質評価機関（ACECQA）及び My Child のウェブサイトで公開される。

## 3．質評価の状況について——「NQF Snapshot Q2 2015[24]」より

　「NQF Snapshot」はオーストラリア保育質評価機関（ACECQA）が年4回発行する保育の質評価の状況に関するレポートである。「NQF Snapshot Q2

2015」のデータは，2015年7月1日現在のものである。
- 保育施設の数：1万4,910か所
- 認可を受けている保育施設事業者：7,298か所
- 質評価を受けている保育施設：9,347か所（63％）
- 評価を受けた保育施設のうち，「国の質基準を超えている」は28％，「国の質基準を満たしている」は38％，「国の質基準へ向けて取り組み中」は33％，「大幅な改善が必要」は9か所，「優良」評価は36か所であった。

最も古い2013年の第1期のデータ[25]と比較すると，評価を受けている保育施設の割合は13％から63％へと上昇している。評価結果は，「国の質基準へ向けて取り組み中」が減少（2013年第1期43・8％），「国の質基準を満たしている」（2013年第1期33.1％）と「国の質基準を超えている」（2013年第1期22.5％）が増加傾向にある。

## 第5節　資格要件の向上と保育者と子どもの比率

### 1. 資格要件の高度化[26]

オーストラリアは連邦制で地方分権（州政府）が確立しており，これまで保育者（educator）の養成・資格・施設運営も，州ごとに独自基準で運営されてきたため，国（連邦）レベルでは，全国統一の保育者の資格・養成基準がなかった。国は，先行研究の知見を根拠として，保育者の資格要件の向上は保育の質の向上に不可欠であることを示し，養成及び保育者の教育実践の継続的省察を促してきた。国の質枠組み（The NQF）には，国の一貫した保育者の資格要件の必要性が記されている。その結果2014年1月より，全国統一の「保育者のより高度な資格要件[27]」が設定された。すべての保育者は，最低限 Certificate Ⅲ の資格取得が求められ，各保育施設の保育者の50％は Diploma の資格を有するか取得中である，あるいは幼児教育（early childhood teaching）の学位を有することが必須となった。この改革に合わせて，連邦政府はさまざまなイニシアティヴをとっている。例えば，現職保育者のこれまでの経験や知識を資格取

表8-5 2016年までと2016年以降の保育者と子どもの人数比率の変化

|  | 2016年まで | 2016年1月以降 |
|---|---|---|
| 施設型保育 生後～24か月 | | |
| 全州・準州 | 1：4* | 1：4* |
| 24か月以上36か月未満 | | |
| オーストラリア首都特別地域 | 1：5 | 1：5 |
| ニュー・サウス・ウェールズ州 | 1：8 | 1：5 |
| ノーザン・テリトリー | 1：5 | 1：5 |
| クイーンズランド州 | 1：6（24～36か月）<br>1：8（30～36か月） | 1：5 |
| 南オーストラリア州 | 1：8（最初の8人）<br>1：10（9人以上） | 1：5 |
| タスマニア州 | 1：5** | 1：5** |
| ヴィクトリア州 | 1：4 | 1：4 |
| 西オーストラリア州 | 1：5 | 1：5 |
| 36か月以上～プリスクール | | |
| オーストラリア首都特別地域 | 1：11（プリスクール以外の施設サービス）<br>2：25（プリスクール） | 1：11 |
| ニュー・サウス・ウェールズ州 | 1：10 | 1：10 |
| ノーザン・テリトリー | 1：11<br>プリスクールについてはNQF比率なし | 1：11 |
| クイーンズランド州 | 1：12（3～6歳）<br>1：13（4～6歳）<br>1：12（4～13歳） | 1：11 |
| 南オーストラリア州 | 1：10（プリスクール以外の施設サービス）<br>1：13（プリスクール） | 1：10（プリスクール以外の施設サービス）<br>1：10（不利な状況にある子どものいるプリスクール）<br>1：11（不利な状況にある子どものプリスクール以外） |
| タスマニア州 | 1：10<br>2：25（プリスクール参加の子ども）*** | 1：10<br>2：25（プリスクール参加の子ども）*** |
| ヴィクトリア州 | 1：15 | 1：11 |
| 西オーストラリア州 | 1：10 | 1：10 |

（次頁へ続く）

(表8-5の続き)

| 全州・準州 | プリスクールの年齢以上の子ども |  |
|---|---|---|
|  | 国基準はないが州・準州の比率を適用 |  |
|  | 家庭的保育 生後～13歳 |  |
| オーストラリア首都特別地域，ニュー・サウス・ウェールズ州，ノーザン・テリトリー，南オーストラリア州，タスマニア州，ヴィクトリア州，西オーストラリア州 | 1：7（プリスクール年齢またはそれ以下の子どもは4人以下。保育者自身の13歳未満の子どもを含む） | 1：7（プリスクール年齢またはそれ以下の子どもは4人以下。保育者自身の13歳未満の子どもを含む） |
| クイーンズランド州 | 1：7（学齢児童未満は4人以下。保育者自身の学齢児の子どもは除く） | 1：7（プリスクール年齢またはそれ以下の子どもは4人以下。保育者自身の13歳未満の子どもを含む） |

注：＊　クイーンズランド州の認可サービスでは1：5で運用しているサービスもある。
　　＊＊　タスマニア州の認可サービスでは2018年までに1：7での運用が認められている施設もある。
　　＊＊＊　regulation342(2)(a)（タスマニアの幼稚園には毎年1月1日満4歳の子どもの入園を認めることを定めている）に関連している。
出所：ACECQA (2014). Information Sheet: New Educator to Child Ratios for Education and Care Services 1 January 2016. (http://acecqa.gov.au/national-quality-framework/information-sheets)

得において認定する Recognition of Prior Learning (RPL) や，専門性発展のための The Inclusion and Professional Support Program (IPSP) への投資を行っている。州政府は資格取得のための奨学金制度を導入している。

## 2．保育者と子どもの比率[28]

国の質枠組み（The NQF）による保育者と子どもの比率改善は，2016年1月から全州・準州において実施されることとなる（準備中であるタスマニア州と西オーストラリア州を除く）。0～2歳の比率1：4（2016年までと変化なし）は全州共通，2～3歳については，例えば南オーストラリア州では，1：8から1：5へ，3歳～プリスクール年齢については，例えばクイーンズランド州では年齢によって1：12～13であったものが一律1：11となる（表8-5）。

## 第6節　学びの枠組み（フレームワーク）

　国の法律（National Law）のもと，0歳から5歳を対象とした，「乳幼児の学びの枠組み（Belonging, Being and Becoming: The Early Years Learning Framework for Australia：「EYLF」）」（2009年）がオーストラリアで初めてつくられた国の定める学びの枠組みである。学びの枠組み（EYLF）は，政府のビジョンである「すべての子どもは，自分自身そして国のためのよりよい未来をつくるために，最善の人生のスタートを切る」ことを実現させることに寄与するものとしてつくられた。保育において，子どもたちの可能性を最大限にし，将来の学びの成功の基礎を発展させる機会を提供できるように支えるものである。このビジョンを象徴する，子どもの人生を捉える3つのキーワードが，表題の「Belonging」「Being」「Becoming」である。Belongingには，人間存在にとって不可欠な意味があり，子どもの相互依存やアイデンティティ形成における人間関係の基礎となる概念である。Beingは，子どもの生活の「いま，ここ」の重要性を認める概念であり，乳幼児期は単に未来の準備期ではなく，この時期の「いま」があることを意味している。Becomingは，乳幼児期の学びや成長の大いなる変化のプロセスを意味している。学びの枠組み（EYLF）は，すべての幼児教育・保育に参加する子どもたちが，質の高い教育と学びを経験できるための基盤として位置づけられている。遊びをベースにした学びが強調され，コミュニケーション，言語，社会的情緒的発達の重要性の認識のもとに成り立つ枠組みとなっている。

　また，学びの枠組み（EYLF）の「序文（introduction）」には，この枠組みを実践する保育者は，子どもの権利条約にある原理を実践において強めるものとなるであろう，と記されており，中心には子どもの権利が据えられていることを明記している。

　学びの枠組み（EYLF）は，保育者のカリキュラム作成を導くものであり，計画，実践，質評価をサポートするものである。また，それぞれの地域やそれ

それの保育に特化した実践を支えるものとなる。そして，子どもの学びについて，子どもたち，家族，地域，保育者，他の専門職らの会話を促し，交流し，共通の言語を提供するものである。<sup>(31)</sup>

学びの枠組み（EYLF）は，子どもを中心に据え，3つの相互に関係する要素「原理・実践・学びの結果（Principles, Practice, Learning Outcomes）」から構成される。これら3要素が，保育方法及びカリキュラム作成の基礎となる。<sup>(32)</sup>

▰原理（Principles）<sup>(33)</sup>

現代の子どもの学びと幼児教育学の理論及び研究知見を反映したものであり，子どもの学びの結果（Learning Outcomes）を援助する実践（Practice）を支えるものである。

・安全で，敬意のある，互恵的な関係
・家族とのパートナーシップ
・高い期待と公平さ
・多様性の尊重
・継続的学びと反省的実践

▰実践（Practice）<sup>(34)</sup>

原理（Principles）に支えられるのが実践（Practice）である。保育者は，以下のことにより，子どもたちの学びを促すための教育実践の豊かなレパートリーを用いる。

・ホリスティック・アプローチ
・子どもへの応答
・遊びを通した学び
・意図的な教育
・学びの環境
・文化的能力
・学びと移行の一貫性
・学びのアセスメント

■学びの結果（Learning Outcomes）[35]

0歳から5歳のすべての子どもの，統合され複雑な学びと発達を捉える視点である。
・子どもは，しっかりとしたアイデンティティの感覚を有する。
・子どもは，世界と結びついており，世界に貢献するものである。
・子どもは，しっかりした幸福感をもつ。
・子どもは，自信をもち参加する学び手である。
・子どもは，力のあるコミュニケーターである。

それぞれの学びの結果（Learning Outcomes）は，「Belonging」「Being」「Becoming」との関連が説明され，各学びの結果（Learning Outcomes）の構成要素と，それが表れるであろう子どもの表現の場面と，保育者がその学びを促すであろう場の例が提示されている。さらに，保育者自身が自身の文脈でつけ加えられる事例を記述できるようになっている。学びの結果（Learning Outcomes）は質評価項目にも反映されており，学びの枠組み（EYLF）を基盤に，子どもの学びを中心に質を捉え評価する努力がなされている。

## 第7節　日本の保育への示唆──オーストラリアの保育から学ぶこと

### 1．オーストラリアの保育の評価と課題

幼児教育・保育の改革に国をあげて着手しているオーストラリアの取り組みの中心になるのは質である。本章の冒頭で述べた，"*Starting Strong Ⅱ*"で指摘されたオーストラリアの幼児教育・保育における政策上の問題・課題の克服が，現在進行中ではあるが，一定の努力がなされてきたと言えるのではないだろうか。

質改善の取り組みにおいての大きな変化は，連邦政府と州政府が合同での責任において取り組みを始めたことである。改革前，オーストラリアの保育は連邦政府と州政府の二重の質管理体制があり，複雑なものとなっていた。今回の改革では，国の質枠組み（The NQF）は，最低基準とめざすべき質基準（NQS）

を合わせた枠組みとなっている。国の質枠組み（The NQF）の枠組みに位置づけられた学びの枠組み（EYLF）についても，カリキュラムと保育方法への助言となり得ており，指示的な枠組みというよりもより幅の広い枠組みとなっている。これらのことから，保育サービス全体の質を向上させつつ，各州や自治体，各保育施設の特徴や文脈を尊重する観点も盛り込まれていることがうかがえる。

　質評価に関しても，実践の観察，記録の確認，保育者との議論という3つの柱を立てて，各保育施設の文脈を考慮し，より実践に根ざした，保育者の専門的判断と実践を強調した評価基準が導入された。この背景には，保育界において，構造的な側面から，子どもの経験と学びの成果に注目がシフトしている影響も指摘されている[36]。これまでの，2つのレベルの政府による質の規制がもたらしていた複雑さを解消し，国全体で幼児教育・保育の質向上に取り組むことを明確に打ち出した点は，大きな前進であるだろう。また，1990年代から実施してきた質評価システムを発展させ，よりオープンエンドな，多様性を考慮した，保育者が主体的に評価のプロセスに参加できるような評価システムになっていることから，保育実践の複雑さと，その中心となる保育者の専門性を可視化・言語化できる可能性が増えていくことが期待できる。

　保育者養成については，資格要件をより高度にする方策が打ち出され，国の統一した資格がないなかでの努力がうかがえるが，資格要件のレベルアップだけでは，長期的観点から幼児教育／保育職の持続可能性を高めるには不十分であり，保育者の実践過程の内実に焦点を当てた議論も必要ではないかという指摘[37]もあるように，保育者の専門性をどのように捉え，評価し，高めていくのか，これからの議論の発展が期待される。

　国の質枠組み（The NQF）における取り組みの評価を行っている，連邦政府の生産性委員会（Productivity Commission）によるレポートには，一定の評価とともに，今後に向けての具体的な改善提言もなされている。例えば，質評価に関しては，評価基準項目の削減や，評価にかかる時間の短縮，保育施設自身による評定を可能にすること，保育者の配置基準に関しては，各州によるばらつ

きをなくし，国基準で統一することなどである。OECD の指摘にもあるシステムの一貫性の問題は，連邦制の国ならではの課題であり，保育者配置基準など今後の統一化の議論にも注目したい。また，先住民族のインクルージョンについても，この度の保育改革において打ち出されてはいるが，幼児教育・保育のみならず，オーストラリア社会全体での課題であるだろう。

## 2．日本の保育への示唆

OECD 諸国のなかで幼児教育への投資額が最も低いレベルであるという現実に向き合い，乳幼児期の学びがその後の人生そして国の将来にとって重要なものであるという認識を基盤として，国をあげて保育の質向上に具体的に動き出しているオーストラリアの状況から学べる点は多い。

第一に，一連の保育政策の改革の基盤に，「子どもの発達，乳幼児期の学びの意義に対して，幼児教育・保育の質が大きな影響を与えるものである」という研究知見が，改革を動かす根拠として位置づけられている点である。アメリカを中心にした保育の質と子どもの発達に関する追跡調査によって，質の良い幼児教育・保育は，子どもの発達を促し，費用対効果が高いこと，特に不利な状況にある子どもたちにとっての効果が大きいことが明らかにされたことは，保育の質向上への取り組みの原動力となった。オーストラリアにおいても，非営利の教育研究機関である Australian Council for Educational Research（ACER）が，幼児教育・保育の質に関する研究を行い，政策提言をしており，改革の重要な根拠となっている。研究知見が政策に反映される循環の確立は，日本において喫緊の課題であろう。

第二に，誰のための幼児教育・保育か，という点が明確にされていることである。改革に向けての国としてのビジョンがはっきりと示され，学びの枠組み（EYLF）にもあるように，中心となるのは子どもであり，子どもを出発点として，その健全な発達のために必要なことをどのように組み立てていくのかという議論が必要である。そして，その基盤となる子ども観の共通認識を明らかにすることである。学びの枠組み（EYLF）では，子ども期は，単なる学校の準

備期ではなく，固有の価値がある時期であり，子どもの「いま，ここ」からの発達をより豊かにすることがめざされている。また，子どもの権利条約にある権利を尊重することが，子どもの学びを促していくための共通の基盤として示されている。子どもの学び・発達を豊かにするため，保育者や保護者が協力する必要があり，幼児教育・保育がなによりもまず子どもの発達保障のためにあることが，国及び州政府の関連文書において明確にされ，その価値を基盤とした改革がなされている。日本においては，待機児童解消のための保育の量的拡充施策が進められてきたが，政府の保育施策において，その中心に子どもの育ち・子どもの権利が据えられているか，問い直しが必要ではないだろうか。国として，子どもの育ちをどのように位置づけるのかというビジョンなくして改革はあり得ない。

　第三に，幼児教育・保育の担い手である保育者の資質が保育の質向上に不可欠であるという認識から，保育者の資質向上に着手しはじめている点である。日本と異なり，保育者の国家資格がないオーストラリアでは，各州での養成機関の学歴によって保育者としての資格が認められるため，各保育施設の保育者が有する学歴の底上げによって，保育者の資質向上をめざそうとしている。日本では，保育士・幼稚園教諭という国家資格・免許制度により一定の質の担保がなされているが，保育の質向上のためには保育者の資質向上が不可欠であるという共通認識が不十分であるように見える。免許資格制度というハード面の存在に甘んじず，その中身（保育者養成のあり方，保育実践に見る保育者の資質など）の議論が必要であろう。

注
(1) 2011年度国勢調査による。Australian Bureau of Statistics (http://www.abs.gov.au/ausstats/abs@.nsf/Lookup/2071.0main+features902012-2013)
(2) 2011年度国勢調査による。Australian Bureau of Statistics (http://www.abs.gov.au/ausstats/abs@.nsf/Lookup/2075.0main+features32011)
(3) Brennan, D. & Oloman, M. (2009). Child Care in Australia: A market failure and spectacular public policy disaster. *Beyond Child's Play Caring for and edu-*

*cating young children in Canada, Our Schools Our Selves*, **18**(3) pp. 117-127.
(4) 2002年時点，就学前教育（3～6歳）への公的及び私的支出の対 GDP 比が0.1％。OECD（2005）. *Education at a Glance OECD Indicatours 2005*, pp. 178-185. （http://www.oecd-ilibrary.org/education/education-at-a-glance-2005_eag-2005-en）
(5) OECD『OECD 保育白書　人生の始まりこそ力強く──乳幼児期の教育とケア（ECEC）の国際比較』明石書店，2011年，pp. 312-313.
(6) Sumsion, J., Barnes, S., Cheeseman, S., Harrison, L., Kennedy, A. & Stonehouse, A.（2009）. Insider Perspectives on Developing Belonging, Being & Becoming: The Early Years Learning Framework for Australia. *Australasian Journal of Early Childhood*, **34**(4) pp. 4-13.
(7) 2015年9月時点では，Department of Social Services が監督庁である。就学1年前の幼児教育へのアクセス，Early Learning Languages Australia（プリスクール児への英語以外の言語のオンライン学習の効果測定プログラム），Australian Early Development Census（小学校1年生時の地域別発達測定），Early Learning and Care Centres（既存の保育でカバーできないサービスを提供，例えば Autism specific centres など）については，Department of Education and Training が監督庁である。
(8) The Department of Education（2012）. *Child Care Service Handbook*, pp. 16-19（https://www.dss.gov.au/our-responsibilities/families-and-children/publications-articles/child-care-service-handbook）
(9) Australian Government Productivity Commission（2014）. *Childcare and Early Childhood Learning Inquiry Report*, Volume 1. No. 73.（http://www.pc.gov.au/inquiries/completed/childcare/report/childcare-volume1.pdf）
(10) 前掲(9), pp. 81-82.
(11) CCB：資力調査がある給付。低所得～中間所得層が対象。家族の労働時間，保育を利用する子ども数，サービスの種類，家族の収入によって給付額が決定する。前掲(9), p. 118.
(12) CCR：資力調査なしの給付。Approved care 利用の家族への付加的補助となる。CCB を差し引いた後の保育費用負担額の最大50％まで，子ども一人当たり年間最大7,500ドルの補助がある。前掲(9), p. 118.
(13) ABS 4402.0-Childhood Education and Care, Australia, June 2014（http://www.abs.gov.au/ausstats/abs@.nsf/mf/4402.0）
(14) Council of Australian Governments（2008）. Fact Sheet Early Childhood Education National Partnership, p. 1.

⒂ Council of Australian Governments (http://www.coag.gov.au/early_childhood)
⒃ Commonwealth of Australia (2009). *Investing in the Early Years—A National Early Childhood Development Strategy: An initiative of the Council of Australian Governments.*
⒄ Australian Children's Education & Care Quality Authority (2013). Guide to the National Quality Framework (http://files.acecqa.gov.au/files/National-Quality-Framework-Resources-Kit/NQF01-Guide-to-the-NQF-130902.pdf)
⒅ Australian Children's Education & Care Quality Authority (2013). *Guide to the National Quality Standard.*
⒆ ACECQA (2014). *Submission to the Senate Standing Committees on Education and Employment Inquiry into the delivery of quality and affordable early childhood education and care services,* p. 3.
⒇ http://acecqa.gov.au/national-quality-framework/introducing-the-national-quality-framework
(21) 前掲⒆, pp. 17-18.
(22) 前掲⒆, p. 18.
(23) 前掲⒆, pp. 11-13.
(24) Australian Children's Education and Care Quality Authority (2015). *NQF Snapshot Q2 2015.* (http://www.acecqa.gov.au/national-quality-framework-snapshots)
(25) Australian Children's Education and Care Quality Authority (2013). *NQF Snapshot Q1 2013.* (http://www.acecqa.gov.au/national-quality-framework-snapshots)
(26) 前掲⒆, pp. 15-16.
(27) The Australian Education and Training system における国規定の資格の枠組み (the Australian Qualifications Framework) は，職業教育と大学・高等教育機関を合わせて10段階の資格レベルを設けており，Certificate Ⅲ はレベル 3，Diploma はレベル 5，学位 (Bachelor) はレベル 7 である。Certificate Ⅲ 取得者は，職業についての理論的・実践的知識と技術を有し，自立した態度，と判断，安定的な状況での限定的な責任を果たすことができ，Diploma 取得者は，技術的・専門助手的な職業の専門知識と技術を有し，自立的行動と判断，変化のなかでの限定的責任を果たすことができる，とされている (http://www.aqf.edu.au/aqf/in-detail/aqf-levels/)。
(28) ACECQA (2014). Information Sheet: New Educator to Child Ratios for Education and Care Services 1 January 2006. (http://acecqa.gov.au/national-quality-

第8章　オーストラリア連邦

framework/information-sheets)
(29) Commonwealth of Australia (2009). *Belonging, Being & Becoming: The Early Years Leaning Framework for Australia*, p. 7.
(30) 前掲(29), p. 5.
(31) 前掲(29), p. 8.
(32) 前掲(29), p. 9.
(33) 前掲(29), pp. 12-13.
(34) 前掲(29), pp. 14-18.
(35) 前掲(29), p. 19.
(36) Irvine, S. & Price, J. (2014). Professional conversations: A collaborative approach to support policy implementation, professional learning and practice change in ECEC [online]. *Australasian Journal of Early Childhood*, 39(3) pp. 85-93. (http://search.informit.com.au/documentSummary;dn=666827959023069;res=IELHSS)
(37) Cumming, T., Sumsion, J. & Wong, S. (2015). Rethinking early childhood workforce sustainability in the context of Australia's early childhood education and care reforms. *International Journal of Child Care and Education Policy*, 9 (2) (http://link.springer.com/article/10.1007/s40723-015-0005-z)
(38) 前掲(9), pp. 54-55.
(39) 例えば, Elliott, A. (2006). *Early Childhood Education: Pathways to quality and equity for all children*. (http://research.acer.edu.au/aer/4)

第 9 章

# 大韓民国

幼児教育・保育改革の動向

韓　在熙

　大韓民国（以下，韓国）は21世紀の知識基盤社会における未来の人財を養成するという国家教育ビジョンの下，国家主導の幼児教育の質的向上のための政策を展開している。その政策背景の理論的根拠には，OECDが2006年に発表した"Starting Strong Ⅱ：Early Childhood Education and Care"において，[1]
①「幼児教育に1ドルを投資すると，将来的に約16.14ドルの利益が発生する」（アメリカ，Perry Preschool Project, 2003）という幼児教育の質的向上のための幼児教育への投資の重要性を取り上げている経済学的理論，②「乳幼児期からの[2]
教育とケアは，国内の子どもの全般的健康，将来の学業成績，労働市場の規模と柔軟性，社会的結束といった公共の利益に貢献する」といった乳幼児期サービスを公共財として扱う賛成論といった2つの観点が存在している。

　また，少子高齢化社会の進展における深刻な少子化問題もある（2014年現在の合計特殊出生率は1.21）。そこで韓国政府は「需要者中心のオーダーメイド式の幼児教育・保育サービスの提供」という政策理念の下に，保育料の無償化及び養育手当の公的支援の拡大，保育の質的向上を目標とする幼稚園とオリニジップ（日本の保育所に該当する）の評価制度の実施，幼保統合カリキュラムをはじめとする幼保統合に関する政策を推進している。

## 第1節　韓国の保育制度改革の概観

　韓国ではこれまで，幼稚園は教育部（日本の文部科学省にあたる），オリニジップは保健福祉部（日本の厚生労働省にあたる）がそれぞれ管轄し，その法的根拠，設置基準，教員の資格と養成制度等も二元化されてきたが，現在，その幼保統合において優先的に実現できる政策から実施されている。

　このような一連の政策の始まりは，李明博政権（2008年2月～2013年2月）の「幼児教育は未来のための投資，他の予算を減らしてでもこれからやらなければならない」というスローガンで表した国家主導の幼児教育・保育改革への取り組みからである。

　幼保統合への第一歩となった幼保統合カリキュラムの成立と実施とともに，保育料無償化政策が推進された。2012年3月から幼稚園とオリニジップの満5歳児対象の「5歳児ヌリ課程」，2013年3月からは対象を満3～4歳児にも拡大した「3～5歳児年齢別ヌリ課程（以下，ヌリ課程と称す。本章第4節参照）」を実施している。そして，ヌリ課程の実施に伴ってすべてのヌリ課程対象の子どもに保育料を支援する政策を実施している。

　朴槿恵政府（2013年2月～2017年3月）は，大統領引受委員会のときから幼児教育と保育の統合を主な国政課題として認識し部署間の優先課題としており，従来に増して積極的な幼児教育・保育サービスの質的向上のための幼保統合政策を実施している。

　韓国の幼保統合モデルを含む幼児教育保育政策を研究する拠点機関として「育児政策研究所（Korea Institute of Child Care and Education: KICCE）」（2005年）がある。そこでは主に，OECD諸国の幼児教育・保育政策の研究及び，国内の政策実施状況と課題に関する研究が行われている。

　幼児教育・保育サービスの質を向上するための中心的な研究課題は，「保育の質」をどう捉えるかという視点とその政策的アプローチであろう。

　韓国の幼児教育・保育の評価制度実施において定義された「保育の質」には

3つの概念が用いられている。第一は，教師対子どもの比率や学級の大きさ等の「構造的な質」，第二は，教師と子どもの相互作用や子どもの発達に適合する教育活動等の「過程的な質」，第三は，保育の質を理解する新しい方法として，保育システムを利用する保護者の要求をどれほど充足しているかを測定・評価して質の改善を行う「サービスの質」である[3]。

このような視点からの政策アプローチの一つに，2013年から実施している「3～5歳児年齢別ヌリ課程」の実施があげられる。その実施において，保護者・保育者・施設に対する支援及び保育サービスの向上が図られている。これに関する研究報告は，丹羽ほか (2012)「韓国における幼保共通課程の試み」[4]と韓 (2013)「韓国の保育政策と保育情報センターの役割に関する考察」[5]に，その詳細が明らかにされている。特に韓 (2013) は，幼保統合カリキュラムの実施過程における運営体系を中心に「保育情報センター（現「育児総合支援センター」と改称）[6]」の支援役割を明らかにしている。

また，幼保統合カリキュラムの実施とともに実施した，すべての乳幼児を対象とする保育料支援政策は，公的保育サービスを拡大した政策の事例である。その詳細については本章の第4節で述べることにする。

もう1つの幼児保育の質の向上のための政策的アプローチは，幼稚園とオリニジップに対する評価制度の導入である。保育サービスを測定するときは，保育サービスが提供される範囲，施設の配置及び分布，施設の利用可能性，運営時間，保護者の自由な施設の選択権等が中心となる。これらは，保育の質を評価する政策の樹立時に必要な概念であるとされている[7]。

その優先課題として，今まで幼稚園の評価制度とオリニジップの評価認証制度に二元化されていたものを統合した「幼稚園とオリニジップ統合評価モデル事業」(2014年3月) が策定され推進されている。

幼保統合推進政策の推進については，2013年5月22日に国務調整室長を委員長とする「幼保統合推進委員会」を発足し，その第1次会議で「幼保統合推進委員会」「幼保統合実務調整委員会」「幼保統合モデル開発チーム」を構成し，その具体的な推進計画を発表した。同年12月3日には第2次会議が開催され，

その間の推進内容の結果の検討及び統合モデル開発チームの案が作成され，2014年からモデル事業が実施されている。これに関しては本章第7節の「今後の幼保統合への政策展開」において記述する。

　幼保統合推進の詳細を見ると，第1段階の内容は即時可能なものを優先的に推進しており，情報公示制の実施，評価体系案の作成と調整，財務会計規則等の基盤構築を行っている。第2段階は乳幼児教育・保育現場の規制及び運営環境等の統合整備法案を調整することである。最終段階の目標としては教師処遇の格差解消，管理部署及び財源の統合をめざしている。[8]

　したがって，本章では，韓国の幼児教育・保育の質的向上のための一連の政策の実施と現在の推進動向に焦点を当てて述べたい。本章の構成は第2節で乳幼児の現況，第3節で政策的変遷をまとめたうえで，第4節で幼児教育保育の質的向上のための幼保統合カリキュラムの「3～5歳児年齢別ヌリ課程」の実施，第5節では保育の質の向上と保育カリキュラム，第6節では保育の質の管理・監督及び維持するための評価システムである幼稚園の評価制度とオリニジップの認証評価制度を重点的に記述したい。そして第7節で，幼保統合の推進状況等の今後の政策課題に関する検討を行ったうえ，第8章では，韓国と同様の保育課題に直面している日本の保育への示唆点を考察したい。

## 第2節　乳幼児の現況と少子化

### 1．乳幼児の状況

　韓国における2014年乳幼児の推計人口は274万1,309人であり，合計特殊出生率は2014年12月末現在1.21である。表9-1のように，年度別の合計特殊出生率の推移を見ると，1980年代半ばから1990年代半ばまでは1.5を維持してきたが，1997年度の通貨危機以後に深刻な少子化の基準点である1.3以下に低下し，2005年には1.08と最低値となった。その後，2012年に少し回復の傾向を見せたが，1.3以下を推移し，2014年現在では1.21である。その間の一連の保育改革の努力にもかかわらず，少子化の改善は見られず，依然として低水準の傾向で

表9-1 年度別合計特殊出生率の推移（1981-2014年）

| 年度 | 1981 | 1987 | 1992 | 2005 | 2009 | 2012 | 2013 | 2014 |
|---|---|---|---|---|---|---|---|---|
| 合計特殊出生率 | 2.10 | 1.53 | 1.76 | 1.08 | 1.15 | 1.30 | 1.19 | 1.21 |

出所：育児政策研究所『2014幼児教育・保育統計』2014年。

あることがわかる。

このような少子化の状況が続けば，必然的に将来の経済労働人口の減少と深刻な高齢化社会の問題に直面することになり，韓国政府及び幼児教育・保育関係の関連部署は，少子化対策のための多様な子育て及び保育政策の実施を急ぎ進めることとなった。

## 2．幼稚園と保育施設（オリニジップ）の状況

2014年12月末現在の幼稚園施設数は8,826か所で，国公立は4,619か所（52.3％），私立は4,207か所（47.3％）である。しかし，オリニジップは国公立が全体の6.0％，私立施設が全体の94.0％のように，幼稚園に比べると民間施設が大幅に占めていることがわかる。さらに，表9-2からわかるように，施設数のなかで最も多いのは小規模の家庭保育施設であることも韓国の特徴である。

幼稚園数は毎年増加しており，特に国公立幼稚園は近年の幼児教育政策の公立幼稚園の増設政策によって，幼稚園全体の52％まで増加している。私立幼稚園数は2010年度（3,887か所）に少し減少傾向であったが，2011年から毎年増加している。

オリニジップは20年余り持続的に増加し，2011年3万8,021か所から2012年4万2,527か所，2013年4万3,770か所となり最多値を示し，2014年4万2,517か所と若干減少している。この施設増加の推移における2012年の幼稚園とオリニジップ数の増加は，2012年度から実施されたヌリ課程と保育料無償化の実施による幼児教育・保育施設利用児の需要の増加によるものであると分析できる。

設立別の在園児数を見ると，2014年幼稚園及びオリニジップの在園児数は合計214万9,217人で，そのうち幼稚園在園児は65万2,546人，オリニジップ在園

表9-3 幼稚園及び保育施設(オリニジップ)の設立別施設数(2014年)

| | オリニジップ | | | | | | | 幼稚園 | | |
|---|---|---|---|---|---|---|---|---|---|---|
| | 計 | 国・公立 | 私立 | | | | | 計 | 国・公立 | 私立 |
| 施設数 | 42,517<br>100% | 2,629<br>(6%) | 法人<br>2,248 | 民営<br>14,626 | 家庭<br>22,074 | 共同<br>155 | 職場<br>785 | 8,826<br>100% | 4,619<br>(52%) | 4,207<br>(48%) |
| | | | 39,888(94%) | | | | | | | |
| 園児数 | 1,496,671<br>100% | 159,241<br>(11%) | 1,337,430<br>(89%) | | | | | 652,546<br>100% | 148,269<br>(23%) | 504,277<br>(77%) |

出所:韓国教育開発院・教育統計研究センター『教育統計サービス』2014年及び保健福祉部『保育統計2014』2014年をもとに筆者作成。

児は149万6,671人である。幼稚園は23%の園児が国公立幼稚園に,77%の園児が私立に在園している。特に国公立幼稚園の在園児は2012年の20%から3%増加しているが,最近の公立幼稚園の増設によるものと見られる。

オリニジップについてはオリニジップ在園児全体の11%が国公立を利用しており,89%が私立施設を利用している。特に家庭オリニジップを多く利用していることがわかる。

国公立幼稚園の設立数は幼稚園全体の52%であるが,在園児数では全体の23%である。ここから定員が少ない小規模の国公立幼稚園が多いことが推察される。また,国公立オリニジップの場合はオリニジップの施設数全体の6%,在園児数は全体の11%である。韓国は,幼稚園もオリニジップも私立施設に依存していることがわかる。

表9-3は,乳幼児数の増減と幼稚園と保育施設(オリニジップ)利用児の年度別の推移を示している。この表は,韓国教育開発院(2014)の統計,保健福祉部(2014)と育児政策研究所出版の「2014幼児教育・保育統計」(2014)をもとに,2005年から2014年までの乳幼児推計人口と幼稚園とオリニジップの在園児数を国公立と私立(民間)に分けて,その増減の推移をまとめたものである。

2014年現在の乳幼児の推計人口は274万1,309人で,そのうち65万2,546人(約24%)が幼稚園に,149万6,671人(約55%)がオリニジップに在園しており,その他の約21%の乳幼児は在宅もしくは認可外保育施設で保育されていると推

第9章　大韓民国

表9-3　年度別の乳幼児推計人口数と幼稚園及び保育施設（オリニジップ）利用児数
（2005-2014年）
(人)

| 区分 | 乳幼児推計人口 | 幼稚園 | | | 保育施設（オリニジップ） | | |
|---|---|---|---|---|---|---|---|
| | | 計 | 国公立 | 私立 | 計 | 国公立 | 私立 |
| 2005 | 3,166,691 | 541,603 | 124,283 | 417,320 | 989,390 | 111,911 | 877,479 |
| 2006 | 2,972,734 | 545,812 | 121,324 | 424,488 | 1,040,361 | 114,657 | 925,704 |
| 2007 | 2,829,808 | 541,550 | 118,422 | 423,128 | 1,099,933 | 119,141 | 980,792 |
| 2008 | 2,789,527 | 537,822 | 119,128 | 418,694 | 1,135,502 | 123,405 | 1,012,097 |
| 2009 | 2,758,954 | 537,361 | 125,536 | 411,825 | 1,175,049 | 129,656 | 1,045,393 |
| 2010 | 2,725,135 | 538,587 | 126,577 | 412,010 | 1,279,910 | 137,604 | 1,142,306 |
| 2011 | 2,759,816 | 564,834 | 126,095 | 438,739 | 1,348,729 | 143,035 | 1,205,694 |
| 2012 | 2,777,812 | 613,749 | 127,347 | 486,402 | 1,487,361 | 149,677 | 1,337,684 |
| 2013 | 2,774,066 | 658,188 | 142,052 | 516,136 | 1,486,980 | 154,465 | 1,332,515 |
| 2014 | 2,741,309 (100.00%) | 652,546 (23.80%) | 148,269 | 504,277 | 1,496,671 (54.59%) | 159,241 | 1,337,430 |

出所：韓国教育開発院・教育統計研究センター『教育統計サービス』2014年及び保健福祉部『保育統計』2014年より筆者作成。

察される。

　近年の保育政策の改革の努力によって，幼稚園とオリニジップ在園児数は毎年増加している。特に，2012年からのヌリ課程実施と保育料無償化の実施による施設数の増加に伴って，幼稚園とオリニジップの利用児数は顕著に増加しており，すべての満0～5歳児の保育料無償化が拡大実施された2013年の利用児数も増加していることがわかる。しかし，乳幼児の推計人口数の減少は続いており，保育料無償化及び育児手当の支援等の一連の政策実施にもかかわらず，低出産の傾向は続いている。

## 第3節　幼児教育・保育政策の変遷

### 1．幼児教育

　韓国の幼稚園は，1949年の「教育法」によって学校教育として位置づけられており，1982年の「幼児教育振興法」の制定において国及び地方自治体の義務

条項として規定され,幼稚園が学校教育制度の一分野として認識されるようになった。教育科学技術部より2009年11月に発表された「幼児教育先進化政策」は,「子どもが幸福である未来型学校」の創設という政策ビジョンのもと,「質の高い幼児教育サービスの提供,乳幼児期の保育サービスの公平性の保障,先進幼児教育基盤の整備」を目標としたもので,現在の幼児教育政策の理念的土台となるものであった。特にその推進背景においては,OECD 諸国の幼児教育・保育に対する財政投資の分析,すなわち韓国の政府負担の幼児教育費比重(当時46.3％)に対して OECD の平均(当時80.7％)が比較研究され,公立幼稚園及び職場付設の幼稚園を増設する基盤を構築するようになった。

さらに「幼児教育法(2004年制定)」の改正(2012年3月)及び「幼児教育法施行令(2004年制定)」の改正(2012年8月)によって,地域の市・道の教育庁はその計画樹立において,幼稚園の就園需要調査を行って新増設するという条項が含まれた(幼児教育法施行令第17条)。また,公立幼稚園の増設に伴って質の向上も図られ,国公立の単設及び小学校併設幼稚園の新増設のための財政的基盤が構築され,非営利組織の付設幼稚園設立の活性化政策が推進されるようになった。その結果,2012年度の幼稚園数は8,538か所から2014年現在8,826か所に増加しており,公立幼稚園在園児の比率も,2012年20.76％(12万7,347人)から2014年現在は22.72％(14万8,269人)に増加している。

そして,2013年2月の「幼児教育発展5か年計画樹立」(2013～2017年)によって,2009年末から計画・実施されてきた「幼児教育先進化政策」が本格的な施行段階に入ることとなった。2012年の「幼児教育法」改正においては,5か年計画樹立の義務化や,「3～5歳児ヌリ課程」実施(2013～2017年)に伴う無償公教育に必要な保育料支援(幼児教育法第24条:2012年3月1日施行)のための,財源確保が主要政策課題となっている。

## 2．保 育

現在の保育制度が法的根拠となるのは幼稚園より遅く,1991年の「乳幼児保育法」の制定からであり,保育政策における概念が以前の「託児」から「保

育」に転換されたのである。韓国は，1970年代からの急速な経済発展期を迎えた社会・経済的背景によって，1990年以降の保育需要が増加した。その結果，個人設立を含む民間中心の幼稚園とオリニジップが量的に増加し，営利追求による保育料運営の透明性の問題や保育の質の問題等を生み出すことになった。それらに対応するために，これまでの保育政策の総合的な評価と改善方策の検討が行われ，1995年の「保育施設拡充3か年計画」（1995～1997年）と2001年の「保育発展基本計画試案の開発」が発表・実施された。これは，今までの保育政策の大きな締めくくりに相当するものとなり，さらに，2002年に保健福祉部，女性家族部，労働部の共同政策である「保育事業の活性化法案」の発表及び同年7月の新保育政策である「クンナム（夢の木）プラン」[10]（2003～2007年）は，先進国の保育制度の研究に基づく保育政策の展開となった。

　保育財政の側面においては，保育の管轄が2004年に「保健福祉部」から「女性家族部」に移管され，また2008年の政府の組織改編によって再び「保健福祉部」に移管され，この過程において保育予算が大幅に増加された（2009年の保育予算は国費を基準に1兆7,000億ウォンの規模で，2004年対比4.22倍増加）。その結果，保育施設の拡充による量的増加と保育サービスの質的向上のための財源が増加した。

　2006年7月制定の「中長期保育計画――セッサク（新芽）・プラン」（2007～2010年）と，2008年制定「アイサラン（子ども愛）・プラン」（2009～2012年）において，幼児教育・保育の評価制度及び幼保統合の推進の土台となる政策課題が策定され，現在に至っている。

　特に，保育に対する国家の責任がより強化された政策「アイサラン・プラン」では，「子どもと父母が幸せな世の中」というスローガンが掲げられ，「すべての児童を安全で安らかに保護し，人格的に成長・発達できる潜在力を最大限に発揮できるようにする社会を追求し」，「父母は子どもを育てる難しさより，やりがいと喜びがより大きいと感じることができる社会」をつくるための子育て家庭の支援として，保育サービスの具体的な実施基盤となった。

　「アイサラン・プラン」における支援対象を見ると，保育施設利用児に対す

表 9-4 韓国の幼児教育・保育体制（2014年末）

| | | 教育（幼稚園） | 保育（オリニジップ） |
|---|---|---|---|
| 管轄部署 | | 教育部 | 保健福祉部 |
| 法的根拠 | | 幼児教育法（'05.1.20施行） | 乳幼児保育法（'91年制定） |
| 対象 | | 満3～5歳 | 0～5歳（放課後保育 ～満12歳） |
| 機能 | | 教育（主）と保育の機能 | 保護（主）と教育の機能 |
| 運営時間 | | 基本課程（3～5時間<br>＋放課後 | 12時間（7：30～19：30）<br>＋時間延長 |
| 教師資格 | | 幼稚園教師1・2級<br>（短期大学卒以上，学科制） | 保育教師1・2・3級<br>（高卒以上，単位制） |
| 教師対児童比率 | | 各市・道教育監が定める<br>・ソウル市の場合<br>満3歳　1：18<br>満4歳　1：24<br>満5歳　1：28<br>混合年齢学級　1：23 | 乳幼児保育法施行規則第10条別表2<br>満0歳　1：3<br>満1歳　1：5<br>満2歳　1：7<br>満3歳　1：15<br>満4～5歳　1：20 |
| 施設基準 | 施設面積 | 40人以下：5×定員m²<br>41人以上：80＋（3×定員）m² | 乳幼児1人当4.29m²<br>（遊び場の面積除外） |
| | その他 | 体育場：160m²（40人以下）<br>120＋定員m²（41人以上） | 保育室：乳幼児1人当2.64m²<br>遊び場：乳幼児1人当3.5m²（定員50人以上） |
| 教育費・保育料 | 国公立 | 市道教育監が物価等を考慮して決定 | 政府が支援する保育単価範囲内で市道知事が決定 |
| | 私立 | 自律（行政指導実施） | 市道知事が物価等を考慮して決定<br>（乳幼児保育法第38条） |
| 財政規模 | | 約5兆3,042億ウォン | 約9兆6,417億ウォン |
| 政府支援<br>教育費／保育料<br>1人当たり月額<br>（2014年基準） | | 満3～5歳　22万ウォン | 満0歳　39万4,000ウォン<br>満1歳　34万7,000ウォン<br>満2歳　28万6,000ウォン<br>満3-5歳　22万ウォン |
| 教育・保育内容 | | ―<br>ヌリ課程（満3～5歳） | 標準保育課程（満0～2歳）<br>ヌリ課程（満3～5歳） |

出所：育児政策研究所『幼児教育・保育統計2014』2014年。

る保育費用の支援，保育施設を利用していない在宅保育の乳幼児を対象とする「養育手当」の導入，保育施設を対象とする支援，ヌリ課程実施に伴う保育者支援など，その対象範囲が子育て家庭・保育施設・保育者に拡大され，家庭の

子育て支援とともに，保育の質の向上を図るための施設と保育者支援に焦点が当てられている。つまり，「公的保育の強化と利用者中心の体系への改編」となり，2012年の「5歳児ヌリ課程」(教育科学技術部告示第2011-30号・保育福祉部告示第2011-106号）の実施と保育料無償化の導入，保育の質の管理及び向上のための「評価認証制度」等の画期的な保育政策が，次々と実施されたのである。

2013年度から，幼保統合カリキュラムである「3～5歳児年齢別ヌリ課程」の実施に伴い，実質的に認可保育施設と幼稚園を利用している乳幼児を対象に，保育料無償化を実施している。その支援方法は，幼稚園及び保育施設（オリニジップ）を利用するすべての乳幼児を対象に保育バウチャー[11]によって支援されており，2014年現在の年齢別の支援額は，表9-4にある「政府支援教育費／保育料」の欄のとおりである。その他，乳幼児の保育施設及び幼稚園を利用していない在宅児は，その家庭の所得に関係なく「養育手当」が現金支給されている。表9-4は，2014年末現在の幼児教育と保育の体制である。教育部管轄の幼稚園と保健福祉部管轄の保育施設（オリニジップ）に二元化されている。これについては，2013年3月に発足した「幼保統合推進委員会」において，管轄部署等を含む幼保統合が推進されている。

## 第4節　幼保統合カリキュラム「3～5歳児年齢別ヌリ課程」の実施

韓国の幼保統合ナショナル・カリキュラムである「3～5歳児年齢別ヌリ課程」の実施は，幼保一元化の推進の次元だけではなく，すべての幼児の保育・教育サービスを受ける権利を保障し，保護者の保育費用の負担を減らし，安心して幼稚園や保育施設を利用できることを目的としている。

### 1．成立及び実施過程

2011年9月5日に制定された「5歳児ヌリ課程」は，2012年3月から認可施設の幼稚園と保育施設（オリニジップ）の5歳児を対象に実施され，2013年3月からはその対象を満3～4歳児まで拡大した「3～5歳児年齢別ヌリ課程」

が実施されている。これは既存の2007年12月19日に改訂された「幼稚園教育課程」(第2007-153号) と「標準保育課程第2次改訂案」(2012年2月29日告示) を統合したものである。

幼保統合ヌリ課程の実施は、「乳幼児保育法施行令」第22条及び第23条、「幼児教育法施行令」第29条、「地方教育財政交付金法施行令」別表1を法的根拠としている。

その実施までの経過の詳細を見ると、「5歳児ヌリ課程」は策定から実施まで8か月という短期間で進められた。まさに画期的な改革であり、これは韓国政府の幼児教育・保育政策改革への強い意志を示したものとも捉えられる。また、新しい幼保統合カリキュラムを現場に普及するための「5歳児ヌリ課程」の教師用指導書を含む関連書籍が次々と刊行され、幼児教育・保育現場に提供された。

「5歳児ヌリ課程」成立に続き、2012年1月18日に「3・4歳児ヌリ課程」の計画が発表され、2012年7月9日に「3～5歳児年齢別ヌリ課程」の告示、2012年12月からヌリ課程担当教師の研修が行われ、2013年3月から実施された。

最近、「2019改訂ヌリ課程」(2019年12月) に改訂・告示されている。

## 2．実施過程における特徴

### (1) 担当教師の研修

幼稚園と保育施設(オリニジップ)でヌリ課程を担当する教師と保育士の研修は、幼稚園教師は各地方教育庁が主管し、オリニジップは各自治体が各地域にある「育児総合支援センター」(旧「保育情報センター」)で委託研修を行っている。

ヌリ課程担当の教師研修の開設、代替教師、新規教師等の研修を統合管理する「中央育児総合支援センター」(旧「中央保育情報センター」)は各地域にある育児総合支援センターと連携し、研修実施及びその履歴を管理し、統合情報システムを通して研修実施状況を自治体が確認できるようにしている。具体的には、「中央育児総合支援センター」は、各地域にある「育児総合支援センター」の研修担当者の教育や、すべての研修日程と内容等の計画及び実施について総

括する役割をしている。そして，各地域の「育児総合支援センター」のホームページを通して研修期間，各地方自治体の日程，申請，研修の実施を行っている。「ヌリ課程」研修は，資格履修として集合研修（1日8時間）を含む遠隔研修（数日にかけて合計15時間）を受けることが条件となっている。

(2) 財政支援

　ヌリ課程実施の財源は，各地域の市・道の教育庁の「地方教育財政交付金」を活用して，ヌリ課程対象幼児の保護者への保育料支援・ヌリ課程担当教師の手当（処遇改善費）・施設のヌリ課程運営費（資料開発費用等）を支援している。

■「ヌリ課程」対象の満3～5歳児の保育料支援

　2015年現在，ヌリ課程対象の満3～5歳児には保育料として月22万ウォンが支給されている。ヌリ課程の計画当初である2012年の発表では，2014年に24万ウォン，2015年は27万ウォン，2016年には30万ウォンと増額していく予定となっていたが，現在の自治体の財源事情により調整されている（ヌリ課程の財源負担率は国庫50：自治体50，ソウル市のみ国庫20：ソウル市80負担）。2013年からはヌリ課程対象の満3～5歳児と，保育施設（オリニジップ）に在園している0～2歳児にまで対象が拡大され，家庭の所得に関係なく，全階層の乳幼児の保育料無償化政策の施行によって，地方自治体によっては厳しい財源の問題に直面しているのは事実である。そのため当初計画の支援額の調整が行われたと言える。

　また，保育料支援の方法はバウチャー制度の「アイサラン・カード」（現在は幼稚園とオリニジップの支援が統合され「アイヘンボク・カード」に改称）が導入されている。

　2013年度のヌリ課程実施後，育児政策研究所が行った保護者対象（3～5歳児ヌリ課程実施施設の保護者合計3,059人）の満足度調査結果によると，ヌリ課程保育料支援によって幼稚園在園児の保護者は92.7%，オリニジップは94.4%が経済的負担が減少したと回答している。また，所得に関係なく保育料支援を行うことについては，約83%が賛成している結果となっている。[12]

309

▰「3〜5歳児年齢別ヌリ課程」担当教師への財政支援

「ヌリ課程」担当教師の資格は，オリニジップでは1級（短大以上の養成機関で所定の学部を専攻し取得した者）・2級（保育教師2級の資格を取得し保育業務に3年以上の経験を有する者）の保育教師，特殊教師（障がい児クラス担当），幼稚園では1級（短大以上の養成機関で2級免許を取得し3年以上の経験と所定の再教育を受けた者）・2級（短大以上の養成機関で取得した者）幼稚園教諭に制限しており，自治体が実施する「ヌリ課程」の研修を履修した者を条件としている。

2013年度のヌリ課程担当教師数は，幼稚園教師が4万2,484人，オリニジップの保育教師が4万3,729人で合計8万6,213人である[13]。そして幼稚園及びオリニジップでヌリ課程を担当する教師と保育教師には，処遇改善費として月30万ウォン（約3万円）が手当として支給されている。そして，満2歳児と満3〜5歳児の混合クラス担当の場合は月20万ウォン，満3〜5歳児のヌリ課程で障がい児が1人いる場合は担当教師に20万ウォン，2人以上担当の場合は30万ウォンが支給されている。手当支給方法は，自治体担当者が直接教師の口座に入金する方法が採用されている。

▰施設支援

ヌリ課程を実施する幼稚園及びオリニジップに対する自治体のヌリ課程予算のうち，保育料及び担当教師の手当を除外した残額を施設支援額としている。施設のヌリ課程対象児童数を基準に一人当たり約7万ウォン（うち，障がい児の場合は単価の2倍）が支給され，ヌリ課程担当教師の処遇改善費及び運営支援費用（補助教師人件費，教材・教具費等）として活用するようにしている。

3．「ヌリ課程」の内容構成と運営

ヌリ課程の内容構成は，第1部の総論で基本方針・目的・目標が示され，第2部で5領域（身体運動・意思疎通・社会関係・芸術経験・自然探究）の性格・目標・内容が示されている。満5歳児の基本方針の内容を見ると，①満5歳児の基本生活習慣と秩序，配慮，協力等の正しい人格形成を育てることに重点を置く。②人と自然を尊重し，伝統文化を理解することに重点を置く。③人格発達

のバランスがとれた創意的な人材を育てることに重点を置く。④小学校教育課程との連携性を顧慮する。⑤5つの領域を中心として子どもの主体的な経験を強調し，遊び中心の統合的な課程として構成する。⑥1日3～5時間の保育時間の運営を基準としている。

「3～5歳児年齢別ヌリ課程」の領域は，「幼稚園教育課程」5領域（健康生活，言語生活，社会生活，表現生活，探究生活）と「標準保育課程」6領域（身体運動，基本生活，意思疎通，社会関係，芸術経験，自然探究）から再編されて，基本生活・健康，意思疎通，社会関係，芸術経験，自然探究の5領域に統合されている。2013年2月に発刊された「3～5歳年齢別教師用指針書」（教育科学技術部，保健福祉部）には，領域別及び年齢別の活動の具体的例示が提示されている。

「3～5歳児年齢別ヌリ課程」のクラス編成は，保育施設の実情や親の要求等に応じて年齢混合のクラス運営も可能としている。ヌリ課程のクラス編成の教師と幼児の比率は，満3歳児は1：15（18人以内），満4歳児と満5歳児は1：20（23人以内）である。他方，オリニジップの乳児の年齢別のクラス編成は，保育士と乳児の比率は，満0歳児は1：3，満1歳児は1：5，満2歳児は1：7となっている。

一日の日課の流れは，5歳児の場合，登園→午前おやつ→自由選択活動→整理整頓→大・小集団活動→昼食及び歯磨き→休憩及び自由選択活動→室外活動→帰宅となっている。そして，韓国の幼児保育カリキュラムの特徴であるプロジェクト活動（テーマ活動）が行われ，その環境構成としてコーナー保育活動が行われている。

以上のように，ヌリ課程は今までの韓国の幼児教育・保育の質の向上を図ろうとした点，及びその良質の保育サービスを公共財源ですべての子どもに公平に提供する保育政策として行われた点で，大きな意義があると言える。また，保護者の保育費用負担の軽減による少子化問題への対応策も並行して実施された点も特徴の一つである。

その所要財源及び管理体系に関する法的根拠は，地方の教育財政交付金の一

本化に関する法規(「乳幼児保育法施行令」第34条,「幼児教育法」第24条)を整備し,今後の管轄部署の幼保統合のための基盤を構築したと言えるものである。さらに,以上のヌリ課程実施は,公平な質の確保,従来問題とされていた幼稚園と保育施設(オリニジップ)の社会的認知度の差の改善及び幼稚園と保育施設の葛藤の解消につながるといった,幼保統合に向けての大きな効果をもたらしたと評価できる。

## 第5節　保育の質の向上と保育カリキュラム

　韓国の幼児教育・保育カリキュラムを理解するには,ナショナル・カリキュラムの理解が重要であると言える。なぜなら,保育現場の基本的カリキュラムとして実際に運営されているからであり,近年実施されている評価制度の基準内容にも関わっているからである。

　韓国の幼児教育の公的イデオロギーの成立と展開は,主に欧米の幼児教育理論の影響が大きい。[14] 幼稚園と保育施設の教育・保育内容の計画及び運営においては,生活主題(単元)を中心に保育活動が行われており,ナショナル・カリキュラムの「3〜5歳児年齢別ヌリ課程」のなかには,月別の生活主題やその小主題が提示されている。提示された一年間の主題の例をあげると「幼稚園と友だち,私と家族,私の町,動植物と自然,健康と安全,生活道具,交通機関,わが国,世界の国々,環境と生活,春・夏・秋・冬」などが提示されている。その基準となるのは,幼児の生活中心であること,季節に関するもの,年間行事等の生活文化に関連するもの等の構成である。例えば,満5歳児の生活主題「環境と生活」の小主題を見ると「水と私たちの生活,石・土と私たちの生活,風・空気と私たちの生活,光と私たちの生活,音と私たちの生活[15]」となっている。

　このようなガイドラインを基礎にして,各幼稚園とオリニジップの生活主題は,主に幼児が興味をもつ内容を中心に選定され,自立的に運営される。主題選定のプロセスは,年間計画案のなかに計画した教師から事前に提案されてい

るものや，子ども自らが生活のなかで気づいたことや興味，関心をもったことから選定される等，柔軟に行われている。その活動の展開を整理すると，①主題の選定→②主題活動として予想される主題活動の計画→③主題の展開活動→④まとめ→⑤評価である。各段階において教師と幼児の「話し合い」が重視され，主題の内容によっては活動展開の期間が1週間の短期間で終わるものも，長期間にわたって行われるものもある。このような韓国の主題中心の保育活動の展開は，主にアメリカのプロジェクト・アプローチの影響を受けたものであり，それを韓国では「プロジェクト活動」という用語で呼んでいる。これについて丹羽（2006）は，「韓国型プロジェクト・メソッドの発展」[16]と述べている。

また，韓国の保育実践における特徴は，領域別のコーナーを設置する環境構成にある。近年では，幼稚園と保育施設の評価制度の環境構成が重視され，コーナー設定がより強調されている。例えば，室内では積み木，ごっこ遊び，言語，数・操作遊び，科学，造形，リズム，パソコンの領域などがあり，室外では水・砂遊び領域などが用意され，特に「自由選択活動」時間の環境構成となっている。このように，教師の保育のねらいや主題活動の展開に基づく環境構成のコーナー設定のなかで，子どもの「自由選択活動」が行われる。

日課運営は，幼稚園は1日に3時間を原則としているが，延長保育が可能となり，利用者の平均利用時間は公立4～6時間，私立は7～9時間である。通常の保育施設（オリニジップ）の保育時間は法律上7時半～19時半までと規定されている。日課は大きく「自由選択活動」と大・小集団活動時間に分けられる。自由選択活動は室内活動と室外活動に分けられるが，特に幼児の自由選択活動は日課の約3分の1～2分の1を占めている。表9-5は，幼稚園の日課（半日制）の例である。

## 第6節　幼児教育・保育の質を向上するための評価制度

韓国では1990年代以後，女性の社会的・経済的な活動人口の増加によって保育需要が急激に増加し，それに伴って乳幼児保育及び教育に対する社会的な関

表9-5　幼稚園の日課（半日制）

| | |
|---|---|
| 8：45～9：00 | 登園 |
| 9：00～10：30 | 遊び計画及び自由選択活動，自由おやつ |
| 10：30～10：40 | 整理整頓 |
| 10：40～10：55 | 大集団活動（話し合い，評価） |
| 10：55～11：30 | 室外遊び |
| 10：50～11：20 | 小・中・大集団活動<br>（童話，ゲーム，音楽等） |
| 11：20～11：50 | 室外遊び |
| 11：50～12：00 | 評価及び帰宅 |

出所：韓在熙「朝国におけるカリキュラム研究」大橋喜美子（編著）『保育のこれからを考える保育・教育課程論』2012年，p. 36.

心はもちろん，より質の良い保育の要求が高まってきている。さらに，先にも述べたOECDの幼児教育の質的向上に関する国際研究は，韓国政府の国家競争力の増進としての未来の人材養成という教育ビジョンとなり，幼児期から国家主導の幼児教育が強化されてきた。しかし，1990年代の保育需要による幼児教育・保育施設の量的増加，特に民間の個人運営の施設が多くを占めているため，保育の質の管理及び保障は保育問題として大きくなっていたのが事実である。このような保育の歴史的な背景によって，幼児教育の質の管理・向上のための評価システムは先決課題となった。オリニジップ評価認証制度は2005年から導入され，保健福祉部傘下の財団法人韓国保育振興院が総括運営しており，2007年度から導入された幼稚園評価制度は各地方の市・道教育庁が主管している。現在幼保統合のため組織された「幼保統合推進委員会」では「幼稚園とオリニジップ統合評価モデル事業（案）」（2014年3月）が策定され，推進されている。

## 1．幼稚園の評価制度

　幼稚園の評価制度の目的は，幼稚園運営を総合的に点検し，幼児教育の質的水準を再考することであり，保護者の知る権利を保障し，幼稚園の選択権を拡大することである。

　幼稚園は学校教育機関でありながら，すでに1996年から学校評価が実施され

図9-1　第3周期幼稚園評価推進体系
出所：教育部『第3周期幼稚園評価中央研修』2014年, p. 12.

てきている初等中等学校に比べて遅れ，幼稚園の評価制度は2012年の「幼児教育法」（一部改正2012.1.26）第19条第1項の法的根拠をもって実施されるようになった。幼稚園評価については「教育部長官がこれを実施し該当計画に基づいて，地域の市・道教育監評価を施行する」と明示している。各市・道の教育庁別に「幼稚園評価委員会」を構成し，3年を1周期にして毎年各地域のすべての幼稚園の3分の1ずつ評価を実施している。

幼稚園の評価制度は，2007年に100か所の幼稚園のモデル評価実施を経て，2008年から2010年を第1周期，2011年から2013年を第2周期，2015年現在は第3周期（2014～2016年）の2年次実施時期に入っている。

(1) 幼稚園評価制度の推進及び運営体系

各地域の市道教育庁は，「幼稚園評価委員会」と「評価推進委員会」を構成・運営しており，その委員は幼稚園関連分野から7～10人程度で構成され，さらに3人ほどで3チームの「評価団」[17]が構成される。

幼稚園評価の過程は図9-1のように3段階に分けて，幼稚園評価指標に基づく幼稚園の自己評価，書面評価（幼稚園の自己評価報告書と教育計画書等），現場評価（評価委員3人で1チームになり，1幼稚園につき1日5～6時間程度の現場訪問による評価指標に基づく評価）が行われる。そして，評価結果報告書は最終的に点数化され，その地域教育庁と教育部に報告されるようになっている。

特に第3周期評価から評価結果を公開することを原則としている。公開内容は，幼稚園の基本情報（幼稚園名，学級，運営，教職員現況等），評価結果（総評，領域別所見，特長，限界，履歴等），優秀幼稚園（市道別の第3周期評価参加幼稚園中

の上位11％にあたる幼稚園）である[18]。
(2) 幼稚園評価の内容

　幼稚園評価の領域や指標の構成は，初等中等学校の国家共通指針と同一方式であり，特に幼稚園の内容は「幼稚園教育法施行令」第21条を根拠にしている。幼稚園の4つの共通指標と配点は，Ⅰ　教育課程（30），Ⅱ　教育環境（15），Ⅲ　健康及び安全（15），Ⅳ　運営管理（30）であり，各指標別に2～3項目の評価要素が含まれている。共通指標90点と自己評価10点の100点満点となっている[19]。

(3) 幼稚園評価の現況と課題

　幼稚園評価は国公・私立のすべての認可幼稚園を対象に実施しており，参加率を見ると，第1周期は99.8％[20]，第2周期は96.3％[21]の参加率を見せている。

　2015年現在は第3周期の2年次評価に入っているが，第2周期評価の運営体系，指標，評価実施手順，評価者選定及び管理等に関する問題点と改善点などの評価終了後の点検が行われた。すなわち幼稚園とオリニジップに共通する核心評価内容になるようにすること，現場の評価に関する負担を最小化することを目標として議論されている。そして，2014年2月には「幼保統合推進団」は幼稚園とオリニジップに適用する共通評価指標を開発し，関連法令の改正やモデル運営を通しての検証を推進し，順次実施する予定である[22]。

## 2．オリニジップ（保育施設）の評価認証制度

　オリニジップの評価認証制度は，オリニジップの質的管理の必要性によって2003年に「オリニジップ評価認証制度のモデル」開発，2004年に法的根拠となる「乳幼児保育法」第30条を改正し，2005年度にモデル実施され，2006年から本格的に拡大実施されている。保育サービスの質的水準を向上させるためにオリニジップの自発的な保育サービスの改善を誘導し，また保護者には保育施設についての情報を提供することを目的として実施されている。2005年にモデル運営され2006年からの第1次（2006～2009年）と第2次（2010～2013年）に続いて2015年現在は第3次の実施時期にある。

オリニジップの評価認証制度は保育サービスの効果的な質の管理システムを構築し，保護者がオリニジップを合理的に選択できるように情報を提供するという基本方針となっており，保育サービスの質的水準を向上させて乳幼児が安全な保育環境で健康に養育される権利を保障できるようにすること，保育サービスの質的水準を高めようとする努力過程を通してオリニジップの施設長と保育職員の専門性を増進できるようにすること，保育サービスの質的水準に対する情報を保護者に提供し，保護者が合理的にオリニジップを選択できるようにすること，保育政策樹立の主体である政府が保育現場を効率的に支援し管理する体系を確立することを目的としている[23]。

オリニジップの評価認証制度は，「乳幼児保育法」第30条に「保健福祉部長官は保育サービスの質的水準の向上のために，オリニジップに対する評価認証を実施し，その業務は公共または民間機関・団体等に委託して実施することができる」と明示している。評価認証の対象は「乳幼児保育法」の定めにより全日制のすべての認可オリニジップ（放課後保育施設は除外）である。

(1) オリニジップの評価認証制度の推進及び運営体系

図9-2に見られるように，オリニジップ評価認証事業は「韓国保育振興院」が受託遂行し，各自治体とその地域の「育児総合支援センター」の支援によって運営されている。

評価認証指標はオリニジップの規模と類型に関係なく共通指標にしたがって構成されており，評価認証過程は1段階：参加確定（2か月），2段階：現場観察（1か月），3段階：審議（1か月）の3段階となっている。

以下，2015年度の『保育事業案内』から評価認証過程についてまとめる。

■1段階：参加確定（2か月）

申請期間には参加施設の参加申請書の作成及び参加手数料の納付が行われる。その対象施設は，「乳幼児保育法」第12条及び第13条の規定によって設置された国公立保育施設，法人保育施設，職場保育施設，家庭保育施設，共同保育施設，民営保育施設（放課後専担保育施設除外）となっている。

評価認証にかかる手数料は45万ウォン（100人以上），30万ウォン（40人～99

図9-2　オリニジップ評価認証運営体系
出所：保健福祉部『2015年度保育事業案内』2015年，p. 216.

人），25万ウォン（39人以下）であり，障がい児専門オリニジップも規模・類型によって上記と同一の手数料を適用され，納付する。

　参加手続きが完了すると，オリニジップ評価認証の援助機関である各地域の「育児総合支援センター」の評価認証の運営体系と評価認証指標等に関する説明会に参加しなければならない。

　保健福祉部傘下の保育振興院にある評価認証局は，評価認証のために保育現場の意見受容，中長期計画樹立等のために参加及び認証施設の施設長，保育教師，園児保護者等を対象に各種調査を実施できる。参加保育施設は評価認証指標に基づく自己点検は自主的に行い，自己点検報告書の提出と参加手数料の納付を行い，参加対象として確定される。保育施設は自己点検を実施するために，施設長，園児の保護者の各1人以上を含めて3〜7人以内とする自己点検委員

会を構成する。そして，保育施設は評価認証と関連（指針及び指標に関する理解等）して，各地域の「育児総合支援センター」に援助（相談，現場訪問，教育等）を要請し，各市・道の自治体は「育児総合支援センター」の援助が円滑に行われるように積極的に支援を行う。

### ■2段階：現場観察（1か月）

オリニジップ1か所当たり2人（99人以下のオリニジップ）または3人（100人以上のオリニジップ）の現場観察者(24)が派遣され，1日間観察を実施する。

該当保育施設を訪問し，評価認証指標に基づいて保育施設の質的水準を客観的に観察して報告する。評価認証局は現場観察の実施前に現場観察者の派遣期間（1週間）を通知すると，保育施設は公示された現場観察週間中に日常的な保育を行うことを前提に，乳幼児定員の3分の1以上が在園し，現員の3分の2以上が出席した状態で現場観察を行う。現場観察日は通知された週間中に現場観察者が任意で定めた1日間実施され，観察日の1日前に対象施設へ有線電話（発信番号表示制限）で通知することになっている。

### ■3段階：審議（1か月）

「評価認証審議委員会」は，学術系専門家，現場専門家，保育担当公務員で構成され，3人1チームで審議委員会を進行する。審議委員の委嘱期間は1年を原則としている。審議は自己点検報告書，基本事項確認書，現場観察報告書等を個別検討した後，審議基準に基づいて審議委員会意見書を作成し，検討結果を土台にオリニジップの質的改善方向を提示する総合評価書を作成する。

認証決定は自己点検報告書10％，基本事項確認書10％，現場観察報告書55％，審議委員会意見書25％が反映され，総点及び領域別基準点数によって認証結果が決定される。

### （2）評価内容

評価内容は，①基本事項の確認として必須項目の定員順守，②予算・決算書及び会計書類を具備すること，③安全事項に対する保険（傷害，火災，賠償）に加入すること，④「乳幼児保育法」関連の行政処分関係，⑤オリニジップの設置基準，⑥保育室の設置基準，⑦保育教職員の配置基準，⑧保育教職員の定期

健康診断,⑨非常時退避施設設置の9項目と,基本項目の①予算・決算書及び財務会計関連,②行政処分及び違反事項の2項目がある。そして,評価指標として,40人以上の規模及び障がい児専門施設は保育環境(1領域),健康と栄養(5領域),安全(6領域)があり,39人以下規模施設は保育環境及び運営管理(1領域),健康と栄養(4領域),安全(5領域)がある。[25]

(3)評価認証の現況と課題

評価認証制度が導入された2005年度以後2010年度1月末現在まで,全国の保育施設のうち,56.6%に該当する2万9,084か所が評価認証を申請し,そのなかで参加過程を進行している施設及び一部の放棄・脱落施設を除いた全体の保育施設の54.3%の1万8,197か所が認証を通過した。表9-6を見ると,2014年12月現在,オリニジップ全体数4万3,770か所のうち,3万3,050か所(75.5%)が認証を維持しており,その他は認証有効期間(3年)の満了した施設及び認証を取消した施設である(韓国保育振興院内部資料2014年12月現在)。認証に通過した施設の質的水準について,保健福祉部の調査結果(『2015保育事業案内』)を見ると,認証施設の平均点数は87.8点で認証通過基準点数の73.33点をはるかに上回っていた。認証結果を詳しく見ると,認証施設は全般的に良好な水準であり,特に,保育環境,保育課程,相互作用,健康と栄養等の領域において,サービス水準が大きく改善されたことがわかる。参加施設の運営形態別の平均点数を調べた結果,40人以上の保育施設は88.1点,39人以下の保育施設は87.4点,障がい児専門の施設は92.9点を示した。領域別では保育環境,相互作用の領域の点数が高かった反面,安全領域の点数は相対的に低かった。

第1次実施終了年の2009年に,「育児政策開発センター」が認証通過施設と評価認証の進行中である施設,未認証施設を対象に実施した調査結果では,第一に,大部分の施設は評価認証制度が保育施設の質管理の重要な手段である点について肯定的に認識しているとわかった。第二に,未認証施設に比べて評価認証に通過した施設は,全般的にサービスの質的水準が有意義に向上している。第三に,評価認証は施設長や教師の自負心にも肯定的な影響を及ぼしており,教師の有能感もやはり認証施設や評価認証進行中である施設と未認証施設の間

表9-6 評価認証：認証維持オリニジップの設立類型別現況（基準日：2014年12月31日）
(か所)

| 区分 | 国公立 | 法人 | 職場 | 家庭 | 共同 | 民営 | 合計 |
|---|---|---|---|---|---|---|---|
| 施設数 | 2,332 | 1,439 | 619 | 23,632 | 129 | 15,619 | 43,770 |
| 認証維持数 | 2,280 | 1,256 | 453 | 17,162 | 52 | 11,847 | 33,050 |
| 認証維持率（％） | 97.8 | 87.3 | 73.2 | 72.6 | 40.3 | 75.8 | 75.5 |

出所：韓国保育振興院『2015年度オリニジップ評価認証案内（39人以下最終）』p. 41.

の差が明らかで，評価認証が教師の有能感に肯定的な影響を及ぼしたと推測される。一方，回答した施設長の約40％，保育教師の60％が，評価認証に通過したことが保育児童の募集等に役に立ったと回答し，第1次実施の結果として，評価認証過程が保育サービスの質的水準の向上と施設運営にも少なからず肯定的な影響があったと判断されたことがわかる。

そして，第2次の評価認証実施において，第1次の検討・改善を行い，第2次保育施設評価認証の運営体系及び指標を確定するのに土台になった基本原則として，第一に，すでに過去5年間の評価認証制度に対する理解の幅が広くなり，評価認証指標の内容を基準に運営されている施設が増え，既存の新規認可後1年未満の参加資格の制限を緩和して対象を拡大した点，第二に，評価認証指標の項目数を縮小し，細部的には類似項目を統合して達成度の高い項目の基準を多少上向き調節して，第1次施行のときに反映できなかった保育方法に関する項目を追加新設して補完し，保育対象の年齢または特性による基準を明確に提示しようとした点，第三に，国家水準の保育課程の内容を反映して一部指標項目の指針を記述し，用語を同一に使用することによって指標理解の混乱を減らそうとした点があげられる。

さらに，評価認証の事前・事後の管理を体系化した点として，第一に，保育施設が最初の認可後の運営を維持する間，持続的に質を管理できる体系を構築しようとした点，第二に，評価認証の通過後にも地域内の「育児総合支援センター」の事前の支援インフラシステムを活用して認証施設の質的水準を維持，管理するように直接的に支援しようとした点，第三に，評価認証の通過後の認

証施設に取り消す事項が発生する場合，その事由によって合理的に処理できる体系を備えた点が見られた。[26]

## 第7節　今後の幼保統合への政策展開

　韓国の幼保統合の推進は国務調整室が主管しており，2013年5月に第1次「幼保統合推進委員会」の会議において11人の「幼保統合の実務調整委員会」と6人の「モデル開発チーム」が発足し，第2次「幼保統合推進委員会」の会議後，国務調整室の公務員と民間の専門家の18人で構成される「乳幼児教育・保育統合推進団」(2014年2月14日)が発足した。この「乳幼児教育・保育統合推進団」で段階別の細部統合方案を計画・調整しており，その推進状況を分析及び評価する実務作業が行われている。つまり，現在の二元化されている幼稚園とオリニジップの法的根拠と性格，管轄部署，設置基準，教育・保育課程の運営，教師資格と養成，情報の公示，財源及び会計規則，保育料の基準，評価体制等の幼保統合の要素について，細部事項についての実行計画と実務を推進するものである。このように，幼保統合のための作業は時間的・段階的推進が必要とされる。2014年8月の第3次「幼保統合推進委員会」の会議では，幼児の保育料支援の決済方式の統合と情報公示の連携及び統合方案が議論及び確認され，同年12月の第4次会議では，「幼稚園とオリニジップの評価体系統合方案」及び「情報公示統合方案」が確定された。以上の内容に関する総合計画内容については，以下の「幼保統合推進委員会」の第2次の会議(2013年12月3日)で提示された3段階の推進方案から見ることができる（表9-7）。
　以上の3段階の幼保統合の推進政策は「オリニジップと幼稚園のどの施設に通っても一定水準以上の教育・保育サービスを利用できるようにサービスの質を改善する過程であり，保護者の選択権の保障のために幼稚園とオリニジップの多様な施設形態はそのままにしながら，保護者が利用する過程において両施設の差異によって経験する不便と不合理を解消する」[27]観点であることを明らかにしている。

表9-7　3段階の推進方案

○1段階（2014年）：統合前に即時できることを優先的に推進
・情報公示（園の費用，教師，特別活動，給食等）内容の拡大，連携及び統合
・共通評価項目と評価基準作成，幼稚園評価とオリニジップ評価認証連携
・財務会計規則適用拡大と共通適用項目等
○2段階（2015年）規制環境整備等の本格的統合の推進
・決済カードの統一，施設基準（教室面積，教師当たり児童比率等）整備・統合
・利用時間，教育課程等統合
・教師資格と養成体系の整備及び連携推進
○3段階（2016年）管理部署と財源等統合のまとめ
・オリニジップ―幼稚園間の教師処遇格差解消の段階的支援
・管理部署（教育部―福祉部，教育庁―自治体）及び財源の統合

出所：2013年12月3日の国務調整報道資料より抜粋。

　上記の第1段階の情報公示の連携及び統合は，需要者中心のオーダーメイド式保育政策を推進するという趣旨で，2013年7月から9月まで3か月間にわたって京畿道，慶尚北道，済州道の地域においてモデル事業が実施された。その事業内容は「家庭別の特性と選択によって全日型，半日型，一時保育等の保育形態に区分し，保護者がより選択できる保育形態であり，その保育料は所得階層別の査定支援を行う内容である。これは，その間の所得に関係なくすべての乳幼児に支援された保育料をより現実化していくことが含まれており，その間の保育政策について保護者及び保育現場の意見を取り入れ，見直し修正したものと言えよう。

　2014年2月に発足した「乳幼児教育・保育統合推進団」は，国務調整室，教育部，保健福祉部，器財部等の公務員と専門家が参加し，幼保統合戦略，統合推進計画及び細部指針の作成，幼保統合の段階的推進のための総括調整，管理に関する業務を遂行している。

　2014年8月29日に開催された幼保統合推進委員会の第3次会議では，「保育料―幼児学費支援カード統合事業」として，委員会の委員，保健福祉部長官，教育部長官，コンソーシアムを結んだ銀行カード事業者7人が参加し，保育料支援のバウチャーシステムの統合・協約が決まった。従来の幼稚園の学費支援カード（アイズルゴウン・カード）とオリニジップの保育料の支援カード（アイ

サラン・カード)を統合した「アイヘンボク・カード」を通して2015年度から幼稚園とオリニジップの保育料支援を受けられるようになった。[28]

これにより幼保統合の2段階の推進課題である保育料決済カードを統合したことになる。以上のように，乳幼児，保護者，保育現場へのサービス改善を図る保育モデルを模索しつつ，幼保統合に向けての政策を推進している。

## 第8節　日本の保育への示唆──韓国の保育から学ぶこと

以上，韓国の国家主導の保育政策，すなわち公平な需給，幼児教育・保育の質の保障及び向上のための総括的政策の具体的取り組みを中心に記述した。特にOECD諸国の幼児保育の質の向上に関する保育政策について分析・研究し，韓国の保育政策を見いだそうとする韓国政府は，国家主導の画期的な保育改革を行っている。

特に，幼児教育・保育の質の向上及び少子化問題を解決するためのすべての乳幼児を対象とする保育料の無償化及び幼保統合の動向は，注目すべきものである。第2節の現況の分析で見られたように，韓国の一連の公共財支援の保育料の無償化及び養育手当の支援によって，保育施設利用児数は増加したものの，合計特殊出生率の改善の短期的効果は見られていない。しかし，経済的格差による子どもの貧困問題を含む現代社会において，公平な保育サービスの提供及び保育の質の確保と向上を図れるものと考えられる。そこで財源の確保が必須課題となっているのも事実であり，これは日本も同様であると考える。

しかしながら，公共財支援による保育サービス政策は，「幼児教育施設に子どもが入ることは子どもの利益をもたらすが，それだけではなく家族（これによって母親が働くことで家計が潤う）に利益が生じ，また経済界（母親の労働が経済生産に貢献し，それにより所得と税収入が増加し，それによって国家が社会福祉経費を削減できる）にも利益をもたらす」[29]と，外部性（externalities）を創出することにつながるという長期的効果をもたらすのではないだろうか。

韓国の幼保統合ための第一歩と言われるヌリ課程実施における今後の課題に

は，財政確保の問題はもちろん，保育施設の乳児（0～2歳）の担当保育士の処遇をめぐる保育者支援の課題も含まれている。また，すべての乳幼児の保育料支援と在宅乳幼児への養育手当支援における公平性について，再考する必要があると言える。

そして，保育の質の確保と向上のために実施されている幼稚園とオリニジップの評価制度は「保育環境，保育課程，保育内容（保護者と子どもの相互作用），健康と栄養等の領域においてサービス水準が大きく改善される結果となったが，安全領域では相対的に評価点が低下した点[30]」など，評価制度のあり方も今後の研究課題である。また，このような韓国の政策的取り組みは，現在の日本の幼稚園と保育所における第三者評価制度の政策的アプローチ及び実施に対して示唆する点があると思われる。

今まで自由競争の民間運営が主となっていた韓国の保育政策は，公的責任を強化する政策理念を取り入れながら質の向上を図ろうとする政策的転換に対して，日本では今まで充実してきた公的保育制度の観点から，保育の民営化の推進を通して待機児童の解消等の当面課題の解決や質の向上を図ろうとする政策的転換を試みている。しかし，その保育政策の到達目標には共通するものがあり，今後相互の保育政策の方向性を考察するにあたって大いに参考になるものがあると言える。

深刻な少子高齢化社会の進展及び市場主義経済による経済的格差などの社会的・経済的要因が複雑に絡み合っている今日の保育問題は，OECDの報告書が指摘しているように，世界共通の研究課題なのである。

注
(1) OECD (2006). *Starting Strong Ⅱ：Early Childhood Education And Care.*（星三和子・首藤美香子・大和洋子・一見真理子（訳）『OECD保育白書 人生の始まりこそ力強く——乳幼児期の教育とケア（ECEC）の国際比較』明石書店，2011年）.
(2) 教育科学技術部『幼児教育先進化推進計画』2009年，p. 1.
(3) 韓国保育振興院『2015オリニジップ評価認証案内』2015年，p. 30.
(4) 丹羽孝・Kim-Hijung,「韓国における幼保共通課程の試み」『保育の研究』第24巻，

2012年，pp. 43-54.
(5) 韓在熙「韓国の保育政策と保育情報センターの役割に関する考察」『保育の研究』第25巻，2013年，pp. 35-44.
(6) 「育児総合支援センター」はオリニジップ運営の支援と地域子育て支援の拠点事業を行っている。1993年に「城南育児総合支援センター（設立当時の名称は城南保育情報支援センター）」の設立をはじめとして，2015年8月現在，全国に合計88か所ある。「中央育児総合支援センター」は全国のセンターを総括する役割をしている。設置に関する法的根拠は，「乳幼児保育法」第7条及び同法施行令第12条ないし第17条であり，その設立と運営は，地域自治体が直接設立・運営する場合と，自治体が学校法人，財団法人，社団法人等に委託して設立・運営する場合がある（http://central.childcare.go.kr/lcentral/d1_10000/d1_10007.jsp）。
(7) 前掲(3)，p. 30.
(8) 国務調整室発表資料（2013年12月3日）。
(9) 韓国の行政区分は特別市（1），広域市（6），特別自治市（1），道（8），特別自治道（1）と構成されている。
(10) 「クンナム・プラン」の主要政策内容は，保育の公共性の強化及び普遍的パラダイムの実現，保育の質の向上のための保育環境の造成を目標としてオリニジップの評価認証制の導入及び保育士の資格管理制度の整備，乳児保育，放課後保育，障がい児保育等の保育サービスの提供及び充実，伝達体系の強化，健全な育児環境の造成等の政策課題となっている。韓在熙「韓国の新保育政策クンナム・プランに関する研究」『保育の研究』第20号，2004年。
(11) 保護者が保育料を金融機関のカードを使って決済すると，政府が保育料支援額を該当幼稚園及び保育施設に入金する制度である（保健福祉政策研究所編『2012幼児保育支援制度総覧』2012年）。
(12) クォン・ミギョン／キム・ジョンスク「3-5歳ヌリ課程利用実態及び改善法案」『育児政策フォーラム』第41号，2014年，p. 23.
(13) ヤン・ミソンほか「ヌリ課程の効率的運営のための教師支援法案」育児政策研究所，2014年。
(14) 韓国の幼稚園の成立は，キリスト教の宣教師によって設立・運営され，主に欧米の教育理論が導入された。その理論的背景にはフレーベル（Fröbel, F. W.）やデューイ（Dewey, J.）の教育論が土台となっている。1970年代に入ってピアジェ（Piajet, J.）の認知的発達理論などの欧米の理論を受容し，発展してきている。その後，1990年代後半から韓国の伝統的な教育思想を取り入れた生態幼児教育など，韓国に適合した多様なカリキュラムが研究開発・実践されている。そして現在のナショナ

ル・カリキュラムの理論的根拠に反映されている。韓在熙「韓国におけるカリキュラム研究」大橋喜美子（編著）『保育のこれからを考える保育・教育課程論』保育出版社，2012年，pp. 33-34.
(15) 教育科学技術部『4歳ヌリ課程教師用指針書・総論／オリニジップと友達』2013年，pp. 21-22.
(16) 丹羽孝・亀谷和史・宍戸建夫『現代保育論』かもがわ出版，2006年，p. 209.
(17) 委員の構成は，幼児教育関連学科教授，幼児教育分野の10年以上の経験を有する教員，教育庁の奨学官，公私立の幼稚園長となっている。評価団は評価に関する研修後，現場観察評価に参加し，評価結果報告書を作成する。李基淑「韓国の幼稚園評価——内容と特徴」『日韓国際シンポジウム報告用資料集』2012年。
(18) チャン・ヘジン／ソン・シニョン「幼児教育・保育の質管理のための国際比較研究——機関評価を中心に」『2014年基本研究課題最終報告』育児政策研究所，2014年，p. 18.
(19) 前掲(18), p. 18.
(20) チェ・ウンヨン／キム・ジョンスク／ソン・シニョン「2013幼児教育政策の成果と課題」『育児政策研究』2013年，p. 76.
(21) チェ・ウンヨン／イ・ジンファ／オ・ユジョン「2014幼児教育政策の成果と課題」『育児政策研究』2014年，p. 74.
(22) チェ・ウンヨン「韓国幼児教育の最近動向と政策課題」『育児政策研究』2016年，p. 237.
(23) 前掲(3), p. 29.
(24) 現場観察者の資格は，①乳幼児関連学科修士学位所持者として教師経歴3年以上の者，②乳幼児関連学科学士学位所持者として教師経歴3年を含めて総経歴が5年以上の者で，教師経歴は幼稚園教師経歴を含むが，必ず1年以上保育施設勤務経歴（保育教師または施設長）でなければならない。当該年度参加オリニジップに勤務する場合，評価認証関連業務（講義，諮問，コンサルティング等）を遂行する場合，評価認証審議委員として参加する場合は現場観察者として活動することができない。保健福祉部『2015保育事業案内』2015年，p. 220.
(25) 前掲(3)。
(26) 前掲(3)。
(27) 国務調整室報道資料（2013年12月3日）。
(28) 保健福祉部報道資料（2014年11月18日）。
(29) 前掲(1)（邦訳），p. 48.
(30) 保健福祉部『2015保育事業案内』2015年。

**参考文献**

安正恩「韓国の幼児教育・保育政策と教員の専門性の発達」日本保育学会国際シンポジウム報告資料（2013年5月11日）。

韓在熙「韓国の幼・保共通カリキュラムの成立と実践に関する考察」『日本保育学会第66回大会発表論集』2013年，p. 427.

韓在熙「韓国の子育て支援の現状」咲間まり子（編）『多文化保育・教育論』みらい，2014年，pp. 134-141.

韓在熙・丹羽孝「現代韓国幼児教育研究」『日本保育学会第68回大会発表論集』2015年。

教育科学技術部・保健福祉部『3～5歳児年齢別ヌリ課程解説書』2013年。

教育科学技術部・保健福祉部『3～5歳児年齢別ヌリ課程教師用指針書』2013年。

チェ・ウンヨン「韓国幼児教育と保育統合の先決課題」『育児政策研究』第9巻第1号，2015年。

保健福祉部『2012オリニジップ評価認証案内』2012年。

第10章

# 台 湾

幼保一元化（幼托整合）政策の現状と課題

翁　麗芳

　台湾では，2011年6月に「幼児教育及びケア法」が制定され，2012年1月より幼保一元化（幼托整合）⁽¹⁾政策が強力に推し進められている。その結果，幼保一体施設である「幼児園」が誕生したが，その指導体制をめぐって多方面で摩擦が生じている。施設が一体化することで，従来の幼稚園文化と保育所文化の違いや公立園と民間園の違いが鮮明になり，保育者の専門性やライセンスをめぐる議論，処遇や労働環境の問題，4歳未満児保育のあり方等，さまざまな問題が浮上してきている。そのような状況のなか，教育部は幼児園カリキュラム大綱の作成，保育者の育成，評価システムの開発等「ECECの質保障」に果敢に取り組んでいる。

　本章では，近年の台湾の保育改革の現状を紹介し，その問題点を指摘して，今後の課題を考察する。

## 第1節　台湾における幼稚園と托児所の歴史

### 1．日本植民地時代に築いた幼稚園と托児所制度

　台湾の幼稚園の歴史は，1897年の日本植民地時代にさかのぼる。日本統治の後期（1930～1945年）は，幼稚園（都会裕福階層の子どもの就学前教育）と托児所（農家の手助けをする簡易の子ども保護施設）は，普及しているとは言いがたいが珍しいものではなかった。

**表10－1　1981～2011年の台湾の ECEC 施設の類型と内容**

| 学齢 ＼ サービスの類型 | 施設型サービス | | それ以外のサービス |
|---|---|---|---|
| 満4歳～国民小学校入学前 | 幼稚園 | 托児所（内政部社会福祉部門） | 家庭的ケア（ファミリーデイケア）サービス（内政部社会福祉部門） |
| 満2歳～国民小学校入学前 | | | |
| 2歳未満 | 乳児センター（内政部社会福祉部門） | | |

出所：筆者作成。

**表10－2　2012年以降の台湾の ECEC 施設の類型と内容**

| 学齢 ＼ サービスの類型 | 施設型サービス | | それ以外のサービス | |
|---|---|---|---|---|
| 満6歳～12歳 | 民間の放課後ケアセンター（教育部門） | 国民小学校の放課後ケア（教育部門） | 家庭的ケア（ファミリーデイケア）サービス（内政部社会福祉部門） | 社区（コミュニティ）互助方式サービス（教育部門） |
| 満2歳～国民小学校入学前 | 幼児園（教育部門） | | | |
| 2歳未満 | 托児センター（内政部社会福祉部門） | | | |

出所：筆者作成。

## 2．1949～2011年──戦後幼托二元の時代

　1949年に国民政府は中国大陸から台湾に移り、「幼稚園設置弁法（方法）」(2)や『幼稚園課程標準』などの中国的幼児教育制度を導入した。1980年代まで国民政府は国民教育に全力をかけ、就学前教育には無関心で、幼稚園と托児所は産業化気運になりかけた。その間に、経済が発展して、社会全体の幼児教育への関心が高まり、1981年に「幼稚教育法」（幼稚園を法定化した法令）が公布された。この法律制定は真の台湾幼児教育のスタートといわれる。「幼稚教育法」発布から30年経った2011年には、幼稚園と托児所二元制度の問題を解決し、幼保一元化（幼托整合）政策を推進するための「幼児教育及びケア法」（「幼兒教育及照顧法」）が公布された。表10－1は一元化（整合）前、表10－2は一元化（整合）後の子どもの教育とケアの施設の類型と内容である。

## 第2節　幼保一元化（幼托整合）政策——「幼児園」の誕生

　2011年6月に「幼児教育及びケア法」が公布され，2012年1月1日より幼保一元化（幼托整合）政策が実施にいたった。一元化前，幼稚園では「幼稚園教師」，托児所では「教保員」，「助理教保員」（保育助手）が働いていた。一元化策により，教育人員である「教師」と非教育人員である「教保員」，「助理教保員」がすべて「幼児園」の「教保職員」と称されることになった。「幼児教育及びケア法」によれば，幼児園の教師，教保員，助理教保員は「教保職員」（「教育と保育服務人員」）と称し，幼児園の教育とケアの仕事に従事する法定人員である。

　一元化政策実施から4年が経ち，幼稚園や托児所の旧名称は徐々に忘れかけられてはいるが，新「幼児園」現場では教師と教保員の摩擦が生じている。元々は教育体系と福祉体系に分かれていた2職種が，教保職員として同じ職場で働きながらも，異なる待遇（給料や休憩時間など）という現実をふまえ，多かれ少なかれ仕事上での軋轢が生じている。教保職員の処遇・待遇が軋轢の中核問題ではあるが，そこから職員の専門性や園の経営のあり方などについても議論されつつある。

### 1．5歳児学級をめぐる教師と教保員との摩擦——教育専門性を守るか，教育とケアを差別化するか

　「幼児教育及びケア法」において，教育人員である「教師」と非教育人員である「教保員」「助理教保員」は，すべて「幼児園」の教保職員とされているが，5歳児学級については最低1人の教師を置かなければならないと規定している（表10-3）。この「第18条」の教師と教保員の仕事配分規定は相当な論争を引き起こし，いまだに収まらない状態である。教師を雇わないと5歳児学級は成り立たないが，教師資格をもつ教保職員は公立園より待遇面などで課題がある私立園に就職したがらない。私立園の経営者はこの5歳児学級の教師担当

表10-3　幼児園における教保職員の配置基準

| 子どもの年齢 | 教保職員と子どもの比率 | 教保職員の配置説明 |
| --- | --- | --- |
| 満5歳児 | 2：30以下<br>(教保職員のうち，最低1人の教師資格者を置かなければならない。) | 子ども15人以下の場合は1人の教師を置く。16人以上の場合は2人の教師か，または1教師1教保員か，または1教師1助理教保員を配置する。 |
| 満3歳～4歳 | 1：15以下または<br>2：30以下 | 配置された教保職員は教師でも教保員でも助理教保員でもよい。 |
| 満2歳～3歳 | 1：8以下 | 配置された教保職員は教師でも教保員でも助理教保員でもよい。 |
| 教師資格：大学卒業＋幼児園教師プログラム修得＋教師検定試験合格＋幼児園実習満期（6か月）<br>教保員資格：短大以上の幼児教育相関学科卒業<br>助理教保員資格：高校幼児保育相関科卒業 | | |

出所：筆者作成。

付条文の合理性や実用性に疑問を呈し，教保員団体は自分の仕事の権利や保育専門性への侵害を訴えた。

　教師と教保員の論戦は「幼児教育及びケア法」公布の時点から始まり，それぞれはSNSやマスコミに不満や不安を投げかけていた。2014年末，教保員支持の議員らは国会で「5歳児学級については最低1人以上の教師がいなければならない」という規定を削除するよう，第18条の修正を提案した。これに対して，教師団体は，修正提案は幼児教育の質を引き下げ，悪法になると指摘した。そうした両者対立の険悪な雰囲気になるなか，「教師も教保員も悪くない」「検討すべきは園の収益ばかり考える私立幼児園経営者だ」との結論にいたった。つまり，一部の私立園はコストを下げるため，教師より教保員を雇いたがる。また職員に安い給料や好ましくない労働環境を構えるので，教保職員だけでなく子どもにも悪い影響を及ぼす。写真10-1は2015年1月22日の新聞報道写真である。教保職員たちが「私立園の経営者は公立園教師レベルに近い賃金を教保職員たちに与えよ！」と訴えていた。私立幼児園における教保職員の待遇は労働基準法に準じ，基本月給は2万台湾ドル（約8万円）。これに対して，公立園教師の初月給（初任給）は3万8,000台湾ドル（約16万円）である。教師資格をもつ人材がほしいため，月3万5,000台湾ドルほど支給する私立園の経営者

写真10-1 ブラック幼児企業に対抗 幼児教育の専門性を守衛
出所:中時電子報(2015年1月22日)。

写真10-2 「国民全体が幼児を守る」デモ
出所:中時電子報(2015年3月7日)。

もあるが,休み時間や定年手当などの条件はやはり公立園にかなわない。しかし,国からせいぜい一部の設備の補助金しかもらえず,ほとんど自力で運営している私立園には,公立園ほどの給料を支払うことは到底無理である。

「幼児教育及びケア法」の修正審議が確定するまで,教師と教保員の対遇についての論争は絶えなかった。2015年6月15日に公布された第18条の修正内容は教師団体と教保員団体からの要請の折衷と言える。その内容が,統合実施以前すでに幼稚園や托児所で在職していた教保員の5歳児学級担当は認めるというものである。また,「私立幼児園はその者を教師定員と見なす場合,その待遇は園内教師に準ずべき」としている。ただし,この緩和措置は10年限定で,10年以内に教師プログラムを修了した者は,法によって教師資格を取得できる。また,その取得方法として,インターネットを介した授業(eラーニング),課題研究やワークショップ方式を認めている。

一般的に見て,幼児園現場での教師と教保員の地位の違いは感知されていないようであるが,当事者自身にとっては大きな問題であり,デモやマスコミ投書を通して不満を表している。写真10-2は,2015年に教保職員関係グループが総統府の前でデモを行った様子である。教師と教保員はともに不満を表しながらも,互いに幼児園や幼児の教育とケアに献身するものとして認め合おうとしている。とはいえ,公立と私立園の労働環境や経営条件には相当のギャップ

があるという問題が浮かび上がった。

## 2．公立園と私立園で異なる経営形態

　一元化策の実施によって，教育体系と福祉体系に分かれていた2職種の教保職員（教師と教保員）が同じ職場で働くことになり，トラブルが発生した。しかし，教師と教保員の摩擦問題への対応は公立園と私立園では異なっている。雇用法規で教保職員の身分（教育人員か労働者か）によって待遇が異なるとされていることが前提にあり，公立園では，幼児園の仕事を教育とケアに切り離し，教師は教育，教保員はケアとその役割を分けている。私立園では雇用主にもよるが，ほとんどの私立園では教師にも教保員にも子どもの教育とケアの責任をともにもたせている。

　先に述べたように，待遇面などでより良いということもあり，教師有資格者はまず公立園の採用試験に応募する。ゆえに公立園と私立園の教保職員は，勝ち組対負け組の不調和な雰囲気となっている。また，公立園は教師資格者の割合が高く，私立園は教保員，助理教保員または無資格者の割合が高い。公立園と私立園はこうした異なる人事条件で経営形態も異なっている。

　2011年にスタートした一元化策により，公立小学校付設幼児園は園長を設けず，教保職員の一人が主任を兼任して園の運営に務めることが明確となった。また，これらの公立小学校付設園には園児数に応じた教保職員数に一人の教保員を加配し，園の運営や子どものケアなどにあたってもらうこととなった。この規定によって，それまで教師の世界であった公立小学校付設幼児園に初めて教保員が雇用されるようになった。また，財政配慮で，教師より教保員を雇用したほうがコストを低く抑えられるため，1クラス当たり2人の教師配置を1教師1教保員に変える地方自治体が徐々に増えている。こうした公立幼児園のクラス担当は，名義上は1教師1教保員となるが，実際，この教保員は教師資格保有者が多い。つまり，経歴や学歴が同じであっても，同じクラスで働いている2人の教保職員は異なる職種で，異なる待遇となる。このようなこともあり，クラスのなかの教育とケアの区分，教師と教保員の関わり方で問題が起き

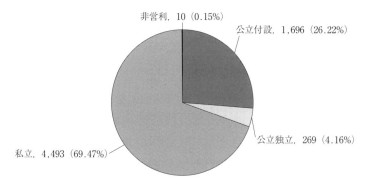

図10-1 台湾全国の設置者別幼児園数と割合(2014年度)
出所:筆者作成。

ている公立園は少なくない。

多くの私立園の経営者は,教師や教保員の資格と関係なく,経営上,教保職員を雇っていたが,一元化策の実施によって,教師資格は5歳児学級の必要条件となり,教師資格保有者を優遇しなければならなくなった。また,景気不安定のもと,公の機関のポストは人気を集め,教師資格保有者は公立園に流れる傾向となった。若手の教師資格保有者が私立園には見向きもしないことが,私立園経営者の一番の悩みになっている。

公立・私立園の設置数,在園児数の割合では,私立主流の状況は変わらない。しかし,ここ20年間で少子化が進み,大規模な私立園の入園児数は減少し,経営は難しくなってきている。その一方で,社会全体としてはますます子どもの教育を重要視し,子どもへの投資は進み,いろいろな斬新な幼児教育産業が生まれているが,教師資格保有者は公立園へ流れ,私立の幼稚園や関連産業の従業員のほとんどは教保員,助理教保員または教保資格のない人であるのが現状である。

## 3. 2歳児,3歳児単独学級をめぐる議論

一元化策の実施により,2歳児,3歳児の受け入れ方は新たな課題となった。図10-1は全国幼児園の内訳図である。公立園は全体の30%を占め,その公

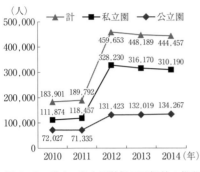

図10-2　公立・私立別幼児園園児数の推移
　　　（2010～2014年度）
出所：台湾教育部「教育統計」(http://depart.
moe.edu.tw/ED4500/cp.aspx?n=1B58E0B
736635285&s=D04C74553DB60CAD) より
筆者作成。

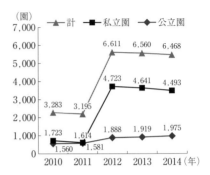

図10-3　公立・私立幼児園数の推移（2010
　　　～2014年度）
出所：図10-2に同じ。

立園のうち公立小学校付設園が86％を占めている。つまり，公立園の大部分を占めているのは公立小学校付設幼児園である。そもそも1987年に始まった公立園政策は，小学校の空き教室活用策であり，就学直前の5歳児を対象にしていた。その後，少子化現象が進行するなか，5歳児の希望者を受け入れても定員未満の場合は，4歳児，または特別支援の必要な3歳児を受け入れることもできるようになった。

　図10-2に公立・私立別の園児数の推移，図10-3に公立・私立別の幼児園の施設数の推移を示した。一元化策実施の初めの年である2011年に園児数が急激に増加しているのは，旧托児所の2～4歳までの園児はその年から教育部の管轄になり，幼児園の枠のなかに入れるようになったからである。図10-4～図10-7は年齢別の公立・私立別幼児園入園児数の推移である。どの年齢においても，私立幼児園の入園児が多いのがわかる。また，入園児数を見てみると，2歳児，3歳児は，他の年齢に比べてその数が極端に少ない。一元化策当初の2011年を見ると，2歳児2,931人，3歳児1万4,210人，4歳児は7万5,462人，5歳児は9万6,983人となっている。これは，幼い子の世話は家庭の責任で家族が面倒を見るべきであり，施設に預けるのは知識や技能を身につけさせるた

第10章 台湾

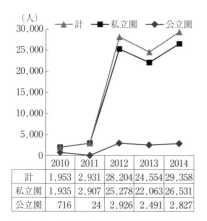

図10-4 2歳児の公・私立別幼児園入園児数の推移（2010〜2014年度）
出所：図10-2に同じ。

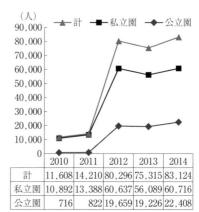

図10-5 3歳児の公・私立別幼児園入園児数の推移（2010〜2014年度）
出所：図10-2に同じ。

| | 2010 | 2011 | 2012 | 2013 | 2014 |
|---|---|---|---|---|---|
| 計 | 70,999 | 75,462 | 159,502 | 155,713 | 145,153 |
| 私立園 | 41,005 | 45,177 | 109,405 | 103,995 | 95,326 |
| 公立園 | 29,994 | 30,285 | 50,097 | 51,718 | 49,827 |

図10-6 4歳児の公・私立別幼児園入園児数の推移（2010〜2014年度）
出所：図10-2に同じ。

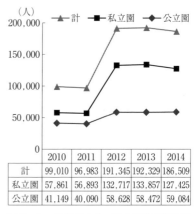

図10-7 5歳児の公・私立別幼児園入園児数の推移（2010〜2014年度）
出所：図10-2に同じ。

めで，2，3歳を過ぎてから登園させるというのが一般的な就学前教育観であったことを示している。しかし，一元化策の実施後の，2歳児，3歳児の入園数は他の年齢に比べ大幅に増加していることから，2歳児でも幼児園に送り出して，良い教育とケア・サービスを受けさせることが良いと認識され，台湾の

就学前教育年齢は下がる傾向に変わりつつあると考えられる。

　幼児園が新たに乳幼児を受け入れるとまず直面する問題は，フロアスペースや設備の問題である。公立小学校付設園の多くは小学校の教室を保育室にし，机，椅子や遊具などの設備を備えている。小学校という場で，4・5歳児を対象にすることに対して，当初は多く批判が寄せられた。しかし，20年以上を経た今，4・5歳児の受け入れについての，批判はおさまってきている。しかし，4歳以下の子どもを受け入れることに関しては，小学校付設幼児園の合理性などについて再び議論が起こっている。

　ただ，一元化策に合わせて，幼児園は2歳児，3歳児を受け入れなければならなくなっている。台北市政府は「出産を奨励し，市民の育児負担を軽減し，保育の質を向上させる」ため，まずは3歳児単独学級，続いて2歳児単独学級政策を打ち出した。2012年度は公立国民小学校附設幼児園に30の「3歳専班」（「専班」とは独占，専用学級の意味）を開設，2013年度は18の「3歳専班」を増設，そして，4の「2歳専班」を開設した。2014年度では総計76クラスの公立小学校付設「3歳専班」，10クラスの「2歳専班」となっている。

　台北市は大都市で，共働き家庭が多く，また全国一の財政力をもち，予算編成で，小学校教室の改築または新設，そして新たに2歳児，3歳児学級の教保職員を採用して2歳児，3歳児単独学級を設置した。しかし，ほとんどの県市は財政難のため，2歳児専用教室を整備することはできない状態である。一方，小学校の空き教室を2歳児，3歳児用の保育室にする設備の問題より，2歳児，3歳児クラスの担任配置のほうが深刻な問題となっている。

　「幼児教育及びケア法」では，3歳児以上の子どもの学級編制は，園児30人対教保職員2人，2歳児学級は園児8人対教保職員1人，また2歳児は他の年齢児との共同編入学級は認めないと定めている。この規定のために小学校付設園は乳幼児専用の独立スペースを整える余裕がないため，2歳児を受け入れない理由となっているが，3歳児を受け入れないわけにはいかない。そこで3歳児の受け入れを始めたところ，3歳児保育をめぐるトラブルが公立園教保職員の間で拡がり，小学校付設園経営の問題となった。最も苦情が多かったのは，

3歳児と4・5歳児では発達の差があり，同一の学級では授業が成り立たないということである。3歳児専門学級では成り立ったとしても，3歳児を多く受け入れる混合クラスでは難しい面がある。公立園の教保職員は3歳児を担当することを好まない傾向があり，担当者をくじ引きで決めたり，経歴の最も浅い教師に任せるといったことも起こっている。3歳児学級のために採用された教保職員でさえ，自分は教師資格をもっているのでより高年齢クラスを担当したいという声も聞くほどである。

　ここで断っておかなければならないのは，3歳児クラス担任希望者欠如の問題は公立小学校付設園に限られるということである。こうした小学校付設園の名義上のリーダーは小学校長で，実際の管理者は「主任」である。ただ，「主任」は管理職と見られ，責任と手当もあるが，実際は教師や教員が兼任している。つまり，他の教保職員同様，子どもの教育と保育を担当しながら「主任」職を兼任する。そのため，公立園の主任または小学校長は，私立の園長や理事長（経営者）に比べると指導力や管理能力の低い経営者と言える。

## 第3節　ECECの質保障

　一元化策の実施とともに，旧幼稚園と托児所のギャップをふまえ，教育部はいろいろな「ECEC（Early Childhood Education and Care）の質保障」施策に取り組んだ。以下，現在推進中の①新・幼児園カリキュラム大綱の作成と推進，②幼児園教保職員の育成，③幼児園課程と教育の自己評価，④幼児園評価，⑤幼児園指導，⑥非営利資源の試行の6施策を取り上げ，台湾政府の「より良質な子どもの教育とケア」について説明する。

### 1．新・幼児園カリキュラム大綱及びECECの実施基準の作成と推進
（1）新・幼児園カリキュラム大綱について
　一元化以前，幼稚園は4・5歳児対象で，『幼稚園課程標準』がカリキュラム作成の最高指導基準であった。2〜5歳児対象の幼児園になり，一元化政策

草案ができた段階から，教育部は教育大学に「幼児園の教育とケア活動とカリキュラム大綱」(「幼児園教保活動課程大綱」，以下「新課程大綱」)の作成を委託した。

2011年6月に公布された新課程大綱の実施は6年目になるが，2016年12月にやっと「暫定」の文字を取り外した。それは，5年間の実験，修正のプロセスを経てようやく実現したもので，当局の新・幼児園カリキュラムに対する慎重な態度を示している。新課程大綱は，冒頭で子ども中心の幼児園観をおさえ，次に6つの領域にわたって幼児園の教育とケア課程の発展を目標とする内容を述べていく。6つの領域とは，①体と健康(「身體動作與健康」)，②認知，③言語と文学(「語文」)，④社会，⑤情緒，⑥美感である。

この新課程大綱作成には14年以上かかり，45名の大学(幼児教育学科)教員の指導・協力のもと，58か所の幼児園が課程実験に参加した。全国各地で新課程大綱実験を進める一方，中核となる新課程大綱講師の育成訓練をも行い，また現場の教保職員を対象とする新課程大綱研修会も継続して行ってきた。これほどまで時間と労力をかけた幼稚園・幼児園カリキュラム指導要領の作成作業は，今までにないことだと言われている。教育部の新課程大綱作成及び推進に示されたこのような慎重な姿勢は，一元化政策のタイミングにあたって，非教育部門所管の旧托児所の教育の質についての心配と，旧幼稚園を含めた，すべての幼児園の教育とケアの質を引き上げる目標が基底にあると考えられる。

新課程大綱の教師マニュアル，参考教材の編纂作業も進められ，教育部のウェブサイトには，「幼児園教保活動課程大綱」[3]や課程設計ツール「課程統整工具」[4]もあり，教保職員の新課程大綱の実施に向けて活用が推奨されている。

(2) 幼児園での教育とケアの実施

2012年8月に制定，公布された「幼児園教育とケア服務実施基準」(幼児園教保服務実施準則)の第14条で，幼児園課程設計の原則を次のように公示している。

> 幼児園における教育とケア活動課程の設計は，以下の原則を考慮しなければならない。
> 1　幼児の発達のニーズにふさわしく，また個人差を重視する。
> 2　領域間のバランスを考慮する。
> 3　幼児に遊びを通して自主的な探索・操作及び学習のチャンスを提供する。
> 4　活動のアレンジと教材・教具の使用は安全性を考慮する。
> 5　ダイナミック・静態・室内・室外など多元な面をふまえ，活動を構成する。
> 6　集団，小チーム及び個別など，いろいろな教育方法を取り入れる。

また，学習エリアについての整備は第16条において次のように定めている。

> 幼児園の活動室には多元学習区域を設置して，幼児に自由な探索をさせる。
> 前述した学習区域は充分に確保し，各年齢層の幼児のニーズに適切な教材・教具・玩具及び図書を提供しなければならない。その安全・衛生及び品質は，関係法規また中華民国国家標準規定に合致しなければならない。

要約すると，子どもの身心の発達段階と遊びは新課程大綱の基本理念である。これは目新しいものとはいえないが，早期教育や才能開発教育に偏重的な昨今の幼児教育風潮と合致しない部分である。ECECの質を正すため，教育部は「幼児園教育正常化広告」というビデオ広報戦略をとった。教育部は2015年1月20日に「幼児園正常化」についての記者会見を行い，英語学習やタレント学習ではなく，国定基準で遊び中心の課程を展開する園こそ良いと宣伝し，行き過ぎた学習偏重の幼児教育観を正そうとした。

## 2．幼児園教保職員の育成

新課程大綱作成及びその研修事業の進行と同時に，教保職員に対するエンパワメント事業も進められている。

専科学校以上での32単位教保員養成プログラムは，2012年に公布され，翌年，大学での48単位の幼児園教師養成（職前）教育プログラムが実施された。ちな

みに統合前の幼稚園教師養成プログラムは26単位であった。各大学の幼児教育関係学科は一気に新プログラムに沿って大学課程（科目の名称，内容や単位）を調整した。26単位から48単位への幼児園教師養成（職前）教育の転換理由は明らかではなかったとの批判があったにもかかわらず，学生の進路のため，ほとんどの大学の幼児教育関連学科は自ら教保員や教師のプログラムに合わせるように課程修正を行った。教保職員の養成（職前）教育改革はスムーズに展開したのに対し，現職教育の改革は難航した。一番の難題は，やはり教師資格を取得したい教保員への対策である。教師養成関連法令によれば，教師（幼児園教師を含む）になる者はその養成（職前）教育プログラムを設置している大学に入学して単位を修得しなければならない。すなわち，教師資格を取得したい現職教保員は仕事を辞め，教育大学に入るしか方法がない。こうしたことは第2節で述べた教師と教保員間の摩擦に拍車をかけ，現場から教育部への不満は高まりつつあった。

　教保員による「仕事の権利剥奪」の反発に対して，教育部は何回かの交渉を通して2015年6月にかなり好意的な特別措置をとった。それは最近10年間の在職証明をもつ教保員を限定対象に，幼保関係の学部学科にリカレント教育クラスを開設，また学費一部補助の措置を定めたのである。しかし，こうした措置は限られた一部の人にだけ有利で，全体の幼児教育の質向上目標を妨害するとして，再び激しく批判されている。

## 3．幼児園課程と教育の自己評価

　2012年6月に，教育部主宰の「幼児園課程と教育の評価表」（「幼兒園課程與教學品質評估表」）という研究成果報告書が公開された。この報告書は99ページに及び，言語，美術と工作，叡智（数学），叡智（操作と組み立て式玩具），積み木，ままごと，クッキング，科学，音楽，木工，砂，水，飼育と栽培，全身運動を伴う遊びなどの14の学習コーナーを4ランクで，それぞれの環境構成，教材や教具の配置，子どもの作品の展示など，量的また質的なポイントを簡潔にまとめている。別冊で「記録表」も公開して，利用者に自由にプリントして自

分の子どもの教育環境の出来具合を測定させる。

　この評価表は当の報告書の序言にあるように，教保職員の学習コーナー整備と専門家の幼児園現場指導におおいに利用されている。この評価表や記録表を頼りに，教保職員が自己評価を行い，または専門家の指導の下で，達成目標を立て，子どもの教育の最善の質を追求するという。

　ただ，この評価表は，「学習コーナー」方式に絞る点では疑問をもたせる。多元多様な理念や方法を発展させる幼児教育目標において，中央からの指導書では，単一の幼児教育法に偏重する恐れがある。

## 4．幼児園評価

　「子どもの教育及びケア法」は，県・市の主管機関は，幼児園に対して，監査，指導及び評価を実施すべきであると定め，また，評価は「基礎評価」と「追跡評価」の2種類と規定している。

　基礎評価が不合格の幼児園は6か月内に改善しなければならず，期限を過ぎれば，通過していない項目は当該項目の評価指標による追跡評価を行わなければならない。追跡評価でまた通過しなければ，園の責任者に6,000〜3万台湾ドルの罰金に加え，期限内の改善令を下す。繰り返し3回の罰金を受けても不改善の場合は，処罰を与えることができる。処罰とは，①園児定員数を下げる，②6か月〜1年の園児募集中止，③1年〜3年の設立禁止または廃止の3つの処分である。つまり，評価を受けることは幼児園の義務であり，不合格であったら合格するまで改善するよう命じ，または処罰を与えるのである。

　2012年5月，教育部によって「幼児園評価弁法（方法）」が公布された。そこには，評価の行い方，評価委員の資格など細かい規定が記されている。同年8月には「2013-2017年度の幼児園評価指標」も公布された。評価内容は，認可と運営，総務と財務管理，教育と養護の活動課程，人事管理，飲食と衛生の管理，安全管理の6類別に分かれ，類別ごとに2〜4項目があり，それぞれの項目には2〜5の細目指標と「評価方式と資料確認」が記されている。

　2013年8月より幼児園基礎評価はスタートした。一元化前，各県市政府はそ

れぞれの幼稚園，托児所の評価を別々に行っていたが，一元化後は，旧托児所は旧幼稚園に比べ，私立園は公立園に比べ評価されることに警戒していると言えるだろう。というのも，旧托児所は福祉部門所管であり，托児所評価も行われていたが，評価内容に関しては，教保員や助理教保員の資格は教師の国家資格（教員免許状）と比べると資格取得認定レベルが異なるし，子ども一人当たりに割り当てる床面積などの規定も幼稚園以下であった。そのため，初めての教育部門による評価を警戒するのであろう。私立幼児園にとっては，評価の結果は園の収益に関係し，子どもの家庭への就園補助金が適用されるかどうかにも関係する。言い換えれば，園の存続に関わるのである。

　教育部当局は，評価は幼児教育の質を保障するための幼児園管理の手段であると主張しているが，評価制度自体は，一元化後に始まったものではない。

## 5．専門家との指導計画の作成と実践

　ECECの質を高めるための施策として，幼児園へ定期的に専門家を派遣する「幼児園指導プラン」（「幼兒園輔導計畫」2012年12月制定，2013年12月，2014年10月2回改訂）に言及しなければならない。

　この専門家による指導は，僻地の「国民教育幼児学級」（5歳児学級幼児）を対象とする「サポート・サービス指導」（「支持服務指導」）を除けば，大きくは「基礎指導」と「専門性向上指導」（「專業發展輔導」）の2つの類型に分かれている。専門性向上指導は，さらに適性な教育・保育指導，新課程大綱指導，特色発展指導及び専門性認証指導の4つのプロジェクトに分かれる。幼児園は園自体のニーズによって自主的に選んで申請することになっているが，実際は，6つの指導類型は進級制である。初めての申請者（幼児園）は，「基礎指導」か，「適性な教育・保育指導」しか申請できない。図10-8はこれらの指導計画の関連図である。最高ランクの「専門性認証指導」の目的は，園の系統化した永続的経営能力を育成することである。

　プラン全体は，中央政府と地方政府の責務分配と多数の作業チームの人材や財源に支えられている。例えば，中央（教育部）では指導推進チーム，研究及

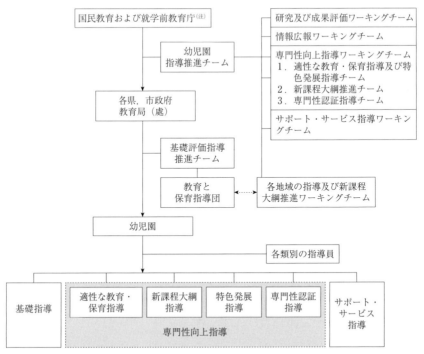

注:台湾の教育主管機関について,中央では教育部(日本の文科省に相当),地方では教育局(處)(県・市政府の下にある教育主管機関)となっている。
教育部の下に国民教育及び就学前教育庁(原文「国民及学前教育署」)が設けられる。

**図10-8　幼児園指導プラン**

出所:台湾教育部『幼児園指導プラン』2014年,p.8.

び成果評価ワーキングチーム,情報広報ワーキングチーム,専門性向上指導ワーキングチーム,各地域の指導及び新課程大綱推進ワーキングチームなどが設置されている。また,県・市の教育主管はECEC指導団を成立させ,所轄幼児園の教保職員の研修課程を企画し,幼児園指導プラン申請について相談を受け,当該県・市における幼児園基礎指導推進に協力する。つまり,中央と地方が連携して体系的に幼児園を管理しながら新課程大綱実践に進ませ,ECECの質を向上させる。

指導計画の目標は次の4つである。

・具体かつ明確な指導目標を立て，漸次に幼児園の教育とケアの質を向上させる。
・責務明確な指導の枠組みを立て，指導の成果や能率を上げる。
・各類型の指導員の専門的な養成制度を立て，指導の専門性をつくり上げる。
・幼児園及び教保職員の専門性発展支援体系を立てる。

## 6. 非営利幼児園の試行

　教育及び福祉体系による教保職員の雇用や待遇の相違がもたらした教師と教保員の対立や，公立と私立園経営のあり方の論争については先にふれた。公立と私立の対立解消に向け，また親の幼児園選択の機会の拡大をめざし，公立と私立以外の新しいサービス体系「非営利教育と保育サービス計画」が，教育部によって2007年から実験という形で少子化社会への対応として，「親のニーズに応えかつ幼児教育の水準に達している新しいサービス類型」を打ち立てた。

　「非営利幼児園」という新施設の名称を打ち出すまで，公設民営や公弁民営との類型はあった。特に園児の定員割れに対する経営コストを削減するため，市・郷・鎮政府が所管する公立託児所・幼稚園を民間に移譲することは，1990年代に流行していた。それで，幼保一元化政策の推進に合わせるように，非営利幼児園を打ち立てたのである。

　教育部は，2014年からの5年間で全国に100の非営利幼児園を設立し，各地方で漸次非営利幼児園設立に協力すると宣言している。また，教育部も将来的にはさらに増やすと公言している。その推進の準備として，7年間の桃園県，苗栗県，花蓮県，及び新竹市など4県市合計7園19クラスの試行作業で，関連メカニズム及び規範を構築した。それは，会計制度，会計検査及び会計管理系統の開発，合理的コストの確立・実験計画及び実務作業マニュアル開発，幼児園委託契約及び関連文書の開発である。これらのコスト，会計管理系統，作業マニュアルなどの作成はこれまでにないことであり，幼児園を厳しく監督しようとする教育部の強い意志がうかがえる。

第10章 台　湾

## 第4節　台湾の保育改革の現状と今後の課題

### 1．現状と問題点

　2013年1月1日，内閣組織改造をきっかけに，教育部も組織改造を行った。新たな「國民及學前教育署」が誕生した。本来幼児教育を担当する「国民教育司」は他の中等教育司，技職司，訓委會，特教小組，環保教育小組などと併合して「國民及學前教育署」となった。中央行政機関で「學前教育」を署や司（日本の文部科学省の「局」に相当）の名称に直接つけるということもこれまでにないことであり，これは幼保一元化によって2倍以上に増えた就学前の業務量に由来する。事実として，統合実施の前年2011年における全国の幼稚園数は計3,195園，園児数は計18万9,792人であったのが，幼保一元化が実施された翌2012年には，全国の幼児園数は6,611園，園児数は45万9,653人となった。園数は2.06倍，園児数は2.42倍に増加している（図10-2，図10-3参照）。就学前教育制度についておおいに関心をはらっていることをも意味するだろう。

　子どもの教育とケアの教育主管機関にして，幼保一元化政策実施による業務量拡大に追われる問題のほか，福祉部門から移転してきた旧托児所を取り扱うことはより難しそうである。つまり，旧幼稚園と旧托児所のギャップ（床面積や人員配置基準等の施設基準が旧幼托では異なっていた）にどう対処するのかという問題である。

　少子化のなか，近年長引いている経済不況は，幼児期の教育とケアの「質」問題に影響を与えている。拡大しつつある家庭の経済格差が，アクセスできる就学前教育の質の格差につながっているというものである。そこで格差是正のために，教育部は良質な就学前教育を提供すべくさまざまな試みを行っている。学校経費は増加し続け，幼児園の経費支出も急増しているのである（表10-4，表10-5）。2008年幼児園における各段階学校による経費支出及び構成比率は3.0％で，2011年は5.3％となり，2012年には7.2％に上がった。

　第二次世界大戦後，台湾は中国大陸と険悪な対立関係に陥り，それから約40

表10-4　各学校段階における経費支出及び構成比率　（億元）

| 年 | 合計 | 幼児園 | ％ | 国民小・中学校 | ％ | 高級中等学校 | ％ | 専科学校 | ％ | 総合大学,単科大学 | ％ |
|---|---|---|---|---|---|---|---|---|---|---|---|
| 合　計 | | | | | | | | | | | |
| 2008 | 6,165 | 188 | 3.0 | 2,666 | 43.2 | 1,010 | 16.4 | 41 | 0.7 | 2,218 | 36.0 |
| 2011 | 6,715 | 357 | 5.3 | 2,893 | 43.1 | 1,044 | 15.6 | 57 | 0.9 | 2,321 | 34.6 |
| 2012 | 7,113 | 514 | 7.2 | 3,021 | 42.5 | 1,065 | 15.0 | 55 | 0.8 | 2,416 | 34.0 |
| 2013 | 7,080 | 527 | 7.4 | 3,024 | 42.7 | 1,067 | 15.1 | 52 | 0.7 | 2,366 | 33.4 |
| 公　立 | | | | | | | | | | | |
| 2008 | 4,329 | 61 | 1.4 | 2,605 | 60.2 | 625 | 14.4 | 7 | 0.2 | 992 | 22.9 |
| 2013 | 4,962 | 176 | 3.6 | 2,974 | 59.9 | 654 | 13.2 | 10 | 0.2 | 1,108 | 22.3 |
| 私　立 | | | | | | | | | | | |
| 2008 | 1,836 | 127 | 6.9 | 61 | 3.3 | 385 | 21.0 | 34 | 1.8 | 1,227 | 66.8 |
| 2013 | 2,118 | 350 | 16.5 | 50 | 2.4 | 413 | 19.5 | 43 | 2.0 | 1,259 | 59.4 |

注1：幼児園について，2011年（含）以前は幼稚園の資料。
　2：総合大学，単科大学は宗教研修學院資料を含まず。
出所：教育部統計處「教育統計簡訊《第36號》」（2015年7月1日）。

年間の戒厳時期に多額な経費を国防や軍事に使い，教育経費は少なかった。1987年に戒厳解除とともに，台湾アイデンディティは中心理念として徐々に政治，文化，また教育の領域で拡がっていった。例えば，1980年代までは学校教育は中国文化を伝統として謳っていたが，1990年代以降，台湾の歴史，台湾社会の世界のなかでの位置づけなどの「台湾」的な内容について，学校内外で盛んに議論されるようになった。

　そもそも憲法では「教育，科学，文化の経費について，中央政府ではその予算総額の15％より低くなってはいけない。省ではその予算総額の25％より低くなってはいけない。市，縣においてはその予算総額の35％より低くなってはいけない」と，教育経費の必要性を保障しているが，前述したとおり，戒厳という名目で，1990年代までは軍事経費に重心が置かれ，教育経費は軽視されていた。2000年11月28日に「教育經費編列與管理法」が通過し，「中央及び直轄市，縣市政府は国家財政能力範囲内で全国教育経費を充実，保障すべきであり，またその安定した成長促進に努めなければならない」とされ，憲法に記された最

表10-5　1人の生徒に割り当てた経費 (億元)

| 年 | 合計 | 幼児園 | 国民小・中学校 | 高級中等学校 | 専科学校 | 総合大学及び単科大学 |
|---|---|---|---|---|---|---|
| 2008 | 144,820 | 101,228 | 108,440 | 104,070 | 103,589 | 170,602 |
| 2011 | 166,410 | 115,015 | 133,897 | 105,960 | 111,317 | 178,065 |
| 2012 | 166,280 | 111,875 | 147,529 | 107,939 | 104,439 | 185,097 |
| 2013 | 172,017 | 117,475 | 154,862 | 110,012 | 95,288 | 182,901 |
| 2008年度に比べた変動 | 18.8 | 16.1 | 42.8 | 5.7 | −8.0 | 7.2 |

注1：幼児園について，2011年（含）以前は幼稚園の資料。
　2：総合大学，単科大学は宗教研修學院資料を含まず。
出所：教育部統計處「教育統計簡訊《第36號》」(2015年7月1日)。

低額教育経費の保障は当法によって実施にいたった。

## 2．今後の課題

### (1) 公立幼児園と私立幼児園の役割

　合計特殊出生率が1を割った2010年代（2010年に0.895を記録）に，就学前教育に充てられる経費はこれまでにないほど大きくなっている。統合前の幼稚園は4・5歳児，統合後の幼児園は2～5歳児対象で，その対象は2倍に拡大したが，実際の教育と保育サービスは何を目的としているかが問われる。公立園と私立園は顧客の奪い合いの情勢に陥り，私立園は料金の安い公立園に対抗しての苦闘であるうえ，新型の非営利幼児園も加わり，ますます競争が激しくなっている。顧客（親）にこびた過剰サービス（英語などの早期学習や延長保育等）を提供する私立園には，有資格の教師や教保員は就職したがらない。無職のままで，毎年公立園の採用試験ばかり受ける若手の有資格者は，最近の台湾幼児教育界の問題の一つで，公立園と私立園は険しいライバル関係になっている。公立園のあり方，公立園と私立園の関係は，現在の幼児教育政策の課題である。

　ただ現状として，台湾の子どもの教育とケアを支えているのは私立園であり，私立園経営の支援策を考えることがまず求められるだろう。例えば，公立園3歳児学級の担任希望者が欠如している実状に鑑み，公立園を5歳児専門または

4・5歳児専用にして、私立園は3歳以下の子どもを対象にするよう切り分けるか、または、公立園を低所得家庭、特別ニーズの必要な家庭、または新移民家庭の子どもだけを扱う機関にすることなども考えられるだろう。

　公立、私立幼児園のあり方を検討する際には、教保職員の幼児教育とケア観が問われる。教師や公立職員という肩書きにとらわれる現在の台湾の保育人材は、幼児教育を誇らしい仕事と認めてはいるが、子どものためのECEC実践にはまだ程遠いと言わざるを得ないだろう。

（2）統一化される幼児園課程

　いま推進中の新課程大綱作成やその普及、教保職員研修、幼児園課程と教育の自己評価などのECEC政策は、幼児園経営者や教保職員の立場からの一元化政策実施の問題解決策で、子どもの立場の教育とケアには直接結びつかない。

　さまざまなECECの質向上対策について、経費の投入は一元化政策推進に結びつくが、国定幼児園課程になる傾向ともいえる。例えば、「幼児園課程と教育の評価表」の内容は「新課程大綱」によるもので、イコール幼児園評価の内容である。幼児園のすべてが「新課程大綱」を遵守すればよく、少しでも異色なものを取り入れると不合格になることを恐れて、国定大綱に従うしかない。

　幼児園評価事業も、同じく政府主導で管理主義の色彩が濃い。このように、一定内容の項目や指標で統一される幼児園評価は、ECECの質を高める目標につながるだろうか。単一基準の指標による評価は、園自体の条件や創設理念を無視して、すべての幼児園を同時一律に指標が示した方向に修正して進ませるということではないだろうか。すなわち画一的、規格化的幼児教育へと指導しているといえ、質の良いECECという目標とは逆になるのではないだろうか。

　新課程大綱や幼児園指導の実施にも同じような批判がある。100ページを超える新課程大綱は、課程目標、方針、策略及び原則を詳細に述べている。幼児園が新課程大綱の指導内容をそのまま推進していけば、全国一律の課程になることもあり得る。ならば幼児園の郷土特性を生かした多元的課程への発展は望めなくなる。自由裁量の余地がなくなり、幼児園実践が均一化されてしまうのは、はたして良いことだろうか。一人ひとり、一園一園それなりに発展してい

く本来の幼児教育の姿とは違うのではないだろうか。

## 第5節　日本の保育への示唆——台湾の保育から学ぶこと

### 1．子育て事業の政府責任と民間参入

　台湾の子育ては，個人や家庭の責任から政府責任へと転換されようとしている。しかしこれが，いままで大きな役割を担ってきた私立園にとっては難題となっている。

　子育てを政府責任とするため，国は公立園を増設するとともに，新しい形態の非営利幼児園を創設し，幼児教育公共化政策を打ち出した。しかし，幼児教育と保育の主要な担い手である私立園は，生き残れないという危機感をもち，公共化政策に激しく反発している。民間参入を多く取り入れようとしている日本の子育て支援政策にとって，現在の台湾の難題は検討に値すると思われる。

### 2．子育ての個人と政府の責任

　従来，台湾では2歳児と3歳児の子育ては個人や家庭の責任として，家族の手助けで行われてきた。幼保一元化（幼托整合）後，幼児園は2歳から入園できる教育とケアの施設として公布されたため，公立園の2歳児，3歳児学級の増設要請が出はじめた。従来ニーズの少なかった2歳児保育と3歳児保育は，公の福祉サービスとして，利用者または潜在利用者が増えたと考えられる。

　子育て支援は，どこからどこまで行うのが適切であろうか。本来，家族の助け合いで営んできた子育ては，政府の子育てサービス政策によって，家族の負担は軽減するものの，一方で，家族の絆または家族の機能を弱体化させたのではないだろうか。

### 3．公立園と私立園の敵対関係

　少子化社会であるため，子育てビジネスの競争は免れなくなる。台湾の場合は，私立園は「子育ての新しいニーズをつくり出し，サービス業に偏りすぎて

いる」と批判される一方,「真正面に親のニーズに対応している」という見方もある。

　公立園は,モデル園とするという意味もあるが,新時代の子育てニーズには対応しきれていないという指摘もある。ただし,公立園の優れた待遇は,有資格者を私立園から引き寄せ,経営面では敵対的で険悪な関係となっている。私立園は,ビジネスの観点で,親を顧客と見なしてこびたり,早期教育をするなど,サービスしすぎる傾向がある。

　子育て施設においては,公立園と私立園は異なる立場にあるようである。両者は補い合う関係であればよいのだろうか。それとも敵対的関係で競争していてよいのだろうか。しっかりした国の政策ビジョンが必要である。


注
(1) 幼托整合とは,日本でいう幼保一元化のこと。台湾では「幼托整合」と記すため,本章では「托」を使用する。なお,託児所も台湾では「托児所」と記す。
(2) 原文は「幼稚園設置辦法」。幼稚園開設にあたっての法的要件や手続の規定である。
(3) http://www.ece.moe.edu.tw/
(4) http://syllabus.ece.moe.edu.tw/

## 終章

# 世界の保育から日本は何を学ぶのか

「すべての子どもの幸せ」の実現に向けて

泉　千勢

## 第1節　世界の保育改革の方向性

　第1章から第10章まで世界各国における今日の保育改革の現状を見てきた。OECD や EU の保育調査や提言をふまえ，どの国も2000年以降，保育の質改革に取り組んでいる様子がうかがえた。

　では，なぜいま「保育の質」改革なのだろうか。21世紀初頭の現代は，大きな社会変革を伴う時代の転換期を迎えていると言われている。いま一度，保育の質改革に関わる背景要因を簡単に振り返っておこう。

　第一は，序章でも述べたように，20世紀末の ICT（情報通信技術）革命で，知識基盤社会が到来したことである。そこでは，新しい知の探究とともに，誕生から始まる生涯学習社会の構築（人材育成）が重要視されるようになった。多くの国が，乳幼児教育を公共財と位置づけ，競って財源投資を拡大し，就学前教育・保育の質改革に取り組んでいるのである。

　第二は，第一の要因と関係している。ICT 革命は，女性が働きやすい職場を一挙に拡大して，「男女共同参画社会」を現実のものにしつつある。共働き家庭が急増し，ジェンダー平等と全日制保育ニーズが普遍化してきたのである。そこでは，保育施設の量的拡充と同時に，21世紀型の「質の高い保育」が求められている。

第三に，学際的な研究成果があげられる。脳研究により，乳幼児期に目覚ましい神経発達が起こることから，0～2歳児の養育の重要性が唱えられるようになった。またノーベル経済学賞受賞者のヘックマン（Heckman, J.）は，人的資本形成を，生涯にわたって継続するダイナミックなプロセスと捉え，乳幼児期の基礎ステージが，人的資本への最も効果的な投資機会であることを指摘した。これは，学習機会への持続的投資の重要性をも示唆している[1]。

　第四は，国連「子どもの権利条約」（1989年）が成立25周年を迎え，子どもを「保護の対象」としてだけではなく，「権利主体（シティズン）」として捉える子ども観が定着してきたことである。すべての子ども（特別なニーズのある子どもを含む）にニーズに応じた質の高い保育（ECEC）を，公正・公平に提供することの重要性が自覚されてきたことである。

　以上のような時代の変化を積極的に受け止め，各国政府は2000年以降，自国の就学前教育・保育の質改革に向けて，政策の舵を大きく切った。各国の保育の質改革の目的はほぼ共通するが，その歴史的背景や政治体制の違いもあり，取り組みの内容や方法は一律ではない。これらの点をふまえて，本節ではまず，各国の保育改革の特徴を概観し，世界の保育改革の方向性を確認しておこう。

## 1．OECDとEUの保育の「質」領域

　序章で見てきたように，21世紀の幕開けからOECDもEUも，加盟国の保育政策調査の結果をもとに，保育の質改善に向けての提言をまとめて冊子にしている。

　OECDは，2001年から2015年までに「"*Starting Strong*（人生の始まりこそ力強く）"」（以降 SS と略記）を4冊刊行している（SS, 2001；SSⅡ, 2006；SSⅢ, 2012；SSⅣ, 2015）。そして，ECECの質を高めるうえで有効な5つの政策レバーを提示した。それは，①質に関する目標と規則（最低基準）の設定，②カリキュラムの策定，③保育者の資格，養成・研修，労働環境の改善，④家族や地域住民の参画，⑤データ収集，研究とモニタリングの促進である。

　EUは一連の研究成果として，2014年に最終報告書「ECECの質枠組みの主

要原理の提案」をまとめ，ECEC の質を強化するための5領域を指定して指針を提案している。①入園のしやすさ（アクセス），②保育の担い手（保育者），③カリキュラム，④モニタリングと評価，⑤ガバナンスと財源。

OECD と EU の「質」の領域はほぼ重複している。これらの領域は相互に依存（関連）しており，単独で取り上げても，期待される有効な成果は簡単には得られないという難しさがある。このような研究結果をふまえて，OECD の国際比較データも参考にしながら，各国保育の質改革の動向を見ていこう。

## 2．比較データに見る保育改革の動向

OECD（SSⅡ, 2006）は，ガバナンスについて次のように指摘している。[2]

　歴史的な理由から，乳幼児期の保育（care）政策と教育政策は別々に発展してきた。そのため，幼い子どもに対する理解に違いが生じ，ガバナンスの制度は分裂している。サービスの責任はいくつかの省庁に振り分けられていることがあるが，それは政府の伝統的な部門分けに基づいているのであって，家庭と乳幼児の実際のニーズに基づいているのではない。（中略）一般に，所轄省庁での概念化のずれは，サービスが，3歳未満の乳幼児に対する「チャイルドケア（保育）」と3〜6歳児に対する「就学前教育」という，二階層に分かれて組織化されるところに反映されている。この結果，財政支援の流れ，運営手続きや規制の枠組み，職員の養成・研修と資格が種々さまざまに混在し，子どもと家庭に対する一貫性の欠如を引き起こしていることがある。

OECD（SS, 2001）は，「ECEC 政策の成功の鍵を握る8項目」の第1に，「体系的で統合的な政策アプローチ」を採用することを提言した。具体的には，次の4項目をあげている。
・中央政府と地方自治体の両方で協調的な政策枠組みをつくり上げること
・主轄省庁を指定し，他の部局及びセクターと緊密に連携すること
・協調と参加による改革アプローチを採用すること

表終-1　各国のECEC所管省庁（国レベル）

| 国 | 年齢 | 所管省庁 | 年：関連法等 |
|---|---|---|---|
| ノルウェー | 0～5 | 教育研究省 | 2005：子ども園法，2010：改正 |
| スウェーデン | 1～5 | 教育科学省（3歳以上は年間525時間が無償） | 学齢引き下げで6歳児は小学1年生<br>1998：学校法，2010：改正<br>6歳児は学校の「就学前クラス」無償 |
| デンマーク | 0～5 | 児童・教育・平等省 | 2007：保育サービス法，2010：改正<br>2009：6歳児は学校の「0学年」義務化 |
| ドイツ | 0～14 | 家族・女性・高齢者・青少年省（州ごとに異なる） | 1990：社会法典，2013：改正<br>1990：児童青少年援助法，2004，2009：改正 |
| フランス | 0～2<br>3～5 | 厚生省（保育所等）<br>国民教育省（保育学校：無償，義務ではないが100％が利用） | 市町村の母子保健サービス<br>1989：教育基本法，1990：就学保障<br>2013：新「教育基本法」 |
| カナダ（オンタリオ州） | 0～5 | （州ごとに異なる）<br>教育省 | 2010より一元化（4～5歳全日制幼稚園） |
| ニュージーランド | 0～5 | 教育省 | 1986より幼保一元化 |
| オーストラリア | 0～5 | 連邦政府と州との連携協定 | 2010：教育と保育の国の法律 |
| 韓　国 | 0～5<br>3～5 | 保健福祉部（オリニジップ）<br>教育科学技術部（幼稚園） | 1991：乳幼児保育法<br>1949：教育法<br>2005：幼児教育法，2012：改正 |
| 台　湾 | 0～1<br>2～5 | 内政部（托児センター）<br>教育部（幼児園） | 2011：幼児教育及びケア法 |
| 日　本 | 0～5<br>3～5<br>0～5 | 厚生労働省（保育所）<br>文部科学省（幼稚園）<br>内閣府（認定こども園） | 1947：児童福祉法，2016：改正<br>1947：学校教育法<br>2006：認定こども園法（幼保一体化）<br>2012：改正「認定こども園法」 |

出所：筆者作成。

・各地域社会で保育施設・専門職員・親の間に強力な連携を構築すること

OECD（SSⅡ, 2006）は，第2章で上記のガバナンスに関する調査結果を次のように要約している。

　ECECの政策のより統合的なアプローチをとることで，中央政府の省庁は政策合意を組織化し，乳幼児期サービスの諸資源を組み合わせることができる。規制・財政・職員採用体制・親の支払う費用・サービス提供時間などの面で，より一貫性が強まる。アクセスや質のばらつきを減らし，施設レベルでは年齢やクラスの間の連携をつくりやすくする。統合システムでは，教育

表終-2　各国のカリキュラム

| 国 | 年齢 | カリキュラム | 年 |
|---|---|---|---|
| ノルウェー | 0～5 | 子ども園の内容と課題の枠組み計画（2006）2011改訂<br>Framework Plan for the Content and Tasks of Kindergartens | 2006<br>2011 |
| スウェーデン | 1～5 | 就学前教育カリキュラム（Lpfö 98），<br>Curriculum for the Preschool（Lpfö 98）2010改訂 | 1998<br>2010 |
| デンマーク | 0～5 | 保育カリキュラム<br>Pædagogisk Læreplan | 2004 |
| ドイツ | | 連邦共通大綱<br>16州独自カリキュラム(州により0～5，0～10 or 0～14)の開発 | 2004<br>以降 |
| フランス | 3～5 | 保育学校教育要領<br>新「保育学校プログラム」 | 1986<br>2015 |
| カナダ | 0～8 | Early Learning and Development Framework（全州共有）<br>（州ごとに独自のカリキュラムとガイドラインを作成） | 2012 |
| ex. オンタリオ州 | 0～8 | Early Learning for Every Child Today | 2007 |
| ニュージーランド | 0～5 | Te Whāriki | 1996 |
| オーストラリア | 0～5 | Belonging Being and Becoming-Early Years Learning Framework for Australia | 2009 |
| 韓国 | 0～2<br>3～5 | 標準保育課程<br>3～5歳年齢別「ヌリ課程」（幼保統合カリ）<br>（2013年より全階層の乳幼児の保育料無償化政策が施行） | 2013 |
| 台湾 | 0～1<br>2～5 | （托児センター）<br>「幼児園教保活動課程大綱」（幼児園） | 2011 |
| 日本 | 0～5<br>3～5<br>0～5 | 「保育所保育指針」厚生労働省<br>「幼稚園教育要領」文部科学省<br>「幼保連携型認定こども園教育・保育要領」内閣府・文部科学省・厚生労働省 | 2018<br>2018<br>2018 |

出所：筆者作成。

とケアについての共通の構想が作られ，社会的目標及び教育的目標の合意が図られる。

　保育の質改革の第一歩は，乳幼児期のサービス（就学前教育・保育）のガバナンス（統治機構）を統合して所轄省庁やカリキュラムを一元化することであろう。各国はこの課題をどのように解決しているのかを見てみよう（表終-1，表終-2）。また，質目標指標の参照事例として，OECDの国際比較データ（保育者一人が担当する子どもの数と就学前の公財政教育支出の対GDP費）を紹介しておく（図終-1，図終-2）。

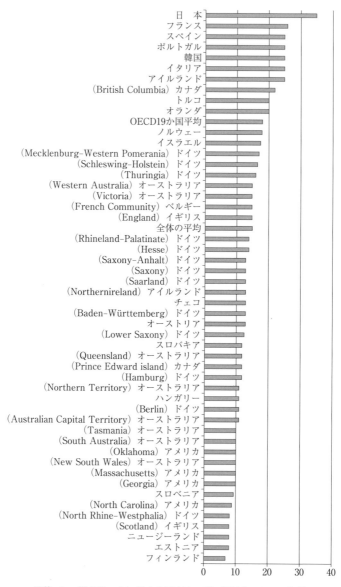

**図終-1　保育者一人に対する子どもの数（最大）：3～5歳児**

注：Berlin は3～6歳児，韓国は4歳児。ノルウェーは有資格教師に対する3～6歳児の数であり保育補助員を加えると数値はかなり低くなる。

出所：OECD (2012). *SSIII*, p. 47, 図1.5より。

終　章　世界の保育から日本は何を学ぶのか

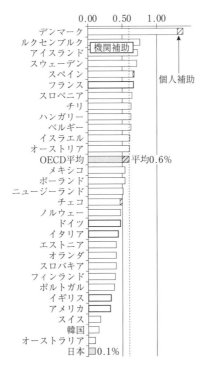

図終-2　公財政教育支出の対GDP費
（就学前教育段階）
注：太線 ☐ は日本以外のG7諸国。
出所：OECD『図表でみる教育』（2014年版）。

## 3．各国の保育改革の状況

　デンマークの社会政治学者エスピン＝アンデルセン（Esping-Andersen, G.）は，福祉国家をレジーム論として展開し，3類型を提起した。各国の保育政策も，この福祉レジーム類型を当てはめてみると理解しやすいかもしれない。

（1）ノルウェー，スウェーデン，デンマーク

　これらの北欧3国は，普遍主義的な福祉国家（社会民主主義的福祉レジーム）である。保育サービスも公的サービスに位置づけられている。1970年代に幼保の管轄を一元化し，社会系（社会省や子ども家族省）の所管を経て，現在は教育系または社会教育系（教育研究省，児童・教育・平等省）の所管に移行している。

（2）ドイツ，フランス

　EU圏内中欧（コーポラティズム的福祉レジーム）のドイツは，1990年の東西統一を経て，保育（0～2歳）と幼児教育（3～5歳）は，連邦レベルでは「家族・女性・高齢者・青少年省」（社会系）の管轄であるが，地方分権型の国家体制をとっており，各州独自の統治システム（社会系または教育系）を構築している。運営主体は非営利の民間団体が主流で，施設の形態も多様である。

　フランスは，保育（0～2歳）は厚生省，幼児教育（3～5歳）は国民教育省が管轄している。幼児教育は学校システムに組み込まれており，無償で，利用率は100％である。一方，3歳未満児の保育の整備は遅れており，民間主導で形態も多様である。

（3）カナダ，ニュージーランド，オーストラリア

　これらの3国（自由主義的な福祉レジーム）は，保育制度は州ごとに異なるが，運営は民間（市場原理）に委ねており，質の担保（説明責任）のための「評価システム」の開発に力を入れている。

　ニュージーランドは，1986年のバブル崩壊以降，保育施設（0～5歳）をすべて民営化して幼保の管轄を教育省に一元化した。これを機に，研究者と保育者団体がネットワークを立ち上げ，ボトムアップ方式で独自カリキュラム（テ・ファリキ）と保育実践の自己評価システム（学びの物語）を開発している。

　カナダは，所轄省庁の一元化および保育施設の一体化が，各州で現在進行中である。カリキュラムも州ごとに策定しているが，2012年に全州共有のカリキュラムを開発した。オンタリオ州では，全日制幼稚園（幼保一体型）のもと，4・5歳児は幼稚園教師と保育教師が協働で保育を担当している。

　オーストラリアも，管轄は連邦政府と州政府の二元体制である。保育は民間主導（営利を含む）で展開してきたが，2007年に労働党政権発足後，2008年に連邦政府と州政府が連携協定を結び，急ピッチで質改革に取り組んでいる。

（4）韓国，台湾

　韓国は，保育所（保健福祉部）と幼稚園（教育科学技術部）は縦割り二元行政体制を保持しているが，3～5歳児は共通のカリキュラム（ヌリ課程）を採用

している。また，2013年度から全階層の乳幼児の保育料無償化政策が実施されている。

台湾は，1897年から1945年まで日本の統治下（植民地）に置かれていた。1949年に国民政府が中国大陸から台湾に移り，中国様式の幼児教育制度を導入した。1981年に「幼稚教育法」が制定され，真の台湾幼児教育がスタートした。30年後の2011年に「幼児教育及びケア法」（教育部門）が公布され，2012年から幼保一元化政策（幼児園：2～5歳）が実施されている。

現在，いずれの国も保育の「質改革」の真っただなかであることがうかがえる。なかでも北欧諸国は，1970年代に幼保の管轄を一元化し，保育政策を家族政策の一環に位置づけ，「親の就労保障」と「子どもの発達保障」の二本柱で取り組んできた。今日では保育は教育系の管轄となり，子どもの保育環境（＝保育者の労働環境）は高い質で安定し，21世紀型の保育実践の開発に取り組んでいる。

## 4．日本の保育改革の現状

では，日本の保育改革の現状はどうであろうか。2015年4月に「子ども・子育て支援新制度」が施行された。しかし，その財源保障が未確定である。ガバナンスの一元化も達成されておらず（現在三元体制），カリキュラムも3本柱で実施されている。幼児期（4・5歳児）の保育者一人に対する子どもの数は30人を超えており，世界で最悪の状態である。就学前の公財政支出の対GDP費はOECD加盟国のなかで最下位である。さらに，待機児童の急増（保育所の定員枠の拡大）を理由に，保育施設の民営化を促進する施策が展開されており，世界の保育の質改革とは真逆の方向に舵が切られている。

地方自治体の保育担当職員は，「子ども・子育て支援行動計画」では「質の高い保育」を掲げながら，「限られた財源で量の拡大を図ろうと思えば公立園の民営化は止むを得ない」と言う。「民間園も国の最低基準をクリアしているので問題はない」と。公立園と民間園の主たる差は保育士の給与差である。国

から民間園に支給される保育士の給与は，公定価格でかなり低く抑えられている（全職種平均月額より約10万円低い）。

国の「施設最低基準」モデルは，地方自治体では「最高基準」視されており，「この基準さえ満たしておれば問題ない」と，現場の子どもたちの生活実態を考慮せず，数字合わせで保育施設が認可されている。戦後間もない時期（1948年）に制定された「児童福祉施設最低基準（現：児童福祉施設の設備及び運営に関する基準）」が，経済大国になった21世紀の現在においても，居室面積等はほぼそのまま使われているのである。

このようにOECD諸国の保育改革の状況と比べてみると，日本の保育はかなり独自の様相を示している。世界の保育から日本は何を学ぶのかを考察するには，まず，日本の保育の実情をどう理解するのかを検討する必要がある。つまり，日本の保育改革の現状は，世界の保育改革の状況に比べて「遅れているのか歩調を合わせているのか」を見定めねばならない。日本の保育の現状を把握するために，先進諸国が歩んできた「子ども・子育て」の足取りを振り返ってみよう。

## 第2節 「子ども・子育て」の変遷

### 1．子育ては私事の時代

歴史を振り返れば，人間の社会（生活様式）は，人類の科学技術の進歩の影響を受けて，時代とともに大きく変化してきた。産業革命後18世紀後半から19世紀にかけて，西欧諸国においては社会が近代化するにつれ，読み書き計算ができる賢い労働者を育成する必要から，学校が普及した。この頃，小学校入学前の乳幼児の子育て（しつけを含む幅広い意味での人間教育）は，家族（主として女性）や近隣地域の人々の無意図的な関わりに委ねられていた。

社会が一層近代化して，紡績工場など軽工業が普及し，女性（母親）も被雇用労働者として家庭の外で働くようになると，親の就労中に子どもを預かり世話をする託児施設（後の保育所）が誕生した。一方で，小学校入学前の子ども

終　章　世界の保育から日本は何を学ぶのか

たちが集団生活を経験する教育の場として幼稚園が誕生した。幼稚園には，母親が在宅（専業主婦）の経済的にゆとりのある家庭の子どもたちが通っていた。

　時代が進み20世紀になると，経済産業の発展とともに，都市では女性労働者が増える一方で核家族化が進行して，保育所と幼稚園はともに増加していった。20世紀は，エレン・ケイ『児童の世紀』やジョン・デューイ『学校と社会』の刊行で幕を開けたが，その前半は，社会主義国（旧ソ連）が誕生する一方で，後発資本主義列強国（日独伊）が市場（領土）の拡大を求め，戦争が勃発した。この間に女性は，銃後の守りで男性に代わってあらゆる職場で働いた。第二次世界大戦後は，軍需で経済発展したアメリカが牽引して，先進諸国の経済は重化学工業（自動車・鉄鋼等）を柱に著しく躍進した。その結果，1960年代には「男は仕事，女は家庭」という性別役割分業体制が定着し，「あこがれ」のマイホームづくりが世界中に広がった（団地の誕生）。この時期にユネスコ（OMEPに調査を委託）も，就学前教育（幼稚園）の普及を奨励した。[(5)]

　1960年代後半には，工業用ロボット（流れ作業の分業システム）の開発で，カメラや家電製品等の工場が普及し，単純作業を担う女性労働者も増加した。しかし，圧倒的に専業主婦が多い社会では，「家事育児は女性の仕事」という固定観念が世間の常識として定着しており，女性労働者は「結婚・出産を契機に退職するもの」と考えられていた。日本では「女子学生亡国論」や「寿退社」がまことしやかに語られた。子育ては私事（母親の仕事）と見なされ，保育所（当時は貧困家庭援助策としての救貧的福祉事業であった）の整備は進まなかった。

## 2．人権意識高揚の時代

　二度の世界大戦の反省から，欧米諸国では国連「世界人権宣言」（1948年），「国際人権規約」（1966年）などを中核に，民主主義思想（基本的人権の尊重）が高揚した。1960年代にアメリカで始まった「公民権運動（人種差別撤廃運動）」は，1970年代には「女性解放運動（女性差別撤廃運動）」に発展した。その結果，1975年には国連「国際女性年」が設定され，「女性のための行動計画」（1976～1985年，1986～1995年）が進展した。その成果として，国連「女性に対するあら

363

ゆる形態の差別撤廃に関する条約」(1979年)及びILO(国際労働機関)「家族的責任を有する男女労働者の機会均等及び平等待遇に関する条約」(156号)と勧告(165号)(1981年)が採択された。

このような世界情勢を背景に，1980年代から1990年代にかけて，女性の社会参画が世界中で急速に広がった。日本においても1986年に「雇用の分野における男女の均等な機会及び待遇の確保等女子労働者の福祉の増進に関する法律」(男女雇用機会均等法)が施行され，大卒女性も増加して，事務職のみならず総合職(男性と同等に出張・転勤・残業がある)で活躍する女性も増加した。

また，1979年には「国際児童年」，1981年には「国際障害者年」が設定され，これまで社会的弱者として社会から排除されていた人々への人権意識の涵養が促され，1989年には国連総会で「子どもの権利条約」が全会一致で採択された。これらの国際条約を批准した国は，国内法等を点検して，国内環境を整備する責務を負うことになった。北欧では「男女平等オンブズマン」や「子どもオンブズパーソン」事務局を設置して，権利擁護の普及啓蒙活動に取り組んだ。

### 3. 保育ニーズ拡大の時代

世界大恐慌(1929年)のあおりを受けて，1930年代に人口問題の危機(少子化)に直面した北欧のスウェーデンは，1940年代には早くも家族支援施策を打ち出した。また，1960年代の高度経済成長や「男女平等」論議を背景に，1970年代初頭には女性の経済的自立を促す方向に政策軸を転換して，税制改革(個別課税方式)・育児保障(両親保険)制度・保育所の整備拡充等，一連の制度改革に着手した。

その後欧州連合(EC/EU)も，1980年代から90年代にかけて(1985〜1995年)，域内の移動の自由を保障する手段として，男女平等と保育所の整備拡充に取り組んだ(EU男女平等委員会下の「保育ネットワーク」の活動)。

こうして，1970年代から1990年代にかけて，世界各地で「男女共同参画」を促進する諸施策(クォータ制[6]，アファーマティブ・アクション[7]等)が推進された。その結果，女性の社会参画と保育ニーズ(社会的子育ての場の需要)が急増した。

終　章　世界の保育から日本は何を学ぶのか

しかし，その対応（保育施設拡充策）は国によって多様であった。

北欧諸国（スウェーデン等）は多額の公費（企業からの拠出金を含む）を投入し，公的責任で子育て環境を整備した。英米をはじめとする英語圏（自由主義）諸国は，基本的に保育（救貧対策以外）は「労働者を雇用している企業の責任」との発想から，保育所整備は市場原理（民間）に委ねられており，公費の投入はきわめて少ない（個人の保育費用負担には税控除で対応）。保育施設の公的整備が不十分な国では，営利目的の保育産業（企業経営のチェーン店施設等）が蔓延し，個人的にナニー（住込み乳母）やベビーシッターを雇うなど，仕事と子育ての狭間で多くの母親は追い詰められていった。その結果，被害を受けるのは子どもたちで，施設での死亡事故や虐待が社会問題として数多くマスコミで取り上げられるようになった。

## 4．保育の質改革の時代

1990年代後半のICT革命は，「知識基盤社会」という新しい社会を誕生させ，従来の社会経済産業構造に大きな影響を与えている。「グローバル化」「イノベーション」の掛け声とともに，社会全体が大きく変革しつつある。こうした社会では，「人的資源（人材の質）」がその国の未来を左右する重要な要素となる。

ビッグデータにより生産工程の管理が効率化する一方で，人々の行動監視も容易になった。人工知能（AI）の開発が話題になる一方で，ネット犯罪も多発している。「知識基盤社会」にも光と影が存在する。未来社会を予測するのは難しいが，日々変化している社会で生きる子どもたちに，いま現在，どのような保育・教育を展開すればよいのだろうか。これからの保育・教育のあり方を探究するのは私たち大人の責任である。従来の保育・教育を再検討する必要に迫られているのである。

序章で見たように2000年以降，OECDやEUは，就学前の幼児教育・保育を，生涯学習の基礎ステージ（公共財）と位置づけ，精力的に保育の質改革のあり方を提言している。世界各国は提言の内容を受け止めて，いま現在も自国の保育の質改革に挑んでいるのである。

日本社会では，21世紀の現在においても「子育ては私事」であり「女性の仕事」と見なされており，専業主婦のみならず働く母親も「家事・育児・介護の担い手」として期待されている。男性（父親）の家事役割は期待されておらず，長時間勤務（残業）が一般化している。まさに男性中心の社会である。日本は「人権意識高揚の時代」を経ずして「保育ニーズ拡大の時代」を迎えたため，21世紀の「保育の質改革の時代」にまだ入り込めていない。戦後長期にわたる保守政権下で，女性と子どもに対する世間の認識が，先進国の常識から大きくずれてしまっているのである。

　日本は1965年からOECD加盟国でありながら，OECDの保育政策調査（第1次調査，第2次調査）に参加しておらず，保育関係者（自治体職員や大学研究者）も調査報告書（"Starting Strong：Ⅰ，Ⅱ，Ⅲ，Ⅳ"）の内容（英語文献）にふれることがほとんどないのが現実である。言葉の壁もあるが，世界の保育改革の最先端の情報が，日本の保育関係者一般にほとんど伝わっていない（SSⅡ：2006の翻訳版は2011年に，2012は2019年に明石書店から刊行されている）。

## 第3節　日本は世界の保育から何を学ぶべきか

### 1．アクセス——待機児童解消問題

　1995年度の保育所利用児童数は約160万人であったが，2015年4月の保育所等利用児童数は約237万人となった。ICT革命以降の「保育ニーズの急増」は世界共通である。日本は2001年（小泉内閣）以降，「待機児童ゼロ作戦」に取り組んでいるが，新保守主義（1980年代に英米で流行）の規制緩和策（構造改革）に便乗しているため，抜本的な予算措置がなされないまま今日に至っており，待機児童問題は未だ解消していない。安倍内閣は，2013年度に「待機児童解消加速化プラン」を策定し，「女性が輝く社会」「一億総活躍社会」をめざして，2017年度までに「約50万人分の保育の受け皿（子どもを預かる場所）を確保する」としている。世界の女性の労働力率のグラフを見ると（図終-3参照），欧米諸国に比べてアジアの日本と韓国はM字型カーブが残っており，育児期の

終　章　世界の保育から日本は何を学ぶのか

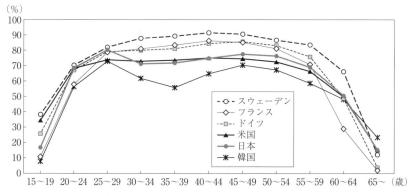

図終-3　主要国における女性の年齢階級別労働力率

注1：日本は総務省「労働力調査（基本集計）」（平成27年），その他の国はILO "ILOSTAT"より作成。
　2：労働力率は，「労働力人口（就業者＋完全失業者）」／「15歳以上人口」×100。
　3：日本，フランス，韓国及び米国は2015（平成27）年値，その他の国は2014（平成26）年値。
　4：米国の15〜19歳の値は，16〜19歳の値。
出所：内閣府（編）『男女共同参画白書（平成28年版）』2016年，p. 39.

女性の就業率が低下している（欧米諸国の多くは2000年頃までに逆U字型に移行）。つまり，日本の潜在的な保育需要はまだ大幅に存在すると言える。しかし，このように日本が待機児童の解消策（アクセスの拡大）に奔走している間に，OECD先進国は保育の質改革に拍車をかけているのである。この点で，日本の保育改革の現状は，欧米先進国と比べて約20年遅れていると言える。

現在の日本には確かに量の拡充が緊急課題であるが，21世紀に新設され今後30〜40年は使用される保育施設の設置認可が，戦後の1948年制定の施設設備基準（幼児一人当たり1.98$m^2$）でなされているのはまことに残念なことである。

基準適合保育所とは，学校や幼稚園とは異なり，朝7時半から夕方6時半までの約11時間を，約30人の子どもたちが，遊びや食事や昼寝等を一つの保育室（ワンルーム）を拠点に，集団で生活をしながら成長・発達するところである。一人ひとりの着替え用のロッカーや，遊具・用具類も保管配置せねばならない。食事または作業用のテーブルや昼寝用の布団も必要である。昼間の大半を保育所で過ごす子どもたちの一日の生活をイメージしてみてほしい。教材費は皆無に等しいうえに，この狭い空間でどれほど豊かな遊びが展開できるだろうか。

筆者は以前から，今度の建て替えのときには，せめて食事と昼寝は「遊び」とは別の部屋でできるように設計（午睡室やランチルームを分離配置）してほしいと願ってきた。しかし，公立保育所の施設整備費は国から補助金が出ないため，財政的に逼迫した自治体は，建て替えを必要とする公立園の老朽化施設は民営化（民間には国から施設整備費が補助される）せざるを得ないのである。こうして公立保育所の民営化がますます加速化しており，財政難のおりから保育施設の「質の向上」は困難視（無視）されるのが現実である。市の保育予算が前年度より上回る（定員枠が増える）ことが質の改善と見なされているのである。
　このような実情を考えると，国は，現在実施している託児並みの「施設最低基準」モデルを，現代の子どもの育ち（発達保障）の視点から見直し，保育士の給与や施設整備費等の子ども関係諸経費に，21世紀型保育（生涯学習の基礎づくり）に見合う，相当大幅な財源を投入することが急務である。そうでなければ，日本の保育は世界の保育の質改革から大きく取り残されてしまうであろう。その功罪は，今の子どもたちが成人になる頃に明確になるであろう。いま現在も，児童虐待が急増し（2015年度の虐待相談件数は10万3,000件を超え過去最高となっている），児童養護施設はどこも虐待を受けた子どもたちで満杯である。保育所以外の児童福祉施設の質改革も緊急課題である。

## 2．ガバナンス——管轄省庁の一元化問題

　戦後日本の保育所は，貧困で，生計をたてるために母親が働かざるを得ない家庭の子どもを預かる福祉施設（子どもの発達を保障する教育施設ではない）として位置づけられていたが，1990年の「1.57ショック」以降，政府は「少子高齢化（年金医療介護）対策」としての「子育て支援」策に舵を切り，1994年から「行動計画（エンゼルプラン）」等を作成して「仕事と家庭の両立」のための保育所の整備拡充に取り組んだ。その結果，保育ニーズが拡大し，2000年を境に保育所（0〜5歳）と幼稚園（3〜5歳）の在籍児童数が逆転した。その後も，少子化（子ども数の減少）の影響もあって，幼稚園の定員割れが拡大する一方で，保育ニーズは増大し続け，保育所の整備が追いつかず，待機児童（主として3

歳未満児）が増え続けた。就学前の5歳児は，約6割が幼稚園から，約4割が保育所から，小学校に入学している。いま振り返ると，この時点で，保育所の施設最低基準を子どもの発達保障の視点から見直し，現代化しておくべきであったと思われる。

待機児童問題の解決策を検討していた政府（自民党政権）は，2006年に「認定こども園」（幼保連携施設）を創設した。しかし，縦割り二元行政体制を維持したままでは事務処理が煩雑なうえ，財政支援も不十分であったため普及しなかった。2010年に民主党政権は，前政権の内容を概ね引き継いで，「子ども・子育て支援新システムの基本制度要綱」を策定した。その後，再度自民党政権に交代した。この間に，2012年8月に「子ども・子育て支援法」，改正「認定こども園法」，「両法に伴う関係法律整備法」を公布し，2015年4月に「子ども・子育て支援新制度」が施行された。

新制度は「幼保一体化」をめざしており，その目的は，①質の高い学校教育・保育の一体的提供，②保育の量的拡大，③家庭における養育支援の充実である。当初は，幼稚園・保育所・認定こども園を，一定期間内に新制度の総合施設に移行させるつもりであったが，私立幼稚園にとって財政的メリットに欠ける部分もあり，移行の強制はしないことになった。結果として，給付システムは一元化されたものの，所轄省庁の一元化は実現せず，いまは三元行政体制（文部科学省・厚生労働省・内閣府）の状態である。

このガバナンス問題の解決のためには発想（パラダイム）転換が必要である。これまでの寄木細工方式（保育所は児童福祉施設，幼稚園は学校）を脱して，縦割り行政の枠を越え，すべての子どもを視野に入れた新しい時代の「乳幼児期の教育」のあるべき姿（真の一元化モデル：子どもの権利としてのユニバーサル保育）を基礎から研究しなおし，保育カリキュラム（内容・方法）の一元化，保育者の養成課程の一元化，保育専門職（資格・免許の一元化）の確立等を探究せねばならない。その実現には長期的展望（ビジョン）と長期計画が必要である。

そのためには，OECDが指摘するように，国の政策提言の基本となる乳幼児期の養育・保育・教育の基礎研究やモニタリングを実施できる，就学前教育

専門の研究機関を公費で設置することが必要である。これにはかなりの時間と労力を必要とするが、未来社会を見据えて足元から着実に改革を進めることが、いま求められているのである。

## 3. 各国の保育から学ぶこと

第1章から第10章の各国章の末尾に、その国の保育から日本が学ぶべきことが記されている。ここでは各国からの示唆のポイントを表終-3に再掲する。

各国に共通している第一の点は、国連「子どもの権利条約」(1989年)を根拠に、子どもの立場から保育の質改革を展開していることである。保育の「質」は、時代や社会によって変わる相対的なものであるが、ただ「質の高い保育」を唱えるだけではその内実を担保できない。各国が、国連「子どもの権利条約」(1989年)を根拠に質改革をすることで、「子どもの権利としての保育」「公平・公正の確保（ユニバーサル保育）」等が、世界標準になりつつある。

日本は、1994年に国連「子どもの権利条約」(1989年)を批准・発効したが、最近この条約の精神に基づいて「児童福祉法」が改正された（2016年10月1日施行）。その第1条に「全て児童は、児童の権利に関する条約の精神にのつとり、適切に養育されること、その生活を保障されること、愛され、保護されること、その心身の健やかな成長及び発達並びにその自立が図られることその他の福祉を等しく保障される権利を有する」と記されている。日本もやっと、21世紀型の子ども施策に向けてのスタートラインについたと言える。

第二の共通点は、幼児教育・保育の質改革のための研究機関の設置である。OECDも指摘しているが、就学前の保育・幼児教育の大規模な質改革（就学前の新しいシステムの開発）のためには、保育の質領域全般にわたるエビデンスに基づいた包括的な基礎研究が必要である。そのための信頼できる拠点研究施設を設置することが不可欠である。そのことなしに、目前の小手先の改革を繰り返しても矛盾が蓄積するばかりで、根本的な改革にはつながらない。

ノルウェーとデンマークは国際的な共同研究機関の新設を計画している。ドイツは東西統一後、ミュンヘンに国立乳幼児教育研究所（IFP）を設置して大

終　章　世界の保育から日本は何を学ぶのか

表終-3　各国からの日本の保育への示唆

| 国 | 日本の保育が学ぶべきこと |
|---|---|
| ノルウェー | 法律・カリキュラムなどの公文書に国連「子どもの権利条約」を明記して，子どもと親の保育参加権を保障。 |
| スウェーデン | 「子どもの権利」の尊重。子どもの視点からの保育の見直し。 |
| デンマーク | ・公的責任で質の高い保育をすべての子どもに保障。<br>・「共同生産者」としての親の保育への関わり。 |
| ドイツ | ・「保育が子どもの権利である」という前提と法的保障の重要性。<br>・「保育」概念の包括的理解が生涯学習における発達につながる。<br>・幼児期の子どもの学びとその教育方法をめぐる改革から始める。 |
| フランス | ・すべての子どもの発達と教育を受ける権利の保障の観点からの幼児期制度の再検討。<br>・幼児期段階からの学習方法の見直し。<br>・幼児期を公教育制度として整備することの意義。 |
| カナダ | ・多文化・多様性を学べる保育。子ども主体，子どもから出発する保育。<br>・家族への対応，家族支援と地域づくり。 |
| ニュージーランド | ・教師が理論的知識を実践に適応することを求めるカリキュラム。<br>・研究者・探究者としての保育者・教師像。<br>・よりよい保育につなげていけるような保育評価の探究。 |
| オーストラリア | ・研究知見が政策に反映される「研究と政策の循環」の確立。<br>・幼児教育・保育の目的（子どもの発達保障）が明確。<br>・改革に向けての国のビジョンが明確。<br>・基盤となる子ども観（「子どもの権利条約」を尊重）が明確。<br>・保育者の資質向上が不可欠。 |
| 韓国 | ・OECD諸国の幼児保育の質向上に関する保育政策について分析・研究し，韓国の保育政策を見いだそうとする政府主導の画期的な保育改革。<br>・幼児教育・保育の質の向上。すべての乳幼児の保育料の無償化。 |
| 台湾 | ・私立幼児園への支援政策が必要。<br>・子どもの立場での教育とケアの結びつき。<br>・単一基準の指標による評価は画一的・規格化的幼児教育へと向かわせ，自由裁量の余地がなくなる。 |

出所：筆者作成。

規模な国際的研究にも取り組んでいる。ニュージーランドは1988年に教育機関評価局を発足させたが，バブル崩壊後の政府の民営化政策に対抗し，保育関係者（研究者・保育者団体等）はネットワークを組織してボトムアップ方式で研究を行い，独自のカリキュラムや評価システムを開発してきた。オーストラリア

も非営利の教育研究機関（ACER）が幼児教育・保育の質に関する研究を行い，政策提言をして改革の重要な根拠となっている。韓国も1996年にOECDに加盟した後，保育関係の研究機関である育児政策研究所（KICCE）を設置して勢力的に活動を展開している（OECD第2次保育調査に参加）。スウェーデンは，1990年代に国立大学教育学部に幼児教育の大学院博士課程を設置し，多くの博士（保育学研究者）を輩出している。

　ユニセフ・ユネスコ・OECDは，それぞれ国際的なデータ収集によってECECのモニタリングレポートをまとめている。これらの基礎資料により，就学前の子どもたちが置かれている状況を国際的視座で横断比較的に一覧することができる。また，そこから導き出された政策提言は，世界各国の保育改革にきわめて大きな影響を与えている。これらの国際機関は，各国政府に対しても継続的かつ体系的なデータ収集の必要性を提唱しているが，各国に，乳幼児期に特化してデータ収集ができる一元化した専門部局が置かれていない場合が多い。乳幼児教育・保育は比較的新しい学問分野である。就学前の研究機関や研究組織は，財源を投与して意識的に育てない限り自然に育つことはない。

　日本の保育者養成は2年制ベースで発展してきた。多くの短期大学が，幼稚園教員免許（文部科学省）と保育士資格（厚生労働省）の両方を取得できるようにしており，学生は単位取得に翻弄されている。近年4年制大学での養成課程が拡大しているが，保育士資格は2年制養成カリキュラムを基本にしており，養成校の教育研究者の養成（大学院での研究者養成）が，他の学問領域に比べてきわめて未熟（希少）である。

　日本も2015年8月，東京大学大学院教育学研究科に附属研究所（発達保育実践政策学センター）が開設された。主として保育実践研究の開発を担うとのことである。また，国立教育政策研究所の就学前教育部門が，政策関係の研究を担うことになった。政府の政策提言の基盤となるような研究の開発を期待したい。

　本来であれば，政策・実践・モニタリングを含めた包括的な就学前教育の質研究を開発できる独自機関が望まれるが，日本においては将来の課題であろう。

　新しい時代を切り拓く力を子どもたちに託すのは保育者である。その保育者

終　章　世界の保育から日本は何を学ぶのか

の資質が問われる時代である。しかし日本では今，保育者不足が問題となっており，保育現場では非正規保育者の数を増やしたり，資格要件を緩和したりして，保育者を集めることに奔走している。保育者の給与（公定価格）は他の職種に比べて非常に低く抑えられており，保育現場の保育労働環境はきわめて過酷である。早期退職が常態化して専門職として定着していない現状は，保育の質改革にとって致命的である。保育者が保育経験を積み重ね，また現職研修を継続的に受けることで，保育者の専門職能力（コンピテンシー）が開花する仕組みが必要である。保育者の資質が向上するような保育労働環境や養成課程・現職研修システムの開発が求められる。

　以上のことから日本が世界の保育から学び，今なすべきことは，すべてのステイクホルダーが，虚心坦懐に「すべての子どもの幸せ」を願ってスムーズに移行できるような一元システムを，国レベルにおいても地方自治体レベルにおいても，新たに開発することである。政府は，そのために必要な財源を，惜しみなく投入することである。


注
(1)　OECD (2006). *Starting Strong II : Early Childhood Education and Care.*（星三和子・種藤美香子・大和洋子・一見真理子（訳）『OECD 保育白書　人生の始まりこそ力強く――乳幼児期の教育とケア（ECEC）の国際比較』明石書店，2011年，pp. 44-47, pp. 285-296）。
(2)　前掲(1)（邦訳），p. 54.
(3)　前掲(1)（邦訳），p. 53.
(4)　Esping-Andersen, G. (1990). *The Three Worlds of Welfare Capitalism.*（岡沢憲芙・宮本太郎（監訳）『福祉資本主義の三つの世界――比較福祉国家の理論と動態』ミネルヴァ書房，2001年）。
(5)　OMEP（Organisation Mondiale pour l'Education Prescolaire）：世界幼児教育保育機構。乳幼児保育・教育の振興と普及に貢献する NGO の国際機関。ユネスコに就学前教育部門がないことから，子どもの利益と総合的な福祉を擁護するため1947年に設立された。本部事務局はパリにある。日本は1968年に加盟。
(6)　クォータ（quarter）制：男女平等を促進するために審議会等の公的場に女性を

一定数参画させる制度（人数割当て制度。クォータは4分の1）。
(7) アファーマティブ・アクション（affirmative action）：積極的差別撤廃措置。エスニック-マイノリティや女性，障がい者に対する社会的差別を是正するために，雇用や高等教育などにおいて，それらの人々を積極的に登用・選抜すること。また，それを推進する計画のこと。EU加盟国では，ポジティブ・アクション（positive action）と呼んでいる。

**参考文献**

Oberhumer, P. & Ulich, K.（1997）. *Working with Young Children in Europe: Provision and Staff Training.*（泉千勢（監訳），OMEP日本委員会（訳）『ヨーロッパの保育と保育者養成』大阪公立大学共同出版会，2004年）。

大脇雅子・中島通子・中野麻美（編）『21世紀の男女平等法』有斐閣，1996年。

七木田敦，ジュディス・ダンカン（編著）『「子育て先進国」ニュージーランドの保育――歴史と文化が紡ぐ家族支援と幼児教育』福村出版，2015年。

柴山恵美子（編著）『新・世界の女たちはいま――女と仕事の静かな革命』学陽書房，1993年。

# 索　引

## ア　行

アイサラン・カード　309
アイサラン（子ども愛）・プラン　305
アウトリーチ　227
アクション・リサーチ　247
アセスメント実践事例集「ケイ・トゥア・オ・テ・パエ」　254
遊びのエリア　216
遊びを基盤にした学び　210
アニマトゥール（animateurs）　173
アボリジニ　265, 272
編み物学校　162
生きた言葉　ii
育児休業制度（両親保険）　66
育児政策研究所（KICCE）　298
育児総合支援センター　308, 318, 321
5つの政策レバー　10
イプセン『人形の家』　33
いまここ（here and now）　49, 61, 287, 292
インクルージョン　170, 213-215, 265
エスピン＝アンデルセン（Esping-Andersen, G.）　359
エデュスコル（Éduscol）　182
エマージェント・カリキュラム　211, 220-222
エレン・ケイ（Ellen Key）　363
エンゼルプラン　2
オーストラリア保育質評価機関（ACECQA）　272, 273, 278, 283
オーストラリア連邦　265
オベルラン牧師（Oberlin, J.-F.）　162
おもちゃ図書館　201, 229
おもちゃ図書館協会　201, 202
親主導型保育サービス　242
親の会と協働委員会　45
親の参加　44

オリニジップ　297, 301, 302, 312, 317
オリニジップ評価認証制度　314
オンタリオ・アーリー・イヤーズプログラム　231
オンタリオ州公認教師（OCT）　207, 208
オンタリオ州公認保育教師（RECE/DECD）　207, 208
オンタリオ・デイ・ナースリー法　198

## カ　行

外部評価（Education Review）　245, 254
格差リスク社会　5
学習期教員会議　167
学習期制度　167
学習状況調査簿　184
学童保育（Holt）　134
家族支援協会（FRP）　197, 226
家族支援の共通原則・指針　202, 203
家族・女性・高齢者・青少年省（BMFJ）　142
学校教育計画　183
学校教師職　136
学校周辺活動　163, 173
学校法　74
学校モデル型　56
家庭的保育　134
　　　――のアクションプログラム　140
家庭的保育サービス　240
過程の質　14
家庭モデル型　56
カナダ　197
カナダ教育閣僚協議会（CMEC）　212
ガバナンス　9, 16, 357, 368
カリキュラム　15, 22
カリキュラム指針（ELECT）　209, 214
看護休業制度　67
韓国型プロジェクト・メソッド　313

完全登録教員　*242*
キー・コンピテンシー　*3, 4*
基礎的コンピテンシー　*148*
機能的アプローチ　*141*
旧西ドイツ（ドイツ連邦共和国）　*130*
旧東ドイツ（ドイツ民主共和国）　*128*
教育共同体　*173*
教育的環境　*141*
教育的ドキュメンテーション　*76, 83*
教育（乳幼児センター）規則　*244*
教育（乳幼児サービス）規則　*244*
教育評価局（ERO）　*245, 246, 254, 255*
教員登録制度　*242*
共感の根プログラム　*227*
教師主導型保育サービス　*241*
共通基礎　*167, 169, 170, 190*
共同生産（co-production）　*115*
共同生産者　*124*
協同的な過程　*147*
教保員　*331*
教保職員　*331, 334, 338, 345, 346*
　　──の養成　*342*
共和国の学校　*164*
クォータ制　*33*
国の質基準（NQS）　*273, 274, 276, 278, 289*
国の質枠組み（The NQF）　*266, 267, 271-273, 275, 284, 286, 289*
国の法律（National Law）　*272*
グルントヴィ（Grundtvig, N. F. S.）　*ii*
グローバリゼーション　*4*
クンナム（夢の木）プラン　*305*
形成的（formative）アセスメント　*249, 250, 256*
結果の質　*14*
研究プロジェクト　*142*
言語スクリーニング　*104, 111, 112*
言語能力評価　*109*
公共財　*17*
構造の質　*14*

コーナー保育活動　*311*
コーポラティズム的福祉レジーム　*360*
国際児童年　*364*
国際障害者年　*364*
国際女性年　*363*
国際人権規約　*363*
国立教育評価局（NOKUT）　*58*
5歳児ヌリ課程　*298, 307*
五大学習領域　*181*
国家質評価改善イニシアチヴ　*143*
子ども園教師　*59*
子ども園法（2005）　*29, 40*
子ども園法（2010）　*41, 42*
子どもオンブズパーソン　*364*
子どもオンブズマンに関する法律　*96*
子どもオンブッド　*36*
子どもオンブッド法　*34*
子ども家族省（BFD）　*29, 37*
子ども議会　*152*
子ども・子育て支援新制度　*2, 153, 369*
子ども参画　*149, 152*
子どもに同伴する　*149*
子どもによる影響　*78, 79*
子どもの教育及びケア法　*343*
子どもの権利条約　*23, 25, 33, 96, 354, 370*
子どもの参加　*110*
子どもの参加する権利　*44, 45*
子どもの幸せ（健康・福祉：well-being）　*9, 24, 58, 59*
子どもの「生活世界」　*131*
子どもの貧困　*10*
子どもは有能な学び手　*249*
コハンガ・レオ（Kōhonga Reo）　*240*
個別保育制度　*107*
コミュニケーション・言語・文に関する領域　*50*

**サ 行**

3〜5歳児年齢別ヌリ課程　*298, 307, 308, 311,*

312
3歳児神話　130
暫定登録教員　242, 243
志向性の質　259
自己形成の主体　146
仕事と育児の両立支援　138
自己評価　245, 254, 261
自己評価ガイドライン　246, 247
システムの一貫性　265
次世代育成支援行動計画　2
施設マネージメントコース　137
自然保育　112
持続可能な開発　32
自治体雇用保育学校職員（ATSEM）　173
質研究　141
質と平等　6
質の測定　14
質の高い全日保育　138
質のための指針　80
質の問題　265
質の領域　25
質評価のためのナショナルスタンダード　143
質枠組みの主要原理　13, 354
児童環境評価　116, 117
児童虐待の相談件数　3
児童・教育・平等省　105
児童・青少年援助法　134
『児童通園施設における教育的質』(『標準要覧』)　143-145
児童福祉と学校審議会（BOSK）　76
児童福祉法　370
社会教育　134, 135
社会教育者　136
社会助手　136
社会福祉国家の原則　137
社会文化的理論　241
社会保障の「補完性」の原理　130
社会民主主義的福祉レジーム　359
就学準備　260

就学準備（アカデミック）型　20
就学前学校　71
就学前教育カリキュラム（Lpfö98）　69, 74, 86
就学前教師　59, 72
就学前クラス　72, 104, 109
就学前保育法　68
就学年齢の引き下げ　37
就学保障　165
修学リズム　185
自由主義的な福祉レジーム　360
習得能力報告書　184
ジュール・フェリー法　162
シュタイナー教育　131
守秘義務　230
シュライヒャー（Schleicher, A.）　3
生涯学習社会　353
障害者の権利に関する条約　170
状況的アプローチ　131, 141
状況的アプローチにおける質　143
少子化対策　2
ジョスパン法　163, 167, 182
初等学校プログラム（学習指導要領）　167
助理教員（保育助手）　331
人格発達の目標　149
人事評価制度　261
身体・運動・健康に関する領域　52
新・幼児園カリキュラム大綱　339
スウェーデン王国　65
ステイクホルダー　9
ストックホルム・プロジェクト　83
スプートニク・ショック　131
スペシャルニーズ　215, 225
生活基盤（ホリスティック）型　20
生活世界の探究者　146
成熟した市民社会　6
成績通知簿　167
生徒の学業成績　257
性別役割分業　363
世界人権宣言　363

世界像の形成者　*147*
世界保健機関（WHO）　*33*
全国家族支援協会（FRP Canada）　*202*
先住民イヌイット　*204*
全日制キンダーガーテン　*197, 200, 206, 211*
総合的な教育の質　*141*
総合保育施設（KiTA）　*134, 136*

登録保育（Registered care）　*267*
特別支援・治療保育　*137*
ともに生きる　*164, 179*
トランジション（移行）　*169, 177, 178, 189*
トレス海峡諸島民　*265, 272*
ドロール・レポート　*19*
ドロップイン（親子のひろば）　*227-229, 231*

## タ 行

大韓民国　*297*
待機児童解消加速化プラン　*3, 366*
待機児童ゼロ作戦　*3*
台湾　*329*
多文化共生社会　*5*
多文化主義　*197*
多民族国家　*197*
男女共同参画　*364*
男女共同参画社会　*353*
男女雇用機会均等法　*364*
男女平等オンブズマン　*364*
男女平等オンブッド　*33, 36*
男女平等法　*33*
地域住民　*10*
チェックリスト　*249*
知識基盤社会　*i, 5, 353, 365*
知識の基礎的道具　*170*
地方教育財政交付金　*309*
中央育児総合支援センター　*308*
通報の義務　*230*
テーマ活動　*76, 85, 95*
適認証（Gutesiegel）　*143*
デジタル教育　*176, 181*
デジタル社会　*1*
テ・ファリキ（Te Whāriki）　*239, 241, 246, 247, 257, 258, 260*
デューイ（Dewey, J.）　*363*
デンマーク王国　*103*
ドイツ連邦共和国　*127*
統合保育施設　*105*

## ナ 行

ナショナル・スタンダード　*257*
7つの質領域（QA）　*275, 276*
ナラティヴ・アプローチ　*249*
2歳児就学　*176*
20時間無償幼児教育　*241*
ニュージーランド　*239*
乳児保育施設　*105*
乳幼児教育・保育統合推進団　*322*
乳幼児の学びの枠組み（EYLF）　*287, 290*
乳幼児発達協定書（EDUC）　*200*
乳幼児への投資　*269*
乳幼児保育法　*316, 317*
認可保育　*267*
人間サービス局　*267*
認定こども園法　*369*
ノーバディズ・パーフェクト　*228*
ノーバディズ・パーフェクトプログラム　*229*
ノルウェー王国　*29*
ノン・コンタクト・タイム　*255*
ノンプログラム　*229*

## ハ 行

バーネハーゲ（barnehage）　*34*
発達段階アプローチ　*241*
パパクォータ　*33*
パパ月　*66*
バルセロナ目標　*160*
非営利幼児園　*346*
評価認証審議委員会　*319*
評価のまなざし　*260*

索　引

平等のABCD　176
開かれたカリキュラム論　131
ファシリテーター　229
ファミリー・リソースセンター　202, 227, 228
ファミリー・リソースプログラム　205, 227
フィヨン法　168, 169, 190
福祉レジーム類型　359
普遍主義　124
普遍主義制度　29
普遍主義的な社会政策　103
ブルントラン（Gro Harlem Brundtland）　32
プレイセンター　240
フレーベル（Fröbel, F. W.）　35, 128, 153, 198
ペアレンティング・リテラシーセンター　227
ペイヨン法　166, 168, 169, 176
「ベスト・スタート」オンタリオ・モデル　200
ペダゴー　24, 39, 114
ペダゴー資格者　108
ヘックマン（Heckman, J.）　17, 354
保育学校（École maternelle）　160, 162, 165-167, 169, 174, 177, 189
　　──のアクター　171
　　──の運営　173
保育学校教育要領　163
保育学校プログラム　168, 176, 189
保育カリキュラム　16, 17, 19, 20, 46, 111
保育給付金（Child Care Benefit）　267
保育サービス法　104, 105, 110, 111, 115
保育施設調査委員会　68
保育施設に関する合意（2003年）　39
保育所法（1995）　29, 37
保育請求権　137, 140, 152
保育センター　240
保育の市場化　265
保育の質　3, 8, 19, 250, 259
保育の質改革　i, 26
保育の担い手　15
「保育白書」（2009年）　41
保育評価　260, 261

保育への参加　44
保育補助員養成学校　72
保育保障　108
保育料金の払戻（Child Care Rebate）　267
ポートフォリオ　254, 256
北欧閣僚評議会　29
保護者委員会　115
保護者委員会全国組織（FOLA）　115
保護者との協働　23, 24
母性神話　152

マ　行

学びの構え　249
学びの成果　246, 249
学びの物語　239, 247, 248, 250, 252-258, 260, 261
学びの領域　22, 48, 50
マラグッツィ（Malaguzzi, R.）　76
未来への道　241, 243, 244
民主主義の価値　24
民主主義への教育　149
モニタリング・システム　11
モニタリングと評価　15
森の幼稚園　131
モンテッソーリ教育　131

ヤ　行

ユーザーデモクラシー　124
有資格・登録教員　242, 255
幼児園　329, 331, 343, 345, 347, 351
幼児園カリキュラム大綱　329
幼児園教師養成　342
幼児園指導プラン　344
幼児園評価　343, 350
幼児教育及びケア法　329-331, 338
幼児教育サービス（early learning services）　266
幼児教育先進化政策　304
幼児教育に関する国の連携協定　268

379

幼児教育の枠組み（ELF）*208, 214*
幼児教育発展5か年計画樹立 *304*
幼児教育・保育（ECEC）*7*
幼児教育法 *304, 315*
幼児教育法施行令 *304*
幼児に適応する学校 *177*
幼児保育施設 *105*
幼稚園教育法施行令 *316*
幼稚園教師 *331*
幼稚園評価委員会 *315*
幼稚園評価制度 *314*
幼年教育学課程 *136*
幼年教育教師 *136*
幼保一元化 *240, 329, 331, 346, 351*
幼保一体施設（通称「コンビ」）*129*
幼保統合 *298*
幼保統合推進委員会 *307, 314, 322*
幼保統合推進政策 *299*
幼保統合推進団 *316*
予防型の支援 *226*

## ラ 行

ラーニングセンター *216*
ライシテ *165, 180*
ライヒ青少年福祉法 *128*
落第（原級留置）*166*
ラッド政権 *265*
両親手当・両親休暇 *133, 138*
両親手当プラス法 *133*
両親保険制度 *65*
レッジョ・エミリア *25, 76, 86, 247*
連邦共通大綱 *147*

## 欧 文

Bildung（人間形成）*147*
"CMEC Early Learning and Development Framework" *212*
DeSeCo（コンピテンシーの定義と選択）*4, 5*
EAJE（乳幼児受け入れ施設）*159, 163*
EU（欧州連合）*i, 2*
　——のカリキュラム研究 *23*
EU『ECECの質枠組みの主要原理の提案』*15, 22, 23*
EU2020戦略 *12*
EU目標（benchmark）*12*
EU理事会 *12*
*Five Curriculum Outlines* *18*
formal care（公式保育）*266*
ICT（情報通信技術）*i, 1, 255, 353*
informal care（非公式保育）*266*
M字型カーブ *366*
OECD（経済協力開発機構）*i, 2*
OECD第1次保育政策調査 *29*
OECD保育政策調査 *6*
PISA（OECD生徒の国際学習到達度調査）*4, 104, 141*
PISAショック *127*
PISA調査 *190*
QUADの重要事項 *208*
"Starting Strong（人生の始まりこそ力強く）" *8, 354*
"Starting Strong"（2001）*8, 9*
"Starting Strong II"（2006）*8, 9, 19, 20, 143, 259, 265, 297*
"Starting Strong III"（2012）*8, 10, 22*
"Starting Strong IV"（2015）*8, 11, 97*

《執筆者紹介》（執筆順，執筆担当）

泉　千勢（いずみ・ちせ）　はしがき，序章，第 1 章，終章
　　編著者紹介参照。

白石淑江（しらいし・よしえ）　第 2 章
　現　在　愛知淑徳大学福祉貢献学部名誉教授。
　主　著　『スウェーデン　保育から幼児教育へ――就学前学校の実践と新しい保育制度』（単著）かもがわ出版，2009年。
　　　　　『スウェーデン　保育の今――テーマ活動とドキュメンテーション』（共著）かもがわ出版，2013年。
　　　　　『スウェーデンに学ぶドキュメンテーションの活用』（編著）新評論，2018年。

石黒　暢（いしぐろ・のぶ）　第 3 章
　現　在　大阪大学言語文化研究科教授。
　主　著　『デンマークを知るための68章』（共著）明石書店，2009年。
　　　　　『シニアによる協同住宅とコミュニティづくり――日本とデンマークにおけるコ・ハウジングの実践』（共編著）ミネルヴァ書房，2010年。

豊田和子（とよだ・かずこ）　第 4 章
　現　在　名古屋柳城女子大学こども学部教授。
　主　著　「ドイツにおける保育者養成のアカデミー化の現状と課題――保育の質課題からの検討」『名古屋芸術大学教職センター紀要』第 6 号，2017年。
　　　　　『戦後保育はいかに構築されたか――福岡県における昭和20年代の保育所・幼稚園』（共著）新読書社，2019年。

赤星まゆみ（あかほし・まゆみ）　第 5 章
　現　在　西九州大学子ども学部教授。
　主　著　『フランス教育の伝統と革新』（共著）大学教育出版，2009年。
　　　　　『フランスのワーク・ライフ・バランス――男女平等政策入門：EU，フランスから日本へ』（共著）パド・ウィメンズ・オフィス，2013年。

伊志嶺美津子（いしみね・みつこ）　第 6 章（第 1 節，第 2 節 1・5，第 5 節，第 6 節）
　現　在　NPO法人子ども家庭リソースセンター NP部門代表。
　主　著　『サラダボウルの国カナダ――人権とボランティア先進国への旅』（共編著）ひとなる書房，1994年。
　　　　　『保育カウンセリング講座』（編著）フレーベル館，2007年。

藤川史子（ふじかわ・ふみこ）　第 6 章（第 2 節表 6-3・2・3・4，第 3 節，第 4 節）
　現　在　F. L. a. T English School　英会話講師。
　主　著　『Fun to Learn and Teach　FLAT式こどもを育てるバイリンガル保育あそび』（共著）FLAT，2012年。

鈴木佐喜子（すずき・さきこ）　第7章
　　現　在　元東洋大学ライフデザイン学部教授。
　　主　著　『乳幼児の「かしこさ」とは何か——豊かな学びを育む保育・子育て』（単著）大月書店，2010年。
　　　　　　『学び手はいかにアイデンティティを構築していくか——保幼小におけるアセスメント実践「学びの物語」』（共訳）ひとなる書房，2020年。

林　　悠子（はやし・ゆうこ）　第8章
　　現　在　神戸松蔭女子学院大学教育学部准教授。
　　主　著　『オーストラリアの多文化保育を支える活動——Brisbane Ethnic Child Care Development Unit Multicultural Children Service Worker』（単著）大阪府立大学社会福祉学部研究報告，1999年。
　　　　　　『多文化保育・教育論』（共著）みらい，2014年。

韓　　在熙（はん・ぜひ）　第9章
　　現　在　四天王寺大学短期大学部保育科准教授。
　　主　著　『保育のこれからを考える保育・教育課程論』（共著）保育出版社，2012年。
　　　　　　『多文化保育・教育論』（共著）みらい，2014年。

翁　　麗芳（おう・れいほう）　第10章
　　現　在　元国立台北教育大学教授。
　　主　著　『子育て支援の潮流と課題』（共著）ぎょうせい，2008年。
　　　　　　『世界の幼児教育・保育改革と学力』（共著）明石書店，2008年。

《編著者紹介》

泉　千勢（いずみ・ちせ）
　現　在　大阪府立大学名誉教授。
　主　著　『ヨーロッパの保育と保育者養成』（編訳著）大阪公立大学共同出版会，2004年。
　　　　　『世界の幼児教育・保育改革と学力』（共編著）明石書店，2008年。

　　　　　なぜ世界の幼児教育・保育を学ぶのか
　　　　　――子どもの豊かな育ちを保障するために――

| 2017年5月30日　初版第1刷発行 | 〈検印省略〉 |
| 2021年3月25日　初版第2刷発行 | |
| | 定価はカバーに |
| | 表示しています |

　　　　編著者　　泉　　　千　勢
　　　　発行者　　杉　田　啓　三
　　　　印刷者　　江　戸　孝　典

　　　　発行所　株式会社　ミネルヴァ書房
　　　　　607-8494 京都市山科区日ノ岡堤谷町1
　　　　　　電話代表 (075)581-5191
　　　　　　振替口座 01020-0-8076

　　© 泉千勢ほか，2017　　　共同印刷工業・新生製本

　　　　ISBN978-4-623-07855-4
　　　　　　Printed in Japan

これからの子ども・子育て支援を考える
　　——共生社会の創出をめざして
柏女霊峰／著
四六判／288頁
本体　2500円

みんなでつくる子ども・子育て支援新制度
　　——子育てしやすい社会をめざして
前田正子／著
Ａ５判／248頁
本体　2200円

保育のグランドデザインを描く
　　——これからの保育の創造にむけて
汐見稔幸・久保健太／編著
四六判／344頁
本体　2400円

子どもを「人間としてみる」ということ
　　——子どもとともにある保育の原点
子どもと保育総合研究所／編
四六判／308頁
本体　2200円

共　感
　　——育ち合う保育のなかで
佐伯　胖／編
四六判／232頁
本体　1800円

保育者の地平
　　——私的体験から普遍に向けて
津守　真／著
Ａ５判／312頁
本体　3000円

見えてくる子どもの世界
　　——ビデオ記録を通して保育の魅力を探る
岸井慶子／著
Ａ５判／220頁
本体　2400円

保育の場で子どもの心をどのように育むのか
　　——「接面」での心の動きをエピソードに綴る
鯨岡　峻／著
Ａ５判／312頁
本体　2200円

関係の中で人は生きる
　　——「接面」の人間学に向けて
鯨岡　峻／著
Ａ５判／384頁
本体　2800円

驚くべき乳幼児の心の世界
　　——「二人称的アプローチ」から見えてくること
ヴァスデヴィ・レディ／著　佐伯胖／訳
Ａ５判／378頁
本体　3800円

―――― ミネルヴァ書房 ――――
https://www.minervashobo.co.jp/